军队高等教育自学考试船舶与海洋工程(本科)专业指定教材

舰船结构与强度

梅志远　张　二　侯海量　编　著
吴　梵　主　审

华中科技大学出版社
中国·武汉

内 容 提 要

本书以船舶结构系统采用的单跨梁、连续梁、弹性基础梁、平面刚架、平面简单板架等各种基本结构形式为讨论对象,首先介绍了船舶结构力学基本计算模型,然后系统详细地介绍了如何将复杂的船舶结构简化成力学计算模型。在此基础上,按照不同的结构形式,由简到繁,系统介绍了各种基本结构形式的力学特性、弯曲和稳定性问题的计算方法,使计算方法和分析、研究不同结构形式的力学特性结合起来。

随着我国海军现代化建设的不断发展,舰艇设计与建造已成为我国海军和船舶工业的主要任务之一。本书对舰船结构强度的发展、船体总纵弯曲应力等典型强度问题计算方法及强度标准进行了介绍。

本书可作为高等院校船舶与海洋工程专业及相关专业的教材或参考书,并可供从事船舶设计、制造领域工作的科技人员学习或参考。

图书在版编目(CIP)数据

舰船结构与强度/梅志远,张二,侯海量编著. —武汉:华中科技大学出版社,2019.6(2024.2重印)
军队高等教育自学考试船舶与海洋工程(本科)专业指定教材
ISBN 978-7-5680-5214-6

Ⅰ. ①舰… Ⅱ. ①梅… ②张… ③侯… Ⅲ. ①军用船-船体结构-结构强度-军事院校-教材
Ⅳ. ①U674.7

中国版本图书馆 CIP 数据核字(2019)第 126625 号

舰船结构与强度   梅志远   张 二   侯海量   编著
Jianchuan Jiegou yu Qiangdu

策划编辑:张少奇   宋 超
责任编辑:刘 飞
封面设计:刘 婷
责任监印:周治超
出版发行:华中科技大学出版社(中国·武汉)   电话:(027)81321913
              武汉市东湖新技术开发区华工科技园   邮编:430223
录   排:武汉市洪山区佳年华文印部
印   刷:武汉邮科印务有限公司
开   本:787mm×1092mm   1/16
印   张:15.5
字   数:400 千字
版   次:2024 年 2 月第 1 版第 2 次印刷
定   价:45.00 元

序　言

军队高等教育自学考试(下称军队自学考试)作为军事职业教育的重要组成部分,兼顾军队建设需要和官兵职业发展需求,是体现官兵终身教育和学习型军队特点的教育形式,是提升官兵科学文化水平和岗位履职能力的重要途径,对于大规模培养高素质军事人才、推进学习型军队和学习型军营建设具有重要意义。军队自学考试自 1989 年开办以来培养了大批人才,为军队建设做出了积极贡献。

根据调整改革后院校发展定位和主体任务,中央军委训练管理部改建和新增军兵种部队建设急需、培训需求较大的专业,并遴选专业特色优势明显的军队院校承担相应自学考试专业主考任务,充分依托军队院校优质学历教育资源发展军队自学考试。改革后的军队自学考试专业有 30 个,其中本科专业 15 个、专科专业 15 个。按照"专业名称军地通用化、专业课程军队特色化"的原则,海军工程大学承担船舶与海洋工程(本科)、船舶工程技术(专科)两个自学考试专业课程的建设工作。

当改革后的军队自学考试遇上蓬勃发展的网络在线学习,新的助学模式应运而生。为了更好地帮助报考该专业的考生学习和备考,我校教员在开展本职教学科研工作的同时,将所学知识和技术,按照自学考试教学的要求,以在线课程的方式通过网络共享,并出版了该专业系列课程配套的专业教材,让优质教学资源得以更广泛地传播利用。

本套教材根据军队自学考试船舶与海洋工程、船舶工程技术两个专业考生学习的实际需求编写,《舰艇总体技术》《舰艇静力学与快速性》《舰船结构与强度》《舰船原理》《舰艇结构》《舰艇修造工艺》《舰船概论》《舰艇电气设备》《舰艇动力装置》九本教材涵盖舰艇基础知识、专业知识、操作使用、维护保养等各方面内容,同时还增加了《舰船海洋环境概论》和《军事管理基础》两本专业基础课教材,使得丛书更加符合考生的认知规律,富有启发性,便于考生学习。教材充分吸纳新理论和新技术,具有一定学术性;文字表达简明流畅、深入浅出、逻辑严密,章节编排考虑到了教学对象的基础,由浅入深,由简单装置逐步延伸到复杂系统,基本满足了军队自学考试船舶与海洋工程、船舶工程技术两个专业考生的学习需求,也为所有船海相关专业学习者和从业者提供了优质的学习资源。

鉴于此,我们精心推出的系列教材和即将上线的配套慕课课程,必将为翻开此书的你加油续航,助你早日实现知识的积累和自身的蜕变!也就此机会,谨向付出了艰辛劳动的全体编写人员致以敬意,向本套教材的出版单位和慕课制作人员表示感谢。

编写组
2019 年 4 月

前　言

本书为军队高等教育本科自学考试指定教材,是以船舶与海洋工程专业本科自学考试学员为教学对象编写的。本书针对舰船结构特点,重视船舶结构力学的基本概念、基本理论和基本方法,着力吸收船舶结构力学领域的最新研究成果,在内容编排上有以下特点:

(1)船舶结构力学计算模型的建立是结构分析的前提和分析成败的关键,本书系统地介绍了如何将复杂的舰船结构简化成力学计算模型,使学生学会从复杂的舰船结构问题中抓住力学本质,将结构简化成计算模型,便于计算。

(2)以船舶典型结构、构件为经线,以结构力学计算方法为纬线,注重介绍结构的功能和受力特征,将船舶结构力学的基本概念、基本理论和基本方法融入对具体的船舶结构的分析中,使读者通过本书的学习掌握船舶结构的分析和计算方法。

(3)本书既包含了船舶结构力学的基本知识,又包含了舰艇强度的经典问题计算方法及强度标准,为从事船舶结构力学计算及强度校核提供参考。

本书不仅可作为海军船舶与海洋工程专业本科自学考试的教材,也可作为普通高等院校船舶与海洋工程专业及相关专业的教材或参考书,并可供从事船舶设计、制造的科技人员学习或参考。

本书由梅志远教授、张二讲师、侯海量副教授编著,具体分工为:梅志远(第1章、第2章、第3章、第4章、第7章)、张二(第5章、第6章)、侯海量(第8章、第9章),全书由张二统稿。

限于编著者水平,本书在内容上或编排上还存在很多不足之处,敬请读者批评指正。

编著者
2019 年 1 月

考 试 大 纲

自学考试大纲分为四个部分：课程性质与设置目的、考核目标、课程内容与考核要求、关于大纲的说明与考核实施要求。

课程性质与设置目的包含对课程地位、设置目的的说明，并描述了学习课程应该达到的能力。

考核目标是对课程考核要求的表述，工科课程可分为识记、领会、简单应用、综合应用等四个层面。

课程内容与考核要求是对每一章考点进行详细说明，具体包括课程内容、学习目的与要求、考核内容与考核要求等三个部分。

关于大纲的说明与考核实施要求，包含自学考试大纲的目的和作用、自学教材、关于考核内容及考核要求的说明、自学方法指导、考试指导、对社会助学的要求、考试命题的若干规定等七个部分的内容，基本涵盖了一切关于自学考试课程说明、教材内容、自学方法、考试方法、命题规定等非常细致的内容。

I 课程性质与设置目的

舰船结构与强度包含船舶结构力学和船舶强度两大部分，是船舶与海洋工程专业的专业基础和专业应用课，在该专业中占有重要地位。

设置本课程的目的是使自学者通过船舶结构力学部分的学习，系统地掌握船舶典型结构：单跨梁、连续梁、刚架、板架以及船体板内力、位移计算的基本理论和基本方法，为从事船舶结构设计及施工提供必要的力学知识；通过船舶强度部分的学习，系统地掌握船舶结构总纵弯曲强度概念、总纵弯曲外力、内力计算的基本原理和基本方法，了解总纵弯曲强度衡准，能开展船体梁总纵弯曲强度校核计算。

通过本课程的学习，应达到以下要求：

（1）能理解建立船舶结构力学计算模型的基本原则，掌握典型船舶结构力学计算模型的建模思路及其工程意义。

（2）掌握初参数法求解单跨梁的基本原理和步骤，灵活运用初参数法、迭加原理和弯曲要素表求解单跨梁的弯曲要素，并绘制剪力和弯矩图。

（3）掌握力法、位移法的原理和方法，并能熟练地利用它们计算连续梁、简单刚架和简单板架，绘制其剪力和弯矩图。

（4）理解能量法的含义，了解虚功原理和势能驻值原理，简单运用瑞利-里兹法计算单跨梁的弯曲问题。

（5）掌握杆系稳定性分析和计算方法，并能熟练地利用它们计算单根杆件的临界失稳载荷。

（6）掌握船体板的柱面弯曲计算方法，理解柔性板和刚性板的基本概念。

（7）正确理解船体梁总纵弯曲强度概念，掌握总纵弯曲外力和内力的分析和计算方法。

（8）正确理解强度衡准的概念、分类、影响因素及其确定方法，了解总纵弯曲强度衡准的类型及其阈值。

其中重点是船舶结构力学模型的建立、杆系结构内力和变形计算、初参数法、力法、位移法和船体梁总纵弯曲强度概念。

本课程的先修课程是高等数学和工程力学。

高等数学为结构力学提供计算分析工具，如微积分、代数方程组的解算等。

工程力学课程一方面（理论力学部分）为结构力学提供计算原理，如平衡方程等；另一方面（材料力学部分）研究单个杆件的内力、应力和变形等，为结构力学研究杆系结构和船体板的内力和位移计算提供必要的基础。

Ⅱ　考 核 目 标

本大纲在考核目标中，按照识记、领会、简单应用和综合应用四个层次规定应达到的能力层次要求。四个能力层次是递升的关系，后者建立在前者的基础上。各能力层次的含义是：

识记（Ⅰ）。要求考生能够识别和记忆本课程中有关概念及规律的主要内容（如定义、表达式、公式、定理、结论、方法的步骤、特点、性质及应用范围等），并能够根据考核的不同要求，作出正确表达、选择和判断。

领会（Ⅱ）。要求考生能够领悟和理解本课程中的概念及规律的内涵及外延，理解它们的确切含义，能够鉴别关于它们的似是而非的说法；理解它们与相关知识的区别和联系，并能够根据考核的不同要求作出正确的判断、解释和说明。

简单应用（Ⅲ）。要求考生能够根据已知的条件，运用本课程中少量的知识点，分析和解决一般应用问题，如简单计算、绘图和分析、论证等。

综合应用（Ⅳ）。要求考生能够运用本课程中较多的知识点，分析和解决较复杂的应用问题，如计算、绘图、分析和论证等。

Ⅲ　课程内容与考核要求

第 1 章　船舶结构力学计算模型

一、课程内容

• 概述

- 计算模型基本原则
- 计算模型基本要素
- 典型舰船结构力学计算模型
- 舰船结构强度简介

二、学习目的与要求

学习要求：

（1）了解广义船舶结构力学的任务和主要研究范畴；

（2）了解狭义船舶结构力学体系的构成及研究方法体系构成；

（3）理解船舶力学计算模型的基本原则，掌握计算模型的基本要素构成；

（4）掌握典型船舶结构力学计算模型的建模思路及其工程意义；

（5）理解舰船结构强度的主要研究范畴；

（6）掌握舰船结构强度的主要研究问题。

本章重点是船舶力学计算模型的基本原则和基本要素，以及典型船舶结构力学计算模型。

三、考核内容与考核要求

1. 计算模型基本原则

识记：建立计算模型的基本原则性要求；船舶结构模型化时主要应考虑的影响因素。

2. 计算模型基本要素

识记：建立计算模型的基本要素；各种支座的区别。

领会：各种支座的约束作用；各种支座所能产生的反力；骨架梁带板概念。

3. 典型舰船结构力学计算模型

识记：单根骨架的常见计算模型；面内载荷作用下的交叉骨架计算模型；面外横向载荷作用下的交叉骨架结构计算模型；船体板计算模型；构件稳定性计算模型。

领会：不同计算模型的来源、适用范围和边界简化处理原则。

4. 舰船结构强度简介

识记：水面舰船强度研究的发展历史。

领会：舰船结构强度、船体梁的概念，舰船结构强度的研究内容，舰船结构强度的三个科学问题及其研究方法，舰船结构的变形与破坏模式，船体总强度与局部强度的概念与分类。

第 2 章　单跨梁的计算

一、课程内容

- 单跨直梁弯曲微分方程及通解
- 初参数法与叠加原理
- 弹性基础梁

• 复杂弯曲梁

二、学习目的与要求

单跨梁是进行复杂杆系结构分析与计算的基础,也是船舶结构力学中最基本的力学模型,对后续章节的学习是很重要的。

学习要求:

(1) 掌握梁弯曲计算的坐标系、符号规定、基本假设及其力学含义;

(2) 了解梁弯曲微分方程的推导过程;

(3) 掌握边界条件的表达形式及其力学含义;

(4) 掌握初参数法求解单跨梁弯曲问题的基本原理及步骤,灵活运用初参数法求解单跨梁问题;

(5) 灵活运用叠加原理及梁弯曲要素表求解单跨梁问题;

(6) 理解弹性基础梁的基本概念及其工程意义,了解求解思路及基本步骤;

(7) 理解复杂弯曲梁基本概念及其工程意义,了解求解思路及基本步骤。

本章重点是边界条件的数学表达方式、初参数法、叠加原理和剪力弯矩图的绘制。

三、考核内容与考核要求

1. 单跨直梁弯曲微分方程及通解

识记:梁弯曲计算的坐标系、符号规定、基本假设及其力学含义。

领会:梁弯曲挠曲线方程式的推导过程;梁挠曲线方程表达形式;梁弯曲要素的组成。

2. 初参数法与叠加原理

识记:常用弯曲要素表。

领会:一般载荷作用下梁的挠曲线方程表达形式。

简单应用:针对所给出的边界图示,写出边界条件与积分常数的表达式。

综合应用:不同边界条件不同载荷作用下单跨梁的初参数法求解,并绘制剪力弯矩图;由常用弯曲要素表通过叠加原理求解多种载荷共同作用下两端简支单跨梁的弯曲要素,并绘制剪力弯矩图。

3. 弹性基础梁和复杂弯曲梁

识记:弹性基础梁和复杂弯曲梁基本概念,边界条件表达形式。

领会:弹性基础梁和复杂弯曲梁问题的求解思路及其工程意义。

第 3 章　连续梁的计算

一、课程内容

• 概述

• 力法的基本原理

• 自由支持在刚性支座上连续梁的计算

- 自由支持在独立弹性支座上连续梁的计算
- 阶梯形变截面梁的计算

二、学习目的与要求

连续梁是最基本的杆系结构形式。力法是结构力学中求解超静定杆系结构最常用的方法之一,非常重要,是本章的重点内容。

学习要求:

(1) 理解连续梁力学模型的力学特征及其工程意义;

(2) 理解力法基本原理和求解思路,掌握力法求解基本步骤;

(3) 灵活运用力法求解自由支持在刚性支座上的连续梁结构;

(4) 掌握自由支持在弹性支座上连续梁的力法求解思路和基本步骤;

(5) 掌握阶梯形变截面梁的力法求解原理和基本步骤。

本章重点是采用力法求解自由支持在刚性支座上的连续梁结构,并绘制弯矩图。

三、考核内容与考核要求

1. 概述

领会:超静定杆系结构概念,确定平面超静定结构多余约束的一般原则。

2. 力法的基本原理

领会:力法求解原理,力法求解的一般步骤。

3. 自由支持在刚性支座上连续梁的计算

领会:三弯矩方程的建立方法。

综合应用:力法求解自由支持在刚性支座上连续梁的计算及剪力弯矩图绘制。

4. 自由支持在独立弹性支座上连续梁的计算

领会:五弯矩方程的建立方法。

5. 阶梯形变截面梁的计算

领会:阶梯形变截面梁的计算方法。

第4章 平面刚架与平面板架的计算

一、课程内容

- 概述
- 位移法的基本原理
- 平面刚架的计算
- 平面简单板架的计算

二、学习目的与要求

刚架和板架是船舶结构力学中开展局部强度计算的两个非常重要的力学模型。位移法是结构力学中求解复杂杆系结构最常用的方法之一,是本章的重点内容。

学习要求:

(1) 理解平面刚架和平面简单板架力学模型的力学特征及其工程意义;

(2) 理解位移法、力法基本原理和求解思路,掌握位移法求解基本步骤;

(3) 灵活运用位移法求解平面刚架结构;

(4) 灵活运用力法求解平面简单板架结构。

本章重点是采用位移法求解平面刚架结构,并绘制弯矩图。

三、考核内容与考核要求

1. 概述

领会:平面刚架结构概念,平面简单板架概念。

2. 位移法的基本原理

领会:位移法求解原理,符号规定,位移法求解的一般步骤。

3. 平面刚架的计算

综合应用:利用位移法求解不可动节点平面刚架及剪力弯矩图绘制。

4. 平面简单板架的计算

简单应用:利用力法求解平面简单板架结构。

第5章　能　量　法

一、课程内容

- 梁应变能的计算
- 虚功原理和势能驻值原理
- 势能驻值原理的近似解法

二、学习目的与要求

能量法是直接应用能量原理对船舶结构进行分析的方法,本课程主要要求识记能量法的含义,理解能量法的运用方法。

学习要求:

(1) 识记应变能含义;

(2) 识记虚功原理的概念;

(3) 识记势能驻值原理的概念;

(4) 领会瑞利-里兹法的计算方法;

(5) 领会伽辽金法的计算方法。

本章重点是领会能量法的运用方法。

三、考核内容与考核要求

1. 梁应变能的计算

领会:应变能的含义。

2. 虚功原理和势能驻值原理

领会:虚功原理和势能驻值原理的概念。

3. 势能驻值原理的近似解法

领会:瑞利-里兹法、伽辽金法的概念及运用方法。

简单运用:瑞利-里兹法求解单跨梁弯曲问题的计算方法。

第6章 杆系稳定性计算

一、课程内容

- 概述
- 轴向压杆稳定性计算
- 连续压杆稳定性计算

二、学习目的与要求

船体杆系结构稳定性的计算是船舶结构力学体系的必要组成部分,本课程主要要求识记杆系稳定性的含义,领会轴向压杆和连续压杆的稳定性计算方法。

学习要求:

(1)了解船舶结构稳定性的定义及其含义;

(2)了解平衡状态的性质;

(3)理解轴向压杆稳定性的计算方法,掌握中性平衡法;

(4)了解轴向压杆非弹性稳定性的概念及处理方法,掌握压杆轴向失稳临界应力的计算方法;

(5)理解刚性支座上连续压杆稳定性的特点,掌握在刚性支座上连续压杆的稳定性计算方法;

(6)了解弹性支座上连续压杆稳定性的特点,了解弹性支座刚性系数对稳定性的影响,掌握在弹性支座上连续压杆稳定性的计算方法;

(7)了解弹性基础上单跨压杆计算模型的物理含义及其计算方法;

(8)了解甲板板架稳定性计算模型的物理含义,理解只有一根甲板纵桁的甲板板架稳定性的计算方法。

本章重点是掌握轴向压杆稳定性的计算方法。

三、考核内容与考核要求

1. 概述

领会:舰船结构稳定性的定义,稳定性的计算方法。

2. 轴向压杆稳定性计算

领会：中性平衡法、能量法计算轴向压杆的稳定性，非弹性稳定性的概念。

简单运用：单跨压杆稳定性的计算方法，单跨压杆非弹性稳定性的修正方法。

3. 连续压杆稳定性计算

领会：在中间弹性支座上连续压杆的稳定性计算方法，弹性基础上单跨压杆的稳定性计算方法。

简单运用：在刚性支座上连续压杆的稳定性计算方法。

第 7 章　船体板弯曲与稳定性计算

一、课程内容

- 概述
- 刚性板柱面弯曲
- 柔性板柱面弯曲
- 刚性板小挠度一般弯曲求解
- 船体板稳定性概念及有效宽度

二、学习目的与要求

船体板的计算是船舶结构力学体系的必要组成部分，本课程主要要求掌握以梁弯曲理论为基础的柱面弯曲理论和船体板稳定性的基本概念。

学习要求：

（1）了解薄板几何特征的定义及其含义；

（2）理解刚性板、柔性板和薄膜等力学模型的含义；

（3）理解并掌握刚性板柱面弯曲计算原理；

（4）理解柔性板大挠度柱面弯曲求解思路和船体板格的承载规律，掌握柔性板小挠度柱面弯曲计算方法；

（5）了解船体板的稳定性和后屈曲强度概念及其物理含义；

（6）了解受压板临界应力计算，理解不同骨架形式板格稳定性优劣的原理；

（7）了解板的有效宽度概念，理解工程中折减系数的取值要求。

本章重点是掌握刚性板柱面弯曲计算原理。

三、考核内容与考核要求

1. 概述

领会：薄板几何特征定义，刚性板、柔性板和薄膜的力学模型概念。

2. 板柱面弯曲

领会：柱面弯曲基本概念和条件，柔性板大挠度柱面弯曲求解思路和船体板格的承载规律。

简单应用:根据刚性板小挠度柱面弯曲计算方法,进行船体板强度计算。

3. 船体板稳定性概念及有效宽度

领会:船体板的稳定性,后屈曲强度概念及其物理含义,不同骨架形式板格稳定性优劣的原理,板的有效宽度概念。

第8章　船体总纵弯曲外力

一、课程内容

- 船体总纵弯曲力矩的产生
- 静置波浪法概述
- 静水弯矩与剪力的计算
- 静置波浪附加剪力和弯矩的计算
- 砰击振动弯矩及剪力计算

二、学习目的与要求

总纵弯曲强度是舰船结构强度的主要矛盾,总纵弯曲外力计算是总纵强度校核的重要内容。本课程主要要求掌握总纵弯曲外力的产生原理与计算方法。

学习要求:

(1) 理解并掌握舰船总纵弯曲外力的产生与危险状态;

(2) 理解并掌握静置波浪法计算舰船总纵弯曲外力的思路;

(3) 熟练掌握重量分布曲线、浮力分布曲线、载荷分布曲线、静水剪力与弯矩曲线的计算;

(4) 理解并掌握波浪附加剪力和弯矩的计算;

(5) 了解砰击振动弯矩概念。

本章重点是掌握静置波浪法计算舰船总纵弯曲的原理与主要过程,舰船总纵弯曲外力、重量分布曲线、浮力分布曲线、载荷分布曲线、静水剪力与弯矩曲线、波浪附加剪力和弯矩曲线。

三、考核内容与考核要求

1. 船体总纵弯曲力矩的产生

领会:总纵弯曲力矩的产生原因,波浪中的危险状态,中拱、中垂状态。

2. 静置波浪法概述

领会:静置波浪假设,总纵弯曲力矩的影响因素,波浪要素与计算状态,装载状态,总纵弯曲正应力计算原理,总纵弯曲强度的标准计算方法及其实质。

3. 静水弯矩与剪力的计算

识记:舰船静水平衡条件,重量的分类,总体性重量的分配方法。

领会:总纵弯曲力矩与剪力计算公式,重量分布曲线的概念与绘制方法,局部性重量的分配方法,静水浮力曲线的概念与绘制方法,浮态的计算与调整,静水载荷曲线的概念与绘制方法,静水载荷曲线的特点,剪力与弯矩曲线的概念与绘制方法,剪力与弯矩曲线的特点,剪力与弯矩曲线的封闭性与修正方法。

4. 静置波浪附加剪力和弯矩的计算

识记:舰船非中站截面最大弯矩,史密斯修正的原因。

领会:波浪附加剪力与弯矩的产生原因,波浪附加剪力与弯矩的计算与绘制方法,坦谷波的特点与绘制,麦卡尔方法计算舰船在波浪中的平衡位置。

5. 砰击振动弯矩及剪力计算

识记:砰击现象的产生与特点,砰击振动弯矩及剪力的产生,规范法计算砰击振动弯矩及剪力。

第 9 章　船体总纵弯曲内力及强度标准

一、课程内容

- 船体梁理论概述
- 船体总纵弯曲应力第一次近似计算
- 船体梁构件稳定性检验及失稳折减
- 船体总纵弯曲应力第二次及更高次计算
- 总纵强度问题中的应力合成
- 船体总纵弯曲切应力计算
- 船体挠度计算
- 船体极限弯矩计算
- 船体强度标准

二、学习目的与要求

总纵弯曲内力和强度标准是舰船总纵弯曲强度校核的两个重要方面。本课程主要要求掌握总纵弯曲内力的计算原理与方法,船体梁强度标准及其衡准。

学习要求:

(1) 理解并掌握船体梁理论;

(2) 熟练掌握船体总纵弯曲应力第一次近似计算方法;

(3) 了解船体梁构件稳定性及失稳折减的概念;

(4) 掌握船体梁构件稳定性检验方法;

(5) 了解船体总纵弯曲应力第二次近似计算方法;

（6）理解并掌握总纵弯曲应力分类及其合成；

（7）了解船体总纵弯曲切应力、挠度计算方法；

（8）了解船体总纵弯曲极限弯矩计算；

（9）理解并掌握船体强度标准分类、影响因素；

（10）熟练掌握船体总纵弯曲强度标准。

本章重点是掌握简单梁弯曲理论的近似性及其修正方法，总纵强度中的应力分类及构件种类，船体梁的计算剖面与船体梁有效构件，船体梁构件稳定性检验及失稳折减，总纵强度问题中的应力合成，船体极限弯矩计算，总纵强度校核衡准。

三、考核内容与考核要求

1. 船体梁理论概述

领会：简单梁弯曲理论的近似性及其修正方法，船体总纵强度中的应力分类及构件种类，计算剖面与船体梁有效构件。

2. 船体总纵弯曲应力第一次近似计算

领会：船体梁剖面要素及其计算方法，异种材料的换算方法，总纵弯曲应力第一次近似计算。

3. 船体梁构件稳定性检验及失稳折减

识记：纵骨架式板格、组合梁面板与腹板剪切稳定性的计算。

领会：构件的稳定性检验，板和纵骨的稳定性计算，船体构件的失稳折减，剖面折减的概念，板折减系数的计算。

4. 船体总纵弯曲应力第二次及更高次计算

领会：船体总纵弯曲应力第二次计算的方法。

5. 总纵强度问题中的应力合成

领会：局部弯曲应力的计算中水压力等横荷重的取法，第二、三、四类构件应力合成的"危险剖面"和"危险点"。

6. 船体总纵弯曲切应力计算

识记：最大剪力的剖面，最大切应力位置与计算方法。

7. 船体挠度计算

识记：船体梁弯曲挠度和剪切挠度的计算方法。

8. 船体极限弯矩计算

领会：船体极限弯矩的概念，船体极限弯矩的计算方法。

9. 船体强度标准

领会：强度标准问题的实质，强度标准的类别，危险应力标准和许用应力标准的强度储备及其区别，危险应力和强度储备系数的确定方法，总纵强度校核衡准及其阈值。

Ⅳ　关于大纲的说明与考核实施要求

一、自学考试大纲的目的和作用

自学考试大纲是根据专业自学考试计划的要求,结合自学考试的特点制定的。其目的是对个人自学、社会助学和课程考试命题进行指导。

自学考试大纲明确了课程自学内容及其深度和广度,规定自学考试课程的范围和标准,是编写自学考试教材、社会助学、个人自学的依据,也是进行自学考试命题的依据。

二、关于自学教材

自学教材:《舰船结构与强度》(自编教材)。

三、关于考核内容及考核要求的说明

(1) 课程中各章的内容均由若干知识点组成,在自学考试命题中知识点就是考核点。因此,自学考试大纲中规定的考核内容是以分解为知识点的形式给出的。因各知识点在课程中的地位、作用以及知识自身的特点不同,自学考试将对各知识点分别按四个认知(或能力)层次确定其考核要求(认知层次的具体描述请参看Ⅱ 考核目标)。

(2) 按照重要性程度不同,考核内容分为重点内容和一般内容。为有效地指导个人自学和社会助学,本大纲已指明了课程的重点和难点,在各章的"学习目的与要求"中一般也指明了本章内容的重点和难点。在本课程试卷中的重点内容所占分值一般不少于60%。

(3) 课程分为九个部分,分别为:船舶结构力学计算模型、单跨梁的计算、连续梁的计算、平面刚架与平面板架的计算、能量法、杆系稳定性计算、船体板弯曲与稳定性计算、船体总纵弯曲外力、船体总纵弯曲内力及强度标准。各部分在考试试卷中所占的比例大致为:5%、20%、20%、25%、5%、5%、5%、5%、10%。

本课程共6学分。

四、自学方法指导

舰船结构与强度是一门实践性很强的应用学科,主要内容分为两大部分,前7章为船舶结构力学部分,后2章为船舶结构强度部分。其中船舶结构力学部分是本门课程的重点内容,它针对船舶结构的特点,建立典型杆系结构和船体板力学模型,并给出典型结构在不同外力作用下的内力与位移的计算方法。掌握它主要从三个方面着眼:一是充分理解典型力学模型的结构特征及其所包含的工程含义;二是正确掌握相应的计算方法的实质和过程;三是使用这些方法来解题,在解题的过程中提高对方法的掌握程度并加深对方法的理解。在学习时请注意下面几个问题:

(1) 在开始学习某一章时,应先阅读相关章节的考试大纲,了解该章各知识点的考核要求,做到心中有数。

(2) 学完一章后,应对照大纲检查是否达到了大纲所规定的要求。

(3) 由于结构力学各部分内容的关系紧密,前面知识是学习后面知识的基础,只有掌握了一个章节内容后才能进行下一个章节的学习。特别是单跨梁的计算,该部分是后续部分的基础,非常重要,不熟练掌握不要进行下一章节内容的学习。

(4) 不做一定量的练习不可能掌握船舶结构力学。但也不要盲目做题,要善于在做题中发现问题,找出规律,提高分析和解决问题的能力。建议各章需做练习题数见下表:

章数	内容	习题数
1	船舶结构力学计算模型	11
2	单跨梁的计算	13
3	连续梁的计算	8
4	平面刚架与平面板架的计算	15
5	能量法	9
6	杆系稳定性计算	7
7	船体板弯曲与稳定性计算	7
8	船体总纵弯曲外力	9
9	船体总纵弯曲内力及强度标准	11
合计		90

(5) 保证并合理安排学习时间是很重要的。由于自学者情况的差异,下表是建议的各章学习实践时间(包括做习题时间),仅供参考。

章数	内容	学习实践/h
1	船舶结构力学计算模型	14
2	单跨梁的计算	8
3	连续梁的计算	30
4	平面刚架与平面板架的计算	10
5	能量法	5
6	杆系稳定性计算	20
7	船体板弯曲与稳定性计算	30
8	船体总纵弯曲外力	19
9	船体总纵弯曲内力及强度标准	19
合计		155

五、考试指导

1. 有计划地学习是考试成功的必要条件

很好的计划和组织是你学习成功的法宝。如果你正在接受培训学习，一定要跟紧课程并完成作业。若有不理解的内容或不会做的题，要及时请教教师。若有缺需及时补上。如果你是自学者，要做切实可行的学习计划，定出学习计划表，并按计划学习。遇到不理解的问题可向学过的人请教或利用网络等工具解决。

2. 如何考试

卷面整洁非常重要。书写工整，段落与间距要合理，卷面赏心悦目有助于教师评分，教师只能为他看得懂的内容打分。对于选择题，可先把明显错误的或不合理的选项排除，再考虑余下的选项。做题时，一般是先做简单的题。做题时要看清题目要求，理清解题思路再做题。注意不要漏题。

3. 如何处理紧张情绪

正确处理紧张、怕失败的情绪，要正面思考。如果可能，请教已经通过该考试科目的人，问他们一些问题。考试前的膳食应合理，保持冷静和旺盛的精力。在考试中，若看到试卷后出现心跳加快、慌张失措等现象，这时不要忙于动笔，先努力让自己冷静下来，做深呼吸放松，这有助于清醒头脑，缓解紧张情绪。

4. 如何克服心理障碍

这是一个普遍问题！如果你在考试中出现这种情况，试试下列方法：考试前根据考试大纲的要求将课程内容总结为"记忆线索"，当你阅读试卷时一旦有思路就快速记下。按自己的步骤进行答卷。为每个考题合理分配时间，并按照时间安排进行答卷。

六、对社会助学的要求

（1）要熟悉考试大纲对本课程总的要求和各章的知识点，准确理解对各知识点要求、认知层次和考核要求，并在辅助过程中帮助考生掌握这些要求，不要随意增删内容和改变要求。

（2）要结合经典例题，讲清楚基本概念、定理、公式和方法步骤，重点和难点更要讲透，引导考生注意基本理论的学习；更要十分重视基本的计算方法和计算技巧的讲解，帮助考生真正达到考核要求，并培养良好的学风，提高自学能力。

（3）要使考生认识到辅导课只能起到"领进门"的作用，听懂不等于真懂，关键还在于自己学习，应要求考生课后抓紧复习，认真做题。

（4）助学单位在安排本课程辅导时，授课时间建议不少于 60 h（建议改为 MOOC 资料学习时间）。

七、关于考试命题的若干规定

（1）考试时间为 120 min，闭卷考试，允许携带计算器。

（2）本大纲各章所做的基本要求、知识点都属于考核的内容。考试命题既要覆盖到章，又要避免面面俱到。要注意突出课程的重点，加大重点内容的覆盖度。

（3）不应命制超过大纲考核知识点范围的题目，考核目标不得高于大纲中所规定的最高能力层次要求。命题应看重自学者对基本概念、基本知识和基本理论是否了解或掌握，对基本方法是否会用或熟练。不应命制与基本要求不符的偏题或怪题。

（4）本课程在试卷中对不同能力或层次要求的分数比例大致为：识记占 15%，领会占 20%，简单应用占 30%，综合应用占 35%。

（5）要合理安排考试的难易程度，考试试题的难度可分为：易、较易、较难和难四个等级。每份试卷中不同难度试题的分数比例一般为 2∶5∶2∶1，即易的占 20%，较易的占 50%，较难的占 20%，难的占 10%。

必须注意试卷中试题的难易程度与能力层次有一定的联系，但二者不是同等的概念，在各个能力层次都有不同难度的试题。

（6）课程考试命题的主要题型一般有单项选择题、填空题、简答题、计算题、分析计算题等。

V　试题类型举例

一、单项选择题

1. 支撑条件是指对位移的约束，包括：水平位移、垂直位移和（　　）。

A. 线位移　　　　　B. 前位移　　　　　C. 后位移　　　　　D. 角位移

二、填空题

1. 船舶结构力学的基本计算模型主要有＿＿＿＿＿＿＿＿＿＿。

三、简答题

1. 船体结构中，哪些构件主要是承受总纵弯曲的？哪些构件主要是承受纵桁弯曲的？

四、计算题

1. 试用力法求解图 1 中所示的对称无限长连续梁支座截面中的弯矩值。

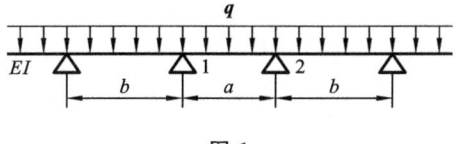

图 1

五、分析计算题

1. 某型深为 3.5 m 的横骨架式船舶横剖面图如图 2 所示,第一次近似计算船舯剖面要素时,参考轴选在基线上 1.5 m 处,并得到表 1 各数值(对半剖面):

表 1　船舯剖面要素

	面积/cm²	静矩/(cm² · m)	惯性矩/(cm² · m²)
参考轴以上	492	803.4	1467
参考轴以下	1052	1035	1240

(1) 该船于中拱状态受到最大弯曲力矩为 2494 kN · m。试计算:第一次近似计算中甲板和底板的总纵弯曲应力。

(2) 使船底板在第二次计算时的折减系数不小于 0.8(肋距 500 mm,船底宽 6 m,$\sigma_2 = -40$ MPa),该船底板的最小厚度至少应为多少?

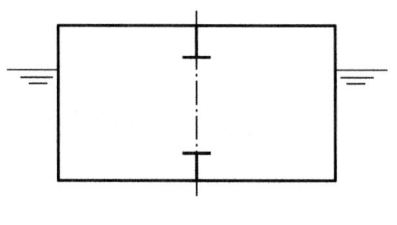

图 2　横剖面图

目　　录

第 1 章　船舶结构力学计算模型

本章学习要求：

（1）了解广义船舶结构力学的任务和主要研究范畴；

（2）了解狭义船舶结构力学体系的构成及研究方法体系构成；

（3）理解船舶结构力学计算模型的基本原则，掌握计算模型的基本要素构成；

（4）掌握典型船舶结构力学计算模型的建模思路及其工程意义；

（5）理解舰船结构强度的主要研究范畴；

（6）掌握舰船结构强度的主要研究问题。

主要知识点及重难点：

（1）广义船舶结构力学的任务与主要研究方向；

（2）船舶结构力学的方法体系构成；

（3）船舶力学计算模型的基本原则和基本要素；☆

（4）典型船舶结构力学计算模型；★☆

（5）带板；★

（6）舰船结构强度的研究内容与分类。☆

★—难点；☆—重点

1.1　概　　述

1. 广义船舶结构力学的任务和研究方向

　　船舶是人类社会迄今已建造的最为庞大，且最为复杂的运载平台结构物。船舶在运营或服役过程中将受到复杂多变的自然环境载荷和偶发性载荷作用，如何合理地科学地确定载荷作用特征，如何针对船舶结构响应开展足够精确的计算预报和高效设计，以及如何科学地评估船舶结构的极限承载能力，导致了广义船舶结构力学这门学科的诞生。广义船舶结构力学就是以确定各种具体载荷作用形式，探讨船舶结构响应计算与分析方法，以及评估结构安全性和安全裕度为主要内容的学科。

　　广义船舶结构力学是固体力学中结构力学的一个分支。其主要任务包括：

　　（1）研究船舶在建造、运营或服役、进出坞、坐墩修理等全寿命周期内，船舶结构可能承受的各种载荷作用形式及其分布规律。

　　（2）研究船舶结构在各种形式外载荷作用下，计算或预报船舶结构应力、变形、速度或加速度以及破坏状态等响应特征规律的方法或途径。

　　（3）确定船舶结构在自然环境载荷作用条件下的许用承载能力，以及在偶发性载荷作用下的极限承载能力。

　　（4）开展船舶结构优化技术和新材料船舶结构设计技术研究，研发高效以及"结构/功能一体化"新型船舶结构。

　　船舶结构是船舶结构物的主要体现载体,也是影响船舶各项综合性能必不可少的重要组成部分。同时,由于船舶结构在整个服役过程中所承受的载荷环境极为复杂,不同类型载荷作用下结构响应特征的计算思路或途径存在着力学本质上的差异。此外,对舰船结构抗损性以及隐身性等要求的不断提高,以及广义船舶结构力学与相关学科领域的交叉融合不断深化,必然导致了广义船舶结构力学的研究体系变得越来越丰富。根据载荷作用特征差异以及船舶结构用新材料的现状,目前广义船舶结构力学的研究范畴至少可以包括以下研究内容。

　　1) 船舶结构静强度

　　研究在静态或准静态载荷作用下船舶结构的响应(应力或变形),主要研究船体梁或船舶构件的弯曲问题及其许用强度问题。静态载荷是指不随时间变化的外加载荷,也称静载荷。变化较慢的载荷,即准静态载荷,也可近似地看作静载荷,这样可以简化理论分析和设计计算。

　　2) 船舶结构稳定性理论

　　研究细长杆件或薄板在压应力状态下的失稳临界载荷和失稳后行为。现代船舶中大量使用细长型和薄板构件,如骨材和船体薄板。受压时,它们会在内部压应力远小于材料屈服强度的情况下发生失稳(破损或屈曲),即构件会突发性地产生过大变形,从而降低甚至完全丧失承载能力。船舶结构稳定性理论中最重要的内容是确定构件的失稳临界载荷。

　　船舶结构稳定性理论和船舶结构静强度共同构成了狭义船舶结构力学的主要研究范畴,是开展船舶结构工程设计的基础,也是本门课程的主要学习内容。其中在已知准静态外载荷条件下,求解船体结构及船舶构件响应特征方法的研究内容,在本书中亦称为船舶结构力学,而准静态外载荷的确定以及结构强度的评判工作,则属于船舶结构强度理论,即本书后两章的主要内容。

　　3) 船舶结构动力学

　　亦可称为船体振动学,它主要研究在动载荷作用下船体结构或构件的动态特性和响应特征。动载荷是指随时间而改变的载荷,包括周期性载荷作用下的稳态响应和短时载荷作用下的瞬态响应。在动载荷作用下,船舶结构内部的应力、应变及位移也必然是时间的函数。船舶结构动力学同静力学的主要区别在于,船舶结构动力学需考虑船舶结构因振动而产生的惯性力和阻尼力;而其同刚体动力学之间的主要区别在于,船舶结构动力学同时还应考虑船体结构因变形而产生的弹性力。

　　4) 船舶结构疲劳和断裂理论

　　主要研究结构在交变载荷作用下出现疲劳,以及采用高强度材料的船体结构在载荷作用下由于内部裂纹扩展而引起断裂破坏的规律和控制方法。船舶结构内部不可避免地存在裂纹(特别是在焊缝处),裂纹的存在与扩展造成船体结构的失效形式大致可分为两种:其一是裂纹发展到临界裂纹而产生失稳扩展,引起结构的整体断裂破坏,造成灾难性的后果;其二是疲劳裂纹的数量和裂纹长度的累加,使得船舶结构对外部环境载荷的抗力逐步衰减,最终使结构的抗力低于环境载荷效应而产生失效。船舶结构断裂和疲劳理论就是研究在给定载荷谱下的船体结构或构件的使用寿命问题。它是开展船舶结构可靠性或安全性的主要理论基础。

　　5) 船舶结构毁伤力学理论

　　主要研究船体结构在水下爆炸、空中爆炸、碰撞以及搁浅等偶发性载荷作用下,出现整体折断、局部板架破损或撕裂、局部溃塌等毁伤模式的规律,以及提高船体结构抗毁伤能力的技术途径。船舶结构毁伤力学所针对的作用载荷,往往具有高瞬态和强动冲击特征,它对船体整体或局部结构的损伤,是短时间内无法弥补的;其次生灾害,甚至可能造成灾难性的后果。该方向的研究工作是开展舰船生命力设计与评估必不可少的重要理论基础。

6) 复合材料船舶结构力学理论

随着玻璃钢等先进复合材料在船体结构上应用范围的不断扩展,基于各向异性非金属材料结构的一系列力学问题也已被纳入船舶结构力学研究领域。复合材料船舶结构力学理论主要以具有各向异性材料特性的复合材料层合板架和夹层板架结构及其连接结构为对象,以探讨在各种自然环境载荷和偶发性载荷作用下,复合材料船体结构或构件的静强度、振动、疲劳断裂以及毁伤特征规律为目的。此外,基于对现代舰船越来越高的综合隐身性要求和复合材料优异的功能可设计性,复合材料船舶结构力学的研究必将越来越多地与先进材料科技的发展紧密联系,逐步融合,这也是船舶结构力学未来发展的重要方向之一。

2. 狭义船舶结构力学体系构成

19 世纪末期,随着钢质船舶的出现,船舶的尺度有所增加,于是合理地估算构件尺寸,以降低结构重量,提高船舶的有效装载能力,以材料力学和弹性力学理论为基础,以船舶典型结构部件或构件设计为对象的狭义船舶结构力学应运而生(以下统一简称为船舶结构力学)。学科创始人布勃诺夫指出,“船舶结构力学”的任务是“展示结构力学中与计算船体结构相关的那个分支”“用来确定各种船体结构必要的尺寸以保证船体强度”。由此可知,船舶结构力学是一门应用力学学科,属于结构力学的一个分支,因此,其体系构成主要可分为两大部分,即基本理论和工程应用。

基础理论体现了船舶结构力学与结构力学其他分支(如土木、建筑、车辆、航空航天器等)的共性特征,主要研究求解船舶典型构件及构件系统力学特性的结构力学计算方法体系。基础理论不仅适用于船舶,也适用于其他工程结构,如飞机、桥梁等,是船舶结构力学的基础。

工程应用主要针对船舶结构典型结构及其强度计算问题展开,如单跨梁、连续梁、板架以及钢架等单根构件及典型结构的强度计算问题。船舶结构力学主要为船体总强度和各大板架局部强度计算提供计算方法。本书主要介绍水面船舶结构强度,根据结构和承载特征的特殊性,潜艇结构强度和高性能船舶结构强度等也属于船舶结构力学的工程应用研究范畴。

在编写本书时主要遵循以工程应用为明线,以基本理论为暗线的思路。随着新型船舶、新型结构、新材料、新工艺的出现,船舶结构力学将会出现新的内容和分支。学习船舶结构力学将有助于大家更加深入地认识、掌握船舶结构(构件和结构整体)特性,并设计出符合结构物使用要求的、合理的、高效的船舶结构物。

3. 船舶结构力学研究方法

由于船舶结构力学是在材料力学和弹性力学基础上发展起来的,因此,在对具体船体结构进行计算分析时,力学求解的基本原理与思路是一致的。如:材料力学中的静力平衡条件、剪力/弯矩的分布以及强度理论,弹性力学中的变形连续条件、几何关系、物理关系等,均适用于复杂结构力学问题的求解。当运用这些基本原理求解复杂结构系统问题时,就形成了结构力学的研究方法体系,如初参数法、力法、位移法、能量法、中性平衡法等,简单介绍如下。

初参数法:通过边界条件确定积分常数,获得任意载荷作用下单跨梁的挠曲函数表达式,然后根据弯曲要素与挠曲线的微分关系,得到单跨梁任一截面处的弯曲要素,即为初参数法。

力法:将结构的多余约束用力替代,将超静定结构转化为静定结构,通过变形协调条件求解多余的约束反力。这种将多余约束力作为基本未知量的计算方法称为力法。

位移法:结构在外载荷作用下只能产生一定的位移,首先求出结构的变形,然后再根据其变形计算内力。这种以位移为基本未知量求解超静定结构的方法称为位移法。

　　能量法：将能量概念有关的一些原理应用于分析变形固体力学问题（统称为能量原理）。直接应用能量原理对结构进行分析的方法称为能量法。

　　中性平衡法：该方法亦称为静力平衡法，是求解结构临界载荷的基本方法，主要用于求解结构稳定性问题。

　　船舶结构力学问题的求解方法较多，具体的方法运用将在后续章节进行介绍。

1.2　计算模型基本原则

　　船舶结构虽然尺度庞大且形式复杂。但是，对于船舶结构设计者而言，船舶结构的强度校核与计算均可归结为两类典型问题：一是总强度计算；二是局部强度计算。在水面船舶总纵强度计算时，根据船体结构的几何特征（细长），一般会将其视为一根变截面的杆件（船体梁），由船体各分段重力、浮力以及波浪载荷的叠加构成作用载荷，然后基于梁弯曲理论，得到各横截面上纵向构件的应力分布，如图 1-2-1 所示。当需对某舱壁结构进行局部强度校核时，不考虑远离该舱壁船舶构件的影响，而将周边构件的影响计入边界条件之中，将舱壁简化为一个板架结构（见图 1-2-2），开展破损水压作用下舱壁主要组成构件的应力计算，这也是实际工程中开展船舶结构局部强度校核时的通常做法。

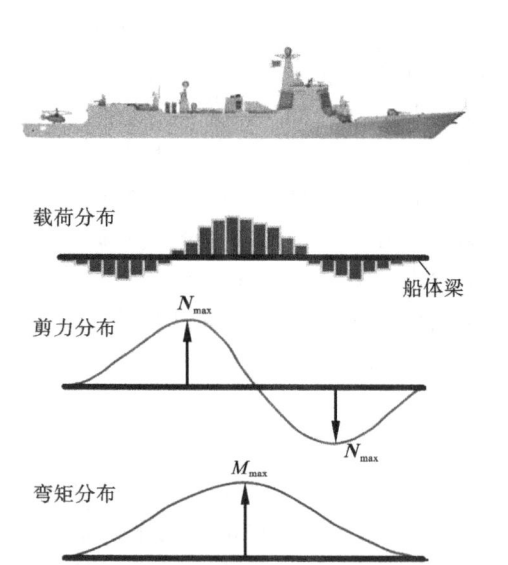

图 1-2-1　船体梁模型的建立

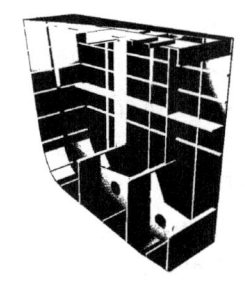

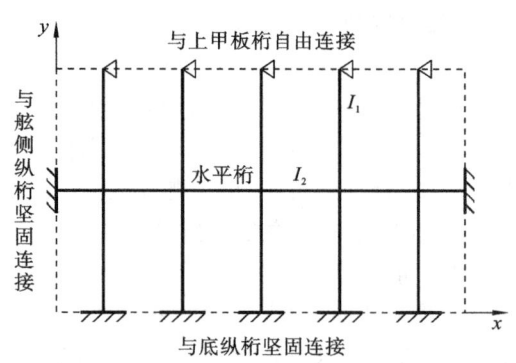

图 1-2-2　典型舱壁板架计算模型

　　以上两例中，如果不作任何简化，无论是进行总强度计算，还是开展局部强度计算都是十分困难的。因此，在分析实际工程结构时，利用结构知识、力学知识和工程实践经验，经过科学的抽象，并根据实际受力、变形规律等主要因素，对结构进行合理的简化，这一过程就称为力学建模或结构模型化，经简化后所建立的可以用于计算分析的模型，如上述两例中的船体梁和板架，就称为结构的计算模型（或计算简图）。显然，合理地建立船舶结构计算模型是正确开展工程结构分析的前提和决定结构分析成败的关键。那么，在进行具体工程结构分析时，应该如何做才能真正做到既能获取实际结构的真实应力分布状态,又能大大简化计算流程呢? 对此,我们对计算模型提出了以下基本原则性要求:

(1) 能反映实际结构的主要力学特征;

(2) 尽量简化;

(3) 偏于安全。

其中,"能反映实际结构的主要力学特征"是最重要的基本原则,而且该条与后两条有时甚至是相互矛盾的,如何取舍要视结构模型化时的具体条件而定。当对影响因素难以准确分析时,将基于"偏于安全"的工程指导思想进行取舍。船舶结构模型化时主要应考虑的影响因素如下。

(1) 结构的重要性。对重要结构建模时应采用能反映实际结构全部力学特征的计算模型,而对次要结构建模时可尽量简化。

(2) 设计阶段。不同设计阶段,结构建模时考虑的条件是不同的。在初步方案设计阶段计算模型可建立得较简单,即以尽可能简化为主;在技术设计阶段则可能需要建立更为复杂的计算模型,以便更准确地反映实际结构的主要力学特征。

(3) 计算问题的性质。对于结构静力分析,一般可以用较复杂的计算模型,以尽量反映实际结构的主要力学特征。对于结构动力和稳定性分析,由于计算难度大,计算模型过于复杂可能导致无法求解,因此可用相对简单的计算模型,但仍应反映实际结构的主要力学特征。

(4) 计算载荷的精度。计算模型的选取还与计算载荷和许用应力的选择有关。船舶结构力学内应力的计算精度与外载荷的精度应相匹配,如果外力的确定有很大的近似性,就没有必要过分追求内应力计算模型的精确性。

此外,在进行船舶结构计算时,总是根据需要与可能,将实际结构进行简化后再做结构分析。对于船舶结构,传统的做法如下:

(1) 将船体总强度问题与局部强度问题分开考虑,必要时可将结果叠加起来分析;

(2) 在横向强度或局部强度问题中,可将空间结构拆分成平面结构进行分析;

(3) 在具体计算时,可将船体的骨架和板分开考虑。

1.3　计算模型基本要素

1. 船舶结构几何特征及带板概念

1) 船舶结构几何特征

船舶结构力学为开展船舶结构强度校核计算提供理论基础,以寻找合理高效的船舶结构和强度问题求解途径为目标。由船舶结构知识,我们知道水面船舶结构的主要几何特征是板架(构成主船体的典型四大板架包括:船底板架、舷侧板架、甲板板架和舱壁板架),板架又是由纵横交叉的骨架和板所组成的平面近似结构。因此,船体结构组成的最基本单元仅有两类,一是由各种型材所构成的骨架;二是由板材所构成的船体板。

单根骨架的典型几何特征是细长,长度方向的尺寸远大于横截面尺寸,具有典型一维几何特征。横向载荷作用下细长骨架将在载荷与骨架平面内发生弯曲变形,轴向载荷作用下主要产生轴向拉压变形;板在平面内的两个维度上的尺度远大于其厚度方向,具有二维几何特征,横向载荷作用下的板会发生弯曲变形,面内载荷作用下则主要产生拉、压和面内剪切变形。由于骨架在板厚方向的尺寸不可忽略,加筋板架结构的几何特征和承载变形均具有三维特征,且

图 1-3-1　单底船体典型舯段结构

需同时考虑板和筋在两个垂直平面内的变形特征，是更为复杂的三维空间力学求解问题。

2）舰艇船体骨架梁带板的概念

由船体结构几何及其承载变形规律特征分析可知，相对于骨架梁和板而言，板架的求解最为复杂。为了简化板架结构的求解，结构工程师们基于骨架是板架的主要抗弯承载构件这一主要力学特征，忽略板架中复杂的板格求解问题，通过带板概念的提出，将其简化为一维杆件问题的求解。

船体结构中绝大多数骨架（型材或组合构件）都是与船体板通过焊接坚固连接为一体的，因此，当板架承受外载荷发生变形时，骨架梁及与它连接的船体板将共同参与抵抗外载荷，发生协调变形。因此，在计算骨架梁的承载能力时，应将一定宽度的板计算在骨架梁剖面中，作为组成部分来计算骨架梁的剖面面积、惯性矩和剖面模数等几何要素，这部分板称为带板或附连翼板。

然而，应当把多宽的板计算到和它相连接的骨材剖面中去呢？这是船体强度中一个重要而复杂的问题，至今尚未得到很好解决。各国船级社规范对带板宽度都有不尽相同的规定，且处于不断调整和改变之中。

我国国军标 GJB 4000—2000 中规定，在计算舰艇船体骨架梁弯曲强度时，取带板宽度 $b_e = \min[b, l/6]$，其中 b 为骨架间距，l 为骨架跨距。当骨架间距较大（$b > l/6$）时，带板宽度由骨架跨距确定，取 $b_e = l/6$；当骨架间距较小（$b < l/6$）时，带板宽度由骨架间距确定，取 $b_e = b$。另外，对于甲板纵桁、中底桁和旁底桁等大构件，骨架带板宽度范围内存在纵骨时，纵骨横截面积可平摊在带板宽度上，等效为带板厚度的增加。

2. 船舶结构计算载荷

外载荷是开展结构分析的必备条件，也是构成计算模型的重要组成部分，计算载荷的确定精度在很大程度上控制了计算结果的精度和有效性。由船舶结构知识可知，处于不同部位的船体结构具有不同的功能要求，并承受不同特征来源的外载荷，例如，舷侧板架主要承受水线以下呈三角形分布的静水压力；而强力甲板板架不仅要承受甲板装载和风浪中的水压载荷，同时也是参与船体总纵强度承载的主要组成构件。此外，载荷的作用形式同时还支配着结构的力学响应特征，例如某一单跨杆件在横向载荷作用下，将主要产生横向弯曲变形，那么这是一个梁的弯曲问题；但是，当载荷沿杆件轴向作用时，杆件的变形将主要表现为杆件的拉伸和压缩，若载荷为压力载荷时，则在压载大于一定值（临界载荷）后，问题就演变为杆件的稳定性问题。由此可见，载荷不仅影响结构力学计算的精度，同时，也会影响结构的力学响应特征以及计算模型的选择。

最后，还应注意到在求解复杂计算模型时，通过载荷传递路径的分析，将有利于简化计算。以横向载荷作用下板架强度计算为例，真实的载荷传递路径可以这样描述：外载荷直接作用在壳板上，由于壳板抗弯刚度较低，载荷将迅速传递至数量众多的小型构件（如纵骨）上，而大型构件（如横梁和纵桁）进一步支撑着小型构件。由此，实际外载荷最终是由大型构件所承受的。那么，在校核此板架大型构件结构强度时，若将所有外载荷直接作用在大型构件上，建立相应的计算模型也是合理的。

3. 船舶结构计算模型边界条件

根据水面船舶结构强度校核的分类特点,可以把船舶结构模型化分为整船结构模型化和局部结构模型化。整船结构模型化就是把船体结构化为两端自由,承受重力和浮力沿船长的叠加载荷作用的船体梁;局部结构模型化就是把局部构件或结构从整体结构中分离出来,并施加局部构件所直接承受的作用载荷,建立局部结构计算模型,此时相邻构件对结构计算模型的影响,就是所谓的边界支承条件(简称边界条件)。一般边界条件是指对位移的约束,包括:① 线位移(平移);② 角位移(转动)。在船舶结构计算模型中边界支承条件通常是用支座加以形象描述的。常用的边界条件有:

(1) 简支,如图 1-3-2 所示。边界条件为支座处位移为零,转动不受限制,自由支持在刚性支座上。这里要说明的是,虽然图 1-3-2 中左、右支座的支承条件不完全相同,右支座的水平位移不为零,但船舶结构力学习惯上对两者不加区别,其理由将在本书 2.4 节中说明。

(2) 固支,如图 1-3-3 所示。支座处位移为零,转角为零,刚性固定在刚性支座上。

图 1-3-2　简支　　　　　　　　　　　　　　　图 1-3-3　固支

(3) 弹性支座,如图 1-3-4 所示。自由支持在弹性支座上,支座处位移 v 与支座反力 R 成正比,即 $v=AR$,其中 A 为弹性支座的柔性系数,其倒数为弹性支座的刚性系数 K,$K=1/A$。

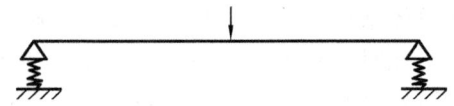

图 1-3-4　弹性支座

(4) 弹性固定端,如图 1-3-5 所示。弹性固定在刚性支座上,支座处转角 θ 与反力矩 M 成正比,即 $\theta=\alpha M$,其中 α 为弹性固定端的柔性系数,其倒数为弹性固定端刚性固定系数 K,$K=1/\alpha$。

图 1-3-5　弹性固定端

在实际工程结构中,支座是相邻构件对本结构(计算模型)的支持或约束,相邻构件的支持或约束应简化成何种支座,可根据相邻构件与计算构件间的相对刚度,以及受力后的变形特点而定,正确分析相邻构件的相对刚度以及结构的变形特点是合理简化支座,实现力学等价和模型化的关键。

综上所述,建立船舶结构计算模型的基本要素,应主要包括以下三点:一是正确辨识结构的几何特征;二是精确获取计算载荷,并将之施加于承载构件及承载部位;三是认真分析判断,正确选取边界条件。此外,统一的物理量的符号规定和明确结构坐标系也是构成计算模型的必要组成部分。

1.4　典型舰船结构力学计算模型

1. 单根骨架计算模型

在船舶结构中由单根型材所构成的单根骨架比比皆是,如支柱、船底纵桁、船底纵骨、甲板纵桁、甲板纵骨、舷侧纵桁、舷侧纵骨、舱壁水平桁、扶强材,等等。那么应该如何确定骨架构件的尺寸,如何选择型材的型号? 这就需要建立相应的计算模型,进行骨架梁的应力计算和强度校核。根据建立计算模型的基本原则,不同重要程度的构件以及不同阶段的设计要求,骨架梁计算模型的简繁程度将存在一定的差异性。常见的计算模型如下。

1) 杆

单根骨架,如某根支柱,当仅承受的轴向力作用发生轴向拉伸或压缩变形时,所建立的计算模型称为桁架杆,简称杆。此时杆件的一端承受轴向力,另一端边界支撑条件需约束其轴向位移,截面的内力仅有轴向应力。但是当杆件所承受的压载超过其临界失稳载荷后,杆件将因丧失稳定性而破坏。因此,严格意义上"杆"计算模型所讨论的载荷应限定在临界失稳载荷之内。

2) 单跨梁

凡是以弯曲为主要变形特征的杆件,均可称为"梁"。单跨梁是仅在杆件两端有支座的梁,图 1-3-2~图 1-3-5 所示均为单跨梁计算模型。而悬臂梁仅在杆件一端有支座,它是单跨梁的一种特例。此处的支座体现了杆件与相邻杆件间的几何交叉特征和力学支撑作用。单跨梁截面内力有轴力、剪力和弯矩。单跨梁是船舶结构力学中最基本、最常用的计算模型。

在方案设计阶段,为了向总体结构提供结构重量方案,必须初步确定船体结构中的纵骨、纵桁、肋骨、横梁等构件的尺寸,此时工程师们会遵循偏于安全的指导思想,根据经验从单根骨架中挑选承受载荷最大或跨距最大的单跨骨架,采用单跨梁计算模型进行强度校核,确定骨架型材选用要求。

此外,当骨架跨距相等、截面尺寸相同,变形在支座处左右对称,支座处位移为零,转角为零时,单根骨架强度校核时也可按两端刚性固定的单跨梁来进行计算,如图 1-4-1 所示。这种情况在对船底、舷侧和甲板纵骨进行强度校核时经常采用。

在实际工程中,除以上所举两例以外,单跨梁计算模型还可以分析、计算构件与相邻构架弯曲刚度存在较大差异的情况。如在单层甲板船的肋骨框架中(见图 1-4-2(a)),由于肋板刚度远大于肋骨,故肋骨下端可看作刚性固定(见图 1-4-2(b));甲板横梁与肋骨尺寸大体相当,如甲板上无载荷,则甲板横梁可作为肋骨的弹性固定端,故肋骨上端可作为弹性固定,因此肋骨可简化为下端刚性固定、上端弹性固定的单跨梁(见图 1-4-2(c))。按船舶结构力学方法,可算出其弹性固定端的柔性系数 α。

进一步推广以上结论,一般情况下,当相邻梁的刚度相差在 20 倍以上时,其计算图形可按极限情况简化处理,误差可控制在 5% 以内。在图 1-4-3(a)中,梁 12 的相对刚度比梁 23 的相对刚度大得多,且其上无外载荷,故梁 12 可作为梁 23 的刚性固定端;在图 1-4-3(b)中,梁 12 的相对刚度比梁 23 的相对刚度小得多,且其上无外载荷,因此在计算梁 23 时可忽略梁 12 的影响。

3) 连续梁计算模型

在技术设计阶段,我们希望获得特定舱段内某单根骨架更为全面、更为详细的应力或变形

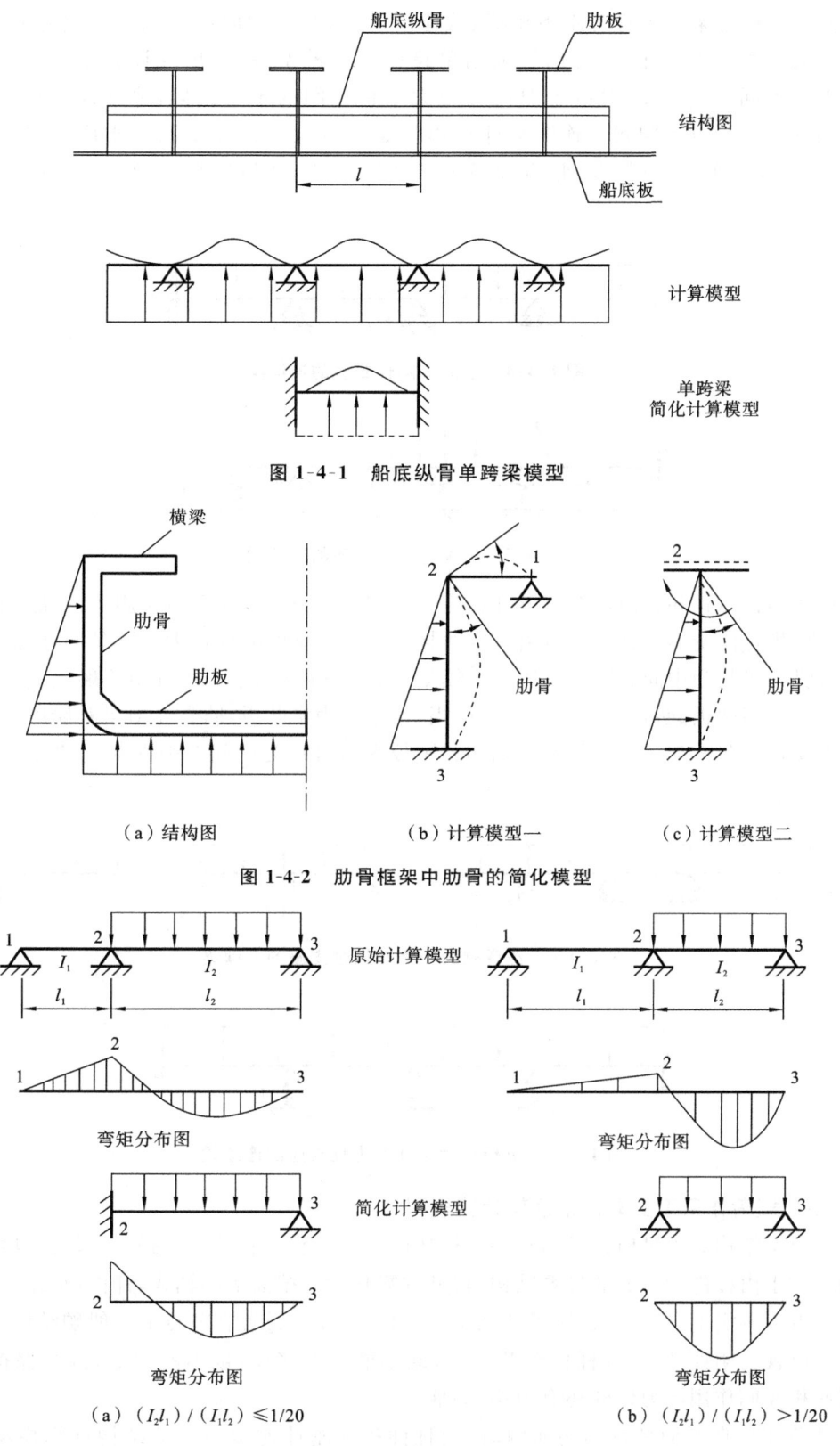

图 1-4-1　船底纵骨单跨梁模型

（a）结构图　　　　　　（b）计算模型一　　　　　　（c）计算模型二

图 1-4-2　肋骨框架中肋骨的简化模型

（a）$(I_2 l_1)/(I_1 l_2) \leqslant 1/20$　　　　　　　　　（b）$(I_2 l_1)/(I_1 l_2) > 1/20$

图 1-4-3　骨架梁支座的简化

特征。但当单根骨架的各跨跨距不相等、载荷不一致,甚至截面尺寸也存在差异时,如何找到最危险的承载构件? 此时,若仍然采用单跨梁计算模型,就会出现计算精度不足或计算工作量增加等问题。那么,对特定舱段内或大型构件间的单根骨架,建立连续梁计算模型就可以很好地解决以上问题。连续梁计算模型是指有三个或三个以上支座的梁。连续梁计算模型分为中间有刚性支座的连续梁(见图 1-4-4)和中间有弹性支座的连续梁(见图 1-4-5)。

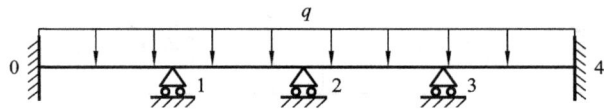

图 1-4-4　中间有刚性支座的连续梁

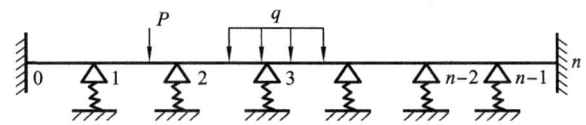

图 1-4-5　中间有弹性支座的连续梁

　　以船体结构纵骨和纵桁弯曲变形计算为例。在水压力及物体重力作用下,船底、舷侧和甲板纵骨将产生弯曲变形,然而,此时由于实肋板、肋骨、横梁的刚度远大于纵骨的,因此船底、舷侧和甲板纵骨可视为中间有刚性支座的连续梁,如图 1-4-6 所示。另外由于船底、舷侧和甲板的纵桁尺寸与实肋板、肋骨和横梁的尺寸相当,通常认为实肋板、肋骨和横梁对船底、舷侧和甲板纵桁的支撑为弹性支撑,从而船底、舷侧和甲板纵桁可视为中间有弹性支座的连续梁,如图 1-4-7 所示。

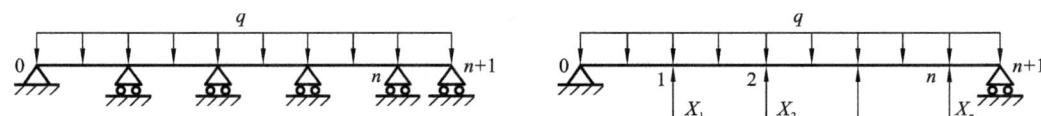

图 1-4-6　纵骨化为中间有刚性支座的连续梁

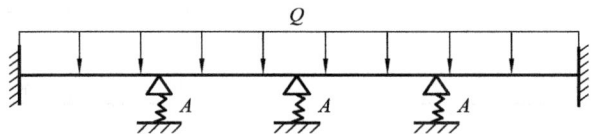

图 1-4-7　纵桁化为中间有弹性支座的连续梁

2. 面内载荷作用下交叉骨架框架计算模型

　　舰船板架结构是由纵横交叉的骨架所构成的,这种交叉相互连接的杆件系统,也可称为杆系结构。对于由杆件所组成的杆系结构,将杆件简化为其截面形心轴线,杆件(轴线)的交汇点就称为节点。事实上,连续梁也属于杆系结构,跨间支座就设置在节点上。船舶结构中的节点绝大部分可视为刚性节点,各杆件在节点处,既不能相对移动,也不能相对转动(保持夹角不变),因此相互间作用除力以外还有力矩(力偶)。

　　当载荷作用在平面杆系结构面内时,由杆件相互刚性连接而成的结构计算模型称为平面刚架。刚架中的杆件主要产生弯曲变形,如图 1-4-8 所示。刚架计算模型的最主要几何特征为载荷作用于杆系结构平面内;且构件交汇处(节点)为刚性,构件之间的夹角在变形前后保持不变。此时杆件截面内力有轴力、剪力和弯矩。

在船体结构中,当需要开展甲板压载以及舷外静水压力作用下,由横梁、肋骨及船底肋板共同组成的横向框架结构的强度校核时,平面刚架就是工程中常用的简化计算模型。

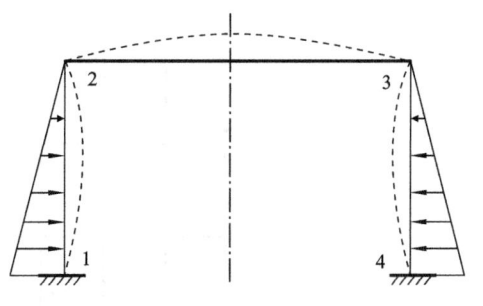

图 1-4-8 平面刚架

在船体横剖面内,横梁、肋骨及船底肋板共同组成一个平面框架结构,以确保船体结构的横向强度,因此常把它们整体考虑为船体横向强度的校核计算模型(见图 1-4-9(a))。图中肋骨与横梁及肋板的相交点因分别位于船侧板与甲板及底板的交界处,在实际情况中不会发生线位移,故在该处加上支座表示不可移动。横梁在仓口处的支座表示仓口纵桁和支柱的支撑作用。考虑到实际船舶中肋板的尺寸远较肋骨为大,所以计算时亦可将肋骨下端作为刚性固定端,而把肋板放到船底骨架中研究,这样就得到了仅由横梁与肋骨组成简化模型的刚架计算模型,如图 1-4-9(b)所示。

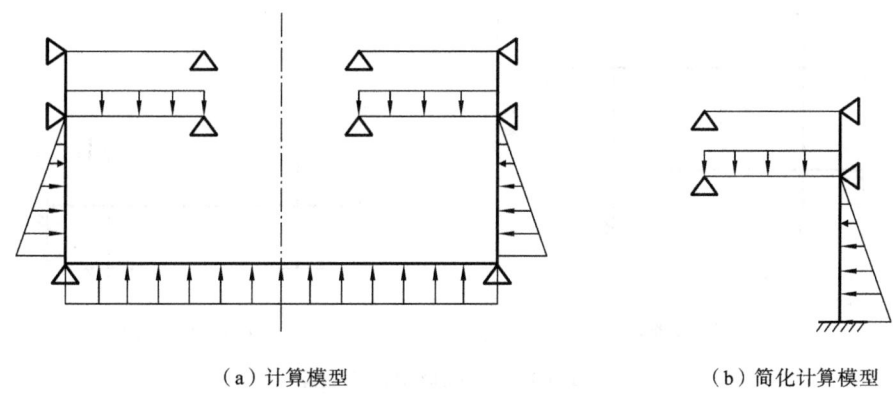

(a)计算模型   (b)简化计算模型

图 1-4-9 横向肋骨刚架计算模型

3. 横向载荷作用下交叉骨架结构计算模型

当交叉杆系结构承受垂直作用于平面的载荷时,称为平面板架计算模型。船舶结构中这种承受横向载荷作用的交叉杆系结构主要是组成船体结构的四大板架。其典型几何特征是矩形平面板架(见图 1-4-10),纵横交叉的杆件以直角相交,受到垂直于板架平面的载荷作用,杆件截面内力有剪力、弯矩和扭矩。船体结构中由板和骨架组成的平面杆系结构常简化为平面板架计算模型,此时板的作用通过骨架(梁)的带板加以体现。

平面刚架和平面板架这两种平面杆系,虽然同是平面结构,具有相同的几何结构特征,但由于它们所受外载荷的作用方向不相同,平面刚架承受面内载荷,平面板架承受横向载荷,因而它们的力学承载特征不同,所以应分别研究。

下面以典型船体板架的强度校核为例,介绍建立板架计算模型的基本思路。

1)甲板板架计算模型

在上甲板(或下甲板)的骨架中,甲板纵桁与仓口端横梁的尺寸最大,在计算时常可略去其他骨架对它们的影响,于是在研究甲板纵桁与仓口端横梁时就得到了一个井字形的平面杆系,

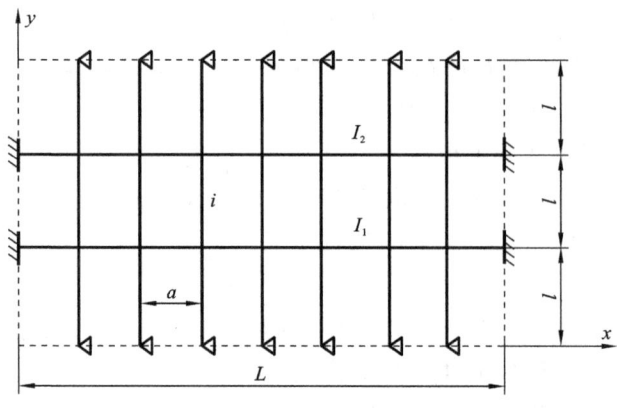

图 1-4-10　平面板架

如图 1-4-11(a)所示。此种杆系因外载荷垂直于杆系平面而发生弯曲,称为"交叉梁系"(gril-lage)或"板架"。从结构变形对称性考虑,甲板纵桁两端可视为刚性固定,横梁两端可视为简支。如果仓口端横梁中点有支柱或半纵舱壁,由对称性又可简化为如图 1-4-11(b)所示的板架简化计算模型。

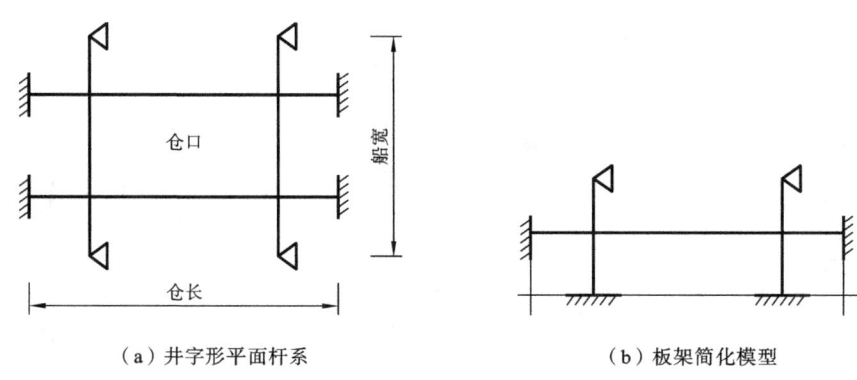

（a）井字形平面杆系　　　　　　　　（b）板架简化模型

图 1-4-11　甲板板架计算模型

2) 舷侧板架计算模型

舷侧板架计算模型如图 1-4-12 所示,通常舷侧板架由强肋骨和舷侧纵桁组成,舷侧纵桁两端在舱壁处,可视为刚性固定。由于肋板刚度远大于肋骨,故肋骨下端可作为刚性固定,而肋骨上端应视情况而定,图 1-4-12 中肋骨上端为下甲板,有下甲板横梁和上部肋骨共同作用,

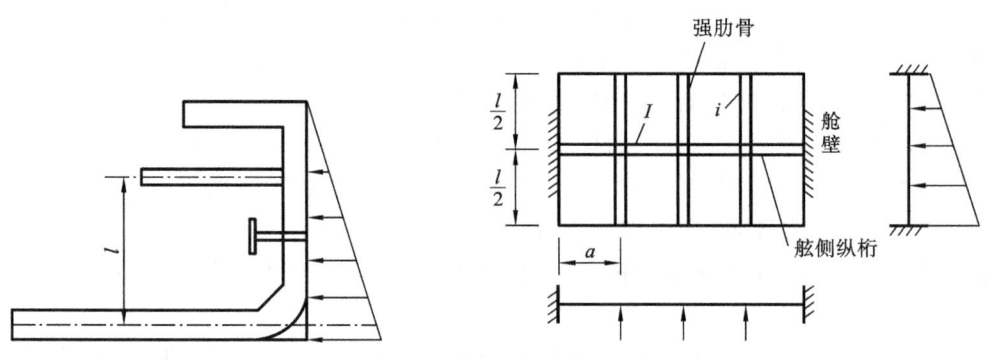

图 1-4-12　舷侧板架计算模型

因此可作为刚性固定处理。

4. 船体板计算模型

板是由两个平行平面(称为表面)和垂直于表面的柱面所限制的结构物,且表面间的距离远小于表面本身的尺寸。当表面间的距离(即板的厚度,用 t 表示)远小于表面本身的尺寸 l(长度、宽度或直径),并满足 $t/l < 1/5$ 时,称为薄板,否则称为中厚板或厚板。板的计算模型分为板弯曲计算模型和板稳定性计算模型。板的弯曲变形计算模型主要用于各类船体板在垂直于表面横向载荷作用下的弯曲变形计算;板的稳定性计算模型主要用于各类船体板在平行于板面的面内压缩载荷或剪切载荷作用下的失稳计算。

5. 构件稳定性计算模型

构件在压缩载荷作用下产生压缩变形,当压缩载荷超过临界值时,构件会突然丧失承载能力,这种现象称之为构件失稳。以甲板纵骨为例,在船舶中垂弯曲时甲板纵骨受轴向压力作用,在船舶结构总纵强度计算中,应当进行纵骨稳定性计算,以考虑纵骨失稳对总纵强度的影响。根据其变形特点,在结构对称时,纵骨变形以横梁为支点左右反对称,支座处位移为零,所受弯曲力矩为零,因此可将其简化为两端自由支持的单跨压杆来计算,如图 1-4-13 所示。

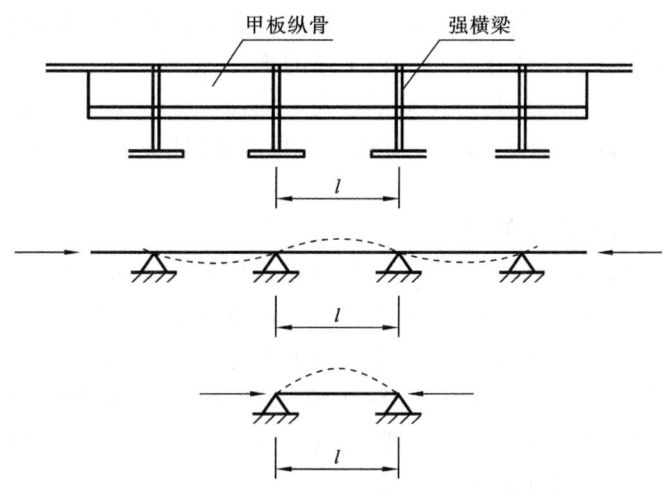

图 1-4-13　甲板纵骨稳定性计算模型

应当注意,在骨架稳定性计算时带板的取法是与强度计算存在一定差异的。在造船界有相当多的人在应用"稳定性带板"和"弯曲带板"宽度时,常常不能够加以区别。实际上,它们在物理意义上是两个不同的概念,在具体数值上也常常相差甚大,不能通用。

我国国军标(GJB 4000—2000)规定,舰艇船体骨架梁稳定性计算时的骨架带板宽度将取决于骨架间距 b,当带板受压失稳,带板的临界应力 σ_{cr} 以及压缩应力 σ 的大小则要进行折减,即稳定性带板宽度为

$$\bar{b} = \frac{b}{2}(1 + \varphi)$$

式中:φ 为折减系数,$\varphi = \dfrac{\sigma_{cr}}{\sigma} \leqslant 1$,$\varphi > 1$ 时,取 $\varphi = 1$。

1.5　舰船结构强度简介

1. 舰船结构强度概念

强度指材料或结构抵抗外载荷的能力。"舰船结构强度"是舰船船体结构强度的简称,就其字面含义指船体结构在各种外载荷作用下不发生超过允许限度的变形或破坏,保证舰船安全、正常工作的能力,是船体结构的固有特性。

舰船是一个复杂的水上工程结构物,是维护国家海防、保障海洋资源开发和海洋战略运输通道安全的主要力量,担负着航行(巡逻)、运输、战斗等各种任务。在完成上述各种任务的过程中,舰船将受到各种外载荷的作用,如海水压力、波浪冲击力,设备、人员、油水以及结构自身的重力,舰船运动所产生的惯性力,武器发射的后坐力,以及碰撞、触礁、搁浅和爆炸冲击等偶然作用力,等等。

舰船结构是舰船的基础,是各种武器装备、机械设备和人员的装载平台和生活工作场所,是抵抗上述各种外载荷的主体。在外力作用下,船体结构会产生多大的变形,是否会产生塑性变形或断裂破坏,能否保证舰船自身及各种武器装备、机械设备安全、正常地工作,是舰船设计必须解决的问题,否则舰船在建造、下水、巡逻、作业等过程中就可能产生船毁人亡的灾难事故。因此,船体结构应具备足够的强度,确保能抵抗外载荷的破坏作用,保证船体结构的安全性和完整性。另一方面舰船作为作战、运载、工作的平台,必须具备一定的装载能力,如果船体结构强度过高、结构尺寸过大、结构自身重量过大,必然导致舰船的装载能力下降,难以适应舰船总体性能的要求。因此,船体结构应具有适当的强度,即具备足够强度的同时还应满足尺寸小、重量轻的要求。

2. 舰船结构强度的主要研究内容

对于军用舰船,应根据研究主体的不同,将舰船强度区分为水面舰船强度和潜艇强度,两者在设计载荷(所承受的外力)和内力计算方法方面均存在较大差异,如水面舰船所受外力主要以波浪中的弯曲载荷为主,它是由重力、浮力和波浪冲击力共同作用导致的,而潜艇所受外力主要以深水中的静水压力为主;水面舰船结构应力计算主要以结构力学的梁和板的弯曲理论为主,潜艇结构应力计算主要采用板壳理论。因而水面舰船强度和潜艇强度是舰船强度研究的两个不同方面,本书主要介绍水面舰船强度。

从结构变形和破坏的角度来看,外力导致的船体结构变形和破坏可分为总体性的和局部性的。船体结构的总体性破坏会危及舰船的安全,当它扩展到一定程度后会使舰船断裂、沉没;而过大的船体变形会使设备、机械不能正常工作。而船体结构局部性破坏,由于涉及的区域较小,一般不会危及舰船整体的安全性,但会影响舰船执行任务,故也应尽量避免。因此,舰船结构强度的研究内容又可分为舰船船体结构整体强度(或总体强度)和局部强度。

以水面舰船结构强度为例,大量海损事故的分析统计表明,船体结构在波浪中整体弯曲(总纵弯曲、横向弯曲)或扭转破坏是舰船结构整体破坏的主要形式。为便于船体结构总纵弯曲的研究,皮兹克(Pietzker)、埃特伍德(Attwood)等提出了船体梁的概念。船体梁又称船体等值梁,它是船体结构中所有参与总纵弯曲的纵向连续构件(如甲板、内外底板、纵桁、纵骨、船侧等)组成的变断面梁,若将这些纵向连续构件的剖面面积平移集中到横剖面中线面处,而不改变构件剖面面积在高度上的位置,则可得到一根抗弯能力与实际船体抗弯能力等值的实心相当梁。船体梁概念不仅阐明了甲板、船底和舷侧在总纵弯曲中的作用和应力分布,而且将不参与纵向弯曲的横向骨架和横舱壁分离出来了,有利于简化计算。

与此类似,船体结构横向弯曲通常研究由甲板横梁、舷侧肋骨和底部肋板组成的横向框架结构的弯曲问题,或以横舱壁为腹板结构,以甲板和底部为翼板的横向单元组合结构的弯曲问题。船体结构整体扭转强度研究的是将船体结构简化为等值薄壁梁的自由扭转或约束扭转问题(见图 1-5-1)。对水面舰船而言,由于航行性能的特殊要求,其船体通常较为细长;同时,由于有不沉性的特殊要求,通常会设置较多的横向舱壁。因此,水面舰船结构的整体强度以总纵弯曲强度为主,而横向强度和扭转强度大多不予考虑。

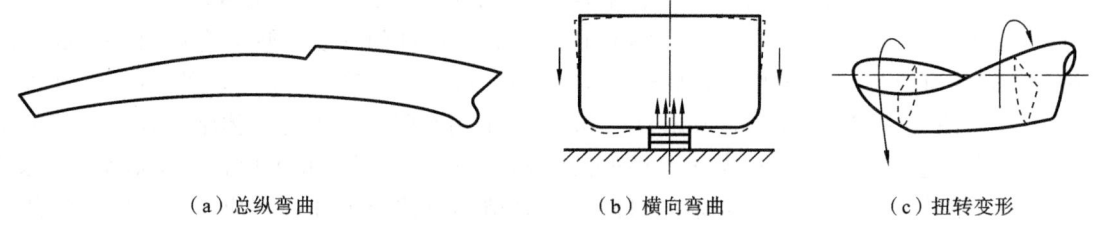

（a）总纵弯曲　　　　　　　　（b）横向弯曲　　　　　　　（c）扭转变形

图 1-5-1　船体结构总体性变形示意图

舰船结构的局部结构变形和破坏是由局部载荷引起的,属于局部强度问题。水面舰船结构局部强度主要包括:甲板结构强度、舷侧结构强度、船底结构强度、舱壁结构强度、上层建筑结构强度、桅杆结构强度、尾轴架结构强度等。局部强度的主要特点是仅考虑局部结构对载荷的响应,其应力不考虑与总强度问题的应力叠加。局部强度又分为板的强度、纵骨(骨架梁)强度和板架强度。

由于船体结构具有复杂的空间构型,其变形和破坏形式多种多样。从破坏的原因来看,舰船船体结构的破坏包括:由于结构的应力达到或超过材料的屈服应力产生的塑性变形或断裂;作用于结构的压力载荷达到或超过结构的失稳临界载荷而产生的失稳破坏;承受交变载荷的结构达到疲劳极限而产生的疲劳破坏(裂纹),以及由于结构刚度不足导致的变形过大影响舰载武器装备使用的破坏等。

事实上,无论是整体强度还是局部强度,除了由于研究对象的不同,而在研究方法上有所区别以外,其具体的研究步骤基本上是一致的,即首先要确定被研究结构的受力,只有载荷明确,才能进一步研究结构的变形和应力。其次是计算结构的变形和应力,研究在确定的外载荷情况下的结构响应。最后要解决的是如何判断结构在该外载荷作用下是否安全的问题,给出强度衡量参数及相应的强度衡量标准或阈值。从该意义上说,舰船船体结构强度的研究内容可分解为三大问题,即外力问题、内力问题和强度标准问题。

外力问题主要研究结构的受力状态及其确定方法。舰船所受外力主要有重力、浮力、静水压力、水动压力、波浪砰击力,根据研究结构的不同及其强度要求,其外力选取种类也不同。水面舰船结构总纵强度主要考虑由于舰船重力与浮力沿纵向分布不同所形成的垂向分布载荷,该载荷形成对船体的总纵弯曲力矩和垂向剪切力,从而使船体结构产生纵向弯曲变形。目前,水面舰船在波浪中的总纵弯曲力矩的计算最为复杂,并有多种计算分析方法,如静置波浪理论、动置波浪理论和随机波浪载荷理论等。静置波浪理论是在假设波速与船速相同的基础上,根据重力和浮力沿船长的分布,计算确定船体结构所受的载荷、剪力和弯矩的方法。动置波浪理论则考虑了船体在波浪上的摇荡运动因素和水的动压力作用,以"切片法"为理论基础,计算规则波浪上船体的波浪弯矩。该方法计算十分复杂,现行规范通常以经验修正公式计算为主。

随机波浪载荷理论则主要研究了不规则波浪下船体弯曲力矩的分布特征,确定弯曲力矩超过某特征值 M 的概率。

内力计算目前主要有三种方法。其中一种是经典的理论计算方法,它以舰船结构力学和弹性力学为基础,通过适当假设,建立船体结构的力学模型并求解。如水面舰船总纵强度力学模型为变断面等值梁(船体梁),计算方法为考虑失稳和局部弯曲应力修正的薄壁梁的弯曲理论;而局部强度力学模型多为板、梁和板架,计算方法为结构力学的梁和板的弯曲理论。

内力计算的另一种方法为数值计算,一般为有限元法,也有半解析的其他数值计算方法,如样条元法、有限差分法等。在实际工程中,结构强度的内力计算已越来越多地采用有限元法来进行,这主要得益于计算机的快速发展和有限元商用构件的开发。较为有代表性的成熟的结构分析软件有:Sap 系列软件(包括 Sap-5,Sap-80,SuperSap 等)、abqus 软件、Ansys 软件和MSC 系列软件(包括 Patran,Nastran,Dytran)等。采用有限元法进行船体结构强度计算的优越性是它可以进行更为复杂的,甚至是整船的结构应力计算分析,并可模拟真实载荷,考虑结构的弯、剪、扭综合受力及其应力叠加,可同时计算结构总体应力和局部应力。有限元法的局限性在于其计算精度和准确性依赖于软件的正确性和结构单元划分的粗细程度,以及计算中的参数选取等。

内力计算的第三种方法是概率分析方法,通过研究结构的尺寸分布函数和材料强度分布函数,以及建造质量的随机性,来确定结构的可靠性和失效概率。

强度标准问题的研究主要是通过对外载荷特性、内力计算的精度以及建造质量的可靠程度的研究,结合实船试验测试结果和海损事故分析等经验,选取和制定合理的强度衡量参数和阈值。根据结构强度衡量参数的不同,强度标准的衡量方法分为危险应力法、许用应力法、极限弯矩法和失效概率法等。

3. 水面舰船强度的研究与发展

总纵强度是水面舰船强度研究与发展过程的主线。早在 18 世纪中叶,欧拉在"横摇和纵摇时舰艇各部分承受的外力"一文中研究了作用于舰艇各部分的外力,并指出舰船弯曲是由这些力引起的主要变形。就是说船体应该作为一根梁来研究它的弯曲变形。但是应用梁的弯曲理论来研究船体总强度的具体计算方法,经过了大约 100 年,到 19 世纪中叶才逐步发展起来,成为船体静置在波浪上的总纵强度计算的标准方法。这种标准总纵强度计算方法就是现在应用的总纵弯曲应力的第一次近似计算法。符合标准状态计算的船体强度,可相互直接进行比较。

1874 年 10 月,内河船"Mary"号在横渡大西洋时折断沉没。1877 年,威廉·约翰对这艘船进行了强度计算和分析。按照通常方法计算,该船舷边角铁所受的应力是 138.4 MPa,船底板的是 101.5 MPa。然而当时的一些大船,也达到了这样的应力程度,那为什么这条船会破裂呢?于是他第一次提出了对标准总纵强度计算方法作修正的见解。考虑到甲板板受压发生皱折的影响,其有效的截面积应该进行折减,这和现在应用的纵弯曲应力第二次近似计算的方法基本上是一致的。

经过折减后计算所得的舷边角铁的应力达到 246.0 MPa。可以认为该船是由舷边角铁屈服后引起甲板破裂而折断沉没的。他还认为即使像"Mary"号这样薄的铁板船(甲板板厚约 5 mm,外板厚 6 mm,龙骨板和舷边甲板厚约 8 mm),只要它的甲板的受压稳定性能得到保证,也不至于折断沉没。

这种考虑甲板受压皱折的有效面积折减方法,对船体强度计算是一个很大的发展。从理论上讲,船体强度的第一次近似计算,应用梁理论考虑了船体梁的主要变形特征,把空心薄壁结构的船体作为实心梁一样来计算,所以有"等值梁"的概念来适应这种理论。但是船体是薄壁结构,受压板材可能会发生皱折,使得剖面强度减弱,剖面减弱又将使压应力进一步增加,以致折减更多的面积,所以需要进行第二次及更多次的近似强度计算。

可是,威廉·约翰的这个修正强度计算方法,并未得到足够重视。例如,1905 年拜尔斯(Biles)教授在关于"狼"号试验结果的分析报告中,没有利用因受压皱折的影响进行剖面折减的强度计算,只是应用了所谓的标准强度计算方法。他把实测结果与计算结果的差异归于铆接接头的滑移影响,将船体结构的弹性模数 E_s 与构成结构的材料的弹性模数 E 取得不同,得出 $E_s \approx 0.7E$,并采用 E_s 进行挠度和应力的计算,由此得到计算结果和实测结果大致相符的结论。

И. Г. 布勃诺夫在威廉·约翰的基础上,进一步完善了总强度的第二次近似方法,也就形成了现今所应用的标准方法,该方法不仅适用于纵骨架式船体的强度计算,也适用于横骨架式的船体强度计算。

А. Н. 克雷洛夫在 1896 年发表的"船舶在波浪上纵摇新理论及由此运动产生的应力"及在 1898 年发表的"航行中船体所受的应力"这两篇文章中,第一次提出船舶在波浪中的摇荡运动和船体的弯矩、剪力计算方法。根据这一方法计算得出的作用于船体上的弯矩比用静置在波浪上的方法所得的弯矩小很多,这应归于摇荡时附加质量的影响,减小了作用于船体上的附加力。

关于船体航行于斜浪中或装载不对称引起船体的扭转问题,G. 威德勒(G. Vedeler)早在 1924 年发表的"关于船体扭转"的论文中便提出了计算方法。但是,只有甲板上有长大舱口的矿石船、集装箱船等,才有计算扭转强度的必要性。

目前,概率分析方法成为研究工程问题的有力工具,而作用于船体的载荷,特别是波浪载荷是有很大的随机性的,很明显应该用概率分析方法来研究船体强度问题。

1953 年,St. 丹尼斯和 W. J. 皮尔逊在"紊乱的波浪中船体的运动"一文中假定不规则波浪是由无数的频率连续变化的正弦成分波浪组成的。1954 年,E. V. 刘易斯进行了船体模型试验,结果表明将谱理论用于不规则波上的船体强度计算是切实可行的。

1955 年,柯尔文-克洛可夫斯基(Korvin-Kroukovsky)提出了切片理论,并将其应用于船舶摇荡计算。1958 年,贾可布斯(Jacobs)使用这个理论计算了船体的波浪弯矩。

概率分析方法现已广泛地用于船体强度问题的研究,除了波浪弯矩外,诸如船底砰击、甲板上浪、首外飘砰击、结构破坏性分析及结构设计等问题,使船体强度问题得到进一步发展,使理论与实际更能密切地结合。

习　　题

(思考题)

1.1　请简要阐述广义船舶结构力学研究方向的分类、任务和主要研究范畴。

1.2　请简要阐述船舶结构力学计算模型的基本原则以及基本要素构成。

1.3　运用船体结构知识,试举例说明船体结构中哪些构件(骨架)在何种环境下将主要承受总纵弯曲? 哪些构件在何种环境下将主要承受总横弯曲? 哪些构件正常工作状态下仅承受局部弯曲? 哪些构件是既承受总纵弯曲又承受局部弯曲?

1.4　一个完整的船体结构计算模型(计算图形)应包含哪些具体内容？为什么对同一船体结构构件,计算模型并不是固定的、一成不变的？

1.5　何谓骨架的带板？带板的宽度(或面积)与什么因素有关,如何确定？试分析带板宽度对骨架断面几何要素的影响。

1.6　舰船结构整体破坏的主要形式有哪些？

1.7　舰船结构强度的三大科学问题是什么？

1.8　水面舰船在波浪中的总纵弯曲力矩计算的主要方法有哪些？

1.9　内力计算主要方法有哪些？

1.10　强度标准问题的主要研究方法是什么？

(计算题)

1.11　题图 1.11 所示为某舰船一舱段内主甲板结构图。已知船体板厚度为 6 mm,纵骨间距 $a=500$ mm,横梁间距 $b=1200$ mm,纵骨为 14 号球扁钢,甲板外载荷为 5 kPa 均布压力。现欲校核纵骨弯曲强度,取图中两横梁间一纵骨建立两端固支单跨梁计算模型(见题图 1.11(b)),请利用带板知识确定计算模型中梁面板的宽度 b_e。

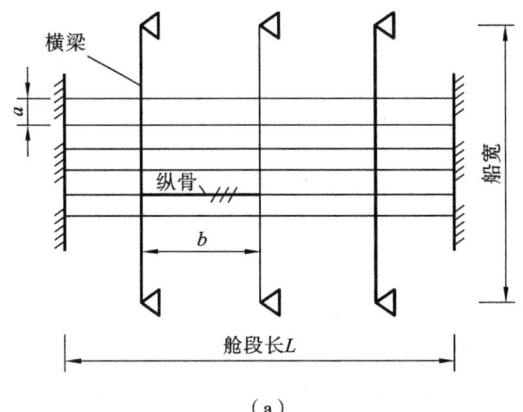

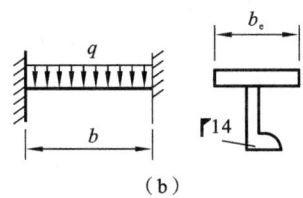

(a)　　　　　　　　　　　　　　　　　(b)

题图 1.11

(提示或答案)

$$b_e = \min[a, b/6] = \min[500, 200] = 200 \text{ mm}$$

第 2 章　单跨梁的计算

本章学习要求：

（1）掌握梁弯曲计算的坐标系、符号规定、基本假设及其力学含义；

（2）了解梁弯曲微分方程的推导过程；

（3）掌握边界条件的表达形式及其力学含义；

（4）掌握初参数法求解单跨梁弯曲问题的基本原理及步骤，灵活运用初参数法求解单跨梁问题；

（5）灵活运用叠加原理及梁弯曲要素表求解单跨梁问题；

（6）理解弹性基础梁基本概念及其工程意义，了解求解思路及基本步骤；

（7）理解复杂弯曲梁基本概念及其工程意义，了解求解思路及基本步骤。

主要知识点及重难点：

（1）单跨梁弯曲计算的坐标系、符号规定、基本假设及其工程意义；☆

（2）运用初参数法求解单跨梁弯曲问题；☆★

（3）梁端边界条件的表达形式及其力学含义；☆★

（4）叠加原理及其应用；☆

（5）梁弯曲要素表及其应用；☆

（6）弹性基础梁的概念及其求解步骤；★

（7）复杂弯曲梁的概念及其求解步骤。★

★—难点；☆—重点

　　船体主要由板架结构组成，板架是由板材和型材所构成的平面近似结构，其中用于支撑船体板的纵横型材统称为船体骨架。船体骨架是船体板架结构强度、弯曲刚度以及稳定性的重要保障，其几何形状表现为具有一定截面特征的杆件。在船舶结构力学中，承受横向载荷作用并发生弯曲的杆件，我们称之为"梁"。进行总纵强度校核时的船体整体以及船体板架中的骨架均可用计算模型"梁"来表示。本书第 1 章中所给出的单根骨架典型计算模型中，单跨梁是最基本的"梁"力学模型。根据作用载荷形式的差异，单跨梁的弯曲计算问题又可分为单跨梁、弹性基础梁以及单跨梁复杂弯曲等问题。对于以上问题的特点及求解方法，本章将逐一予以介绍。

2.1　单跨直梁弯曲微分方程及通解

1. 坐标系与符号规定

　　梁的轴线在未变形的状态下为直线时，称为直梁。图 2-1-1（a）所示为一单跨直梁在任意载荷（集中力 P、集中弯矩 M 或分布力 q）作用下的弯曲情况。为便于开展力学模型的分析和表述，应首先建立结构坐标系。通常将坐标原点取在梁左端截面的形心处，x 轴与梁中性轴重合,向右为正;y 轴向下为正;z 轴与 x、y 轴组成右手坐标系统。此处仅限于讨论梁在 xOy 平面内的平面弯曲问题,梁的载荷作用在 xOy 平面内。梁在外载荷作用下弯曲时,梁横截面形心在 y 轴方向的位移称为梁的挠度,用符号 v 表示,梁变形后的中性轴轴线称为梁的挠曲线(deflection curve),用符号 $v(x)$ 表示,它是一条连续而光滑的曲线。

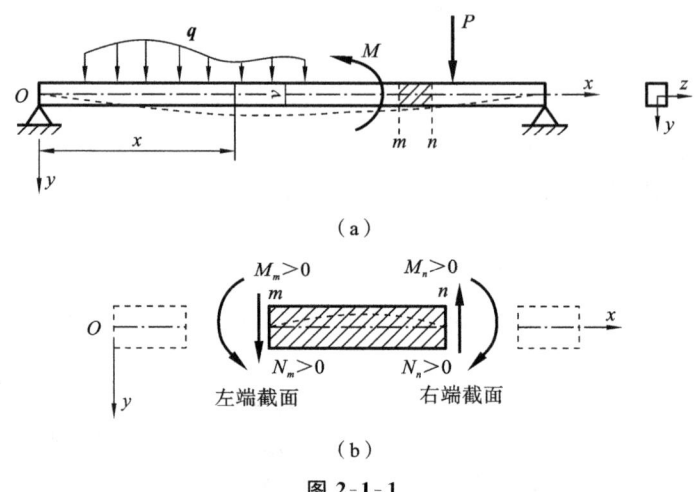

图 2-1-1

由材料力学我们知道,弯曲变形时梁上任一横截面的内力包括剪力和弯矩。为了便于分析,规定与上述坐标系相适应的符号法则如下:

梁的载荷 q——向下为正;

梁的挠度 v——向下为正;

梁的截面转角 $\theta = \mathrm{d}v/\mathrm{d}x$——顺时针方向为正;

梁截面的弯矩 M——在微元体的左端截面以逆时针方向为正,在右端截面以顺时针方向为正;

梁截面的剪力 N——在左端截面向下为正,在右端截面向上为正。

取直梁上任一梁段微元体 mn,图 2-1-1(b)给出了 m 和 n 截面上的正向弯矩和正向剪力。

2. 梁弯曲基本假设

在外载荷作用下,梁截面上没有剪力作用的弯曲变形称为"纯弯曲"(pure bending),例如两端受弯矩作用的梁。梁的纯弯曲理论建立在以下假设基础上。

① 平截面假设:梁在弯曲变形前的横截面在弯曲变形后仍为平面;变形前横截面垂直于梁的中性轴,变形后该截面垂直于梁的挠曲线。

② 层间互不挤压假设:梁的高度方向(y 方向)正应力 σ_y 为零。

③ 小变形假设:梁的横向挠度远小于梁的高度。

根据平截面假设,当梁弯曲时,部分"纤维"伸长,另一部分"纤维"缩短,由伸长区到缩短区,其间必存在一长度不变的过渡层,称为中性层。中性层与横截面的交线,称为中性轴。可以证明,中性轴与梁横截面的水平形心轴重合。

上述假设如不作特别强调,普遍适用于本书关于梁理论的推导。实践证明,当梁的高度与梁的长度相比很小时,剪力所引起的梁横截面翘曲是很小的,从而可以忽略不计。

3. 梁弯曲基本微分方程及通解形式

1) 梁的弯曲应力

图 2-1-2 所示为一直梁微段元 mn,长度为 $\mathrm{d}s$,在两端弯矩 M(注意图中为负弯矩)作用下

发生弯曲变形,则所对应的梁微段元夹角为 $\mathrm{d}\theta$,曲率为 ρ,曲率半径为 R。因中性轴弯曲后长度不变,则距中性轴为 y 的 ss_1 纤维层的相对伸长量(即应变 ε_x)为

$$\varepsilon_x = \frac{ss_1 - \mathrm{d}s}{\mathrm{d}s} = \frac{(R+y)\mathrm{d}\theta - R\mathrm{d}\theta}{R\mathrm{d}\theta} = \frac{y}{R} = \rho y \tag{2.1}$$

式(2.1)表明:梁横截面上任一高度处的轴向应变正比于梁的弯曲曲率 ρ 及其距中性轴的距离 y,且在负弯矩作用下,在中轴线下侧 y 为正,则应变为正(拉伸),反之,应变为负(压缩)。式(2.1)是完全根据弯曲变形梁的几何图形推导出来的,因此,也称之为几何关系。

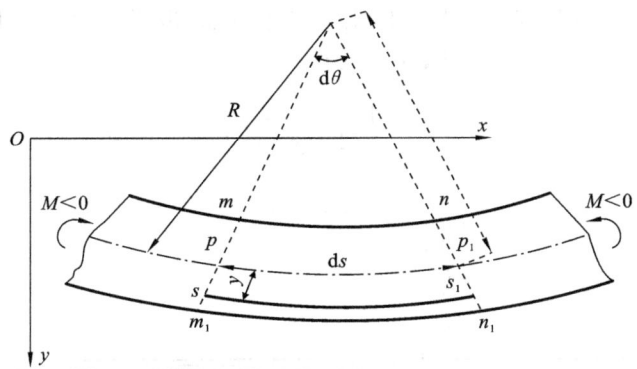

图 2-1-2

根据基本假设②,由胡克定律(物理关系),即可得到该高度处的正应力表达形式:

$$\sigma_x = E\varepsilon_x = E\rho y = E\frac{y}{R} \tag{2.2}$$

由式(2.2)可知,应力与该点至中性轴的距离 y 呈线性关系,可知截面上的应力分布规律为:应力的大小正比于纤维距中性轴 nn 的距离,如图 2-1-3 所示。设 nn 为该截面的中性轴,$\mathrm{d}A$ 为距中性轴 y 的微面元面积,则作用于此微面元上的合力为 $\sigma_x \cdot \mathrm{d}A$。应力的合力矩即弯矩为

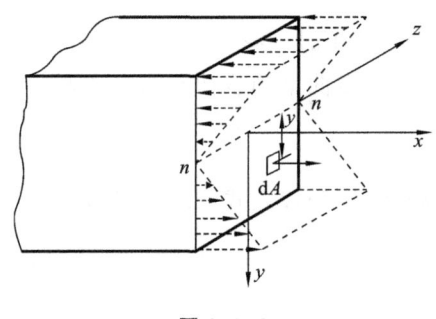

$$-M = \int \sigma_x y \mathrm{d}A = \int E\frac{y}{R}y\mathrm{d}A = \frac{E}{R}\int y^2 \mathrm{d}A = \frac{E}{R}I_z$$

或

$$\rho = -\frac{M}{EI_z} \tag{2.3}$$

图 2-1-3

式中:$I_z = \int y^2 \mathrm{d}A$。注意:按本章符号规定,图 2-1-3 中应力的合力矩应是负弯矩,故式中的 M 前加一负号。

由式(2.3)可知梁弯曲曲率 ρ 正比于弯矩的大小,而反比于 EI_z 的大小,EI_z 称为梁的抗弯刚度。将式(2.3)代入式(2.2),得到在弯矩 M 作用下梁任一截面上应力的计算公式为

$$\sigma_x = -\frac{My}{I_z} \tag{2.4}$$

显然,当截面受到正弯矩作用时,截面中性轴以上部分(y 为负值)受拉,中性轴以下部分(y 为正值)受压;当截面受到负弯矩作用时,截面中性轴以上部分(y 为负值)受压,中性轴以下部分(y 为正值)受拉。截面正应力绝对值的最大值将出现在梁的上下边缘,即 $y = \pm h/2$ 处,h 为梁高。

2）梁的弯曲微分方程

根据弯矩作用下梁截面的应力分析，我们知道欲求出梁任一截面的应力，作用在截面上的弯矩必须为已知。同时，在实际工程计算中我们不仅仅关心梁的应力分布，梁的挠度也常常受到关注，例如对于船体梁，通常要求在静置波浪的中拱、中垂状态下船体舯部的最大挠度值应不大于舰船设计水线长的 1/500。因此，我们需要在已知梁的尺寸、边界条件和外载荷条件下，能够得到梁的挠度曲线方程，建立弯矩与挠度曲线的关系式，得到梁上任一截面的弯矩，最终计算出梁的弯曲变形和应力。下面先分析载荷作用下梁的挠曲线微分方程。

图 2-1-4 所示为一单跨直梁在载荷作用下发生弯曲，取微梁段 $\mathrm{d}x$，由高等数学中的微积分学可知，曲线 $y(x)$ 在某点的曲率计算公式为

$$\rho = \left| \frac{y''}{(1+y'^2)^{\frac{3}{2}}} \right|$$

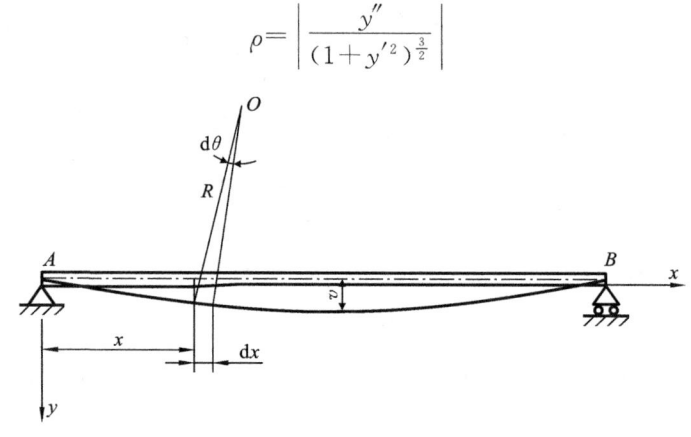

图 2-1-4

当 $y' \ll 1$ 时，$\rho \approx |y''|$。

因此，微曲梁轴线初始曲率和弯曲后曲率可由下面的近似公式求得：

$$\rho \approx \left| \frac{\mathrm{d}^2 v}{\mathrm{d}x^2} \right| \tag{2.5}$$

将式（2.5）代入式（2.3），可得

$$\rho = \left| \frac{\mathrm{d}^2 v}{\mathrm{d}x^2} \right| = -\frac{M}{EI_z} \tag{2.6}$$

我们应注意到式（2.6）是针对图 2-1-3 中的负弯矩导出的。事实上，$\dfrac{\mathrm{d}^2 v}{\mathrm{d}x^2}$ 由 M 产生，应与 M 同向，在图 2-1-1 所示的坐标系和 M 的符号规定下，式（2.6）可表示为

$$EI \frac{\mathrm{d}^2 v}{\mathrm{d}x^2} = M \quad \text{或} \quad EIv'' = M \tag{2.7}$$

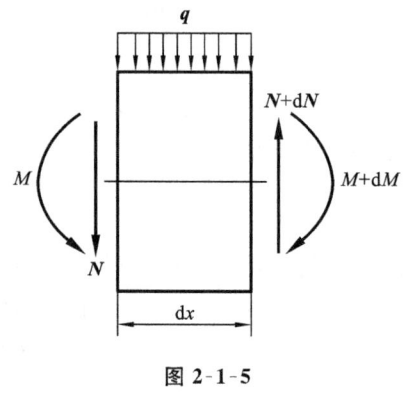

图 2-1-5

式（2.7）表示梁的挠度与弯矩之间的微分关系，该式建立在平截面假设的基础上，即梁的挠度完全由截面弯矩引起，而没有考虑剪力的作用，严格意义上仅在纯弯曲时才成立，式中的 I 为截面惯性矩。

为了建立梁上其他载荷与挠度之间的关系，可进一步研究微梁元的静力平衡问题。在梁上有分布载荷的部分取出一长度为 $\mathrm{d}x$ 的微梁元，如图 2-1-5 所示，微梁元上的分布载荷合力为 $q\mathrm{d}x$，微梁元的左截面上作用有弯

矩 M 和剪力 $\boldsymbol{N}$，微梁元的右截面上作用有弯矩 $M+\mathrm{d}M$ 和剪力 $\boldsymbol{N}+\mathrm{d}N$，且均为正向。列出微梁元的静力平衡方程，有

$$\begin{cases} \mathrm{d}N = q\mathrm{d}x \\ \mathrm{d}M - N\mathrm{d}x - \dfrac{1}{2}q\mathrm{d}x^2 = 0 \end{cases} \tag{2.8}$$

略去高阶微量后，即得

$$\frac{\mathrm{d}N}{\mathrm{d}x} = q \quad \text{及} \quad \frac{\mathrm{d}M}{\mathrm{d}x} = N \tag{2.9}$$

将关系式(2.8)代入式(2.9)，得

$$\begin{cases} \dfrac{\mathrm{d}}{\mathrm{d}x}\left(EI\dfrac{\mathrm{d}^2 v}{\mathrm{d}x^2}\right) = EIv''' = N \\ \dfrac{\mathrm{d}^2}{\mathrm{d}x^2}\left(EI\dfrac{\mathrm{d}^2 v}{\mathrm{d}x^2}\right) = EIv^{\mathrm{IV}} = q \end{cases} \tag{2.10}$$

式(2.10)就是直梁的弯曲微分方程，注意该式仅在均质等截面梁 EI＝常数时成立。事实上，该式同样适用于具有初始微曲率的梁的弯曲计算，但挠度 v 应从初始挠曲线（即未受力变形状态）开始计算。

3) 梁弯曲微分方程的解

根据前面导得的关系式，将微分方程求解后就能够得到梁的剪力、弯矩、截面转角及挠度。现仅讨论等截面的梁，由式(2.10)，已知

$$EIv^{\mathrm{IV}} = q \tag{2.11}$$

逐次积分后，得

$$EIv''' = \int_0^x q\mathrm{d}x + A = N \tag{2.12}$$

$$EIv'' = \int_0^x \int_0^x q\mathrm{d}x^2 + Ax + B = M \tag{2.13}$$

$$v' = \frac{1}{EI}\int_0^x \int_0^x \int_0^x q\mathrm{d}x^3 + \frac{Ax^2}{2EI} + \frac{Bx}{EI} + C = \theta \tag{2.14}$$

$$v = \frac{1}{EI}\int_0^x \int_0^x \int_0^x \int_0^x q\mathrm{d}x^4 + \frac{Ax^3}{6EI} + \frac{Bx^2}{2EI} + Cx + D \tag{2.15}$$

式中：A、B、C、D 为四个积分常数。而弯矩 M、剪力 $\boldsymbol{N}$、截面转角 θ 及挠度 v 则构成了梁的"弯曲要素"。我们发现，当式(2.15)中的积分常数得以确定时，梁的挠曲线函数表达形式就能够完整获得。因此，需对以上积分常数进行讨论。我们将 $x=0$ 分别代入式(2.12)～式(2.15)，可得

$$A = N_0, \quad B = M_0, \quad C = \theta_0, \quad D = v_0 \tag{2.16}$$

式(2.16)表明：积分常数事实上分别代表了梁左端($x=0$ 截面)处的剪力 $\boldsymbol{N}_0$、弯矩 M_0、截面转角 θ_0、挠度 v_0。将式(2.16)代入式(2.15)，即可得梁挠曲线方程为

$$v = v_0 + \theta_0 x + \frac{M_0 x^2}{2EI} + \frac{N_0 x^3}{6EI} + \frac{1}{EI}\int_0^x \int_0^x \int_0^x \int_0^x q\mathrm{d}x^4 \tag{2.17}$$

2.2　初参数法与叠加原理

如果梁仅在两端边界有支座约束，则称为"单跨梁"。对于单跨梁弯曲问题的求解，梁弯曲微分方程的推导为我们提供了一条新思路：只要能够得到任意载荷作用下梁的挠度 v 的表达

式,就可以通过式(2.12)～式(2.14)分别得到任一截面处的其他弯曲要素(截面转角 θ、弯矩 M 和剪力 N)。这是相对于材料力学而言,所给出的更为普适的方法。

1. 初参数法

首先我们分析式(2.17):

$$v = v_0 + \theta_0 x + \frac{M_0 x^2}{2EI} + \frac{N_0 x^3}{6EI} + \frac{1}{EI}\int_0^x\int_0^x\int_0^x\int_0^x q\,\mathrm{d}x^4$$

该式为分布载荷作用下梁的挠曲线表达式。若式中梁端的四个初始弯曲要素 v_0、θ_0、M_0 和 N_0 (简称初参数)能够确定,则此时梁的挠曲线表达式就是确定的。那么由式(2.12)～式(2.14)即可依次求得梁任一截面处的转角、弯矩及剪力的表示式。但如果梁上存在其他形式的外载荷作用,则根据式(2.17)是无法求出这四个弯曲要素的,因此需进一步给出不同形式载荷作用下的挠曲线通解形式。

以任一位置 b 处承受集中力载荷 P 或集中弯矩,两端简支单跨梁(见图 2-2-1)为例,其挠曲线通解形式如下:

$$v = v_0 + \theta_0 x + \frac{M_0 x^2}{2EI} + \frac{N_0 x^3}{6EI} + \left\|_b \frac{P\,(x-b)^3}{6EI}\right.$$

式中的 $\|_b(f(x))$ 称为函数 $f(x)$ 的断子符号,由 И.Г.布勃诺夫首次引入船舶结构力学中,它是具有以下性质的函数。

$$\|_b(f(x)) = 0,\text{当}\ 0 < x < b\ \text{时}$$
$$\|_b(f(x)) = 1,\text{当}\ b < x < l\ \text{时}$$

即只有在计算梁的第二段截面弯曲要素时,即 $b < x < l$ 时,才考虑符号 $\|_b$ 后的多项式。

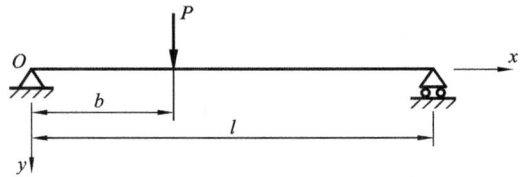

图 2-2-1

同理,若梁在位置 $x = a$ 处承受一集中外力矩 m,其方向如图 2-2-2 所示,则力矩作用的结果将使梁的挠度在 $x > a$ 后增加一项:

$$\left\|_a \frac{m\,(x-a)^2}{2EI}\right.$$

同理,分布力的作用则可视为无穷多个集中力之和,所以若梁在 $c \leqslant x \leqslant d$ 区间内受任意形状分布载荷 $q(x)$ 作用时,如图 2-2-3 所示,梁的挠度在 $x > c$ 后应增加的项为

$$\left\|_c \int_c^x \frac{q(\xi)\,\mathrm{d}\xi}{6EI}(x-\xi)^3\right.$$

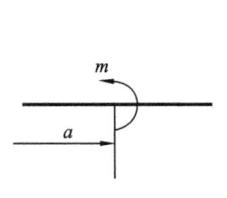

图 2-2-2

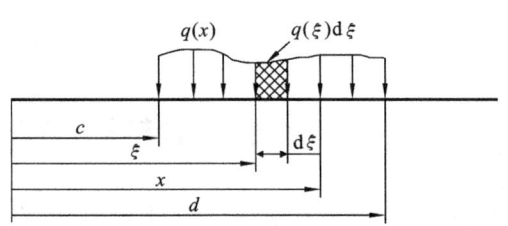

图 2-2-3

如果 $x > d$,则此式的积分上限应为 d。

综合以上所述,对于一般载荷作用下梁(见图 2-2-4)的挠曲线方程可表示如下:

$$v = v_0 + \theta_0 x + \frac{M_0 x^2}{2EI} + \frac{N_0 x^3}{6EI} + \left\|_a \frac{m(x-a)^2}{2EI} + \right\|_b \frac{P(x-b)^3}{6EI} + \left\|_c \int_c^x \frac{q(\xi)(x-\xi)^3}{6EI} d\xi \right.$$

(2.18)

此式即任意载荷作用下梁挠曲线的通用方程。

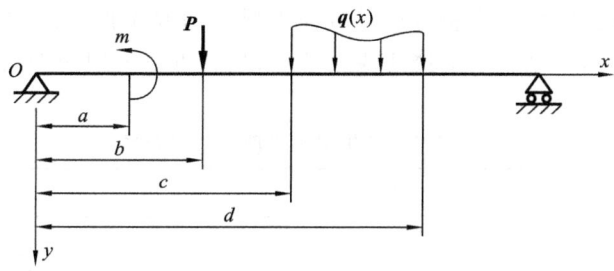

图 2-2-4

针对式(2.18)所给出的梁挠曲线通解形式,若由边界条件确定其初参数,即可求出梁的挠曲线方程和任一截面处的弯曲要素,这也就是所谓的初参数法。

2. 边界条件与积分常数的关系

采用初参数法进行求解,必须确定梁挠曲线方程中的积分常数 v_0、θ_0、M_0 和 N_0,这就需要用到梁端的边界条件。关于边界条件的物理意义在第 1 章中已有说明,下面主要介绍在不同支座情况下梁端弯曲要素的特定值或弯曲要素之间的特定关系及其数学表达形式。

1) 自由支持

自由支持,又称铰支或简支。由于支撑截面处能自由转动,故梁端端面的弯矩为零而剪力不等于零。因此,自由支持的挠度和弯矩都等于零。而弯矩 $M = EIv''$,故自由支持截面处边界条件为

$$v = 0 \quad 及 \quad v'' = 0$$

2) 刚性固定

刚性固定,又称固支。由于梁在刚性固定截面处的挠度和转角均为零,而剪力和弯矩不等于零,故边界条件为

$$v = 0 \quad 及 \quad v' = 0$$

3) 弹性支座

支座对梁的支反力就是该截面的剪力,因此就可以得到梁端截面挠度与剪力之间的关系。但是应该注意,根据结构力学的符号规定,剪力在梁的左端截面与右端截面的表达式中是相差一个负号的,即

$$\begin{cases} 左端截面: & v = -AEIv''' \\ 右端截面: & v = AEIv''' \end{cases}$$

故弹性支座的边界条件为

$$v'' = 0 \quad 及 \quad v = \mp AEIv'''$$

式中:A 为弹性支座的柔性系数。

4) 弹性固定

弹性固定中该梁截面挠度为零,而截面转角正比于截面弯矩。同样,由于弯矩在梁的左右

截面的符号差异,则存在

$$\begin{cases} 左端截面: \quad v' = \alpha EIv'' \\ 右端截面: \quad v' = -\alpha EIv'' \end{cases}$$

故弹性固定的边界条件为

$$v = 0 \quad 及 \quad v' = \pm \alpha EIv''$$

式中:α 为弹性固定的柔性系数。

为了便于大家熟练掌握,本书将常用梁截面支撑的边界条件汇总如表 2-2-1 所示。根据表 2-2-1 所示的边界条件,结合梁的挠曲线通解方程,就可以采用初参数法来计算各种单跨梁的挠度和其他弯曲要素。

表 2-2-1 常用梁端支座的边界条件

支座名称	边界条件	图示
自由支持端	$v = 0,\ v'' = 0$	
刚性固定端	$v = 0,\ v' = 0$	
弹性支座	$v'' = 0 \quad 及 \quad v = \mp AEIv'''$	
弹性固定端	$v = 0 \quad 及 \quad v' = \pm \alpha EIv''$	

3. 初参数法算例

例 2.1 图 2-2-5 所示为一受均布载荷作用的单跨梁,分别求出(a)两端自由支持在刚性支座上时梁的挠曲线方程;(b)左端自由支持在刚性支座上,右端为固定端时梁的挠曲线方程。

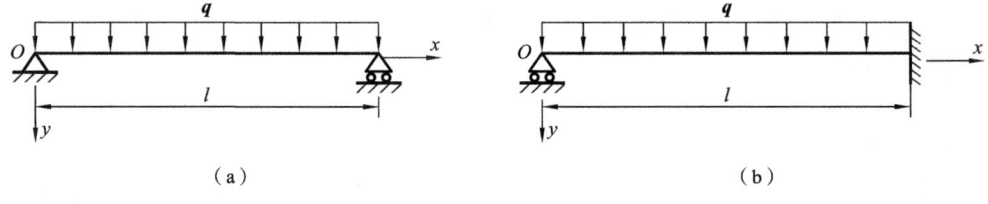

（a）　　　　　　　　　　（b）

图 2-2-5

解 (1)首先分析左端截面支座和载荷特征:两梁左端均为简支,且受到相同的沿梁长分布的均布载荷 q 作用,因此挠曲线通用方程应具有相同的形式,则根据式(2.17),挠曲线通解方程如下

$$v = v_0 + \theta_0 x + \frac{M_0 x^2}{2EI} + \frac{N_0 x^3}{6EI} + \frac{1}{EI} \int_0^x \int_0^x \int_0^x \int_0^x q \mathrm{d}x^4$$

注意:式中的积分项,当 q 为常数时,可得

$$\int_0^x \int_0^x \int_0^x \int_0^x \frac{q}{EI} \mathrm{d}x^4 = \frac{q x^4}{24EI}$$

则挠曲线通解方程为

$$v = v_0 + \theta_0 x + \frac{M_0 x^2}{2EI} + \frac{N_0 x^3}{6EI} + \frac{q x^4}{24EI}$$ （a）

（2）根据边界条件确定未知初参数。

图 2-2-5（a）：梁两端为简支约束，因此存在

$$v_0 = M_0 = 0$$

然后，由 y 方向的力平衡条件可知左端剪力为

$$N_0 = -\frac{ql}{2}$$

将上两式代入挠曲线通解方程（a），则得

$$v = \theta_0 x - \frac{ql x^3}{12EI} + \frac{q x^4}{24EI}$$

式中 θ_0 则需由梁右支座的边界条件 $v_l = 0$ 求出，将 $x = l$ 代入上式，得

$$\theta_0 l - \frac{ql^4}{12EI} + \frac{ql^4}{24EI} = 0$$

故　　　　　　　　　　　　　$$\theta_0 = \frac{ql^3}{24EI}$$

图 2-2-5（b）：梁左端为简支约束，因此同样存在

$$v_0 = M_0 = 0$$

其通解形式变为

$$v = \theta_0 x + \frac{N_0 x^3}{6EI} + \frac{q x^4}{24EI}$$ （b）

式（b）中存在两个未知积分常数 θ_0 和 N_0。此时可由梁右支座的边界条件 $v_l = 0$，$v_l' = 0$ 联立求出，将 $x = l$ 代入式（b），得

$$\begin{cases} \theta_0 l + \dfrac{N_0 l^3}{6EI} + \dfrac{ql^4}{24EI} = 0 \\ \theta_0 + \dfrac{N_0 l^2}{2EI} + \dfrac{ql^3}{6EI} = 0 \end{cases}$$

于是可得

$$\theta_0 = \frac{ql^3}{48EI}, \quad N_0 = -\frac{3}{8}ql$$

（3）将得到的初参数分别代入通解方程，得到梁（a）和梁（b）的挠曲线方程分别为

梁（a）：　$$v = \frac{ql^3 x}{24EI} - \frac{ql x^3}{12EI} + \frac{q x^4}{24EI} = \frac{ql^4}{24EI}\left(\frac{x}{l} - \frac{2x^3}{l^3} + \frac{x^4}{l^4}\right)$$

梁（b）：　$$v = \frac{ql^3 x}{48EI} - \frac{3ql x^3}{48EI} + \frac{q x^4}{24EI} = \frac{ql^4}{48EI}\left(\frac{x}{l} - \frac{3x^3}{l^3} + \frac{2x^4}{l^4}\right)$$

由此可知，梁挠曲线通解形式主要由梁上所承受的载荷形式决定，但初参数的确定，则需要同时满足梁两端截面的边界条件，即梁的最终挠曲线表达式实质上综合反映了梁上的载荷形式和两端边界条件特征。

例 2.2　求图 2-2-6 所示梁跨中 $l/3$ 处承受集中弯矩 m，$2l/3$ 处承受集中力 P 作用的单跨梁的挠曲线方程。

解　（1）写出相应的挠曲线通解方程。由挠曲线通解方程（2.18），可得

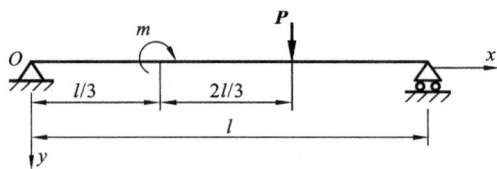

图 2-2-6

$$v = v_0 + \theta_0 x + \frac{M_0 x^2}{2EI} + \frac{N_0 x^3}{6EI} + \left\|_{l/3} \frac{m\,(x-l/3)^2}{2EI} + \right\|_{2l/3} \frac{P\,(x-2l/3)^3}{6EI} \tag{a}$$

（2）根据边界条件确定未知初参数。

当 $x=0$ 时，$\begin{cases} v_0 = 0 \\ M_0 = 0 \end{cases}$，

因此
$$v = \theta_0 x + \frac{N_0 x^3}{6EI} + \left\|_{l/3} \frac{m\,(x-l/3)^2}{2EI} + \right\|_{2l/3} \frac{P\,(x-2l/3)^3}{6EI} \tag{b}$$

当 $x=l$ 时，可将挠曲线通解方程中的断子符号拿掉，从而记为

$$v = \theta_0 x + \frac{N_0 x^3}{6EI} + \frac{m\,(x-l/3)^2}{2EI} + \frac{P\,(x-2l/3)^3}{6EI} \tag{c}$$

进一步讨论 $x=l$ 处的边界条件，存在 $\begin{cases} v_l = 0 \\ M_l = EIv''_l = 0 \Rightarrow v''_l = 0 \end{cases}$

由 $v_l = 0$，可得

$$v_l = \theta_0 l + \frac{N_0 l^3}{6EI} + \frac{4ml^2}{18EI} + \frac{Pl^3}{162EI} = 0 \tag{d}$$

对于 $v''_l = 0$，需对式（c）二次求导，得

$$v'' = \frac{N_0 x}{EI} + \frac{m}{EI} + \frac{P(x-2l/3)}{EI}$$

然后，将 $x=l$ 代入式（d），得

$$v''_l = \frac{N_0 l}{EI} + \frac{m}{EI} + \frac{Pl}{3EI} = 0 \tag{e}$$

将式（d）和式（e）两式联立：

$$\begin{cases} \theta_0 l + \dfrac{N_0 l^3}{6EI} + \dfrac{4ml^2}{18EI} + \dfrac{Pl^3}{162EI} = 0 \\[3mm] \dfrac{N_0 l}{EI} + \dfrac{m}{EI} + \dfrac{Pl}{3EI} = 0 \end{cases}$$

求解方程组，可得

$$\theta_0 = \frac{-9ml + 8Pl^2}{162EI}, \quad N_0 = -\frac{3m+Pl}{3l}$$

（3）将得到的初参数代入通解方程（a），得到梁的挠曲线方程为

$$v = \frac{-9ml+8Pl^2}{162EI} x - \frac{(3m+Pl)x^3}{18EIl} + \left\|_{l/3} \frac{m\,(x-l/3)^2}{2EI} + \right\|_{2l/3} \frac{P\,(x-2l/3)^3}{6EI}$$

例 2.3　求图 2-2-7 所示受集中力作用的单跨梁的挠曲线方程。梁的左端为弹性固定，柔性系数 $\alpha = l/2EI$；梁的右端为弹性支座，柔性系数 $A = l^3/(12EI)$。

解　（1）写出相应的挠曲线通解方程。对于本例，由挠曲线通解方程（2.18），可得

$$v = v_0 + \theta_0 x + \frac{M_0 x^2}{2EI} + \frac{N_0 x^3}{6EI} + \left\|_{l/2} \frac{P\,(x-l/2)^3}{6EI}\right.$$

（2）根据边界条件确定未知初参数。

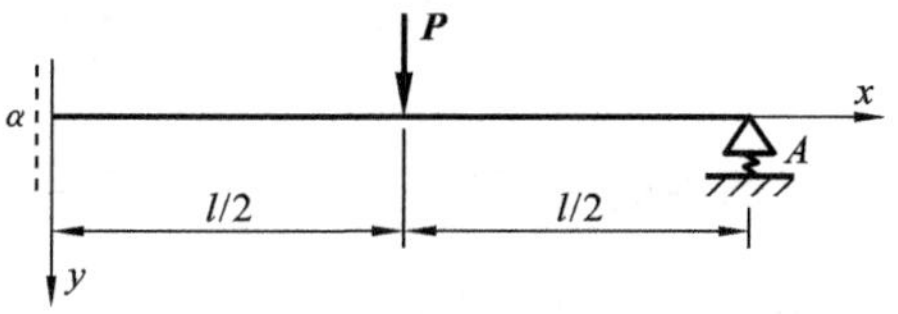

当 $x=0$ 时，$\begin{cases} v_0=0 \\ \theta_0=\alpha M_0 \end{cases}$，考虑到 $\alpha=l/2EI$，则 θ_0

$=M_0 l/(2EI)$，因此

$$v=\frac{M_0 lx}{2EI}+\frac{M_0 x^2}{2EI}+\frac{N_0 x^3}{6EI}+\Bigg\|_{l/2}\ \frac{P\,(x-l/2)^3}{6EI}$$

图 2-2-7

当 $x=l$ 时，$\begin{cases} v''=0 \\ v=AEIv''' \end{cases}$，而根据上式可得

$$v''=\frac{M_0}{EI}+\frac{N_0 x}{EI}+\Bigg\|_{l/2}\ \frac{P(x-l/2)}{EI},\quad v'''=\frac{N_0}{EI}+\Bigg\|_{l/2}\frac{P}{EI}$$

故有

$$\begin{cases} M_0+N_0 l+\dfrac{1}{2}Pl=0 \\[2mm] \dfrac{M_0 l^2}{2EI}+\dfrac{M_0 l^2}{2EI}+\dfrac{N_0 l^3}{6EI}+\dfrac{P\,(l/2)^3}{6EI}=A(N_0+P)=\dfrac{l^3}{12EI}(N_0+P) \end{cases}$$

求解方程组，可得

$$M_0=\frac{5}{44}Pl,\quad N_0=-\frac{27}{44}P$$

（3）将得到的初参数代入通解方程，得到梁的挠曲线方程为

$$v=\frac{Pl^3}{EI}\left[\frac{5}{88}\frac{x}{l}+\frac{5}{88}\frac{x^2}{l^2}-\frac{9}{88}\frac{x^3}{l^3}+\Bigg\|_{l/2}\frac{1}{6}\left(\frac{x}{l}-\frac{1}{2}\right)^3\right]$$

例 2.4　两端刚性固定的梁，不受外载荷，当其右支座发生位移 Δ 时，求其挠曲线方程与截面弯矩和剪力（见图 2-2-8）。

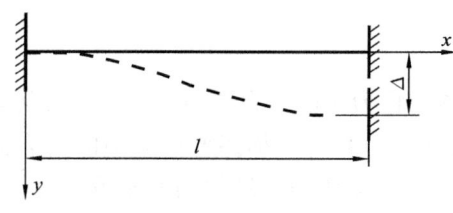

图 2-2-8

解　（1）写出相应的挠曲线通解方程。应用挠曲线通解方程(2.18)，当无外载荷时，存在

$$v=v_0+\theta_0 x+\frac{M_0 x^2}{2EI}+\frac{N_0 x^3}{6EI}$$

（2）根据边界条件确定未知初参数。因梁左端为刚性固定，故 $v_0=\theta_0=0$，则有

$$v=\frac{M_0 x^2}{2EI}+\frac{N_0 x^3}{6EI}$$

梁右端为刚性固定，且支座有位移 Δ，即当 $x=l$ 时，$v=\Delta$ 及 $v'=0$，代入上式可得

$$\begin{cases} \dfrac{M_0 l^2}{2EI}+\dfrac{N_0 l^3}{6EI}=\Delta \\[2mm] \dfrac{M_0 l}{EI}+\dfrac{N_0 l^2}{2EI}=0 \end{cases}$$

求解方程组，得

$$M_0=\frac{6EI\Delta}{l^2},\quad N_0=-\frac{12EI\Delta}{l^3}$$

（3）将得到的初参数代入通解方程，得到梁的挠曲线方程为

$$v=\Delta\left(\frac{3x^2}{l^2}-\frac{2x^3}{l^3}\right)$$

进一步讨论可知，梁截面的弯矩与剪力分别为

$$M = EIv'' = \frac{6EI\Delta}{l^2}\left(1 - \frac{2x}{l}\right), \quad N = EIv''' = -\frac{12EI\Delta}{l^3}$$

梁两端的弯矩为

$$M_0 = \frac{6EI\Delta}{l^2}, \quad M_l = -\frac{6EI\Delta}{l^2}$$

而梁两端的剪力均为

$$N = -12EI\Delta/l^3$$

此例再次证明：梁弯曲时，其挠曲线形式将同时取决于梁上载荷作用特性和梁两端的边界条件。即使没有外载荷作用，由于梁边界的强制变形，梁中同样可能产生弯曲形变，梁中也将相应存在内力分布。在船舶建造过程中出现的"装配应力"，即源于边界的强制变形。

4. 叠加原理与梁的弯曲要素表

1）常用单跨梁的弯曲要素表

以上我们学习了单跨梁弯曲要素的计算，事实上现在遇到单跨梁的弯曲问题时，通常并不需要按以上所述步骤进行计算求解，因为大部分单跨梁的弯曲要素都已求解，并在船舶结构力学手册上制成表格备查。表 2-2-2 给出了一些常用的两端简支单跨梁的弯曲要素。其他单跨梁的弯曲要素可查询本书附录 A。

2）叠加原理

有了弯曲要素表，根据叠加原理，对于多种载荷共同作用下单跨梁弯曲要素的求解就比较容易了。这里所谓的叠加原理（principle of superposition）就是可以将多种载荷共同作用的结果认为是各载荷单独作用结果的相加，即总响应是每种载荷单独作用下的响应（反力、内力、应变或位移等）的和。此应用的理论依据是结构力学的小变形假设，材料符合胡克定律以及梁的弯曲要素与梁上的载荷成正比。叠加原理是本书中具有普适性的基本原理。此时，梁上有几种载荷同时作用时的弯曲要素，就可以通过分别计算各载荷单独作用时的弯曲要素，再叠加得到。

3）剪力图和弯矩图

载荷作用下梁截面的剪力和弯矩沿梁轴线的分布图形称为梁的剪力图和弯矩图。绘制剪力图和弯矩图的主要目的有二：一是剪力图和弯矩图能够最为直观地描述弯曲梁中的内力分布；二是通过绘制剪力图和弯矩图，工程师可以预测和分析载荷作用下结构的基本变形情况。因此，绘制梁构件的剪力图和弯矩图具有重要的工程意义。

为了绘制剪力图和弯矩图，我们一般以横坐标表示梁截面的位置，以纵坐标表示作用于相应截面的剪力或弯矩。正负符号规定向右、向上为正。在船舶结构力学中绘制剪力图和弯矩图时，应重点注意以下信息特征的体现。

（1）应客观反映内力沿轴向的分布特征。注意一般特征为：无载轴段的剪力一般呈水平线性分布，而弯矩呈斜直线分布；均布载荷作用轴段剪力一般呈斜直线分布，而弯矩呈二次抛物线分布。这个分布特征主要是因为弯矩与剪力存在积分关系。分布特征对于直观描述内力分布具有重要意义。

（2）应清晰标注内力峰值取值及对应的截面位置信息。

（3）应在图中标注内力的正负符号。

采用叠加原理进行多种载荷共同作用下的弯矩和剪力合成时，可按以下步骤进行：首先分解载荷（集中力、集中弯矩和分布力），根据弯曲要素表分别绘出单一载荷作用下梁的弯矩图和剪力图；然后将弯矩和剪力遵循同号相加、异号相减的原则进行合成。

表 2-2-2　两端简支单跨梁常用弯曲要素表

序号	1	2	3
载荷形式			
最大挠度	$v\left(\dfrac{l}{2}\right)=\dfrac{5}{384}\dfrac{ql^4}{EI}$	$v_{\max}=v_{0.5193l}=0.01304\dfrac{Ql^3}{EI}$	$v(a)=\dfrac{Pa^2b^2}{3EIl}$
梁端转角	$\theta_1=-\theta_2=\dfrac{ql^3}{24EI}$	$\theta_1=\dfrac{7}{180}\dfrac{Ql^2}{EI},\ \theta_2=-\dfrac{2}{45}\dfrac{Ql^2}{EI}$	$\theta_1=\dfrac{Pab}{6EI}\left(1+\dfrac{b}{l}\right)$ $\theta_2=-\dfrac{Pab}{6EI}\left(1+\dfrac{a}{l}\right)$
M 图	$-ql^2/8$	$x=0.5773l$　$M_{\max}=0.1283Ql$	$-Pab/l$
N 图	$ql/2$　$-ql/2$	$2Q/3$　$-Q/3$	Pa/l　$-Pb/l$

序号	4	5	6
载荷形式			
挠度	$v(a)=\dfrac{Pa^2l}{6EI}\left(3\dfrac{b}{l}-\dfrac{a}{l}\right)$ $v\left(\dfrac{l}{2}\right)=\dfrac{Pal^2}{6EI}\left(\dfrac{3}{4}-\dfrac{a^2}{l^2}\right)$	$v(a)=\dfrac{mab}{3EI}\left(\dfrac{a-b}{l}\right)$	$v=-\dfrac{l^2}{6EI}\dfrac{x}{l}\left(1-\dfrac{x}{l}\right)\cdot$ $\left[m_1\left(2-\dfrac{x}{l}\right)+m_2\left(1+\dfrac{x}{l}\right)\right]$
梁端转角	$\theta_1=-\theta_2=\dfrac{Pab}{2EI}$	$\theta_1=\dfrac{ml}{6EI}\left(1-\dfrac{3b^2}{l^2}\right)$ $\theta_2=\dfrac{ml}{6EI}\left(1-\dfrac{3a^2}{l^2}\right)$	$\theta_1=-\dfrac{m_1l}{3EI}-\dfrac{m_2l}{6EI}$ $\theta_2=\dfrac{m_1l}{6EI}+\dfrac{m_2l}{3EI}$
M 图	$-Pa$	mb/l　$-ma/l$	m_1　m_2
N 图	P　$-P$	$-m/l$	$-(m_1-m_2)/l$

5. 叠加原理算例

例 2.5 求图 2-2-9(a)中梁的中点截面挠度、端点截面转角。梁上所受的外力为集中力 **P** 及分布载荷 q，并且 $P=ql$。

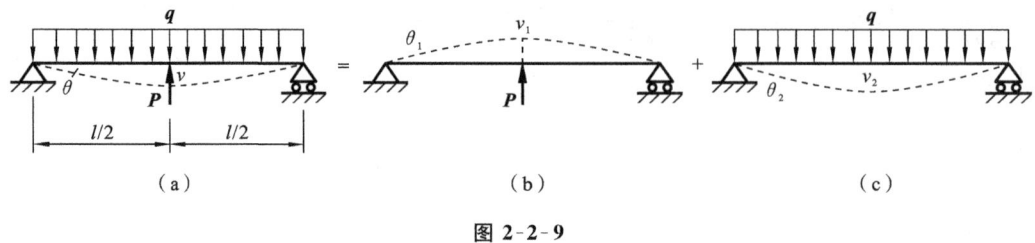

图 2-2-9

解 此梁受到集中力 **P** 及分布载荷 q 同时作用，利用叠加原理，将它分为一个仅受集中力 **P** 作用的梁和一个仅受分布载荷 q 作用的梁，如图 2-2-9(b)(c)所示。可直接由表 2-2-2 中序号 1 与序号 3 中的结果，得到梁中点的挠度与端点的转角为

$$v=v_1+v_2=-\frac{Pl^3}{48EI}+\frac{5ql^4}{384EI}=-\frac{ql^4}{128EI}$$

$$\theta=\theta_1+\theta_2=-\frac{Pl^2}{16EI}+\frac{ql^3}{24EI}=-\frac{ql^3}{48EI}$$

由此例可见，对于多种载荷共同作用下弯曲要素的合成，只需由弯曲要素表得到每个载荷单独作用下的弯曲要素，然后进行叠加即可获得，但在合成时，符号问题是关键，需要特别注意。

例 2.6 画出图 2-2-10(a)中梁的弯矩图、剪力图。梁上所受的外力为集中外弯矩 m 及集中力 **P**，并已知 $m=0.2Pl$。

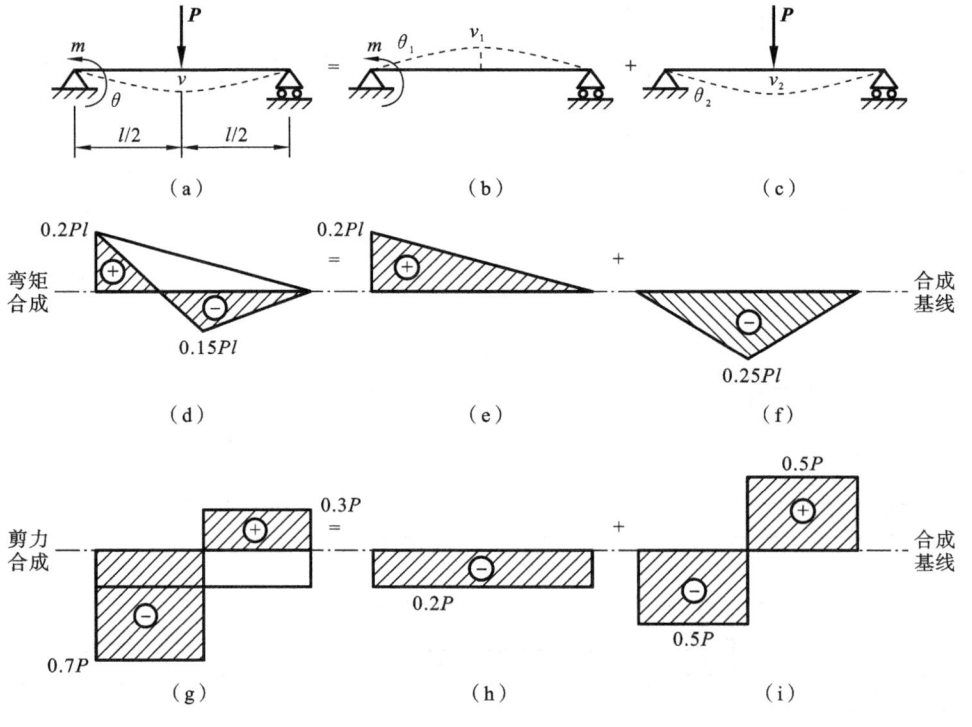

图 2-2-10

解 在画梁的弯矩图和剪力图时,应遵循叠加原理进行合成,首先将复杂载荷分解为单一载荷(见图 2-2-10(b)(c)),然后由表 2-2-2 中序号 5 中的结果画出 m 作用下梁的弯矩图(见图 2-2-10(e))和剪力图(见图 2-2-10(h)),由表 2-2-2 中序号 2 中的结果画出 P 作用下梁的弯矩图(见图 2-2-10(f))和剪力图(见图 2-2-10(i));然后分别对弯矩和剪力进行合成(注意正负抵消)。用此法画出的弯矩图如图 2-2-10(d)所示。这种形式的优点是梁的正、负弯矩分别在基线上下两侧,比较清楚。建议采用该种形式的画法。最大弯矩在左端,其值为 $0.2Pl$,在跨中的弯矩值为 $-0.25Pl+0.1Pl=-0.15Pl$。用叠加法画出的剪力图如图 2-2-10(g)所示。

由于刚性固定及弹性固定梁均可看作相应的自由支持梁在端点加上适当的弯矩,因此可将自由支持梁看作一种基本形式,掌握自由支持梁的弯曲要素计算具有十分重要的意义。

例 2.7 计算图 2-2-11 中一端刚性固定,另一端弹性固定梁的弯曲要素。

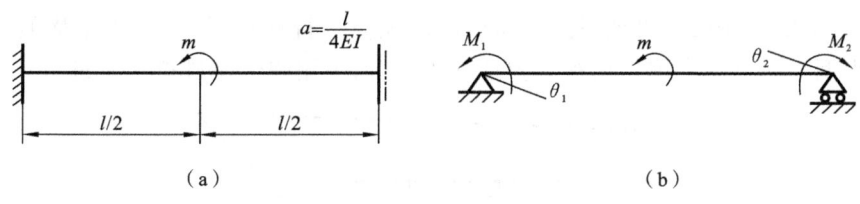

(a)   (b)

图 2-2-11

解 在常用弯曲要素表 2-2-2 中一般没有给出这种承载形式梁的解,为此需先求出此梁两端的弯矩,然后就可将两端固支梁转化为两端自由支持的梁。为求出梁两端弯矩,可分别列出图 2-2-11(b)中梁左端转角为零及右端转角 $\theta_2 = -\alpha M_2$ 的方程。

$$\begin{cases} \theta_1 = -\dfrac{M_1 l}{3EI} - \dfrac{M_2 l}{6EI} + \dfrac{ml}{24EI} = 0 \\ \theta_2 = \dfrac{M_1 l}{6EI} + \dfrac{M_2 l}{3EI} + \dfrac{ml}{24EI} = -\alpha M_2 \end{cases}$$

其中 $\alpha = \dfrac{l}{4EI}$,代入上式求解得 $M_1 = \dfrac{3}{16}m$,$M_2 = -\dfrac{1}{8}m$,这里,M_2 为负值表示实际方向与图中所示方向相反。求出梁端弯矩后,原两端固支梁就可转化为两端简支的单跨梁,在梁端分别有力矩 M_1、M_2 作用,如图 2-2-11(b)所示,则原梁的弯曲要素可按简支梁受力矩 m、M_1、M_2 作用叠加计算得到,不再详述。

2.3 弹性基础梁

1. 概述

前面我们主要讨论了仅在两端截面处存在支撑的单跨梁弯曲问题的求解。但还有这样一种情况,即整个梁除两端存在一定形式的支座约束处,跨中或全部梁均处于弹性基础之上,这种梁就称为"弹性基础梁"。这里所谓的弹性基础,在力学上指的是,当梁受载产生挠曲后,基础将对梁产生一个正比于挠度的反作用力(见图 2-3-1(a))。即当梁的挠度为 v 时,弹性基础给梁的反力应为 kv,k 称为弹性基础的"刚性系数"。刚性系数 k 越大,则基础的刚度越大。若梁的跨间无任何支持(见图 2-3-1(b)),则 $k=0$;若基础为绝对刚性,则 $k=\infty$,因此 $0 < k < \infty$。本书仅研究刚性系数 k 为常数的弹性基础梁。

服役过程中的舰船进坞或上排进行保养或维修是必需的。处于坐墩状态下的船体结构

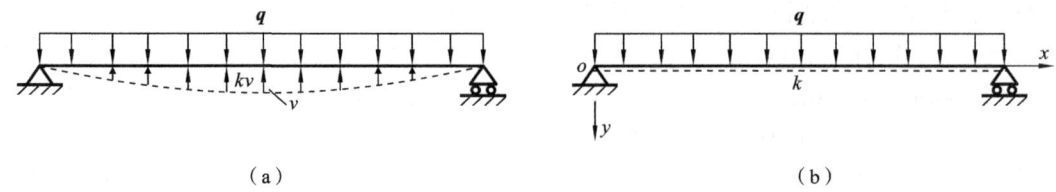

（a）　　　　　　　　　　　　　　　　（b）

图 2-3-1

（船体梁）将受到沿船长方向离散分布墩木的支撑作用而保持稳定（见图 2-3-2）。同时，为了防止由于墩木支撑的不均匀性，从而导致船体结构发生变形或损坏，施工设计者应尽可能布置足够数量的墩木以确保安全。那么，当需对这种受到多点支撑（一般大于 5 个）梁结构弯曲受力问题进行探讨，并进行力学模型建立时，可将其简化为承受船体各段结构重量作用、位于连续弹性基础之上的船体梁。再如对某一舱段内的纵桁进行计算时，也可将主横舱壁视为两端固支，而将小型横向材的支撑作用视为弹性基础，进而采用弹性基础梁模型进行计算与分析。

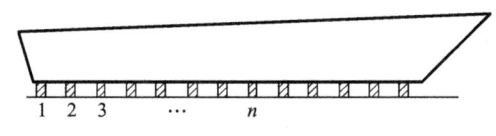

图 2-3-2

现讨论一两端简支受均布载荷 q 作用、刚性系数为 k 的弹性基础梁，如图 2-3-1(b)所示。

若把弹性基础给梁单位长度上的反力 kv 视为分布载荷$-kv$，以 $q-kv$ 代替普通梁的弯曲微分方程 $EIv^{\mathrm{IV}}=q$ 中的"q"，即可得到在分布载荷 q 作用下弹性基础梁的弯曲微分方程为

$$EIv^{\mathrm{IV}}=q-kv$$

或

$$EIv^{\mathrm{IV}}+kv=q \qquad (2.19)$$

弹性基础梁的截面转角、弯矩、剪力与挠度的微分关系仍与普通梁一样，即

$$\theta=v', \quad M=EIv'', \quad N=EIv''' \qquad (2.20)$$

2. 弹性基础梁的弯曲微分方程的解

微分方程(2.19)的解分为齐次方程的通解与非齐次方程的特解两部分。但是如果我们用初参数法，则无须求出其特解即可将通解推广应用。

先将齐次方程 $EIv^{\mathrm{IV}}+kv=0$ 改写为

$$v^{\mathrm{IV}}+4\alpha^4 v=0 \qquad (2.21)$$

式中：

$$\alpha^4=\frac{k}{4EI} \quad 或 \quad \alpha=\sqrt[4]{\frac{k}{4EI}} \qquad (2.22)$$

由高等数学知识，可知其通解形式为

$$v=\mathrm{e}^{\alpha x}(A_1\cos\alpha x+A_2\sin\alpha x)+\mathrm{e}^{-\alpha x}(A_3\cos\alpha x+A_4\sin\alpha x) \qquad (2.23)$$

再出关系式

$$\mathrm{e}^{\alpha x}=\mathrm{ch}\alpha x+\mathrm{sh}\alpha x, \quad \mathrm{e}^{-\alpha x}=\mathrm{ch}\alpha x-\mathrm{sh}\alpha x$$

可得方程(2.21)的解为

$$v=B_1\mathrm{ch}\alpha x\cos\alpha x+B_2\mathrm{ch}\alpha x\sin\alpha x+B_3\mathrm{sh}\alpha x\cos\alpha x+B_4\mathrm{sh}\alpha x\sin\alpha x \qquad (2.24)$$

式中：B_1、B_2、B_3 和 B_4 为四个积分常数。

与普通梁的弯曲情形一样，以上四个积分常数亦与梁端弯曲要素相关，将 $x=0$ 代入 $v,v'=\theta,EIv''=M,EIv'''=N$ 的表示式中，可得

$$B_1 = v_0, \quad B_2 = \frac{\theta_0}{2\alpha} + \frac{N_0}{4\alpha^3 EI}, \quad B_3 = \frac{\theta_0}{2\alpha} - \frac{N_0}{4\alpha^3 EI}, \quad B_4 = \frac{M_0}{2\alpha^2 EI} \tag{2.25}$$

式中：v_0、θ_0、M_0、N_0 分别为梁端的初始挠度、转角、弯矩和剪力。

将积分常数代入式（2.18）后，可得

$$v = v_0 V_0(\alpha x) + \frac{\theta_0}{\sqrt{2}\alpha} V_1(\alpha x) + \frac{M_0}{2\alpha^2 EI} V_2(\alpha x) + \frac{N_0}{2\sqrt{2}\alpha^3 EI} V_3(\alpha x) \tag{2.26}$$

式中：

$$
\begin{aligned}
V_0(\alpha x) &= \mathrm{ch}\alpha x \cos\alpha x \\
V_1(\alpha x) &= \frac{1}{\sqrt{2}}(\mathrm{ch}\alpha x \sin\alpha x + \mathrm{sh}\alpha x \cos\alpha x) \\
V_2(\alpha x) &= \mathrm{sh}\alpha x \sin\alpha x \\
V_3(\alpha x) &= \frac{1}{\sqrt{2}}(\mathrm{ch}\alpha x \sin\alpha x - \mathrm{sh}\alpha x \cos\alpha x)
\end{aligned}
\tag{2.27}
$$

它们称为普日列夫斯基函数，函数之间存在以下循环微分关系和一些特殊数值：

$$
\left.
\begin{aligned}
V_1'(\alpha x) &= \sqrt{2}\alpha V_0(\alpha x) \\
V_2'(\alpha x) &= \sqrt{2}\alpha V_1(\alpha x) \\
V_3'(\alpha x) &= \sqrt{2}\alpha V_2(\alpha x) \\
V_0'(\alpha x) &= -\sqrt{2}\alpha V_3(\alpha x)
\end{aligned}
\right\}
\tag{2.28}
$$

$$
\left.
\begin{aligned}
V_0(0) &= 1, \quad V_0'(0) = 0, \quad V_0''(0) = 0, \quad V_0'''(0) = 0 \\
V_1(0) &= 0, \quad V_1'(0) = \sqrt{2}\alpha, \quad V_1''(0) = 0, \quad V_1'''(0) = 0 \\
V_2(0) &= 0, \quad V_2'(0) = 0, \quad V_2''(0) = 2\alpha^2, \quad V_2'''(0) = 0 \\
V_3(0) &= 0, \quad V_3'(0) = 0, \quad V_3''(0) = 0, \quad V_3'''(0) = 2\sqrt{2}\alpha^3
\end{aligned}
\right\}
\tag{2.29}
$$

现将方程（2.26）推广到受任意载荷作用时的弹性基础梁，可得

$$
\begin{aligned}
v = {}& v_0 V_0(\alpha x) + \frac{\theta_0}{\sqrt{2}\alpha} V_1(\alpha x) + \frac{M_0}{2\alpha^2 EI} V_2(\alpha x) + \frac{N_0}{2\sqrt{2}\alpha^3 EI} V_3(\alpha x) \\
& + \left\Vert_a \frac{m}{2\alpha^2 EI} V_2[\alpha(x-a)] + \left\Vert_b \frac{P}{2\sqrt{2}\alpha^3 EI} V_3[\alpha(x-b)] \right. \\
& + \left\Vert_c \int_c^x \frac{q(\xi)\,\mathrm{d}\xi}{2\sqrt{2}\alpha^3 EI} \right) V_3[\alpha(x-\xi)]
\end{aligned}
\tag{2.30}
$$

若 $x > d$，则式（2.30）中的积分上限为 d（见图 2-3-3）。

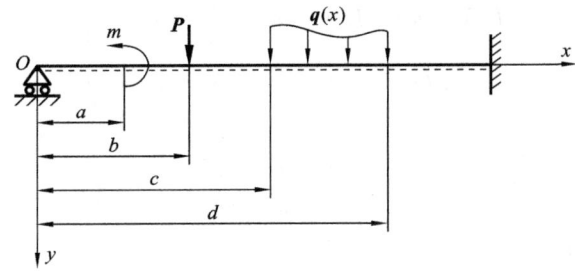

图 2-3-3

式(2.30)称为任意载荷作用下弹性基础梁的挠曲线通解方程。由该方程和边界条件就能求出相应的弹性基础梁的挠曲线表达式和其他弯曲要素。

3. 弹性基础梁算例

例2.8　对于受均布载荷 q 作用两端刚性固定的弹性基础梁(见图2-3-4),求梁的挠曲线方程以及转角、弯矩和剪力的表达式。

解　由于梁的结构和载荷都对称于跨中,故取跨中点为坐标原点,则 $x=0$ 处,$\theta_0=0$,$N_0=0$。

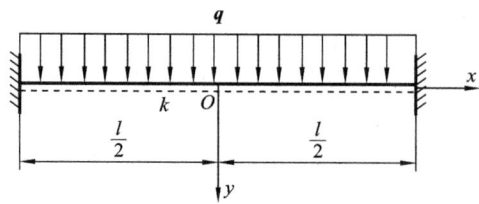

图 2-3-4

由式(2.30)可知,梁的挠曲线方程通解形式为

$$v = v_0 V_0(\alpha x) + \frac{M_0}{2\alpha^2 EI} V_2(\alpha x) + \frac{q}{2\sqrt{2}\alpha^3 EI} \int_0^x V_3[\alpha(x-\xi)]\mathrm{d}\xi$$

上式等号右边最后一项的积分,利用函数 V_3 与 V_0 之间的微分关系式(2.28),不难得出:

$$\int_0^x V_3[\alpha(x-\xi)]\mathrm{d}\xi = -\int_0^x V_3[\alpha(x-\xi)]\mathrm{d}(x-\xi) = \frac{1}{\sqrt{2}\alpha}\int_0^x V_0'[\alpha(x-\xi)]\mathrm{d}(x-\xi)$$

$$= \frac{1}{\sqrt{2}\alpha} V_0[\alpha(x-\xi)]\Big|_0^x = \frac{1}{\sqrt{2}\alpha}[V_0(0)-V_0(\alpha x)] = \frac{1}{\sqrt{2}\alpha}[1-V_0(\alpha x)]$$

从而,梁的挠曲线方程可写为

$$v = v_0 V_0(\alpha x) + \frac{M_0}{2\alpha^2 EI} V_2(\alpha x) + \frac{q}{4\alpha^4 EI}[1-V_0(\alpha x)]$$

由式(2.22)可知,$4\alpha^4 EI=k$,再把式中含 $V_0(\alpha x)$ 的项合并,可得

$$v = D_0 V_0(\alpha x) + D_2 V_2(\alpha x) + \frac{q}{k}$$

式中:

$$D_0 = v_0 - \frac{q}{k}, \quad D_2 = \frac{M_0}{2\alpha^2 EI}$$

为求出上式中的常数 D_0 和 D_2,利用 $x=l/2$ 时,$v=v'=0$ 的边界条件,可得方程组

$$\left.\begin{array}{l} D_0 V_0(u) + D_2 V_2(u) + \dfrac{q}{k} = 0 \\[2mm] -\sqrt{2}\alpha D_0 V_3(u) + \sqrt{2}\alpha D_2 V_1(u) = 0 \end{array}\right\}$$

式中:

$$u = \frac{\alpha l}{2} = \frac{l}{2}\sqrt[4]{\frac{k}{4EI}} \tag{2.31}$$

求解该方程组,可得

$$D_0 = \frac{-q}{k}\frac{V_1(u)}{V_0(u)V_1(u)+V_2(u)V_3(u)}, \quad D_2 = \frac{-q}{k}\frac{V_3(u)}{V_0(u)V_1(u)+V_2(u)V_3(u)}$$

将以上结果代入例2.8中的式(a),得梁的挠曲线方程为

$$v=\frac{q}{k}\left[1-\frac{V_1(u)V_0(\alpha x)+V_3(u)V_2(\alpha x)}{V_0(u)V_1(u)+V_2(u)V_3(u)}\right] \tag{2.32}$$

由式(2.20)并计及式(2.28)，可求出梁的转角、弯矩与剪力的表达式分别为

$$\theta=\sqrt{2}\alpha\frac{q}{k}\frac{V_1(u)V_3(\alpha x)-V_3(u)V_1(\alpha x)}{V_0(u)V_1(u)+V_2(u)V_3(u)}$$

$$M=\frac{q}{2\alpha^2}\frac{V_1(u)V_2(\alpha x)-V_3(u)V_0(\alpha x)}{V_0(u)V_1(u)+V_2(u)V_3(u)} \tag{2.33}$$

$$N=\frac{q}{\sqrt{2}\alpha}\frac{V_1(u)V_1(\alpha x)+V_3(u)V_3(\alpha x)}{V_0(u)V_1(u)+V_2(u)V_3(u)}$$

由式(2.33)和式(2.27)，可算出梁中点($x=0$)的挠度、弯矩及梁端点$\left(x=\pm\dfrac{l}{2}\right)$的弯矩、剪力分别为

$$v_0=\frac{q}{k}\left[1-\varphi_1(u)\right]$$

$$M_0=\frac{-ql^2}{24}\chi_1(u)$$

$$M\left(\pm\frac{l}{2}\right)=\frac{ql^2}{12}\chi_2(u)$$

$$N\left(\pm\frac{l}{2}\right)=\pm\frac{ql}{2}\mu_1(u)$$

式中：

$$\left.\begin{aligned}
\varphi_1(u)&=\frac{V_1(u)}{V_0(u)V_1(u)+V_2(u)V_3(u)}=2\frac{\mathrm{ch}u\sin u+\mathrm{sh}u\cos u}{\mathrm{sh}(2u)+\sin(2u)}\\
\chi_1(u)&=\frac{3}{u^2}\frac{V_3(u)}{V_0(u)V_1(u)+V_2(u)V_3(u)}=\frac{6}{u^2}\frac{\mathrm{ch}u\sin u-\mathrm{sh}u\cos u}{\mathrm{sh}(2u)+\sin(2u)}\\
\chi_2(u)&=\frac{3}{u^2}\frac{V_1(u)V_2(u)-V_0(u)V_3(u)}{V_0(u)V_1(u)+V_2(u)V_3(u)}=\frac{3}{2u^2}\frac{\mathrm{sh}(2u)-\sin(2u)}{\mathrm{sh}(2u)+\sin(2u)}\\
\mu_1(u)&=\frac{1}{\sqrt{2}u}\frac{V_1^2(u)+V_3^2(u)}{V_0(u)V_1(u)+V_2(u)V_3(u)}=\frac{1}{u}\frac{\mathrm{ch}(2u)-\cos(2u)}{\mathrm{sh}(2u)+\sin(2u)}
\end{aligned}\right\} \tag{2.34}$$

以上函数称为弹性基础梁的辅助函数。这些函数反映了弹性基础对梁弯曲要素的影响。当 $u=0$(即 $k=0$)时，表示不存在弹性基础，此时，上述辅助函数值均为 1；当 $u>0$(即 $k>0$)时，辅助函数值将随 u 的增大而减小，这说明弹性基础的刚性系数增大，梁的弯曲要素减小。

由以上分析可知，当弹性基础的刚性系数 k 及 EI 确定时，参数 u 一定，则梁的弯曲要素与载荷之间呈线性关系。因此，当弹性基础梁同时受到几种不同载荷作用时，仍可分别求出在各个载荷单独作用时的弯曲要素，然后再将它们叠加得到几种不同载荷同时作用下的弯曲要素。初参数法和力法的求解思想同样适用于弹性基础梁问题的求解，在此不再赘述。

2.4　复杂弯曲梁

1. 概述

当梁承受横向载荷作用的同时还受到沿轴向的载荷作用时，这种梁的弯曲称为"复杂弯曲"，又称为"纵横弯曲"。如船体的纵向骨架（如纵骨和纵桁等），它除受到相应的横向载荷外，

由于船体的总纵弯曲,还将受到沿长度方向的拉力或压力,这就属于复杂弯曲状态了。另外,即便是横向构件,如舷侧肋骨,它在受到舷外水压力作用的同时,由于它又是支持甲板横梁的构件,所以也将受到由甲板横梁传来的轴向载荷,因此正常工作下的舷侧肋骨事实上也是处于复杂弯曲状态的。以下针对复杂弯曲梁问题进行讨论。

2. 复杂弯曲梁的微分方程

考虑图 2-4-1 所示的复杂弯曲梁,若在梁中任意位置 x 处截取一截面,则在截面上除了有弯矩 M、剪力 N 以外,还有轴向力 T。轴向力的存在一方面将使得梁截面的正应力增加一项沿截面均匀分布的量 T/A(A 为梁的截面面积),同时对梁的弯曲要素也有一定的影响。为分析其影响,以下首先讨论梁复杂弯曲的微分方程式。

分析梁复杂弯曲时,平断面假定和胡克定律仍然适用,基本关系式 $EIv''=M$ 不变。为了进一步导出弯曲微分方程式,仍在梁中取一长度为 $\mathrm{d}x$ 的微元,这时为了反映出轴向力的影响,画出微元在变形后的情况,如图 2-4-2 所示。

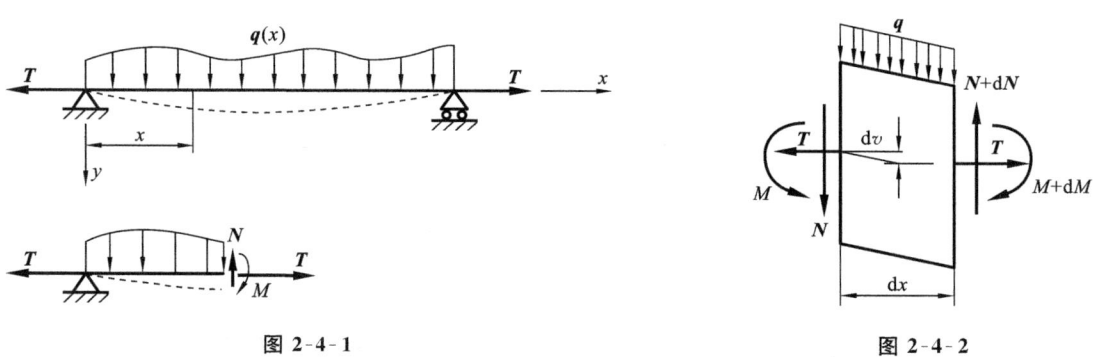

图 2-4-1　　　　　　　　　　　　　图 2-4-2

列出微元静力平衡方程,有

$$\mathrm{d}N=q\mathrm{d}x \quad 及 \quad \mathrm{d}M-N\mathrm{d}x-\frac{1}{2}q\mathrm{d}x^2-T\mathrm{d}v=0 \tag{2.35}$$

略去高阶微量后,可得

$$\frac{\mathrm{d}M}{\mathrm{d}x}=N+T\frac{\mathrm{d}v}{\mathrm{d}x} \tag{2.36}$$

$$\frac{\mathrm{d}N}{\mathrm{d}x}=q \tag{2.37}$$

将式(2.36)再次微分,然后将关系式 $EIv''=M$ 和式(2.37)代入式(2.36),可得

$$(EIv'')''=q+(Tv')'$$

当梁截面为等截面,且轴向力沿梁长不变时,可得

$$EIv^{\mathbb{N}}-Tv''=q \tag{2.38}$$

这就是梁在复杂弯曲(轴向力 T 为拉力)时的弯曲微分方程。

如果轴向力是压力,只要在式(2.38)中用 $-T$ 代替 T 就可以了。为了清楚表达,可令轴向压力绝对值为 T^*,这样用($-T^*$)代替上式中的 T,便可得到梁在复杂弯曲(轴向力为压力)时的弯曲微分方程:

$$EIv^{\mathbb{N}}+T^*v''=q \tag{2.39}$$

3. 微分方程的解及边界条件

1)微分方程的解

微分方程(2.38)或式(2.39)的解可分为相应齐次方程的通解与非齐次方程的特解两部

分。由于舰船结构强度校核时,承受轴向压力的复杂弯曲是结构更为危险的承载状态,因此先对方程(2.39)展开讨论,其齐次方程为

$$EIv^{\text{IV}} + T^* v'' = 0$$

将此式改写为

$$v^{\text{IV}} + k^{*2} v'' = 0 \qquad (2.40)$$

式中:

$$k^* = \sqrt{\frac{T^*}{EI}} \quad 或 \quad k^{*2} = \frac{T^*}{EI}$$

于是可将方程(2.40)的解写作

$$v = Ae^{sx} \qquad (2.41)$$

将式(2.41)代入式(2.40),可得特征方程为

$$s^4 + k^{*2} s^2 = 0$$

此特征方程的四个根分别为 $s_1 = s_2 = 0$, $s_3 = ik^*$, $s_4 = -ik^*$,将此根代入式(2.41)中,并考虑 s 有一对重根和一对共轭复根,则通解形式可写为

$$v = A_1 + A_2 k^* x + A_3 \cos k^* x + A_4 \sin k^* x \qquad (2.42)$$

式中:A_1、A_2、A_3、A_4 为四个积分常数。

设 v_0、θ_0、M_0 及 N_0 为 $x = 0$ 时梁端的四个初始弯曲要素,则由式(2.42),并注意到关系式(2.36),则当 $x = 0$ 时有

$$v = A_1 + A_3 = v_0$$
$$v' = A_2 k^* + A_4 k^* = \theta_0$$
$$EIv'' = -EIA_3 k^{*2} = M_0$$
$$EIv''' = -EIA_4 k^{*3} = N_0 - T^* v_0'$$

由此四式可解得

$$A_1 = v_0 + \frac{M_0}{EIk^{*2}}, \quad A_2 = \frac{N_0}{EIk^{*3}}, \quad A_3 = -\frac{M_0}{EIk^{*2}}, \quad A_4 = -\frac{N_0}{EIk^{*3}} + \frac{\theta_0}{k^*}$$

代入式(2.42),经整理后可得

$$v = v_0 + \frac{\theta_0}{k^*} \sin k^* x + \frac{M_0}{EIk^{*2}} (1 - \cos k^* x) + \frac{N_0}{EIk^{*3}} (k^* x - \sin k^* x)$$

将此式推广到梁上受任意横向载荷的一般情况,可得轴向压力作用下复杂弯曲梁挠曲线的通解形式如下:

$$v = v_0 + \frac{\theta_0}{k^*} \sin k^* x + \frac{M_0}{EIk^{*2}} (1 - \cos k^* x) + \frac{N_0}{EIk^{*3}} (k^* x - \sin k^* x)$$
$$+ \left\| {}_a \frac{m}{EIk^{*2}} [1 - \cos k^* (x - a)] + \left\| {}_b \frac{P}{EIk^{*3}} [k^* (x - b) - \sin k^* (x - b)] \right.$$
$$+ \left\| {}_c \int_c^x \frac{q(\xi) \mathrm{d}\xi}{EIk^{*3}} [k^* (x - \xi) - \sin k^* (x - \xi)] \qquad (2.43)$$

式中的积分项当 $x > d$ 时,积分上限为 d(见图 2-4-3)。

如果梁受轴向拉力作用,则只要将轴向压力的公式中的 T^* 用 $(-T)$ 代替,或将 ik^* 用 k 代替,另外注意

$$i \sin k^* x = \text{sh} ik^* x, \quad \cos k^* x = \text{ch} ik^* x$$

则可得相应的轴向拉力作用下单跨梁复杂弯曲挠曲线通解形式为

$$v = v_0 + \frac{\theta_0}{k} \text{sh} kx + \frac{M_0}{EIk^2} (\text{ch} kx - 1) + \frac{N_0}{EIk^3} (\text{sh} kx - kx) + \left\| {}_a \frac{m}{EIk^2} [\text{ch} k(x - a) - 1] \right.$$

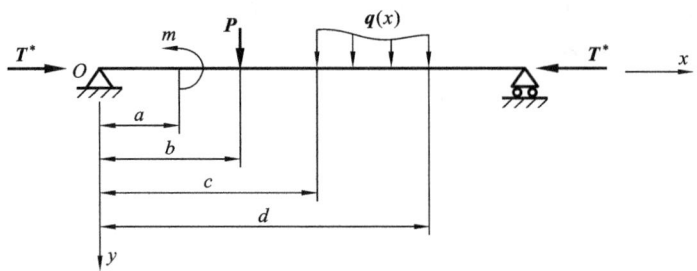

图 2-4-3

$$+ \left\| \frac{P}{EIk^3} \left[\text{sh}k(x-b) - k(x-b) \right] + \right\|_c \int_c^x \frac{q(\xi)\,\mathrm{d}\xi}{EIk^3} \left[\text{sh}k(x-\xi) - k(x-\xi) \right] \quad (2.44)$$

式中的积分项当 $x>d$ 时,积分上限为 d,且

$$k = \sqrt{\frac{T}{EI}} \quad \text{或} \quad k^2 = \frac{T}{EI} \tag{2.45}$$

2) 复杂弯曲梁的边界条件

由上可知,利用挠曲线通解方程(2.43)和式(2.44)及梁端的边界条件,就可确定梁复杂弯曲时相应的挠曲线方程,从而由关系式 $EIv''=M$ 就可建立梁的弯矩表示式。当轴向力为压力时,由式(2.36)可知,复杂弯曲时梁上任一截面上的剪力为

$$N = EIv''' + T^* v'$$

轴向力为拉力时,梁上任一截面上的剪力为

$$N = EIv''' - Tv'$$

由此可见,复杂弯曲梁的剪力 $N \neq EIv'''$。这样复杂弯曲梁中弹性支座的边界条件就与横向弯曲时存在差异,对于轴向力为压力或拉力的梁,其弹性支座的边界条件将分别为

$$\left. \begin{array}{l} v = \mp A(EIv''' + T * v') \\ v = \mp A(EIv''' - Tv') \end{array} \right\} \tag{2.46}$$

式中:等式右边正负号的选取为,梁左端($x=0$)处取负号,梁右端($x=l$)处取正号。复杂弯曲时弹性固定在弹性支座上的边界条件也与单纯横向载荷作用下的梁弯曲时不同,应写为

受轴向压力时

$$\left. \begin{array}{l} v' = \pm_\alpha EIv'' \\ v = \mp A(EIv''' + T * v') \end{array} \right\} \tag{2.47}$$

受轴向拉力时

$$\left. \begin{array}{l} v' = \pm_\alpha EIv'' \\ v = \mp A(EIv''' - Tv') \end{array} \right\} \tag{2.48}$$

式中:等号右边正负号的选取是,上面符号用于梁的左端,下面符号用于梁的右端。例如,对于图 2-4-4 所示的受轴向拉力的复杂弯曲梁,其两端的边界条件分别为

$x=0$ 时, $v=0$, $v'=0$

$x=l$ 时, $v''=0$, $v=A(EIv''' - Tv')$

4. 梁复杂弯曲算例

例 2.9 如图 2-4-5 所示,一受均布载荷 *q*,并受轴向压力作用的两端简支梁,计算其弯曲要素。

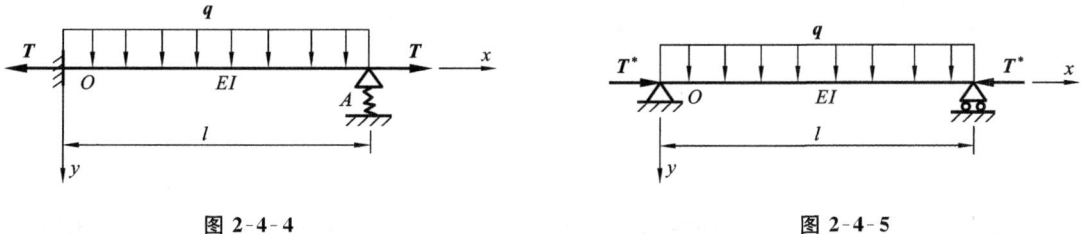

图 2-4-4　　　　　　　　　　　　　　　　　　　　图 2-4-5

解　先由式(2.43)写出轴向压力作用下复杂弯曲梁的挠曲线方程。由梁左端($x=0$ 处)边界条件有 $v_0=0$, $M_0=0$,并且由梁变形后的静力平衡条件,可得 $N_0=-ql/2$,故由式(2.43),得

$$v=\frac{\theta_0}{k^*}\sin k^* x-\frac{ql}{2EIk^{*3}}(k^* x-\sin k^* x)+\frac{q}{EIk^{*3}}\int_0^x[k^*(x-\xi)-\sin k^*(x-\xi)]\mathrm{d}\xi \quad (a)$$

首先对式(a)中等号右边的积分项进行计算,令 $k^*(x-\xi)=w$,从而 $-k^*\mathrm{d}\xi=\mathrm{d}w$,于是

$$\int_0^x[k^*(x-\xi)-\sin k^*(x-\xi)]\mathrm{d}\xi=-\frac{1}{k^*}\int_{k^* x}^0(w-\sin w)\mathrm{d}w$$

$$=-\frac{1}{k^*}\left(1-\cos k^* x-\frac{1}{2}k^{*2}x^2\right)$$

则

$$v=\frac{\theta_0}{k^*}\sin k^* x-\frac{ql}{2EIk^{*3}}(k^* x-\sin k^* x)-\frac{q}{EIk^{*4}}\left(1-\cos k^* x-\frac{1}{2}k^{*2}x^2\right) \quad (b)$$

式中:θ_0 可由梁右端($x=l$)处边界条件 $v_l=0$ 求出,即

$$\frac{\theta_0}{k^*}\sin k^* l-\frac{ql}{2EIk^{*3}}(k^* l-\sin k^* l)-\frac{q}{EIk^{*4}}\left(1-\cos k^* l-\frac{1}{2}k^{*2}l^2\right)=0$$

解得

$$\theta_0=\frac{q}{2EIk^{*2}\cdot\sin k^* l}\left(\frac{2-2\cos k^* l-k^* l\sin k^* l}{k^*}\right)$$

代入挠曲线方程(2.44),经过整理后得到挠曲线方程为

$$v=\frac{ql^4}{EI(2u^*)^4}\left[\tan u^*\cdot\sin\left(\frac{2u^*}{l}x\right)-1+\cos\left(\frac{2u^*}{l}x\right)\right]+\frac{ql^2 x}{8EIu^{*2}}(x-l)$$

式中:

$$u^*=\frac{k^* l}{2}=\frac{l}{2}\sqrt{\frac{T^*}{EI}} \quad (c)$$

结果分析:

以上我们得到了横向均布载荷和轴向压力共同作用下复杂弯曲梁的挠曲线方程式,就可求出梁的弯曲要素,通常所需的梁中点挠度、端点转角及中点弯矩的公式分别为

$$\left.\begin{aligned} v\left(\frac{l}{2}\right)&=\frac{5}{384}\frac{ql^4}{EI}f_0^*(u^*)\\ v'(0)&=-v'(l)=\frac{ql^3}{24EI}\psi_0^*(u^*)\\ M\left(\frac{l}{2}\right)&=-\frac{ql^2}{8}\varphi_0^*(u^*) \end{aligned}\right\} \quad (2.49)$$

式中:

$$f_0^*(u^*) = \frac{24}{5u^{*4}}\left(\frac{1}{\cos u^*} - \frac{u^{*2}}{2} - 1\right)$$
$$\psi_0^*(u^*) = \frac{3}{u^{*3}}(\tan u^* - u^*)$$
$$\varphi_0^*(u^*) = \frac{2}{u^{*2}}\left(\frac{1}{\cos u^*} - 1\right) \tag{2.50}$$

式(2.50)称为复杂弯曲的辅助函数(轴向压力)。当 $u^* = 0$,即 $T^* = 0$ 时,这些函数等于 1;当 $u^* > 0$ 时,函数随 u^* 的增大而增大,说明轴向压力使梁的弯曲要素增大。当 $u^* = \pi/2$,即

$$\frac{l}{2}\sqrt{\frac{T^*}{EI}} = \frac{\pi}{2} \quad 或 \quad T^* = \frac{\pi^2 EI}{l^2}$$

时 $f_0^*(u^*) \to \infty$,这表示梁丧失了稳定性。

如果梁受到轴向拉力 T,则在轴向压力公式中用 $(-T)$ 代替 T^*,用 k 代替 ik^*,用 u 代替 iu^*(此处 $u = kl/2 = \frac{l}{2}\sqrt{\frac{T}{EI}}$),即可得相应的公式如下:

$$v = \frac{ql^4}{EI(2u)^4}\left[-\text{th}u \cdot \text{sh}\left(\frac{2u}{l}x\right) - 1 + \text{ch}\left(\frac{2u}{l}x\right)\right] - \frac{ql^2 x}{8EIu^2}(x-l) \tag{2.51}$$

$$v\left(\frac{l}{2}\right) = \frac{5}{384}\frac{ql^4}{EI}f_0(u)$$
$$v'(0) = -v'(l) = \frac{ql^3}{24EI}\psi_0(u)$$
$$M\left(\frac{l}{2}\right) = -\frac{ql^2}{8}\varphi_0(u) \tag{2.52}$$

式中:

$$f_0(u) = \frac{24}{5u^4}\left(\frac{u^2}{2} + \frac{1}{\text{ch}u} - 1\right)$$
$$\psi_0(u) = \frac{3}{u^3}(u - \text{th}u)$$
$$\varphi_0(u) = \frac{2}{u^2}\left(1 - \frac{1}{\text{ch}u}\right) \tag{2.53}$$

同样,式(2.53)也是复杂弯曲的辅助函数(轴向拉力),其数值取决于 u,即取决于轴向力 T 的大小。当 $u = 0$,即 $T = 0$ 时,这些函数的值为1,此时的表达式即为仅受横向载荷时梁的弯曲公式;当 $u > 0$ 时,辅助函数的值将随 u 的增加而减小,说明轴向拉力使弯曲要素减小。对比轴向拉、压载荷作用下复杂弯曲各弯曲要素的变化特性,可见轴向压力的作用将使构件的承载状态趋于危险,因此计及轴向压力的构件强度校核具有更为重要的工程意义。

轴向力对梁弯曲要素影响程度分析:

本节最后,我们就梁复杂弯曲时轴向力对弯曲要素的影响程度进行分析。由前面所得的结果可以看出,梁在复杂弯曲时轴向力对弯曲要素的影响主要取决于辅助函数的大小,并且由辅助函数的数值表可以看出,当梁上的轴向力与梁的刚度之比 T^*/EI 越大时,参数 u^* 越大,这时辅助函数的值与1相差越大,说明 T^* 对弯曲要素的影响显著,当 T^*/EI 越小或 $T^* \to 0$ 时,辅助函数的值接近于1,说明 T^* 对弯曲要素基本上无影响。

在船体结构中,纵向骨架所受的轴向力是由总纵弯曲产生的,一般驱护舰艇的最大总纵弯

曲应力约为 100 MPa,在这样大小的轴向力作用下,算得的纵向骨架的参数 u^* 一般均比 1 要小(在 0.5 左右),这时辅助函数与 1 相差不多,说明船体总纵弯曲应力对骨架弯曲要素的影响可以不计。

由于这个原因,因此在船体骨架的计算中,习惯上都不考虑轴向力对弯曲要素的影响。换句话说,在计算船体骨架的弯曲要素时可以不考虑轴向力的存在,对于纵向骨架仅需在计算应力时将轴向力引起的应力考虑在内就可以了,即

$$\sigma = -\frac{My}{I} + \frac{T}{A} \tag{2.54}$$

式中:M 为仅由横向载荷引起的弯矩。

由于同样原因,在船体骨架梁的弯曲计算中,梁的支座是否限制了梁的水平位移,可认为是无关紧要的。因此在建立两端自由支持梁的计算模型时,可把其中一个支座作为移动支座。

习　　题

(思考题)

2.1　单跨梁初参数法中的四个参数分别指什么参数? 它们与坐标系统的选择有没有关系? 为什么?

2.2　单跨梁两端为自由支持和两端为弹性支座支持时,相同外载荷作用下梁断面的剪力和弯矩的分布是否相同? 而当梁两端为刚性固定和两端为弹性固定时,相同外载荷作用下梁断面的剪力和弯矩的分布是否相同? 为什么?

2.3　边界条件与梁本身的计算长度、剖面几何要素、跨间载荷有没有关系? 为什么?

2.4　弯曲时的边界条件与梁横向纯弯曲时的边界条件有何不同? 它反映了什么问题?

2.5　为什么梁在横向纯弯曲时,横向载荷引起的弯曲要素可以采用叠加法求出,而对于复杂弯曲梁,其横向载荷与轴向力的影响却不可以分开考虑?

(计算题)

2.6　用初参数法分别列出题图 2.6 中单跨梁的挠曲线方程及边界条件,不需求解。

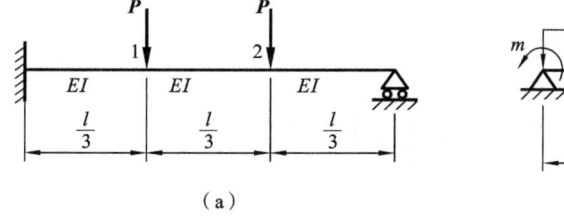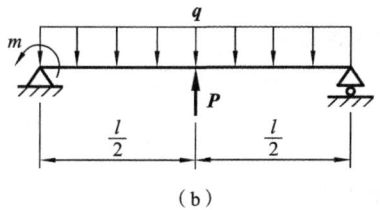

（a）　　　　　　　　　　　　　　　　（b）

题图 2.6

(提示或答案)

题图 2.6(a):通解方程为

$$v = \frac{M_0 x^2}{2EI} + \frac{N_0 x^3}{6EI} + \left\| _{l/3} \frac{P(x-l/3)^3}{6EI} + \right\|_{2l/3} \frac{P(x-2l/3)^3}{6EI}$$

边界条件为

$$v_0 = 0, \quad \theta_0 = v'_0 = 0; \quad v_l = 0, \quad M_l = EIv''_l = 0$$

题图 2.6(b):通解方程为

$$v = \theta_0 x + \frac{mx^2}{2EI} + \frac{N_0 x^3}{6EI} - \bigg\|_{l/2} \frac{P(x-l/2)^3}{6EI} + \frac{qx^4}{24EI}$$

边界条件为

$$v_0 = 0, \quad M_0 = EIv_0'' = m; \quad v_l = 0, \quad M_l = EIv_l'' = 0$$

2.7　用初参数法求出题图 2.7 所示结构的挠曲线方程,并求出其跨中的弯矩和剪力。已知:$P = ql/3$。

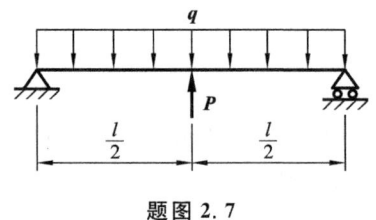

题图 2.7

（提示或答案）

通解方程为

$$v = v_0 + \theta_0 x + \frac{M_0 x^2}{2EI} + \frac{N_0 x^3}{6EI} - \bigg\|_{l/2} \frac{P(x-l/2)^3}{6EI}$$

$$+ \frac{1}{EI} \int_0^x \int_0^x \int_0^x \int_0^x q \mathrm{d}x^4$$

边界条件为

$$v_0 = 0, \quad M_0 = EIv_0'' = 0; \quad v_l = 0, \quad M_l = EIv_l'' = 0$$

由通解方程和边界条件,求解可知:

$$v_0 = 0, \quad \theta_0 = \frac{ql^3}{48EI}, \quad M_0 = 0, \quad N_0 = -\frac{ql}{3}$$

跨中的弯矩和剪力分别为

$$M_{l/2} = -\frac{ql^2}{24EI}, \quad N_{l/2} = \frac{ql}{6EI}$$

2.8　用初参数法求出题图 2.8 中梁的挠曲线方程。题图 2.8(a)中 $A = l^3/(3EI)$。

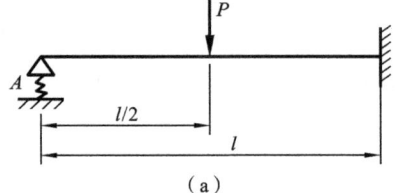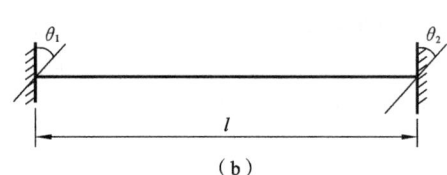

题图 2.8

（提示或答案）

题图 2.8(a):通解方程为

$$v = v_0 + \theta_0 x + \frac{M_0 x^2}{2EI} + \frac{N_0 x^3}{6EI} + \bigg\|_{l/2} \frac{P(x-l/2)^3}{6EI}$$

边界条件为

$$v_0 = -AEIv_0''', \quad M_0 = EIv_0'' = 0, \quad v_l = 0, \quad \theta_l = v_l' = 0$$

题图 2.8(b):通解方程为

$$v = v_0 + \theta_0 x + \frac{M_0 x^2}{2EI} + \frac{N_0 x^3}{6EI}$$

边界条件为

$$v_0 = 0, \quad \theta_0 = v_0' = \theta_1, \quad v_l = 0, \quad \theta_l = v_l' = \theta_2$$

2.9　利用梁的弯曲要素表 2-2-2 计算:

(1) 题图 2.6(b)中梁中点的挠度与左端转角。已知 $P = \frac{1}{2}ql, m = Pl$。

(2) 画出题图 2.6(a)(b)中梁的剪力图与弯矩图(不需给出剪力或弯矩峰值)。

(提示或答案)

(1) 由表 2-2-2 中序号 1 中的结果,可知均布载荷 q 作用下的两端简支梁,跨中挠度及左端转角分别为

$$v_{l/2}^q = \frac{5}{384}\frac{ql^4}{EI}, \quad \theta_0^q = \frac{ql^3}{24EI}$$

由表 2-2-2 中序号 6 中的结果,取 $m_2 = 0$,可知左端弯矩 m 作用下的两端简支梁,跨中挠度及左端转角分别为

$$v = -\frac{l^2}{6EI}\frac{x}{l}\left(1-\frac{x}{l}\right)m_1\left(2-\frac{x}{l}\right), \quad 则 \quad v_{l/2}^m = -\frac{ml^2}{16EI} = -\frac{ql^4}{32EI}$$

$$\theta_0 = -\frac{m_1 l}{3EI}, \quad 则 \quad \theta_0^m = -\frac{ml}{3EI} = -\frac{ql^3}{6EI}$$

由表 2-2-2 中序号 3 中的结果,可知跨中集中力 P 作用下的两端简支梁,跨中挠度及左端转角分别为

$$v_{l/2}^P = -\frac{P(l/2)^2(l/2)^2}{3EIl} = -\frac{ql^4}{96EI}, \quad \theta_0^P = -\frac{P(l/2)(l/2)}{6EI}\left(1+\frac{(l/2)}{l}\right) = -\frac{ql^3}{32EI}$$

由叠加原理可得

$$v_{l/2} = v_{l/2}^q + v_{l/2}^m + v_{l/2}^P = \frac{5}{384}\frac{ql^4}{EI} - \frac{ql^4}{32EI} - \frac{ql^4}{96EI} = -\frac{11}{384}\frac{ql^4}{EI}$$

$$\theta_0 = \theta_0^q + \theta_0^m + \theta_0^P = \frac{ql^3}{24EI} - \frac{ql^3}{6EI} - \frac{ql^3}{32EI} = -\frac{5ql^3}{32EI}$$

(2) 题图 2.6(a)的剪力图和弯矩图。

剪力图:

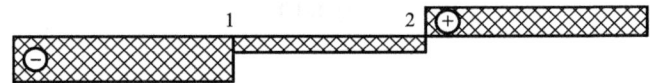

弯矩图:

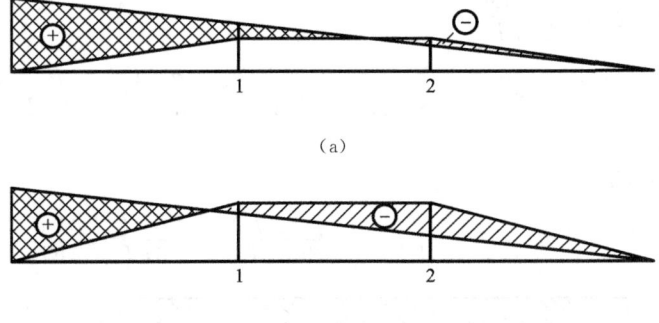

(a)

(b)

图(a)(b)所示的两种弯矩分布图均正确,由弯矩峰值取值决定。

题图 2.6(b)的剪力图和弯矩图。

剪力图:

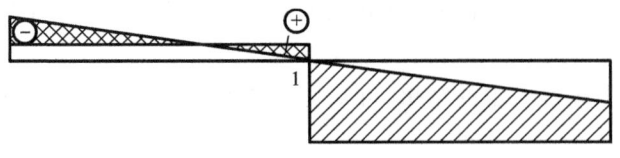

弯矩图：

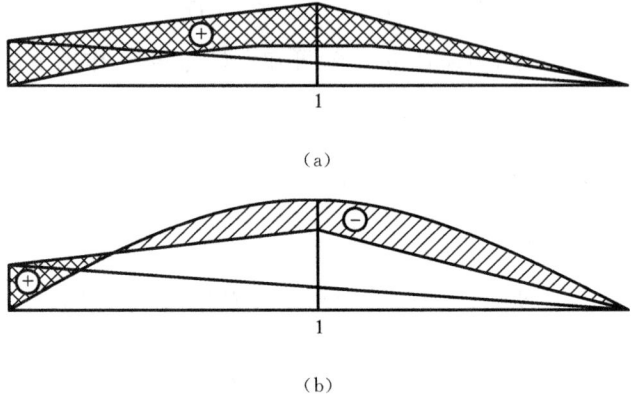

(a)

(b)

图（a）（b）所示的两种弯矩分布图均正确，由弯矩峰值取值决定。

2.10 利用梁的弯曲要素表 2-2-2 计算题图 2.10 梁的跨中挠度及右端转角 θ，并画出剪力图与弯矩图。已知 $q_1 = 2q_2$，$M_0 = q_2 l^2$，$M_1 = q_2 l^2/2$，梁的长度为 l，截面惯性矩为 I。

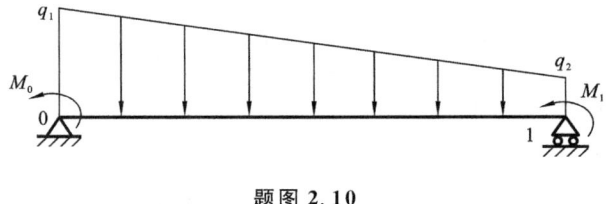

题图 **2.10**

（提示或答案）

可利用表 2-2-2 中的序号 1、序号 2 和序号 6 中的结果，由叠加原理进行求解。注意解题技巧：梯形分布的载荷可分解为均布载荷和三角形载荷的叠加；弯矩的方向和符号；三角形载荷作用下跨中挠度可近似为 $\dfrac{5}{384}\dfrac{Ql^3}{EI}$。

$$v_{l/2} = v_{l/2}^{q_2} + v_{l/2}^{q_1-q_2} + v_{l/2}^{M} = \frac{5}{384}\frac{q_2 l^4}{EI} + \frac{5}{384}\frac{(q_1-q_2)l^4}{2EI} - \frac{l^2}{16EI}(M_0 - M_1)$$

$$= -\frac{9q_2 l^4}{768EI}$$

$$\theta_l = \theta_l^{q_2} + \theta_l^{q_1-q_2} + \theta_l^{M} = -\frac{q_2 l^3}{24EI} - \frac{7(q_1-q_2)l^3}{360EI} + \frac{M_0 l}{6EI} - \frac{M_1 l}{3EI} = -\frac{11q_2 l^3}{180EI}$$

剪力图：

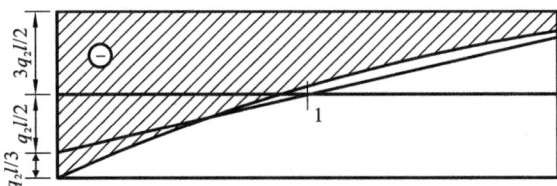

弯矩图：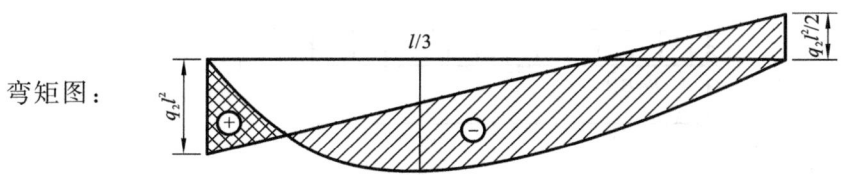

2.11   建立某船总纵强度船体梁计算模型,假定其为两端自由支持单跨梁,弯矩呈抛物线分布,跨长 $L=100$ m,现通过实测已知距船尾 $L/4$ 处的弯矩为 -3500 kN・m,$L/2$ 处的弯矩为 -5000 kN・m。为了计算分析的需要,需将它们转换为作用于上述两点的集中力 P_1、P_2,要求保证上述两点弯矩值不变。试求出 P_1 和 P_2 的值。

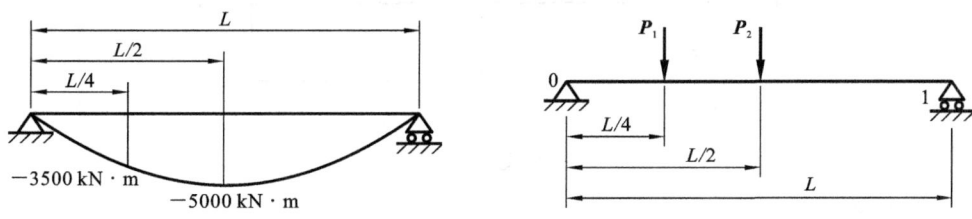

题图 2.11

（提示或答案）

由表 2-2-2 中序号 3 中的结果可知两端简支的单跨梁在跨中任一位置处作用一集中力时,作用点处的弯矩 $M_a=-\dfrac{Pab}{l}$,因此,根据叠加原理可得

$$\begin{cases} M_{l/4}=M_{l/4}^{P_1}+M_{l/4}^{P_2}=-\dfrac{3}{16}P_1l-\dfrac{1}{8}P_2l=-3500 \text{ kN・m} \\ M_{l/2}=M_{l/2}^{P_1}+M_{l/2}^{P_2}=-\dfrac{1}{8}P_1l-\dfrac{1}{4}P_2l=-5000 \text{ kN・m} \end{cases} \Rightarrow \begin{cases} P_1=160 \text{ kN} \\ P_2=80 \text{ kN} \end{cases}$$

2.12   题图 2.12(a)为一夹层平板结构受三轴静水压力作用,不考虑 x、y 向的结构形变,建立夹层板的简化计算模型如题图 2.12(b)所示。已知芯材弹性模量为 E_c,则表层受到的 z 向支撑载荷,上下表层梁材料的弹性模量均为 E_f,界面惯性矩为 I_f,试求出上表层弹性基础梁的挠曲线方程。

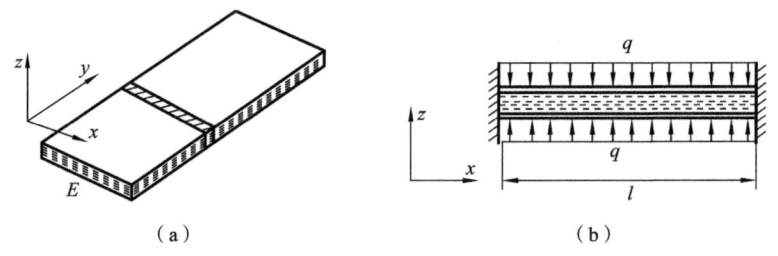

（a）	（b）

题图 2.12

（提示或答案）

本题主要检验学员对弹性基础梁挠曲线方程的理解。由题图 2.12(b)分析可知,上下表面结构和载荷具有对称性,厚度方向中性面处无挠曲变形,可视为刚性面。由于芯材对表层的横向支撑作用,计算模型可进一步简化为两端固支均布载荷 q 作用下的弹性基础梁,如下图所示。

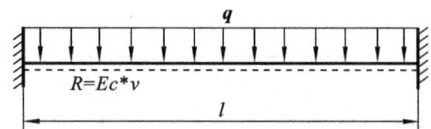

计算模型与教材中的算例完全一致,仅存在参数的表述形式差异,可参考算例给出。

2.13 用初参数法写出题图 2.13 中复杂弯曲梁的挠曲线方程及边界条件,不需求解。

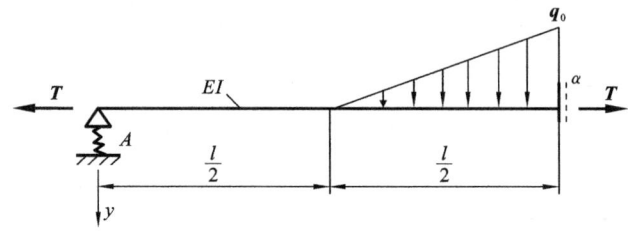

题图 2.13

(提示或答案)

本题的难点在于两点:一是边界支撑分别采用了弹性支座和弹性固定端;二是属于复杂弯曲梁问题。

对轴向拉力作用下的复杂弯曲梁挠曲线通解方程(2.44)做如下化简:

$$v = v_0 + \frac{\theta_0}{k}\mathrm{sh}kx + \frac{M_0}{EIk^2}(\mathrm{ch}kx - 1) + \frac{N_0}{EIk^3}(\mathrm{sh}kx - kx)$$
$$+ \Big\|_{l/2} \int_{l/2}^{x} \frac{q(\xi)\mathrm{d}\xi}{EIk^3}\big[\mathrm{sh}k(x-\xi) - k(x-\xi)\big]$$

此即题中复杂弯曲梁的挠曲线方程。

边界条件:

$x=0$ 处,$v_0 = -A(EIv_0''' - Tv_0')$,$M_0 = ETv_0'' = 0$;

$x=l$ 处,$v_l = 0$,$\theta_l = v_l' = -\alpha EIv_l'' = -\alpha M_l$

第 3 章　连续梁的计算

本章学习要求：

（1）理解连续梁力学模型的力学特征及其工程意义；

（2）理解力法基本原理和求解思路，掌握力法求解基本步骤；

（3）灵活运用力法求解自由支持在刚性支座上的连续梁结构；

（4）掌握自由支持在弹性支座上连续梁的力法求解思路和基本步骤；

（5）掌握阶梯形变截面梁的力法求解原理和基本步骤。

主要知识点及重难点：

（1）连续梁的基本概念及其工程意义；

（2）力法基本原理、求解思路和基本步骤；☆★

（3）自由支持在刚性支座上连续梁的力法求解；☆

（4）自由支持在弹性支座上连续梁的力法求解；☆

（5）阶梯形变截面梁的力法求解。★

★—难点；☆—重点

3.1　概　　述

当单跨梁在两端支座间还存在一个或多个支撑约束时，梁的构形将由单跨变为多跨，此类结构称为连续梁。舰艇结构中大量构件可简化为连续梁计算模型。如对船底纵骨等小型构件进行分析时，端部由于受到舱壁对其转角和位移的刚性约束，可视为两端固支约束，而跨中由于贯穿肋板，必将受到肋板对其位移的刚性约束，这样建立的船底纵骨计算模型就是两端固支、跨中简支的连续梁结构，如图 3-1-1 所示；对于大型连续纵向构件，如甲板纵桁，两端受到舱壁的刚性固定，跨中受到横梁的弹性支撑，建立其计算模型就是两端固支、跨中弹性支撑的连续梁结构，如图 3-1-2 所示。

在结构力学中进行结构分析时，边界约束反力只需根据静力平衡条件便可完全确定的结构，称为静定结构，如悬臂梁、两端简支单跨梁。而仅依赖静力平衡条件尚不能完全确定其全部约束反力的结构，称为超静定结构。船体结构中，两端固支单跨梁以及上述连续梁结构都属于超静定结构。超静定结构的求解首先应明确超静定次数，而确定超静定次数最直接的方法，就是解除多余约束，使原结构变为一个静定结构，而

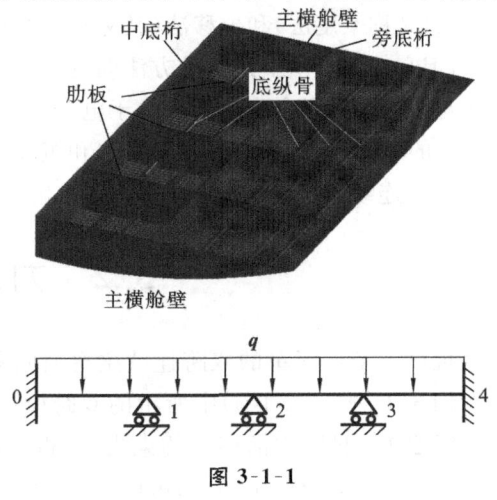

图 3-1-1

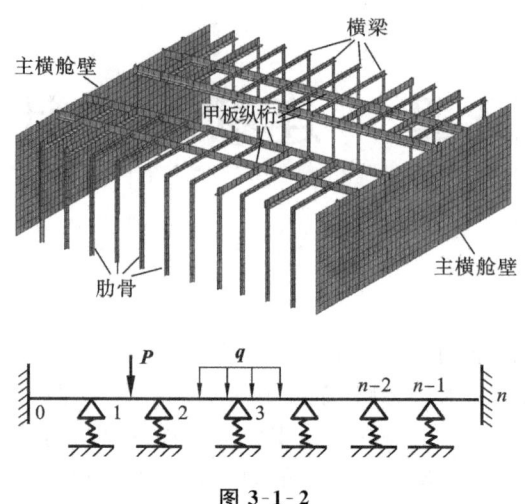

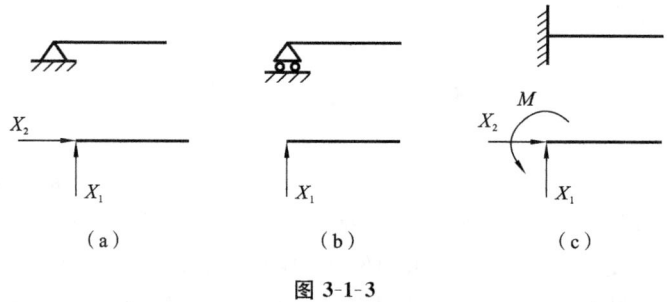

图 3-1-2

所解除的多余约束的数目,就是原结构的超静定次数。确定平面超静定结构多余约束的一般原则如下:

(1) 拆除一个简支座,相当于去掉两个约束,如图 3-1-3(a);拆除一个滑动简支座,相当于去掉一个约束,如图 3-1-3(b)所示;

(2) 去掉一个固定端,相当于去掉三个约束,如图 3-1-3(c)所示。当不需要考虑轴向力影响时,则相当于去掉两个约束。

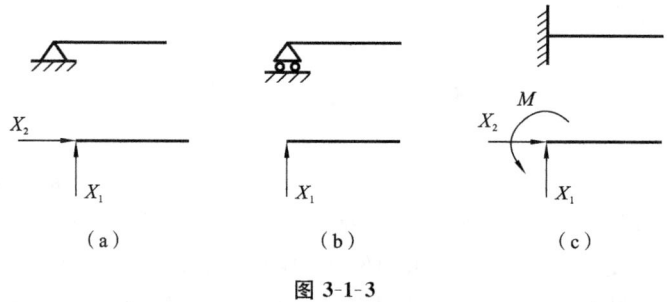

图 3-1-3

已知超静定结构次数,对其具体进行求解时,根据计算途径的不同,有两种不同的基本方法,即力法(又称柔度法)和位移法(又称刚度法)。除力法和位移法两种基本方法外,还有其他各种方法,但它们都是从上述两种方法演变而来的。例如力矩分配法就是位移法的变体,混合法则是力法与位移法的联合应用等。由于电子计算机的应用,又发展了结构矩阵分析方法,按所取基本未知量的不同,相应地也有矩阵力法和矩阵位移法。本节我们重点讨论如何应用力法求解舰船结构中的连续梁问题,而位移法将在求解平面刚架和平面板架结构问题时再详细介绍。

3.2 力法的基本原理

现以一个最简单的双跨连续梁弯曲问题的求解来说明力法原理。

例 3.1 图 3-2-1(a)中所示的双跨梁,其超静定次数为 1 次,其求解途径有两种。

解法 1 将跨中的多余约束去掉,得到静定的单跨梁结构,称为力法的基本结构(primary structure or fundamental structure),如图 3-2-1(b)所示。跨中支座约束释放后代之以相应的

多余约束反力 $\boldsymbol{R}$,也称之为基本未知量。这样,基本结构就同时承受已知分布载荷 q 和多余约束反力 $\boldsymbol{R}$ 的共同作用,基本结构在原有载荷和多余约束力的共同作用下,得到的结构体系称为力法的基本体系(primary system or fundamental system),如图 3-2-1(c)所示。

在基本体系中仍然保留原结构的多余约束反力 $\boldsymbol{R}$,只是把它由被动力改为主动力,因此基本体系的受力状态可使之与原结构完全相同。由此看出,基本体系本身既是静定结构,又可用它代表原来的超静定结构。因此,它是由超静定结构过渡到静定结构的一座桥梁。

显然对基本体系而言,未知支反力 $\boldsymbol{R}$ 的求解是解决问题的关键,如果 $\boldsymbol{R}$ 能够求出,则梁的问题就可以解决,因此下面的问题将归结为如何针对基本体系求出支反力 $\boldsymbol{R}$。

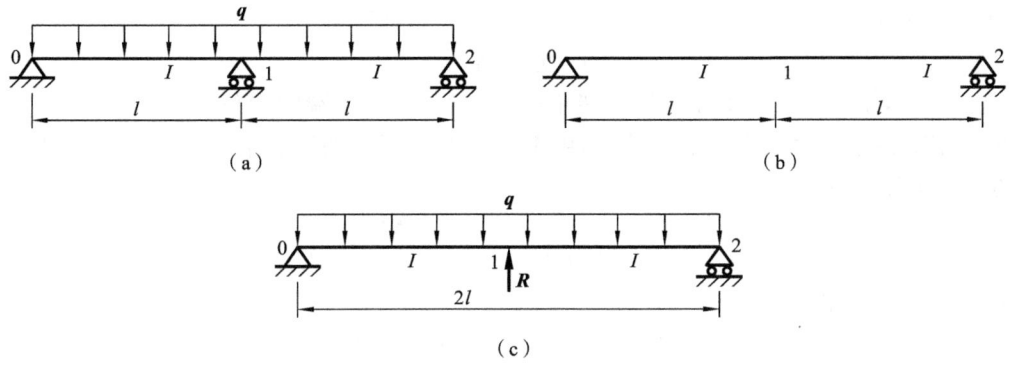

图 3-2-1

为了求出 $\boldsymbol{R}$,必须考虑梁的变形情况。比较原结构(见图 3-2-1(a))与基本体系(见图 3-2-1(c)),可知,原来的双跨梁在中间支座处的挠度等于零,而中间支座拿掉后的梁在中点的挠度不一定等于零。基本体系要能反映原超静定结构的结构特性,必须是基本体系沿多余约束力 $\boldsymbol{R}$ 方向的位移应与原结构相同,即基本体系与原来超静定结构之间的变形应完全一致,亦即应满足变形协调条件。由此我们得到

$$v_q + v_R = 0 \qquad\qquad (3.1)$$

式中:v_R、v_q 分别为图 3-2-1(c)中的单跨梁受集中力 $\boldsymbol{R}$ 和均布载荷 q 作用时梁跨中的挠度。其值由常用弯曲要素表 2-2-2 易知:

$$v_q = \frac{5}{384}\frac{q\,(2l)^4}{EI} = \frac{5ql^4}{24EI}, \qquad v_R = -\frac{1}{48}\frac{R\,(2l)^3}{EI} = -\frac{Rl^3}{6EI}$$

将 v_R 与 v_q 代入公式(3.1),可得

$$\frac{5ql^4}{24EI} - \frac{Rl^3}{6EI} = 0$$

即可求出 $R = 5ql/4$,于是原问题变为受已知集中力 $\boldsymbol{R}$ 和均布载荷 q 作用的单跨梁弯曲问题,由前面的知识很容易求解。

解法 2　将原双跨梁结构在中间支座处切断,并在中间支座截面处增加简支铰,这样原双跨梁就离散为两个跨长为 l 的两端简支单跨梁,如图 3-2-2 所示。其中图 3-2-2(a)为基本结构,图 3-2-2(b)为基本体系。

梁在中间支座截面切开后,截面上将出现未知反力——弯矩,该弯矩反映了原来相连接的两段梁在支座截面处力的相互作用,在切开的两个截面上应互为作用力与反作用力关系,因此大小相等,方向相反,我们用 M 表示,它就是力法求解过程中待求的基本未知量。

为了建立力法基本方程式,求出未知弯矩 M,仍然需要考虑梁的变形协调条件。由于原

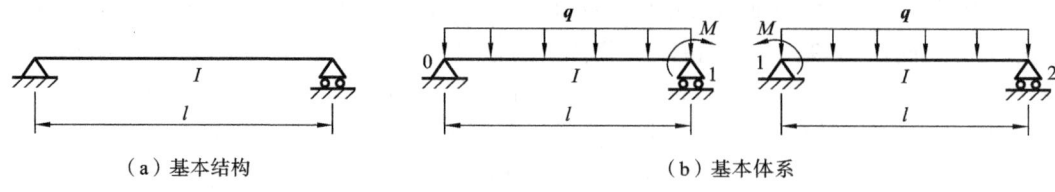

（a）基本结构　　　　　　　　　　　　　　　　（b）基本体系

图 3-2-2

双跨梁在跨中转角变形连续，现将其切开后仍应保持转角的变形连续，即梁 0-1 与梁 1-2 在支座 1 处应该有相同的转角；或 M 的大小应恰好使梁 0-1 与梁 1-2 在支座 l 处保持同样的转角，由此可得基本方程如下：

$$\theta_{10} = \theta_{12} \tag{3.2}$$

式中：θ_{10} 为基本体系中梁 0-1 在 1 端的转角；θ_{12} 为梁 1-2 在 1 端的转角。

由于基本体系为两端简支的单跨梁，由单跨梁的常用弯曲要素表 2-2-2 中序号 1 与序号 6 中的结果迭加可得

$$\theta_{10} = \frac{Ml}{3EI} - \frac{ql^3}{24EI}, \quad \theta_{12} = -\frac{Ml}{3EI} + \frac{ql^3}{24EI}$$

代入式（3.2），得

$$\frac{Ml}{3EI} - \frac{ql^3}{24EI} = -\frac{Ml}{3EI} + \frac{ql^3}{24EI}$$

由此解得 $M = ql^2/8$，求出了 M 后，两个单跨梁的应力和变形都可以求解了。

以上所采用的两种方法都叫作"力法"。这是因为在计算时均以"力"（第一种解法中的"支座反力 R"及第二种解法中的"支座截面弯矩 M"）为基本未知量，根据变形协调条件建立基本方程，最后解出"力"来，所以均称为"力法"。

力法求解的一般步骤：

对以上求解思路进行总结，可得力法求解的一般步骤如下。

（1）分析结构。确定超静定次数、基本结构、基本未知量，建立力法求解的基本体系。由于基本未知量的个数即超静定次数，因此，确定超静定次数是力法计算的第一项工作。在确定超静定次数后，将多余的约束去掉，建立基本结构，明确基本未知量，然后将已知外载荷和基本未知量共同加载于基本结构之上，即构成力法的基本体系。

（2）建立力法基本方程（组）。在去掉约束出现未知反力的地方，对比基本体系与原结构的变形特征，根据变形协调条件列出变形连续方程，即得到力法基本方程（组）。

（3）求解力法基本方程（组），得到基本未知量。

（4）由单跨梁弯曲理论，进一步求出结构的弯曲要素。

理论上力法适用于一切超静定结构的求解，但实际上大多用于求解连续梁结构和简单刚架。下面作者将以例题的形式，着重介绍力法对不同形式连续梁结构的求解。

3.3　自由支持在刚性支座上连续梁的计算

如前所述，针对舰船结构中连续贯穿大型材（如肋骨、横梁等）的小型材（如纵骨）进行结构分析时，由于大型材相对刚度较大，对小型材跨中的约束作用可近似地视为小型材跨中的刚性支座，此时小型材的计算模型即自由支持在刚性支座上的连续梁。对此类问题，我们首先分析

其一般情况,即两端简支,跨中布置 n 个刚性支座的连续梁结构,并列出用力法求解的基本方程。

例 3.2 试分析如图 3-3-1(a)所示的连续梁,列出基本方程式。

解法 1 (1)分析结构。根据连续梁约束情况,共有 $n+1$ 个滑动简支和 1 个固定简支,多余约束 n 个,超静定次数为 n,需补充 n 个独立的方程。将跨中支座作为多余约束去掉,代之以未知反力 $X_1,X_2,\cdots,X_n$(基本未知量),在单跨梁基本结构的基础上构成力法求解的基本体系,如图 3-3-1(b)所示。

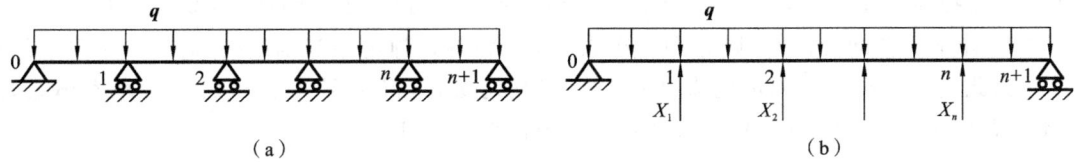

$$(a) \qquad\qquad (b)$$

图 3-3-1

(2)建立基本方程。在原中间支座处根据变形协调条件建立力法基本方程,以节点 1 为例,存在

$$\delta_{11}X_1 + \delta_{12}X_2 + \delta_{13}X_3 + \cdots + \delta_{1n}X_n = \Delta_{1q}$$

式中:$\delta_{1n}X_n$ 表示基本体系中未知反力 X_n 在 X_1 位置处产生的挠度;Δ_{1q} 表示基本体系中已知载荷 q 在节点 1 处产生的挠度。

同理,在基本体系的每一个原中间支座位置处建立变形连续方程,则可得

$$\left.\begin{array}{l} \delta_{21}X_1 + \delta_{22}X_2 + \delta_{23}X_3 + \cdots + \delta_{2n}X_n = \Delta_{2q} \\ \delta_{31}X_1 + \delta_{32}X_2 + \delta_{33}X_3 + \cdots + \delta_{3n}X_n = \Delta_{3q} \\ \qquad\qquad\qquad\vdots \\ \delta_{n1}X_1 + \delta_{n2}X_2 + \delta_{n3}X_3 + \cdots + \delta_{nn}X_n = \Delta_{nq} \end{array}\right\} \tag{3.3}$$

式(3.3)为应用力法求解连续梁所需的力法基本方程(组)。可以看到式(3.3)中我们以支座反力为基本未知量建立基本方程组,则每个方程中均包含全部的未知数,这样当跨中约束较多时,求解起来就会很不方便,而且会产生较大的计算误差。为此,下面我们采用力法求解的第二种解法,即在中间支座处将结构切开以弯矩为基本未知量建立基本方程组。

解法 2 将连续梁从中间支座处分解为 n 个静定单跨梁,如图 3-3-2 所示。

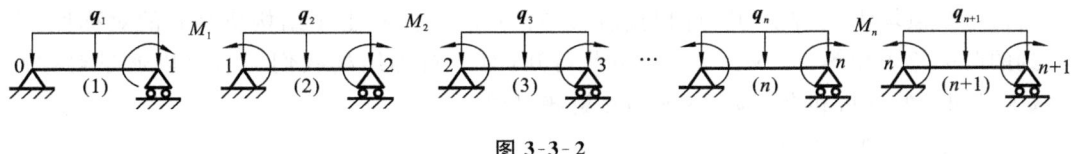

图 3-3-2

由转角变形协调条件,建立基本方程组如下。

$$\left.\begin{array}{l} \text{支座 } 1 : \alpha_{11}^{(1)}M_1 + \theta_{1_{q_1}} = \alpha_{11}^{(2)}M_1 + \alpha_{12}^{(2)}M_2 + \theta_{1_{q_2}} \\ \text{支座 } 2 : \alpha_{21}^{(2)}M_1 + \alpha_{22}^{(2)}M_2 + \theta_{2_{q_2}} = \alpha_{22}^{(3)}M_2 + \alpha_{23}^{(3)}M_3 + \theta_{2_{q_3}} \\ \qquad\qquad\qquad\vdots \\ \text{支座 } i : \alpha_{i,i-1}^{(i)}M_{i-1} + \alpha_{i,i}^{(i)}M_i + \theta_{iq_i} = \alpha_{i,i}^{(i+1)}M_i + \alpha_{i,i+1}^{(i+1)}M_{i+1} + \theta_{iq_{i+1}} \\ \qquad\qquad\qquad\vdots \\ \text{支座 } n : \alpha_{n,n-1}^{(n)}M_{n-1} + \alpha_{n,n}^{(n)}M_n + \theta_{nq_n} = \alpha_{n,n}^{(n+1)}M_n + \theta_{nq_{n+1}} \end{array}\right\} \tag{3.4}$$

式中：$\alpha_{ij}^{(k)}M_j$ 代表弯矩 M_j 使第 (k) 个单跨梁梁端支座 i 处产生的转角；θ_{iq_n} 代表外力 q_n 在支座 i 处产生的转角。由式(3.4)可见，方程组中的每一个方程最多包含三个未知弯矩量，相对于式(3.3)而言，当跨中支座较多时，其求解难度的下降是比较明显的，同时，数值计算的误差也较小。式(3.4)称为"三弯矩方程"。

例3.3　计算图3-3-3(a)中的双跨梁，画出梁的弯矩图与剪力图。

解　(1)分析结构。建立力法基本体系。此双跨梁的约束数目为2个固支端6个约束，跨中简支座提供一个约束，共为7个约束，而静力平衡方程数为3，因此，该双跨梁的超静定次数为4，不计梁的轴向变形时，则超静定次数为3。为得到静定的基本结构，需将3个多余约束去掉。为此去掉两端刚性固定约束并在中间支座处切开，得到图3-3-3(b)中的基本体系，图中 M_0、M_1 和 M_2 为未知弯矩(基本未知量)，其方向假定为正。

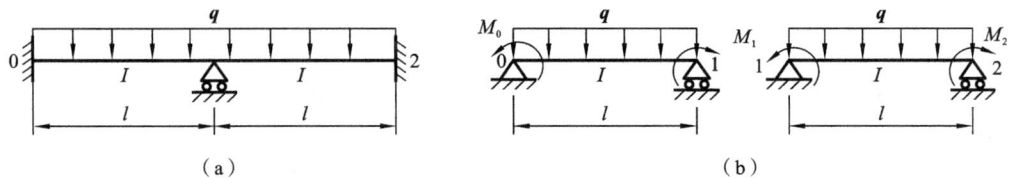

图 3-3-3

(2)建立力法求解的基本方程(组)。由三弯矩方程(3.4)，建立力法求解的基本方程组，并由两端自由支持单跨梁的弯曲要素表，可得

$$\begin{cases} 支座0： & 0=-\dfrac{M_0 l}{3EI}-\dfrac{M_1 l}{6EI}+\dfrac{ql^3}{24EI} \\ 支座1： & \dfrac{M_0 l}{6EI}+\dfrac{M_1 l}{3EI}-\dfrac{ql^3}{24EI}=-\dfrac{M_1 l}{3EI}-\dfrac{M_2 l}{6EI}+\dfrac{ql^3}{24EI} \\ 支座2： & \dfrac{M_1 l}{6EI}+\dfrac{M_2 l}{3EI}-\dfrac{ql^3}{24EI}=0 \end{cases}$$

注意此例中变形协调条件为两个固定端处的转角为零，中间支座的转角连续。

(3)求解基本方程组。将支座0、支座1、支座2这三式整理求解后，可得

$$M_0=\frac{5}{48}ql^2=0.104ql^2,\quad M_1=\frac{1}{24}ql^2=0.042ql^2,\quad M_2=\frac{5}{48}ql^2=0.104ql^2$$

所得弯矩值均为正，表示其方向与假定方向一致。另外，由于结构所具有的对称性，所以所得到的两端弯矩相等，即 $M_0=M_2$。由此可知，对于对称结构我们完全可以通过对称性简化，减少未知力的数目和方程数，从而简化解题过程。

(4)画剪力图和弯矩图。

在求出未知弯矩后，就可以分别针对两个单跨梁0—1和1—2画出弯矩图和剪力图。其中每一个单跨梁的弯矩图与剪力图均可根据叠加法来完成。最后叠加得到的弯矩图和剪力图(见图3-3-4)。

例3.4　计算图3-3-5(a)中的等截面三跨连续梁。已知梁每跨长为8 m，承受外载荷包括集中力 $P=40$ kN，集中力矩 $m=32$ kN·m，分布载荷 $q=10$ kN/m，梁的截面惯性矩为 I。

对于此类给出构件和载荷具体数值的杆系结构问题的求解，建议在列方程时不要先将具体数值直接代入，而应在计算之前分别对构件几何参数及载荷取一个计算值。如本例每跨梁长为8 m，则可设 $l_0=8$ m；截面惯性矩 I 为常数，可取 $I_0=I$；对于载荷，可取 $q_0=q=10$ kN/m，从而 $P=q_0l_0/2$，$m=0.05q_0l_0^2$。这样做的好处是在列方程时，使式子整齐，量纲清楚，

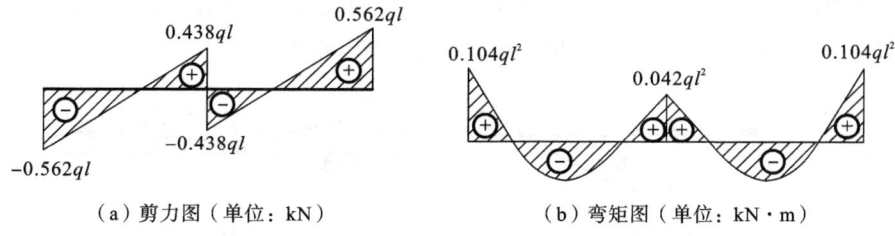

（a）剪力图（单位：kN）　　　　　　　　（b）弯矩图（单位：kN·m）

图 3-3-4

易于校对。

解　（1）分析结构。本例连续梁有 3 个多余约束，所以为 3 次超静定结构。现将梁的左支座刚性固定的约束去掉，并在支座 1 和 2 处切开，基本体系为三个简支单跨梁，分别受外载荷和未知弯矩 M_0、M_1 和 M_2 作用，如图 3-3-5(b)所示。

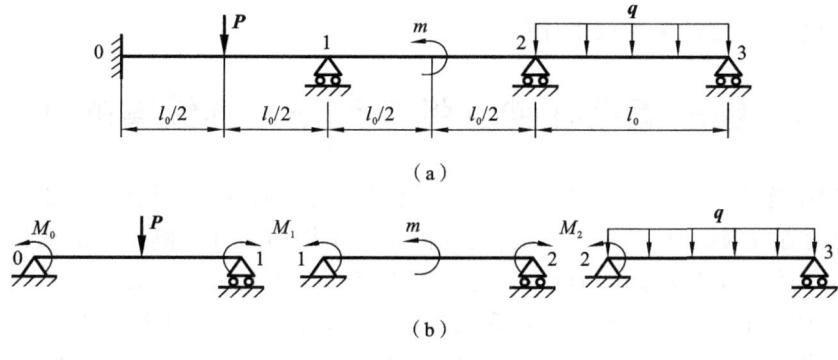

（a）

（b）

图 3-3-5

（2）建立基本方程组。由式(3.4)，先根据支座 0 处转角为零的连续条件建立基本方程，计及 $P = q_0 l_0/2$，不难得到

$$0 = -\frac{M_0 l_0}{3EI_0} - \frac{M_1 l_0}{6EI_0} + \frac{1}{16}\left(\frac{q_0 l_0}{2}\right)\frac{l_0^2}{EI_0}$$

再分别根据支座 1 和支座 2 的转角连续条件，列出基本方程，计及 $m = 0.05 q_0 l_0^2$，则

$$\frac{M_0 l_0}{6EI_0} + \frac{M_1 l_0}{3EI_0} - \frac{1}{16}\left(\frac{q_0 l_0}{2}\right)\frac{l_0^2}{EI_0} = -\frac{M_1 l_0}{3EI_0} - \frac{M_2 l_0}{6EI_0} + \left(\frac{q_0 l_0^2}{20}\right)\frac{l_0}{24EI}$$

$$\frac{M_1 l_0}{6EI_0} + \frac{M_2 l_0}{3EI_0} + \left(\frac{q_0 l_0^2}{20}\right)\frac{l_0}{24EI_0} = -\frac{M_2 l_0}{3EI_0} + \frac{q_0 l_0^3}{24EI_0}$$

（3）求解基本方程组。将以上三式整理后得到基本方程如下：

$$\begin{cases} 32M_0 + 16M_1 = 3q_0 l_0^2 \\ 5M_0 + 20M_1 + 5M_2 = q_0 l_0^2 \\ 80M_1 + 320M_2 = 19q_0 l_0^2 \end{cases}$$

解之，即得

$$\begin{cases} M_0 = \dfrac{9}{104}q_0 l_0^2 = 55.7 \text{ kN·m} \\[2mm] M_1 = \dfrac{3}{208}q_0 l_0^2 = 8.9 \text{ kN·m} \\[2mm] M_2 = \dfrac{29}{520}q_0 l_0^2 = 35.8 \text{ kN·m} \end{cases}$$

（4）画弯矩图和剪力图。求得未知弯矩 M_0、M_1、M_2 后，可分别画出梁 0-1，1-2，2-3 的弯矩图与剪力图，然后合成整个连续梁的弯矩图与剪力图，如图 3-3-6 所示。

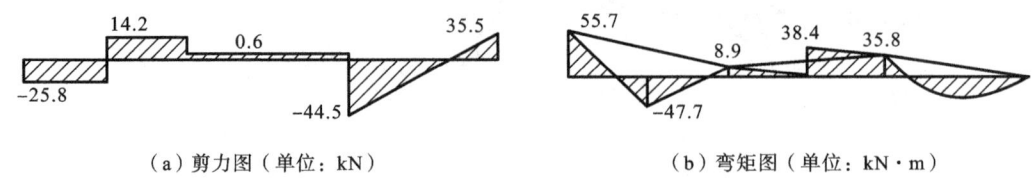

（a）剪力图（单位：kN）　　　　　　　　（b）弯矩图（单位：kN·m）

图 3-3-6

最后需要指出，船体结构中的连续梁，如果连续梁上受到均布载荷，两端为刚性固定，并且是等截面、等跨度的，则在这种条件下，连续梁的每一个跨度的变形都将相同，从而梁在中间支座截面的转角等于零，因此这种连续梁就可化为每一个跨度为两端刚性固定的单跨梁来处理，而无须进行连续梁的计算。目前，船体结构中的甲板纵骨及船底纵骨大都满足上述条件，所以都可当作两端刚性固定的单跨梁来计算。

3.4　自由支持在独立弹性支座上连续梁的计算

舰船结构中连续分布的大型纵向构件（如纵桁等）受垂向载荷作用时，与之交叉相连接的横向构件（如肋骨或横梁）将约束其垂向位移，但是由于横向构件的刚度与纵向构件的相差不大或小于纵向构件的，其支撑作用可等效为弹性支座。求解具有中间独立弹性支座的连续梁可以和刚性支座上的连续梁一样由力法完成，以下我们对此类问题进行讨论。

例 3.5　图 3-4-1 所示为具有一般形式的自由支持在 n 个独立弹性支座上的连续梁，支座柔性系数 A_i 为已知，两端除弹性支座支持外，同时也是弹性固定端，其柔性系数分别为 α_1 和 α_n，跨中分布 $n-2$ 个独立弹性支座，单跨长为 $l_{i,i+1}(i=1,2,\cdots,n-1)$，单跨惯性矩为 $I_{i,i+1}$ $(i=1,2,\cdots,n-1)$，试建立求解该连续梁结构的基本方程组。（注：独立弹性支座是指任一支座的下沉仅与作用于该支座上力的大小有关，而与其余支座的下沉无关的支座。）

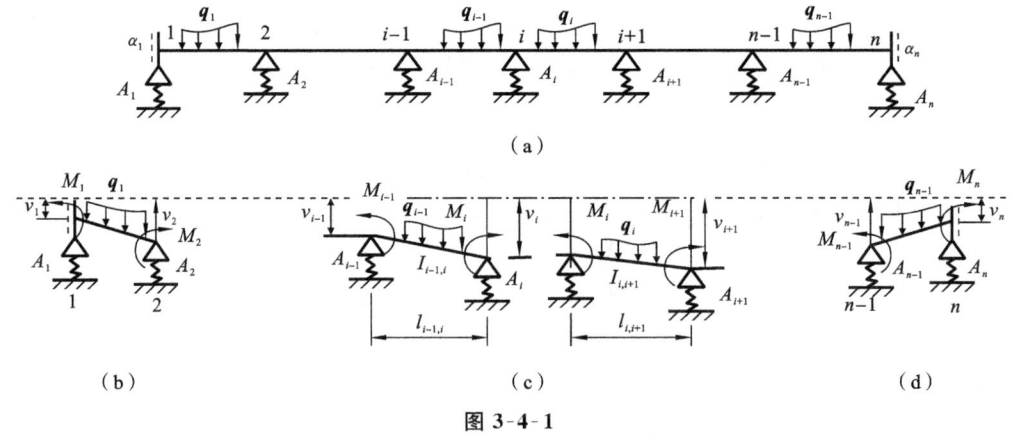

（a）

（b）　　　　　　　　　　（c）　　　　　　　　　　（d）

图 3-4-1

问题分析：对于这种中间独立弹性支座较多的连续梁，如何求解呢？对此采用与刚性支座求解的相同思路，可采取切开中间支座截面，把支座弯矩 $M_1，M_2，\cdots，M_n$ 和支座下沉位移 v_1，$v_2，\cdots，v_n$ 作为基本未知量，基本体系成为离散的单跨梁结构，这样易于求解。否则，若将中间支座反力 R_i 作为基本未知量，则列出的方程较烦琐，不宜采用。

解　切开中间支座截面，将原连续梁结构离散为单跨梁基本体系（见图 3-4-1(b)(c)(d)）。首先分析支座 1（见图 3-4-1(b)）和支座 n 处（见图 3-4-1(d)）的转角连续条件，支座 1 和支座 n 为弹性固定端，有 $\theta = \alpha M$，由此建立如下基本方程。

支座 1：
$$-\frac{M_1 l_{1,2}}{3EI_{1,2}} - \frac{M_2 l_{1,2}}{6EI_{1,2}} + \theta_1(q_1) + \frac{v_2 - v_1}{l_{1,2}} = \alpha_1 M_1$$

$$\vdots \qquad\qquad\qquad\qquad\qquad \vdots$$

支座 n：
$$\frac{M_{n-1} l_{n-1,n}}{6EI_{n-1,n}} + \frac{M_n l_{n-1,n}}{3EI_{n-1,n}} - \theta_n(q_{n-1}) + \frac{v_n - v_{n-1}}{l_{n-1,n}} = -\alpha_n M_n$$

然后针对跨中第 i 个中间支座进行分析（见图 3-4-1(c)），根据转角连续条件，可建立基本方程如下：

$$\frac{M_{i-1} l_{i-1,i}}{6EI_{i-1,i}} + \frac{M_i l_{i-1,i}}{3EI_{i-1,i}} - \theta_i(q_{i-1}) + \frac{v_i - v_{i-1}}{l_{i-1,i}} = -\frac{M_i l_{i,i+1}}{3EI_{i,i+1}} - \frac{M_{i+1} l_{i,i+1}}{6EI_{i,i+1}} + \theta_i(q_i) + \frac{v_{i+1} - v_i}{l_{i,i+1}}$$

$$(3.5)$$

式中：$\theta_i(q_{i-1})$，$\theta_i(q_i)$ 分别代表第 $i-1,i$ 与第 $i,i+1$ 单跨梁上的外载荷 q_{i-1} 和 q_i 在支座 i 处引起的转角。

下面对 v_i 进行讨论，根据独立弹性支座的性质，则存在

$$v_i = A_i N_i$$

式中：N_i 为支座 i 所承受的全部正压力，可用反力 R_i 代替，则

$$N_i = R_i = R'_{i,i-1} + R'_{i,i+1}$$

式中：$R'_{i,i-1}$ 为载荷作用在 $i-1,i$ 梁上时，支座 i 处的反力；$R'_{i,i+1}$ 为载荷作用在 $i,i+1$ 梁上时支座 i 处的反力。由图 3-4-1(c)分析可知：

$$R'_{i,i-1} = R'_i(q_{i-1}) + \frac{M_i}{l_{i-1,i}} - \frac{M_{i-1}}{l_{i-1,i}}, \quad R'_{i,i+1} = R'_i(q_i) + \frac{M_i}{l_{i,i+1}} - \frac{M_{i+1}}{l_{i,i+1}}$$

式中：$R'_i(q_{i-1})$ 和 $R'_i(q_i)$ 分别为外载荷 q_{i-1} 和 q_i 在支座 i 处引起的支反力。则

$$v_i = A_i \left[R'_i(q_{i-1}) + R'_i(q_i) + \frac{M_i}{l_{i-1,i}} - \frac{M_{i-1}}{l_{i-1,i}} + \frac{M_i}{l_{i,i+1}} - \frac{M_{i+1}}{l_{i,i+1}} \right] \qquad (3.6)$$

式(3.6)对于支座 1 和 n，则分别存在

$$v_1 = A_1 \left[R'_1(q_1) + \frac{M_1 - M_2}{l_{1,2}} \right], \quad v_n = A_n \left[R'_n(q_{n-1}) + \frac{M_n - M_{n-1}}{l_{n-1,n}} \right] \qquad (3.7)$$

由式(3.6)可见，v_i 与 M_{i-1}，M_i，M_{i+1} 有关，类似地可推出 v_{i-1} 与 M_{i-2}，M_{i-1}，M_i 有关，v_{i+1} 与 M_i，M_{i+1}，M_{i+2} 有关，因此将它们代入式(3.5)后得到的方程将包含 M_{i-2}，M_{i-1}，M_i，M_{i+1}，M_{i+2} 五个弯矩，所以式(3.5)又称为"五弯矩方程"。对每一个切开的支座截面列出此方程式，所得到的方程组，称为"五弯矩方程组"。解五弯矩方程组可求出各支座截面的弯矩，并可进一步求出各弹性支座的挠度。

例 3.6　试求解图 3-4-2 所示的一端固支、一端简支，跨中分布两个弹性支座的三跨连续梁。连续梁截面抗弯刚度 $EI = 2.373 \times 10^6$ N·m^2，载荷 $P = 2$ kN，$q = 2$ kN/m，弹性支座柔性系数 $A_1 = l_0^3 / 6EI$，$A_2 = l_0^3 / 4EI$，跨长 $l_0 = 2$ m。

解　将中间支座截面切开，并加上未知弯矩，得到如图 3-4-3 中的基本体系，基本未知量分别为 M_0、M_1、M_2 和支座 1、2 的位移 v_1、v_2。对此，用式(3.5)分别建立左端支座和跨中弹性支座 1、2 处的转角连续方程。

将式(3.6)化简后，再代入式(3.5)建立支座 0 处的转角连续方程组：

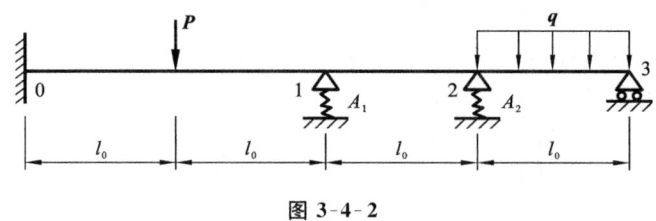

图 3-4-2

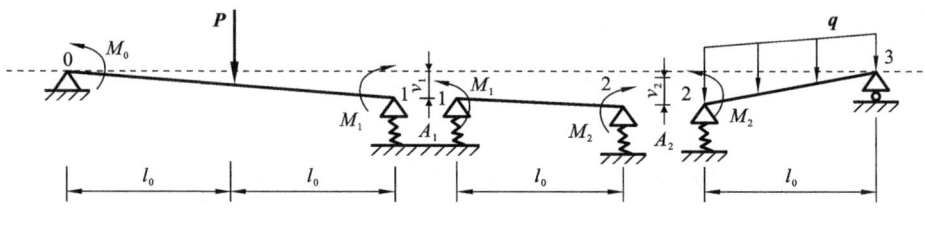

图 3-4-3

$$0 = -\frac{M_0 2l_0}{3EI} - \frac{M_1 2l_0}{6EI} + \frac{P(2l_0)^2}{16EI} + \frac{v_1}{2l_0}$$

$$v_1 = A_1\left[\frac{P}{2} + \frac{M_1 - M_0}{2l_0} + \frac{M_1 - M_2}{l_0}\right]$$

$$\tag{3.8}$$

类似地，分别由式（3.5）和式（3.6）建立支座 1、2 处的转角连续方程组：

$$\frac{M_1 2l_0}{3EI} + \frac{M_0 2l_0}{6EI} - \frac{P(2l_0)^2}{16EI} + \frac{v_1}{2l_0} = -\frac{M_1 l_0}{3EI} - \frac{M_2 l_0}{6EI} + \frac{v_2 - v_1}{l_0}$$

$$\frac{M_1 l_0}{6EI} + \frac{M_2 l_0}{3EI} + \frac{v_2 - v_1}{l_0} = -\frac{M_2 l_0}{3EI} + \frac{ql_0^3}{24EI} - \frac{v_2}{l_0}$$

$$v_2 = A_2\left[\frac{ql_0}{2} + \frac{2M_2 - M_1}{l_0}\right]$$

$$\tag{3.9}$$

联立式（3.8）和式（3.9），化简后，可得

$$\begin{cases} 17M_0 + 5M_1 + 2M_2 = 7Pl_0 \\ 9M_0 + 15M_1 + 18M_2 = Pl_0 \\ M_0 - 7M_1 + 22M_2 = -4Pl_0 \end{cases}$$

解之，可得

$$\begin{cases} M_0 = -0.34Pl_0 \\ M_1 = 0.23Pl_0 \\ M_2 = 5.82Pl_0 \end{cases}$$

3.5　阶梯形变截面梁的计算

以节省材料或加强局部结构为目的，舰船结构中连续分布的型材，其截面尺寸并非完全一致，如根据船体总纵强度的要求，一般要求船中纵向型材的尺寸大于首尾两端。而当甲板上存在较大开口时，开口边缘的甲板纵桁和横梁都将适当增强，其截面尺寸将大于非开口区。那么这类在长度方向存在截面尺寸阶梯形变化，从而使得梁的抗弯刚度 EI 随梁长发生变化的梁结构，就称为阶梯形变截面梁。以下我们对此问题加以讨论。

例 3.7　求解图 3-5-1(a)所给出的阶梯形变截面梁。图中梁的左半段截面惯性矩为 I_1，右半段截面惯性矩为 I_2。

解　我们可以设想在截面变化处加上一个柔性系数 $A=\infty$ 的弹性支座，如图 3-5-1(b)所示。

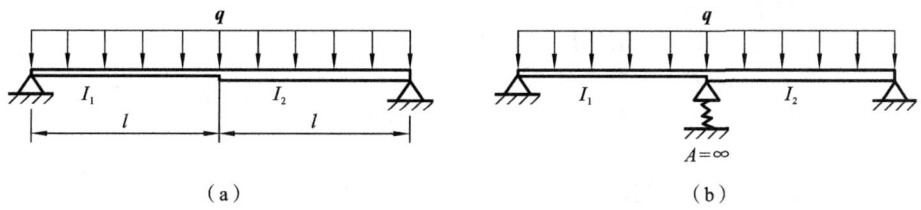

（a）　　　　　　　　　　　　　（b）

图 3-5-1

于是就可以按求解弹性支座上双跨梁的方法来进行计算了。

对于图 3-5-1(b)中的双跨梁，可采用与图 3-4-1 中相同的方法进行求解，由式(3.5)列出中间支座截面的转角连续方程：

$$\frac{Ml}{3EI_1}-\frac{ql^3}{24EI_1}+\frac{v}{l}=-\frac{Ml}{3EI_2}+\frac{ql^3}{24EI_2}-\frac{v}{l} \tag{3.10}$$

再由式(3.6)列出中间支座位移的表达式 $v=AR$，因为目前 $A=\infty$，故有 $R=0$，则由支座反力计算，可得

$$R=2\left(\frac{M}{l}+\frac{ql}{2}\right)=0 \tag{3.11}$$

将式(3.10)和式(3.11)联立，即可解得基本未知量弯矩 M 和挠度 v 分别如下：

$$\left.\begin{aligned} M&=-\frac{ql^2}{2} \\ v&=\frac{5ql^4}{48}\left(\frac{I_1+I_2}{I_1 I_2}\right) \end{aligned}\right\} \tag{3.12}$$

例 3.8　图 3-5-2 所示为某舰船舱壁竖桁计算模型，跨中支座 2 处的横向位移受到下甲板的约束，可视为简支支撑，支座 3 处受到水平桁的弹性支撑，弹性系数 $A=l^3/4EI_0$，$l=2.5$ m，$I_0=1.5014\times10^3$ cm^4，$I_1=2.765\times10^3$ cm^4。舱壁竖桁在 1—3 区间内所受的水压载荷 $q=50.223$ kN/m。试求解此舱壁竖桁上各节点弯矩。

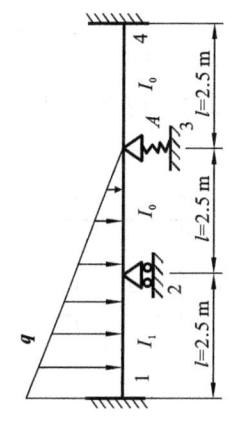

图 3-5-2

解　（1）分析结构。对此变截面舱壁竖桁结构进行分析，在支座 2 和支座 3 截面处切开，并加上未知弯矩；将固定端变化成简支，并加上未知弯矩；这样，上述结构就转换成了三个简支单跨梁结构，如图 3-5-3 所示。该结构的基本未知量分别为 M_1、M_2、M_3、M_4 和支座 3 的位移 v_3，待求基本未知量数为 5。因此需要在支座 1、4 处列出转角为零的方程，在支座 2、3 处列出转角连续方程及在支座 3 处由式(3.6)列 v_2 的式子即可求解。

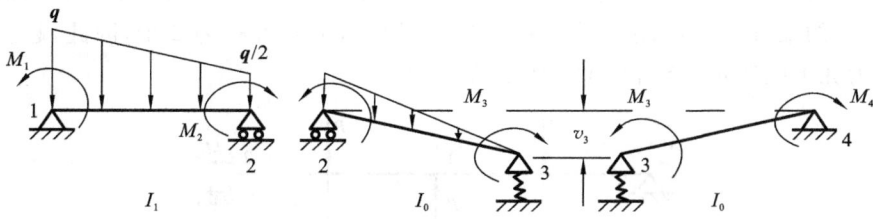

图 3-5-3

分别建立节点 1、2、3、4 处的五弯矩方程如下：

$$-\frac{M_1 l}{3EI_1}-\frac{M_2 l}{6EI_1}+\frac{ql^3}{48EI_1}+\frac{ql^3}{90EI_1}=0$$

$$\frac{M_1 l}{6EI_1}+\frac{M_2 l}{3EI_1}-\frac{ql^3}{48EI_1}-\frac{7ql^3}{720EI_1}=-\frac{M_2 l}{3EI_0}-\frac{M_3 l}{6EI_0}+\frac{ql^3}{90EI_0}+\frac{v_3}{l}$$

$$\frac{M_2 l}{6EI_0}+\frac{M_3 l}{3EI_0}-\frac{7ql^3}{720EI_0}+\frac{v_3}{l}=-\frac{M_3 l}{3EI_0}-\frac{M_4 l}{6EI_0}-\frac{v_3}{l}$$

$$\frac{M_3 l}{6EI_0}+\frac{M_4 l}{3EI_0}-\frac{v_3}{l}=0$$

(3.13)

由式(3.6)列 v_3 的表达式如下：

$$v_3=A\left(\frac{2M_3-M_2-M_4}{l}+\frac{ql}{12}\right)$$

(3.14)

式中：$A=l^3/4EI_0$。

联立式(3.13)和式(3.14)，求解可得

$$\begin{cases} M_1=0.0017ql^2, \quad M_2=0.1877ql^2 \\ M_3=0.3481ql^2, \quad M_4=0.0827ql^2 \\ v_3=0.5089ql^4/EI_0 \end{cases}$$

习　　题

(思考题)

3.1 什么叫力法？如何建立力法方程？

3.2 什么是力法的基本结构和基本未知量？基本结构与原结构有什么异同？

(计算题)

3.3 指出题图 3.3 中的 0-2 杆的超静定次数，并在图上绘出需求解的未知反力。

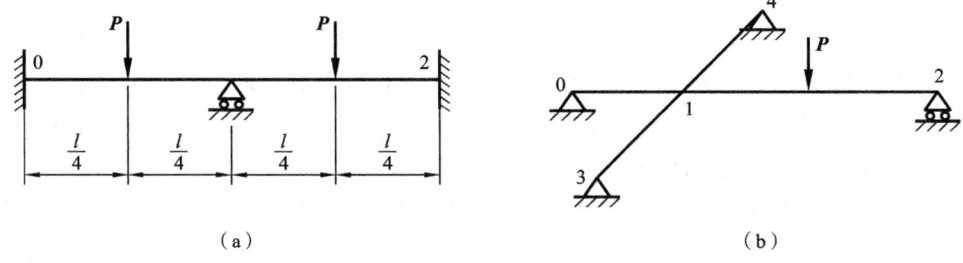

（a）   （b）

题图 3.3

(提示或答案)

题图 3.3(a)：0-2 杆的约束包括，左右端两处固支和跨中一处简支，当不考虑轴向力时，固支相当于 2 个约束，简支相当于 1 个约束，共 5 个约束，平衡方程为 2 个，因此，超静定次数为 3。未知反力如下图所示，分别为 M_0、R_1 和 M_2。

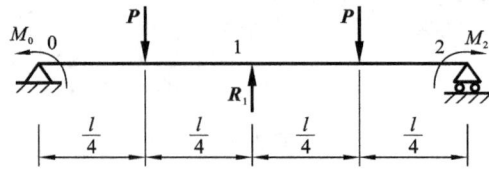

题图 3.3(b):0-2 杆的约束包括,左右端两处简支和跨中 1 处受到的杆 3-4 的支撑约束。当不考虑轴向力时,简支相当于 1 个约束,杆 3-4 的支撑可视为简支,相当于 1 个约束,因此,共 3 个约束,平衡方程为 2 个,因此,超静定次数为 1。

3.4 试用力法求解题图 3.4 所示的对称无限长连续梁支座截面中的弯矩值。

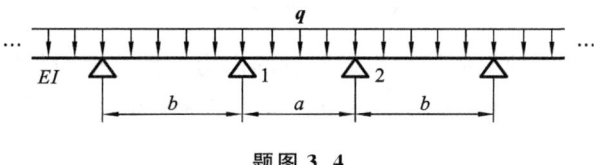

题图 3.4

（提示或答案）

首先分析结构,建立弯矩为未知量的力法基本体系,如下图所示。则 $M_1 = M_2 = M$,基本未知量 1 个,为 M。

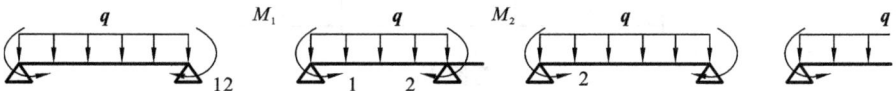

然后,建立力法基本方程,以节点 2 处转角相等,有

$$\frac{Ma}{6EI} + \frac{Ma}{3EI} - \frac{qa^3}{24EI} = -\frac{Mb}{6EI} - \frac{Mb}{3EI} + \frac{qb^3}{24EI} \Rightarrow M = \frac{q(a^3 + b^3)}{12(a+b)}$$

3.5 题图 3.5 中之双跨梁,用力法求解,画出剪力图和弯矩图。已知 $P = ql/2$。

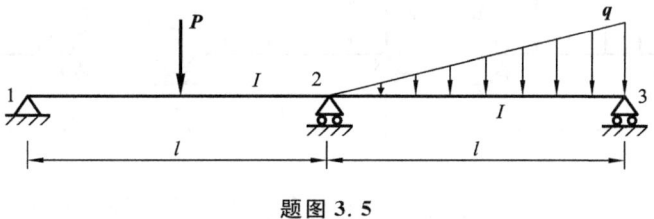

题图 3.5

（提示或答案）

将该双跨梁在节点 2 处切断,分解为两个单跨梁,假设节点 1 处的挠度为 v_1,节点 2 处的弯矩为 M,挠度为 v_2。节点 2 处的转角连续方程为

$$\frac{M_2 l}{3EI} + \frac{v_2 - v_1}{l} = -\frac{M_2 l}{3EI} + \frac{ql^3}{24EI} + \frac{0 - v_2}{l}$$

节点 1 和节点 2 处的挠度关系式为

$$v_1 = A\left(P - \frac{M_2}{l}\right) = \frac{l^3}{2EI}\left(\frac{ql}{2} - \frac{M_2}{l}\right)$$

$$v_2 = A\left(\frac{ql}{2} + \frac{M_2}{l} + \frac{M_2}{l}\right) = \frac{l^3}{2EI}\left(\frac{ql}{2} + \frac{2M_2}{l}\right)$$

将节点 1、2 的挠度关系式代入转角连续方程,可得

$$\frac{M_2 l}{3EI} + \frac{1}{l}\frac{l^3}{2EI}\left[\left(\frac{ql}{2} + \frac{2M_2}{l}\right) - \left(\frac{ql}{2} - \frac{M_2}{l}\right)\right] = -\frac{M_2 l}{3EI} + \frac{ql^3}{24EI} - \frac{1}{l}\frac{l^3}{2EI}\left(\frac{ql}{2} + \frac{2M_2}{l}\right)$$

$$M_2 = -\frac{5ql^2}{76}$$

$$v_1 = \frac{43ql^4}{152EI} \Rightarrow R_1 = \frac{v_1}{A} = \frac{43ql^4}{152EI} \frac{2EI}{l^3} = \frac{43ql}{76} \Rightarrow \text{该点剪力为 } N_1 = P - R_1 = -\frac{5ql}{76}$$

$$v_2 = \frac{7ql^4}{38EI} \Rightarrow R_2 = \frac{v_2}{A} = \frac{7ql^4}{38EI} \frac{2EI}{l^3} = \frac{7ql}{19}$$

节点 3 处的支座反力为 $\qquad R_3 = ql - R_2 = \frac{12ql}{19}$

3.6 试计算某 3000 t 护卫舰舷侧普通肋骨的内力。计算模型如题图 3.6 所示,已知 $I=170\ \mathrm{cm}^4$,$l_1=1.4\ \mathrm{m}$,$l_2=1.3\ \mathrm{m}$,$l_3=1.5\ \mathrm{m}$,$q_1=22.64\ \mathrm{kN/m}$。画出弯矩图,并计算出各跨跨中的最大弯矩。

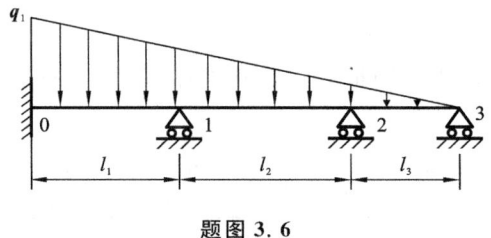

题图 3.6

(提示或答案)

提示:首先分析结构,可按解法 2 将此三跨连续梁分解为基本体系如下图所示,未知量为 M_0、M_1 和 M_2。

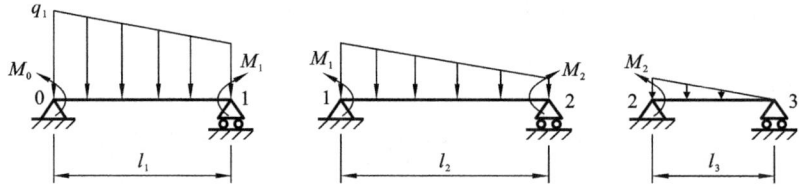

然后,分别建立支座 0、1 和 2 处的转角连续方程式。注意杆件 0-1 和 1-2 上的分布载荷均为梯形载荷,梯形载荷可分解为三角形载荷和均布载荷。

3.7 题图 3.7 所示为某军辅船的甲板简图,因舱口角有支柱,故甲板纵桁可化为具有中

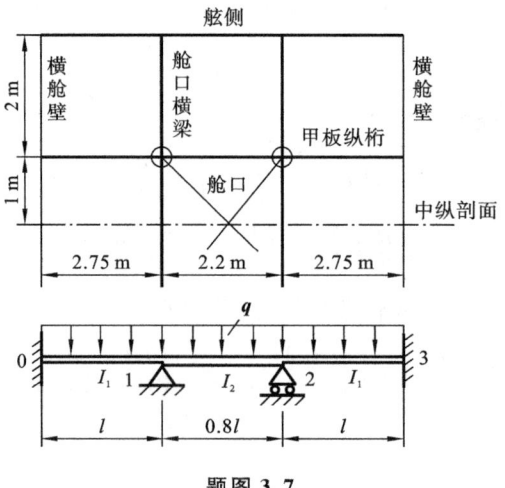

题图 3.7

间支座的连续梁。已知甲板纵桁的截面惯性矩为 $I_1 = 2500 \text{ cm}^4$，$I_2 = 16000 \text{ cm}^4$，甲板上的水头高度取为 5 m，试求解此甲板纵桁，画出其弯矩与剪力图。

（提示或答案）

（1）分析结构。

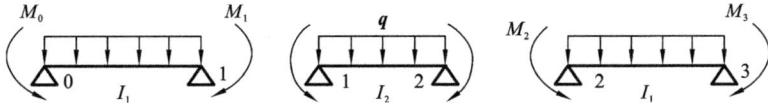

4 个未知基本量，根据对称性有 $M_0 = M_3$，$M_1 = M_2$。

（2）支座 0 处：

$$0 = -\frac{M_0 l}{3EI_1} - \frac{M_1 l}{6EI_1} + \frac{ql^3}{24EI_1}$$

支座 1 处：

$$\frac{M_0 l}{6EI_1} + \frac{M_1 l}{3EI_1} - \frac{ql^3}{24EI_1} = -\frac{M_1(0.8l)}{3EI_2} - \frac{M_1(0.8l)}{6EI_2} + \frac{q(0.8l)^3}{24EI_2}$$

求解即可得。

3.8　题图 3.8 为一两端简支的阶梯形变截面梁，其中截面惯性矩 $I_{12} = I_0$，$I_{23} = 2I_0$，$I_{34} = 3I_0$，$P = ql/3$，求截面 2、3 处的弯矩。

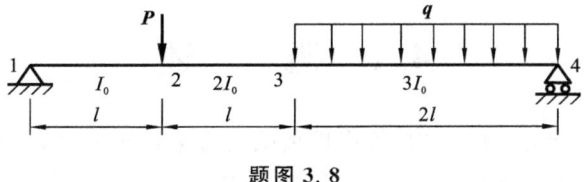

题图 3.8

（提示或答案）

（1）分析结构。

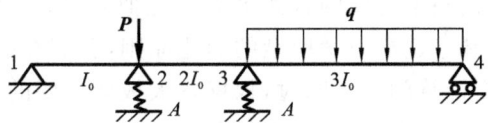

令 $A = \infty$，

（2）列五弯矩方程，分别求解可得

$$M_2 = -\frac{3}{4}ql^2, \quad M_3 = -\frac{7}{6}ql^2$$

第4章 平面刚架与平面板架的计算

本章学习要求：

（1）理解平面刚架和平面板架的基本概念及其分类；

（2）理解位移法求解的基本原理和求解思路，并掌握位移法求解基本步骤；

（3）灵活运用位移法求解平面刚架结构和平面板架结构。

主要知识点及重难点：

（1）刚架基本概念、工程意义及其分类；☆

（2）板架基本概念、工程意义及其分类；☆

（3）位移法基本原理及其求解步骤；☆★

（4）力法与位移法求解思路差异性和各自特点；☆

★—难点；☆—重点

4.1 概　　述

船体结构是一个复杂的空间结构，若将板离散为骨架带板后，船体结构可视为由纵、横、水平或垂直型材骨架坚固连接而成的三维框架结构（或称为三维杆系结构），这种空间杆系结构所构成的框架结构在结构力学中亦称为空间桁架。然而，与土木建筑、航空航天结构力学中所见的空间桁架不同的是，船体骨架所组成的空间桁架结构的分布具有明显的平面间相互正交的几何特征，即板架与相连接板架之间的骨架平面均近似垂直，如甲板板架与舱壁板架、舷侧板架与船底板架等。因此，基于建立力学模型的简化原则，我们在船舶结构力学中主要讨论在同一平面内杆系结构的强度计算问题。同时，根据各大板架主要的承载及变形特征的差异，平面杆系结构的强度计算又可分为平面刚架和平面板架的计算。

1. 平面刚架的基本概念

1）平面刚架的分类

图 4-1-1(a)所示是由甲板横梁、舷侧肋骨以及船底肋板所组成的横向框架结构。对这些框架结构进行力学分析时，常可将其简化成平面刚架计算模型。该模型常用于计算船体的横向强度。

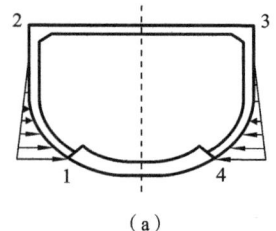
(a)

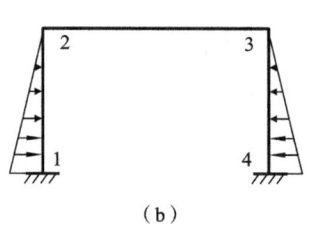
(b)

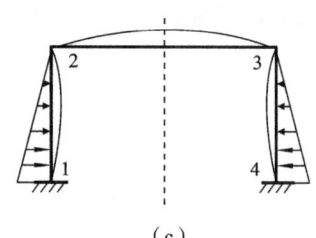
(c)

图 4-1-1　简单刚架

　　刚架中杆件的交点称为"节点"。如果刚架中汇交于节点
的杆件只有 2 根,则这种刚架称为"简单刚架",如图 4-1-1(b)
所示;如果刚架中存在杆件交汇数量大于 2 的节点,则这种刚
架称为"复杂刚架",如图 4-1-2 所示。此外,根据刚架中节点的
固定情况(是否可产生线位移),又可将刚架分为不可移节点刚
架和可移节点刚架。因此平面刚架可分为 4 种情况,即不可移
节点简单刚架、不可移节点复杂刚架、可移节点简单刚架和可
移节点复杂刚架,本书主要介绍前面两种情况。船体肋骨框架

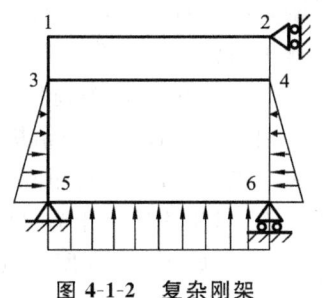

图 4-1-2　复杂刚架

结构由于具有对称性,通常可化为不可移节点刚架,并将肋骨框架结构简称肋骨刚架。

　　2) 平面刚架的承载特点

　　以简单刚架为例分析刚架的承载特点。图 4-1-1(a)所示为单甲板舰艇肋骨刚架,它由肋
板 4-1、肋骨 1-2 以及横梁 2-3 组成。由于肋骨下端与具有较大抗弯刚度的肋板相连,因此肋
骨下端可当作刚性固定,如图 4-1-1(b)所示。肋骨上端通过肘板与横梁刚性连接,即任一杆件
的弯曲都会引起另一杆件的变形。这样,刚架中各杆互相支撑,共同抵抗刚架平面内呈三角形
分布的静水压外载荷作用,如图 4-1-1(c)所示。因此刚架中的杆件能承受比其作为单跨梁单
独承载时更大的载荷,这就是舰艇结构中大量使用刚架的缘故。

　　通常在分析计算刚架结构时,可做如下基本假定:

　　(1) 刚架中杆件之间的夹角为刚性,即承受载荷前后杆件之间的夹角不变,这就意味着无
论刚架节点处有多少杆件汇交,各杆在节点处的转角都相同;

　　(2) 承受载荷前后刚架中的杆件长度不变;

　　(3) 忽略轴向力对杆件弯曲的影响。

　　3) 对称刚架的简化处理

　　由于船体中的肋骨框架绝大部分都是对称于中纵剖面的,因此了解结构对称的刚架在计
算中的简化有一定的实际意义。结构对称的刚架,其所受的外载荷可能是对称的,亦可能是不
对称的。但是不对称的载荷总是可以分解为一部分对称的载荷与另一部分反对称的载荷。下
面我们将分别介绍结构对称、载荷对称的刚架,以及结构对称、载荷反对称的刚架的简化处理
方法。

　　(1) 结构对称、载荷对称的刚架。

　　图 4-1-1(b)所示为在船底肋板处刚性固定的肋骨框架结构,其外水压力为对称载荷。该
刚架结构对称、载荷对称。根据其变形情况可知,在刚架的对称节点处,转角和截面弯矩大小
相等,方向相反;在对称轴线上,转角与剪力都等于零。

　　图 4-1-3(a)所示为在船底肋板处刚性固定,对称轴处有支柱(或支座)的肋骨框架结构,此

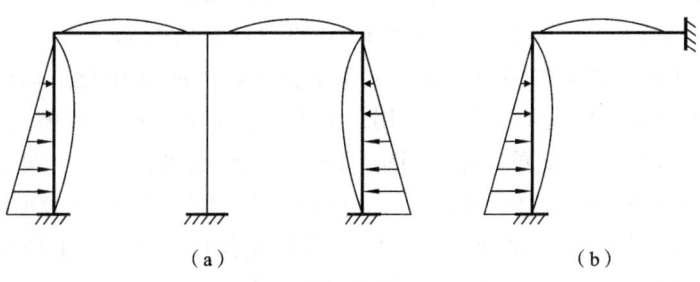

(a)　　　　　　　　　　　　　　　　　　　(b)

图 4-1-3

时刚架除了对称节点处的转角和弯矩大小相等、方向相反以外，在对称轴的节点转角等于零，但弯矩与剪力均不等于零，因而可把刚架在对称轴处作为刚性固定端，如图 4-1-3(b) 所示。

（2）结构对称、载荷反对称的刚架。

图 4-1-4(a) 所示为结构对称、载荷反对称的刚架。同样，根据其变形情况可知，在刚架的对称节点处，节点的转角和截面弯矩大小相等，方向相同；在对称轴线上的挠度与截面弯矩均等于零，因此该处可化为自由支持于刚性支座上，如图 4-1-4(b) 所示。如果在对称轴上有支柱（或支座），如图 4-1-5 所示，则除了对称节点转角与截面弯矩大小相等，方向相同以外，在对称轴的节点挠度等于零，但截面弯矩不等于零。

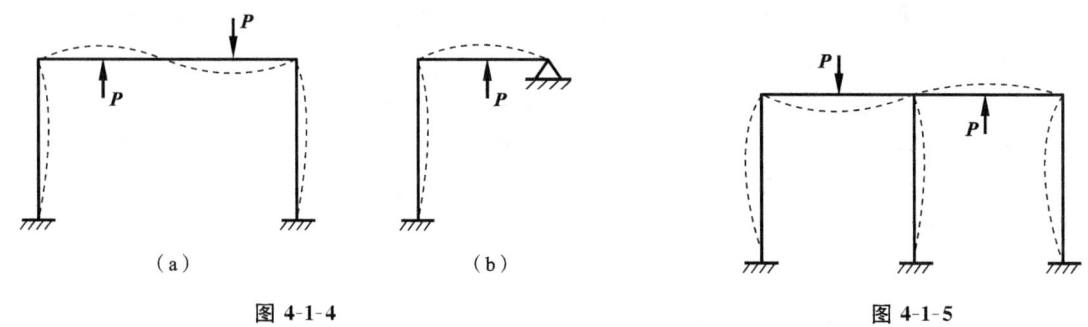

（a）　　　　　　　　　　（b）

图 4-1-4　　　　　　　　　　　　　　　　　　　图 4-1-5

熟悉对称刚架的上述特性，对解题是很有用处的。一般来说，利用对称特性，可将刚架的未知量减少一半。

2．平面板架的基本概念

在船舶结构力学中，板架是指船体结构中在较大范围内由板与纵、横骨架共同组成的结构，如架设于两舷及舱壁之间的船底板架、甲板板架等。板架由于型材尺寸较大，因此一般以型材强度计算为研究目的，对此类结构进行计算时大都按交叉梁系来进行。同时由于舰船结构中板架大多近似为平面，因此也称之为平面板架。船体结构中的板架，其周界大都是矩形的，两个方向的梁正交，其交叉点称为板架的"节点"。板架中两个方向梁的数目一般是不等的，其中数目较多的一组梁称为"主向梁"，与其交叉的数目较少的梁称为"交叉构件"，板作为主向梁和交叉构件的附连翼板。

平面板架直接承受垂直作用其上的外载荷，发生弯曲变形并将载荷传递至支座周界，这就带来了平面板架弯曲要素的求解问题。根据交叉梁系的结构特征，平面板架可分为简单板架（主向梁一般小于 5 根）、一根交叉构件板架和多根交叉构件板架。本书主要向大家介绍简单板架的计算。

板架计算的基本假设：

（1）外载荷直接由主向梁承受，交叉构件仅支撑主向梁；

（2）只考虑主向梁和交叉构件的弯曲变形，忽略梁的扭转变形。

由假设（1）我们可以将板架进行拆分，然后分别建立主向梁和交叉构件的计算模型。例如，对于图 4-1-6 所示承受横向均布载荷作用的板架，主向梁的计算模型为一两端简支、受均布载荷 Q 和未知反力 R_1 作用的单跨梁（见图 4-1-6(a)），而交叉构件的计算模型则为一两端固支、梁上承受未知反力 R_j 的单跨梁（见图 4-1-6(b)）。其中的未知反力为主向梁和交叉构件的相互作用力，也称为节点力。主向梁与交叉构件的相互作用力 R_j，因主向梁所在的位置不同而不同，这样，板架的全部计算就转变为节点力求解的问题。

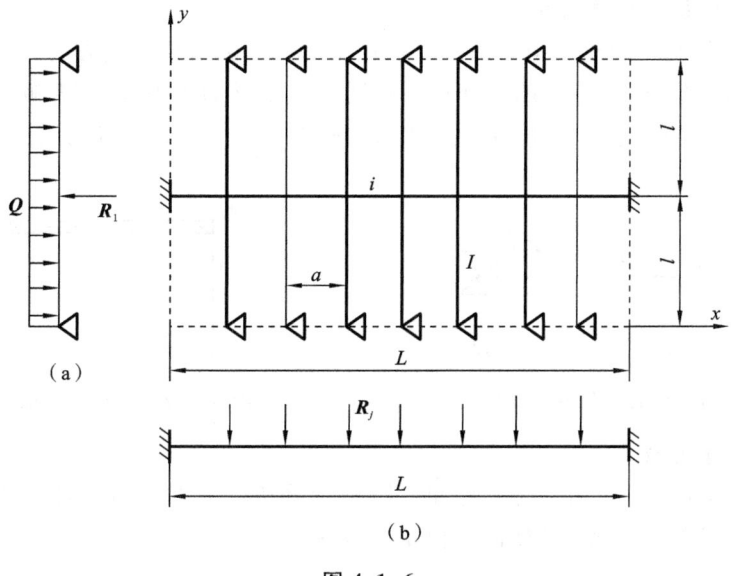

图 4-1-6

4.2　位移法的基本原理

　　4.1 节已经向大家介绍了平面刚架力学模型,我们知道复杂刚架在同一节点上将有 3 个或 3 个以上杆件交汇,各个杆件的杆端弯矩彼此不等。图 4-1-2 所示为一个具有两层甲板船舶的强肋骨框架,它有 7 根杆件,6 个节点,是一个复杂刚架。如果用第 3 章介绍的力法来解这个刚架,我们需要把它在节点处切开,加铰支和弯矩后成为 7 个单跨梁,并出现 10 个未知弯矩,即节点 1、2、5、6 截面各有一对相同的弯矩,节点 3、4 各有三根杆件汇交,将分解出三个不同的弯矩,因此我们就需要列 10 个方程才能求解。虽然事实上由于刚架是左右对称的,未知弯矩的数目可以减少一半,但未知量仍嫌太多。那么,下面我们将向大家介绍另外一种杆系结构的求解方法——位移法。根据刚架的基本假设,我们知道刚架的节点是刚性的,汇交于同一节点上的各杆之间的夹角是不变的,不管汇交于同一节点的杆件数多少,各杆杆端的转角是相同的,都等于节点的转角。一个节点只有一个转角,这样分析复杂刚架若以节点转角 θ 为基本未知量,则比以杆端弯矩为基本未知量更易于求解,因为基本未知量、求解的基本方程(联立代数方程)数较少。这种结构分析方法以节点转角(角位移)为基本未知量,称为"位移法"。和"力法"一样,位移法也是一种经典的结构力学分析方法。

1.　位移法基本结构

　　将刚架在节点处离散,所有杆件均分离成单跨杆。由于节点没有移动(线位移)只有转动(角位移),因此单跨杆两端为铰支座(无移动,可以转动)。杆上有原作用于刚架上的外力和杆端弯矩,此杆端弯矩是在同一节点的其他杆件通过节点作用于该单跨杆的弯矩。这样分离出来的单跨杆便是位移法的计算模型,如图 4-2-1 所示。图中:i、j 为端点,杆长为 l_{ij},杆的抗弯刚度为 EI_{ij},作用于杆上的外载荷为 q_{ij},M_{ij}、M_{ji} 分别为作用于 i、j 两端的弯矩;θ_i、θ_j 为杆端的转角,是位移法求解的基本未知量。这样的计算模型是单跨梁,我们运用第 2 章单跨梁的梁理论来建立位移法的基本方程。

2. 位移法坐标系与符号规定

为统一表述,我们应先建立坐标系。原点在梁端 i,x 轴沿梁轴线方向,x、y 轴在刚架平面内,x、y、z 轴为右手坐标系,各杆的 z 轴正向相同。规定梁端弯矩 M_{ij}、M_{ji} 顺时针方向为正,剪力 N_{ij}、N_{ji} 与 y 轴正向一致时为正(见图 4-2-2),梁端的转角 θ_i、θ_j 顺时针方向为正。

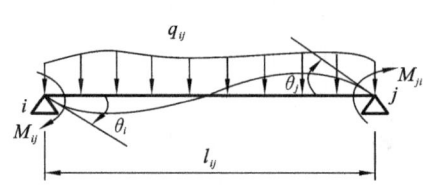

图 4-2-1　位移法的基本结构

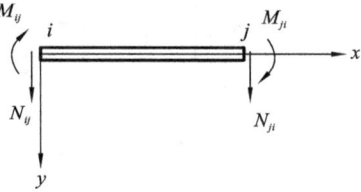

图 4-2-2　位移法坐标与符号规定

3. 位移法基本方程

建立位移法基本方程。由单跨梁弯曲计算理论分析图 4-2-2 所示计算模型,可建立梁端转角 θ_i、θ_j 与梁端弯矩 M_{ij}、M_{ji} 及横向载荷 q_{ij} 的关系式:

$$\left.\begin{aligned}\theta_i &= \theta_{qi} + \frac{M_{ij}l_{ij}}{3EI_{ij}} - \frac{M_{ji}l_{ij}}{6EI_{ij}} \\ \theta_j &= -\theta_{qj} - \frac{M_{ij}l_{ij}}{6EI_{ij}} + \frac{M_{ji}l_{ij}}{3EI_{ij}}\end{aligned}\right\} \tag{4.1}$$

式中:θ_{qi}、θ_{qj} 分别是载荷 q_{ij} 产生的梁左端和右端的转角,由式(4.1)求解 M_{ij} 与 M_{ji} 可得

$$\left.\begin{aligned}M_{ij} &= \frac{2EI_{ij}}{l_{ij}}(-2\theta_{qi} + \theta_{qj} + 2\theta_i + \theta_j) \\ M_{ji} &= \frac{2EI_{ij}}{l_{ij}}(-\theta_{qi} + 2\theta_{qj} + \theta_i + 2\theta_j)\end{aligned}\right\} \tag{4.2}$$

由式(4-2)可以看出,M_{ij}、M_{ji} 明显地可分为两部分,一部分包含 θ_{qi}、θ_{qj},它表示的是载荷 q_{ij} 所产生的弯矩,称为固端弯矩;另一部分包含 θ_i、θ_j,它表示的是梁端转角所产生的弯矩,称为形变弯矩。

固端弯矩:若式(4.1)中的 $\theta_i = \theta_j = 0$,即梁端转角为零,则式(4.2)成为如下形式:

$$\left.\begin{aligned}\overline{M}_{ij} &= \frac{2EI_{ij}}{l_{ij}}(-2\theta_{qi} + \theta_{qj}) \\ \overline{M}_{ji} &= \frac{2EI_{ij}}{l_{ij}}(-\theta_{qi} + 2\theta_{qj})\end{aligned}\right\} \tag{4.3}$$

式(4.3)表示梁端无转角($\theta_i = \theta_j = 0$)时,横向载荷 q_{ij} 作用于梁 l_{ij} 所产生的梁端弯矩,它的值与 q_{ij} 作用下两端刚性固定单跨梁 l_{ij} 的固定断面弯矩相同,因此称为固端弯矩,用符号 $\overline{M}$ 表示。$\overline{M}_{ij}$、$\overline{M}_{ji}$ 只与 q_{ij}、l_{ij} 和 EI_{ij} 有关,是定值,可以由"单跨梁的弯曲要素表"查出。

形变弯矩:若梁 l_{ij}(见图 4-1-2)上无外载荷作用,$q_{ij} = 0$,即式(4.1)中的 $\theta_{qi} = \theta_{qj} = 0$,则式(4.2)变为如下形式:

图 4-2-3　形变弯矩

$$\left.\begin{aligned}M'_{ij} &= \frac{2EI_{ij}}{l_{ij}}(2\theta_i + \theta_j) \\ M'_{ji} &= \frac{2EI_{ij}}{l_{ij}}(\theta_i + 2\theta_j)\end{aligned}\right\} \tag{4.4}$$

式(4.4)表示梁上无外载荷作用,梁端有转角 θ_i、θ_j 时,梁端作用的弯矩(见图 4-2-3)。这是使梁

产生转角（形变）的弯矩，所以称为形变弯矩，用符号 M' 表示。

将式（4.3）和式（4.4）代入式（4.2）则有

$$\left.\begin{array}{l} M_{ij} = \overline{M}_{ij} + M'_{ij} \\ M_{ji} = \overline{M}_{ji} + M'_{ji} \end{array}\right\} \qquad (4.5\text{a})$$

或

$$\left.\begin{array}{l} M_{ij} = \overline{M}_{ij} + \dfrac{2EI_{ij}}{l_{ij}}(2\theta_i + \theta_j) \\ M_{ji} = \overline{M}_{ji} + \dfrac{2EI_{ij}}{l_{ij}}(\theta_i + 2\theta_j) \end{array}\right\} \qquad (4.5\text{b})$$

这样，便建立了以基本未知量 θ_i、θ_j 表示的梁端弯矩 M_{ij}、M_{ji}。

刚架处于平衡状态，则对于任一节点 i，汇交于该节点的各梁作用于节点上的弯矩 $M_{ij}(j=1,2,\cdots,s)$ 必须满足平衡条件（见图 4-2-4）：

$$\sum_{j=1}^{s} M_{ij} = 0 \quad (\text{对于节点 } i) \qquad (4.6\text{a})$$

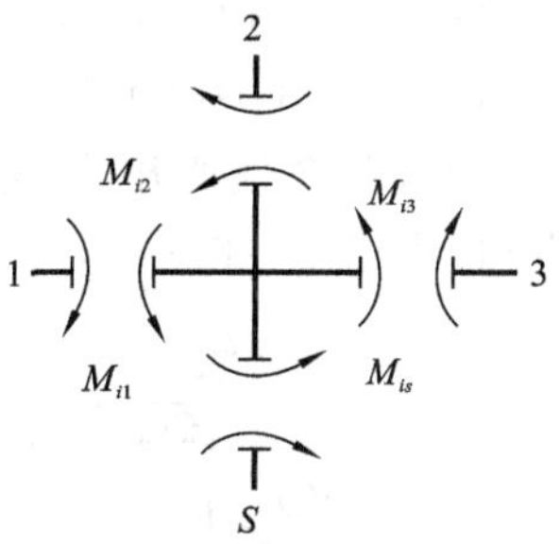

图 4-2-4　节点弯矩平衡

式中：s 为汇交于节点 i 的杆件数。

将式（4.5b）中的第一式代入式（4.6a），则得到节点 i 的平衡条件：

$$K_{i1}\theta_1 + K_{i2}\theta_2 + \cdots + K_{ii}\theta_i + \cdots + K_{is}\theta_s + \sum_{j=1}^{s}\overline{M}_{ij} = 0 \qquad (4.6\text{b})$$

式中：

$$\begin{cases} K_{ij} = \dfrac{2EI_{ij}}{l_{ij}}, & i \neq j \\ K_{ij} = 4E\displaystyle\sum_{j=1}^{s}\dfrac{I_{ij}}{l_{ij}}, & i = j \end{cases}$$

整个刚架有 n 个节点，对于每个节点可以列出一个如（4.6b）的节点弯矩平衡方程，所列出的 n 个方程如下：

$$\left.\begin{array}{l} K_{11}\theta_1 + K_{12}\theta_2 + \cdots + K_{1i}\theta_i + \cdots + K_{1s}\theta_s + \displaystyle\sum_{j=1}^{s}\overline{M}_{1j} = 0 \\[2mm] K_{21}\theta_1 + K_{22}\theta_2 + \cdots + K_{2i}\theta_i + \cdots + K_{2s}\theta_s + \displaystyle\sum_{j=1}^{s}\overline{M}_{2j} = 0 \\ \qquad\qquad \vdots \qquad\qquad\qquad\quad \vdots \\ K_{n1}\theta_1 + K_{n2}\theta_2 + \cdots + K_{ni}\theta_i + \cdots + K_{ns}\theta_s + \displaystyle\sum_{j=1}^{s}\overline{M}_{nj} = 0 \end{array}\right\} \qquad (4.7)$$

这样式（4.7）有 n 个方程，可以解出 n 个基本未知量 $\theta_1, \theta_2, \cdots, \theta_n$，这便是用位移法解杆系结构的基本方程组，是一组线性代数方程。

由式（4.7）解出 $\theta_1, \theta_2, \cdots, \theta_n$ 后，代入方程（4.5b）可以得到梁端弯矩 M_{ij}、M_{ji}。梁端弯矩求出后，便可以求出梁内应力。

4.3　平面刚架的计算

不可移节点简单刚架可以看作连续梁"折合"的结果，此时刚架的节点相当于连续梁的中间支座，因此，我们可以用求解连续梁的方法——力法来求解简单刚架。确定刚架中杆件的左右端时，通常以人在刚架内，面向刚架的杆件按顺时针方向来判断。下面我们通过例题来说明不可移节点简单刚架的计算方法。

1. 力法求解简单刚架

例 4.1 对于图 4-1-1(b)所示不可移简单刚架。已知 $l_{12}=l_{23}=l_{34}=l$，$I_{12}=I_{34}=4I$，$I_{23}=3I$，杆 1-2 和杆 3-4 所受的外载荷为 Q，试用力法求解之。

解 （1）分析结构。

图 4-1-1(b)所示简单刚架，为 4 次超静定结构。现将支座 1 和 4 处的抗转约束去掉，并在支座 2 和 3 处切开，于是基本体系为三个简支单跨梁，分别受外载荷 Q 和未知弯矩 M_1、M_2、M_3 和 M_4 作用，如图 4-3-1(a)所示。

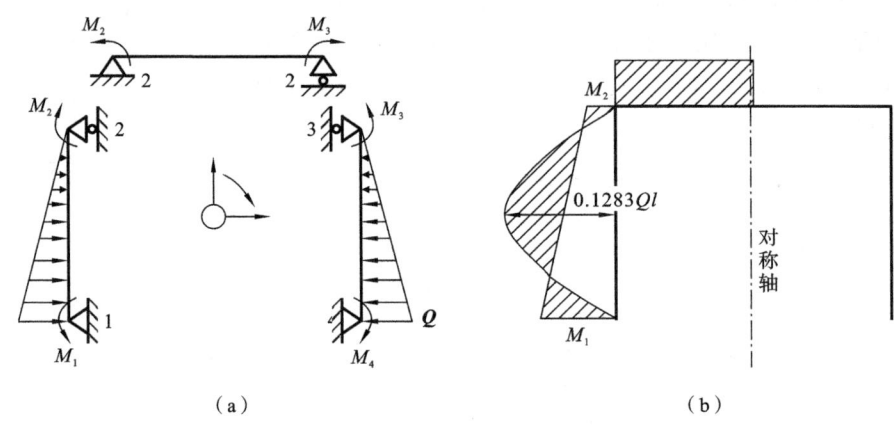

图 4-3-1

由于结构对称，载荷对称，有 $M_1=M_4$，$M_2=M_3$。因此只有两个基本未知量 M_1 和 M_2。

（2）建立基本方程组。

由支座 1 处转角 $\theta_1=0$，得

$$\frac{2}{45}\frac{Ql_{12}^2}{EI_{12}}-\frac{M_1 l_{12}}{3EI_{12}}-\frac{M_2 l_{12}}{6EI_{12}}=0 \tag{a}$$

由于刚架中杆件之间的夹角不变，因此在支座 2 处杆 1-2 与杆 2-3 的转角应相等，由 $\theta_{12}=\theta_{23}$ 得

$$\frac{M_1 l_{12}}{6EI_{12}}+\frac{M_2 l_{12}}{3EI_{12}}-\frac{7}{180}\frac{Ql_{12}^2}{EI_{12}}=-\frac{M_2 l_{23}}{3EI_{23}}-\frac{M_3 l_{23}}{6EI_{23}} \tag{b}$$

（3）解方程。

联立方程（a）和（b），并整理得

$$\begin{cases} 30M_1+15M_2-4Ql=0 \\ 30M_1+180M_2-7Ql=0 \end{cases}$$

解得

$$\begin{cases} M_1=\dfrac{41}{330}Ql=0.1242Ql \\ M_2=\dfrac{1}{55}Ql=0.0182Ql \end{cases}$$

（4）画弯矩图。

求出了刚架的节点弯矩后，就可以根据各杆件的弯矩画出刚架的弯矩图。为了清晰起见，一般将弯矩图画在刚架杆件的外侧，如图 4-3-1(b)所示，由于对称，图中仅画出刚架左半部分

的弯矩图。

例 4.2　用力法求解单甲板舰艇在上甲板有开口的肋骨框架，即图 4-3-2(a)中所示的不移动节点简单刚架，并画出弯矩图。

解　(1) 分析结构。

分析该刚架，共有 6 个简支座，7 个约束，则多余约束有 4 个。我们将刚架在节点 1、2、3、4 处切开并加上相应的弯矩使之成为五根两端简支并受相应载荷的单跨梁，如图 4-3-2(b)所示。由于所讨论的肋骨刚架是左右对称的，所以有 $M_1 = M_4$ 及 $M_2 = M_3$，因此独立的未知节点弯矩只有两个。

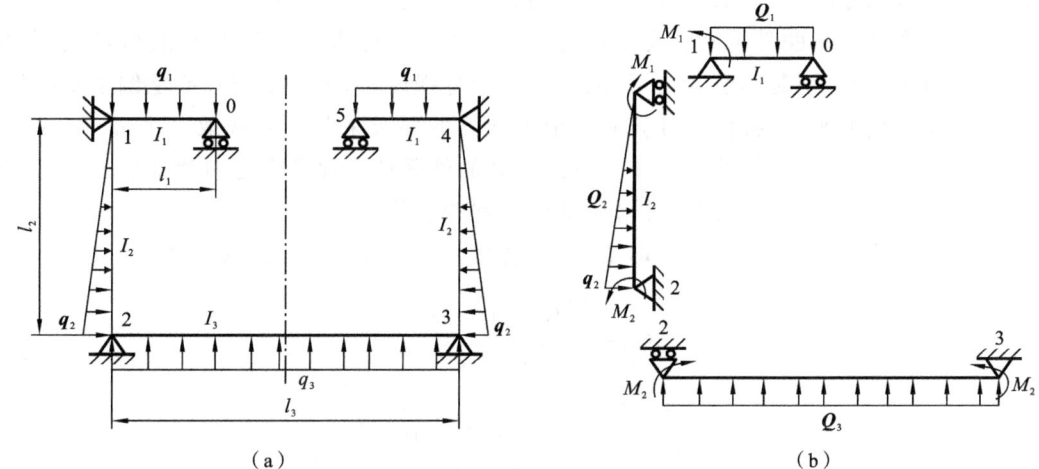

(a)　　　　　　　　　　　　　(b)

图 4-3-2

(2) 建立基本方程组。

根据刚架的对称性，独立的未知量个数为 2，只需列出两个方程。

在节点 1 与 2 处分别列出杆件转角相等的方程如下。

节点 1：$\qquad\qquad\qquad\qquad \theta_{10} = \theta_{12}$

节点 2：$\qquad\qquad\qquad\qquad \theta_{21} = \theta_{23}$

得

$$
\left.
\begin{aligned}
-\frac{M_1 l_1}{3EI_1} + \frac{Q_1 l_1^2}{24EI_1} &= \frac{M_1 l_2}{3EI_2} + \frac{M_2 l_2}{6EI_2} - \frac{7Q_2 l_2^2}{180EI_2} \\
-\frac{M_1 l_2}{6EI_2} - \frac{M_2 l_2}{3EI_2} + \frac{2Q_2 l_2^2}{45EI_2} &= \frac{M_2 l_3}{3EI_3} + \frac{M_2 l_3}{6EI_3} - \frac{Q_3 l_3^2}{24EI_3}
\end{aligned}
\right\}
\qquad\text{(a)}
$$

式中：$Q_1 = q_1 l_1$，$Q_2 = \dfrac{1}{2} q_2 l_2$，$Q_3 = q_3 l_3$ 分别代表横梁、肋骨及肋板上的载荷。

(3) 求解基本方程式。

由方程式(a)，可得

$$
\left.
\begin{aligned}
M_1 &= \frac{\alpha_1\left(\dfrac{3}{4}\alpha_2 + \dfrac{1}{2}\right)Q_1 l_1 + \left(\dfrac{7}{10}\alpha_2 + \dfrac{1}{5}\right)Q_2 l_2 - \dfrac{\alpha_2}{4}Q_3 l_3}{2(\alpha_1 + 1)(3\alpha_2 + 2) - 1} \\[2mm]
M_2 &= \frac{-\dfrac{\alpha_1}{4}Q_1 l_1 + \left(\dfrac{8}{15}\alpha_1 + \dfrac{3}{10}\right)Q_2 l_2 + \dfrac{\alpha_2}{2}(\alpha_1 + 1)Q_3 l_3}{2(\alpha_1 + 1)(3\alpha_2 + 2) - 1}
\end{aligned}
\right\}
\qquad\text{(b)}
$$

式中：$$\alpha_1 = \frac{I_2}{I_1}\frac{l_1}{l_2},\ \alpha_2 = \frac{I_2}{I_3}\frac{l_3}{l_2} \tag{c}$$

（4）画弯矩图。

画出的弯矩图如图 4-3-3 所示。

（5）讨论。

由所得的弯矩公式(b)可见，肋骨两端的弯矩 M_1 和 M_2 都与甲板上的载荷 Q_1 有关，当 Q_1 增加时 M_1 增加，但 M_2 减少，且当 $Q_1 = 0$ 时，M_1 最小，而 M_2 最大。再由图 4-3-3 中的弯矩图可以看出，肋骨跨中的最大弯矩一般又随 M_1 的减少而增大，由此可以得出结论：在计算肋骨强度或确定肋骨尺寸时，应选取甲板上不承受载荷的情况作为计算状态。

上述结论亦可以从肋骨刚架的变形情况来分析得到。对肋骨来说，甲板载荷 Q_1 的存在将抵消一部分由载荷 Q_2 引起的肋骨变形，故在计算肋骨强度时，不计甲板载荷是偏于安全的。

因此对肋骨刚架来说，我们在计算时应根据计算的要求来分析并选取一个最不利的外载荷组合。也就是说，并不是把肋骨刚架上可能受到的外载荷全部考虑在内就是危险状态，而应进行分析后确定一个对所计算的构件来说是最不利的载荷状态。

如果肋板的刚性比肋骨大很多，即 $I_3 \gg I_2$，这时 $\alpha_2 \to 0$，将 $\alpha_2 = 0$ 代入式(b)，可得

$$M_1 = \frac{\frac{\alpha_1}{2}Q_1 l_1 + \frac{1}{5}Q_2 l_2}{4\alpha_1 + 3}$$

$$M_2 = \frac{-\frac{\alpha_1}{4}Q_1 l_1 + \left(\frac{8}{15}\alpha_1 + \frac{3}{10}\right)Q_2 l_2}{4\alpha_1 + 3}$$

相应的肋骨刚架的计算图形将变为肋骨下端为刚性固定的情形，如图 4-3-4 所示。

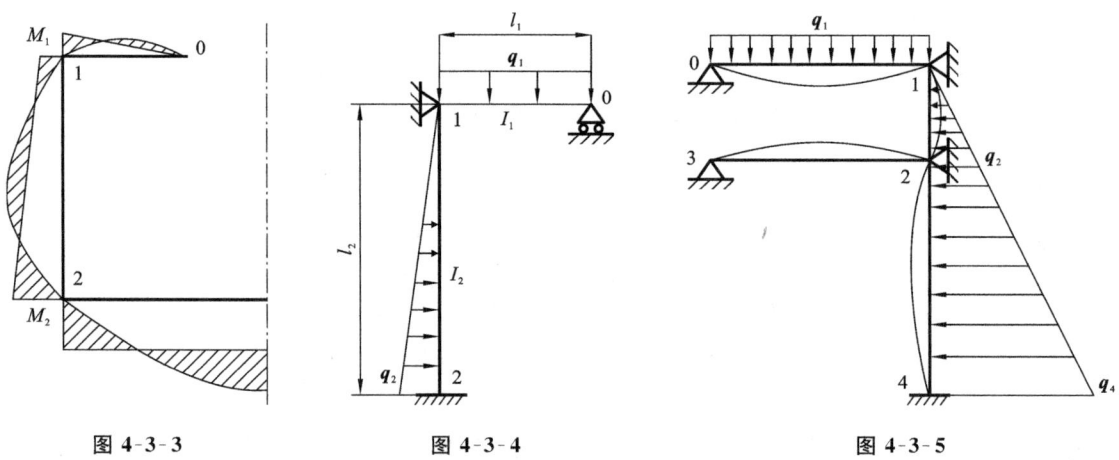

图 4-3-3   图 4-3-4   图 4-3-5

2. 位移法求解复杂刚架

例 4.3 位移法求解图 4-3-5 所示的不可移节点复杂刚架，并画出弯矩图。

已知：$l_{01} = l_{23} = 2.2l_0$，$I_{01} = 6.8I_0$，$I_{12} = I_0$，$I_{23} = 1.29I_0$，$l_{12} = l_0$，$l_{24} = 2.7l_0$，$I_{24} = 3.8I_0$

$q_1 = 2q_0$，$q_2 = q_0$，$q_4 = 3.7q_0$，$l_0 = 3$ m，$I_0 = 6655$ cm^4，$q_0 = 22.07$ kN/m。

解 （1）分析结构，确定未知转角。

图 4-3-5 所示复杂刚架，节点 1、2 和支座 0、3 处可发生转角，故未知转角为 $\theta_0, \theta_1, \theta_2, \theta_3$。

（2）计算固端弯矩。

查本书附录中的表 A-4(两端刚性固定梁的弯曲要素表),可得各杆固端弯矩。查表时注意按位移法的符号规定来确定弯矩的符号。

$$\overline{M}_{01} = -\overline{M}_{10} = -\frac{1}{12}q_1 l_{01}^2 = -0.807q_0 l_0^2$$

$$\overline{M}_{12} = -\frac{1}{30}q_2 l_{12}^2 = -0.0333q_0 l_0^2$$

$$\overline{M}_{21} = \frac{1}{20}q_2 l_{12}^2 = 0.05q_0 l_0^2$$

杆 2-3 上无外载荷,故 $\overline{M}_{23} = \overline{M}_{32} = 0$。

$$\overline{M}_{24} = -\frac{1}{12}q_2 l_{24}^2 - \frac{1}{30}(q_4 - q_2) l_{24}^2 = -1.262q_0 l_0^2$$

$$\overline{M}_{42} = \frac{1}{12}q_2 l_{24}^2 + \frac{1}{20}(q_4 - q_2) l_{24}^2 = 1.590q_0 l_0^2$$

(3) 列节点弯矩平衡方程。

对节点 0、1、2、3 列弯矩平衡方程为

$$\overline{M}_{01} + \frac{4EI_{01}}{l_{01}}\theta_0 + \frac{2EI_{01}}{l_{01}}\theta_1 = 0, \quad i = 0$$

$$\overline{M}_{10} + \overline{M}_{12} + \frac{2EI_{01}}{l_{01}}\theta_0 + 4E\left(\frac{I_{01}}{l_{01}} + \frac{I_{12}}{l_{12}}\right)\theta_1 + \frac{2EI_{12}}{l_{12}}\theta_2 = 0, \quad i = 1$$

$$\overline{M}_{21} + \overline{M}_{24} + \frac{2EI_{12}}{l_{12}}\theta_1 + 4E\left(\frac{I_{12}}{l_{12}} + \frac{I_{23}}{l_{23}} + \frac{I_{24}}{l_{24}}\right)\theta_2 + \frac{2EI_{23}}{l_{23}}\theta_3 = 0, \quad i = 2$$

$$\frac{2EI_{23}}{l_{23}}\theta_2 + \frac{4EI_{23}}{l_{23}}\theta_3 = 0, \quad i = 3$$

(4) 解方程组求出未知转角。

将已知条件代入,并解方程组得

$$\theta_0 = 0.1187\frac{q_0 l_0^3}{EI_0}, \quad \theta_1 = -0.1074\frac{q_0 l_0^3}{EI_0}, \quad \theta_2 = 0.1261\frac{q_0 l_0^3}{EI_0}, \quad \theta_3 = -0.0631\frac{q_0 l_0^3}{EI_0}$$

(5) 计算各杆杆端截面弯矩及受载杆跨中弯矩。

求出未知转角后,代入式(4.5b)可计算各杆杆端截面弯矩。为了用叠加法画弯矩图,应求出外载荷作用下杆中的弯矩分布,一般只需计算受载杆的跨中弯矩。

$$M_{01} = \overline{M}_{01} + \frac{4EI_{01}}{l_{01}}\theta_0 + \frac{2EI_{01}}{l_{01}}\theta_1 = 0$$

$$M_{10} = \overline{M}_{10} + \frac{2EI_{01}}{l_{01}}\theta_0 + \frac{4EI_{01}}{l_{01}}\theta_1 = 0.213q_0 l_0^2 = 42.38 \text{ kN} \cdot \text{m}$$

$$M_{12} = \overline{M}_{12} + \frac{4EI_{12}}{l_{12}}\theta_1 + \frac{2EI_{12}}{l_{12}}\theta_2 = -0.211q_0 l_0^2 = -41.98 \text{ kN} \cdot \text{m}$$

$$M_{21} = \overline{M}_{21} + \frac{2EI_{12}}{l_{12}}\theta_1 + \frac{4EI_{12}}{l_{12}}\theta_2 = 0.339q_0 l_0^2 = 67.39 \text{ kN} \cdot \text{m}$$

$$M_{23} = \frac{4EI_{23}}{l_{23}}\theta_2 + \frac{2EI_{23}}{l_{23}}\theta_3 = 0.222q_0 l_0^2 = 44.03 \text{ kN} \cdot \text{m}$$

$$M_{32} = \frac{2EI_{23}}{l_{23}}\theta_2 + \frac{4EI_{23}}{l_{23}}\theta_3 = 0$$

$$M_{24} = \overline{M}_{24} + \frac{4EI_{24}}{l_{24}}\theta_2 = -0.551q_0 l_0^2 = -109.42 \text{ kN} \cdot \text{m}$$

$$M_{42} = \overline{M}_{42} + \frac{2EI_{24}}{l_{24}}\theta_2 = 1.946q_0 l_0^2 = 386.51 \text{ kN} \cdot \text{m}$$

$$M_{01\text{中}}^{q_1} = -\frac{q_1 l_{01}^2}{8} = -1.21q_0 l_0^2 = -240.35 \text{ kN} \cdot \text{m}$$

$$M_{24\text{中}}^{q_2} = -\frac{q_2 l_{24}^2}{8} = -0.91q_0 l_0^2 = -180.99 \text{ kN} \cdot \text{m}$$

$$M_{24\text{中}\max}^{q_4 - q_2} = -0.128Q l_{24} = -1.26q_0 l_0^2 = -245.14 \text{ kN} \cdot \text{m} \quad (x=0.5773 \text{ 处})$$

注意,根据上述结果,$M_{10} + M_{12}$、$M_{21} + M_{23} + M_{24}$ 均不等于零,这属于计算误差。

（6）画弯矩图。

由于位移法中弯矩的正负号规定与单跨梁弯曲中梁弯矩的正负号规定不同,且二者无法统一,所以我们在画刚架的弯矩图时通常不在图上标弯矩的正负号,但在画的时候遵循以下原则：

先把刚架中各杆杆端截面弯矩按实际方向画在杆的两端(见图 4-3-6 中的弯矩箭头),再根据弯矩箭头的方向画出杆端弯矩形成的弯矩图,最后再与杆上外载荷引起的弯矩图叠加。

在图 4-3-6 中即按此方法画出了本例中肋骨刚架的弯矩图。

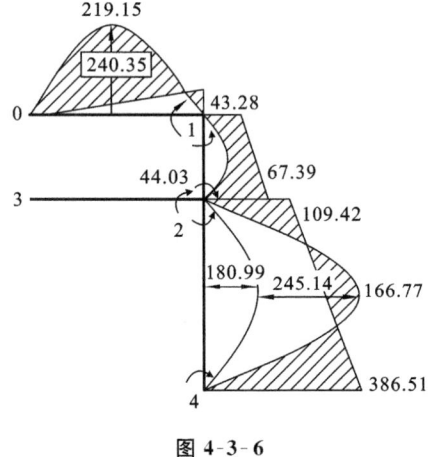

图 4-3-6

4.4 平面简单板架的计算

我们将节点数目较少(一般主向梁数目小于 5),且主向梁与交叉构件都是等截面的交叉梁系,称为简单板架。对于简单板架的求解,力法和位移法均适用。采用力法进行求解时,以相互作用力作为基本未知量,根据交叉杆件在节点处的变形协调条件——主向梁与交叉构件在节点处的挠度相等,建立力法基本方程。由于节点数决定方程数,故通过基本方程组就可求解未知的杆件相互作用力,从而求解板架。而位移法则是将板架在节点处进行离散,以节点位移作为基本未知量,通过建立节点处的力平衡方程,求解节点位移,然后求解杆端弯矩和剪力。而对于节点数目较多的复杂板架,原则上力法和位移法同样适用,但由于这两种解法的未知数数目大于等于板架的节点数目,对节点数目较多的板架来说,其求解是存在一定困难的。在此仅对平面简单板架的计算加以介绍。

1. 力法求解简单板架

例 4.4 图 4-4-1(a)所示的简单板架,其中梁 1-3 无荷重,梁 4-5 上有分布载荷 Q。试用力法求解,并分析无载杆对有载杆的支撑作用,并由此进一步深入理解弹性支座的实际概念。

解 （1）结构分析。

图 4-4-1 中的板架结构是最简单的板架结构,即一个节点,一个相互作用力 R,只需一个方程即可求解。因此,将两梁在相交节点处分开并代以相互作用的节点力 **R**,如图 4-4-1(b)所示。

（2）列基本方程并求解。

由两梁在节点处挠度相等的变形协调条件,建立基本方程如下：

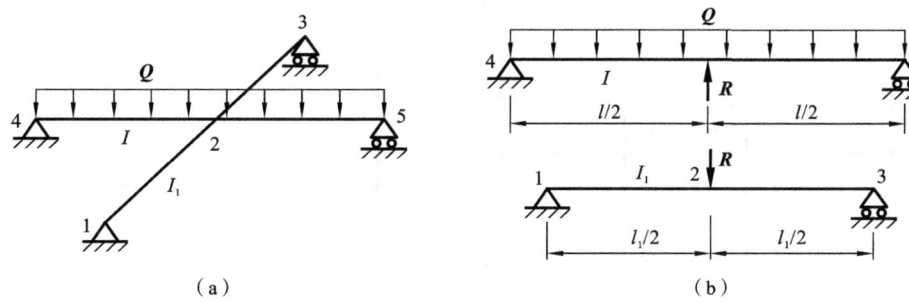

图 4-4-1

$$\frac{5Ql^3}{384EI} - \frac{Rl^3}{48EI} = \frac{Rl_1^3}{48EI_1} \tag{a}$$

由式(a)很容易解出

$$R = \frac{5}{8} \cdot \frac{Q}{1 + \dfrac{I}{I_1}\left(\dfrac{l_1}{l}\right)}$$

(3) 无载杆对有载杆的支撑作用分析。

若令 $A = \dfrac{l_1^3}{48EI_1}$，则式(a)可改写为

$$\frac{5Ql^3}{384EI} - \frac{Rl^3}{48EI} = AR \tag{b}$$

式(b)与图 4-4-2 中具有中间弹性支座双跨梁在中间弹性支座处挠度的表达式完全相同,因此杆 1-3 对杆 4-5 的作用实质上就是一个弹性支座,其柔性系数为 $A = l_1^3/(48EI_1)$。这是因为对杆 1-3 来说,其节点力与节点挠度方向始终相同并且成正比,显然这种情况只有在杆 1-3 上无外载荷时才成立。

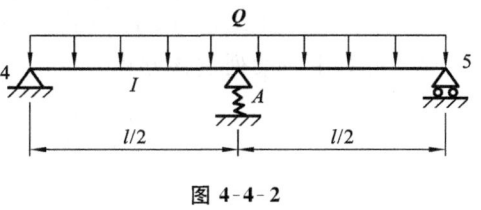

图 4-4-2

因此在一个板架结构中,如果其中无载杆的节点力与节点挠度成正比,则可以将它化为与其交叉的有载杆的弹性支座,节点挠度与节点力间的比值就是弹性支座的柔性系数。在本书后面讨论舰体板架稳定性问题的相关章节中还会应用到这种处理方法。

例 4.5　图 4-4-3 为某舰甲板板架计算模型简图,受均布压力 p 作用。纵桁两端刚性固定在横舱壁上,横梁一端简支(舷侧处)另一端刚性固定(纵中剖面处)。横梁截面惯性矩为 I,纵桁截面惯性矩为 $2I$,试用力法解之。

解　采用力法求解,认为载荷仅作用在主向梁上,每根主向梁所受的分布载荷为 $q = pl$,交叉构件只对主向梁起支撑作用。假想将主向梁与交叉构件在节点处拆开,两者的相互作用用节点力 $\boldsymbol{R}_2$、$\boldsymbol{R}_3$、$\boldsymbol{R}_4$ 代替。由于对称,$R_2 = R_4$。

(1) 先对交叉构件列位移方程。

$$
\begin{aligned}
(v_2)_{\text{交}} &= \frac{R_2(4l)^3}{3E(2I)} \cdot \frac{l^3(3l)^3}{(4l)^6} + \frac{R_3(4l)^3}{6E(2I)}\left[\frac{(2l)^2}{(4l)^2} \cdot \frac{l^2}{(4l)^2}\left(\frac{3\times 2l}{4l} - \frac{3\times 2l + 2l}{4l}\right) \cdot \frac{l}{4l}\right] \\
&\quad + \frac{R_4(4l)^3}{6E(2I)}\left[\frac{l^2}{(4l)^2} \cdot \frac{l^2}{(4l)^2}\left(\frac{3\times 3l}{4l} - \frac{3\times 3l + l}{4l} \cdot \frac{l}{4l}\right)\right] \\
&= \frac{9R_2l^3}{128EI} + \frac{13R_2l^3}{384EI} + \frac{R_3l^3}{12EI} = \frac{5R_2l^3}{48EI} + \frac{R_3l^3}{12EI}
\end{aligned}
$$

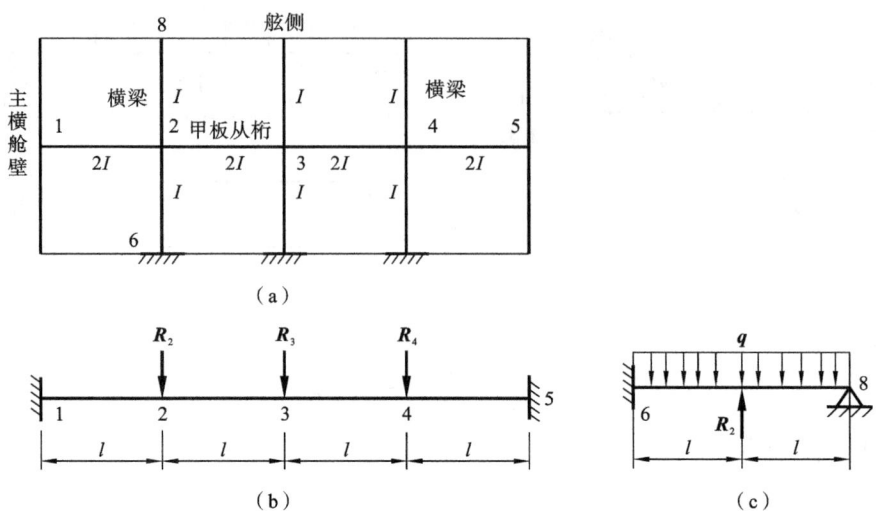

图 4-4-3

$$(v_3)_{交} = \frac{R_2(4l)^3}{6E(2I)}\left[\frac{(3l)^2}{(4l)^2} \cdot \frac{(2l)^2}{(4l)^2}\left(\frac{3\times l}{(4l)} - \frac{3l+3l}{(4l)} \cdot \frac{2l}{(4l)}\right) + \left(\frac{2l-l}{(4l)}\right)^3\right] + \frac{R_3(4l)^3}{3E(2I)}\frac{(2l)^3(2l)^3}{(4l)^6}$$

$$+ \frac{R_4(4l)^3}{6E(2I)}\left[\frac{l^2}{(4l)^2} \cdot \frac{(2l)^2}{(4l)^2}\left(\frac{3\times 3l}{(4l)} - \frac{3\times 3l+l}{(4l)} \cdot \frac{2l}{(4l)}\right)\right]$$

$$= \frac{R_2 l^3}{12EI} + \frac{R_2 l^3}{12EI} + \frac{R_3 l^3}{6EI} = \frac{R_2 l^3}{6EI} + \frac{R_3 l^3}{6EI}$$

（2）再对主向梁列位移方程。

$$(v_2)_{主} = -\frac{7R_2(2l)^3}{768EI} + \frac{q(2l)(2l)^3}{192EI}$$

$$(v_3)_{主} = -\frac{7R_3(2l)^3}{768EI} + \frac{q(2l)(2l)^3}{192EI}$$

（3）列变形协调方程。

由 $\qquad (v_2)_{交} = (v_2)_{主}, \qquad (v_3)_{交} = (v_3)_{主}$

得

$$-\frac{7R_2(2l)^3}{768EI} + \frac{q(2l)(2l)^3}{192EI} = \frac{5R_2 l^3}{48EI} + \frac{R_3 l^3}{12EI}$$

$$-\frac{7R_3(2l)^3}{768EI} + \frac{q(2l)(2l)^3}{192EI} = \frac{R_2 l^3}{6EI} + \frac{R_3 l^3}{6EI}$$

整理为

$$\left.\begin{array}{r} \dfrac{17}{96}R_2 + \dfrac{1}{12}R_3 = \dfrac{1}{12}ql \\[2mm] \dfrac{1}{6}R_2 + \dfrac{23}{96}R_3 = \dfrac{1}{12}ql \end{array}\right\} \qquad\qquad (a)$$

解方程（a），可得

$$R_2 = 0.4563ql$$

$$R_3 = 0.0304ql$$

求出 R_2、R_3 后，即可按单跨梁分别计算纵桁和横梁的内力和应力。

从这个例子可以看出，虽然三根主向梁（横梁）的截面尺寸和跨长相同，但交叉构件（纵桁）

对它们的支持作用是不一样的,靠近交叉构件支座处的主向梁受到交叉构件的支持力大,交叉构件跨中处的主向梁受到的支持力小,在本例中两者相差 15 倍! 因此计算主向梁的强度时,必须考虑支座周界处的梁和交叉构件跨中处的梁,两者的受力状态相差较大。

2. 位移法求解简单板架

对于简单板架的求解,力法和位移法均可适用。采用位移法求解时,可将板架在节点处进行离散,以节点位移作为基本未知量,通过建立节点处的力平衡方程,求解节点位移,然后求解杆端弯矩和剪力。以下介绍位移法求解简单板架的方法。

图 4-4-4(a)为某船底部板架,由两根肋板(主向梁)与一根中内龙骨(交叉构件)组成,板架承受船底的均布静水压力载荷 q(此处 q 为单位面积的载荷),肋板的长度与截面惯性矩分别为 $2l$ 及 i,中内龙骨的长度与截面惯性矩分别为 $3l$ 及 I。试用位移法求解该底部板架。

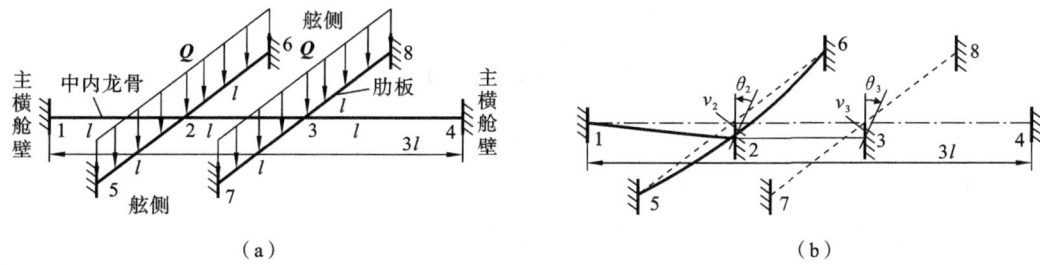

图 4-4-4

解　(1)结构分析,确定未知位移。

根据假设(1)作用在船底外板上的外载荷——静水压力,将由船底板传给船底纵骨,再由船底纵骨传至肋板,即板架上的外载荷全部由肋板(主向梁)承受。而中内龙骨(交叉构件)主要通过节点承受来自肋板(主向梁)的节点力。将板架的主向梁与交叉构件在相交节点处拆开,考虑到结构的对称性,$v_2 = v_3$,$\theta_2 = -\theta_3$。故该板架的未知位移有 2 个,即 v_2 和 θ_2。

(2)列弯矩、剪力平衡方程,并求解。

通过上述分析可知,该板架的未知位移有 2 个,即 v_2 和 θ_2,这就需要列两个平衡方程式来求解,这两个方程是:

梁 2-1 和梁 2-3 在节点 2 处的弯矩平衡方程式:

$$\overline{M}_{21} + M'_{21} + \overline{M}_{23} + M'_{23} = 0 \tag{a}$$

梁 2-1,2-3,2-5 和 2-6 在节点 2 处的剪力平衡方程:

$$\overline{N}_{21} + N'_{21} + \overline{N}_{23} + N'_{23} + \overline{N}_{25} + N'_{25} + \overline{N}_{26} + N'_{26} = 0 \tag{b}$$

由于交叉构件上无外载荷,因此　　$\overline{M}_{21} = \overline{M}_{23} = 0$

由式(4.4),可得　　　　　　　$M'_{21} = \dfrac{4EI}{l}\theta_2 - \dfrac{6EI}{l^2}v_2$

$$M'_{23} = \frac{4EI}{l}\theta_2 + \frac{2EI}{l}\theta_3 + \frac{6EI}{l^2}v_2 - \frac{6EI}{l^2}v_3 = \frac{2EI}{l}\theta_2$$

所以弯矩平衡方程为

$$\frac{4EI}{l}\theta_2 - \frac{6EI}{l^2}v_2 + \frac{2EI}{l}\theta_2 = 0$$

即　　　　　　　　　　　　　　　$v_2 = \theta_2 l$

因为　　　　　　　　$\overline{N}_{21} = \overline{N}_{23} = 0,\quad \overline{N}_{25} = \overline{N}_{26} = -\dfrac{Q}{4}$

可得

$$N'_{21} = -\frac{6EI}{l^2}\theta_2 + \frac{12EI}{l^3}v_2 = \frac{6EI}{l^2}\theta_2$$

$$N'_{23} = \frac{6EI}{l^2}\theta_2 + \frac{12EI}{l^3}v_2 + \frac{6EI}{l^2}\theta_3 - \frac{12EI}{l^3}v_3 = 0$$

$$N'_{25} = \frac{12Ei}{l^3}v_2 = \frac{12Ei}{l^2}\theta_2$$

$$N'_{26} = \frac{12Ei}{l^3}v_2 = \frac{12Ei}{l^2}\theta_2$$

所以剪力平衡方程为

$$N = \bar{N}_{25} + \bar{N}_{26} + N'_{21} + N'_{23} = -\frac{Q}{2} + \frac{6EI}{l^2}\theta_2 + \frac{24EI}{l^2}\theta_2 = 0$$

解得

$$\begin{cases} \theta_2 = \dfrac{Ql^2}{2}\dfrac{1}{6EI + 24Ei} \\ v_2 = \dfrac{Ql^3}{2}\dfrac{1}{6EI + 24Ei} \end{cases}$$

（3）求解各杆端点弯矩和剪力。

求得了位移以后，可计算杆端的弯矩和剪力如下。

$$M_{12} = \frac{2EI}{l}\theta_2 - \frac{6EI}{l^2}v_2 = -\frac{4EI}{l}\theta_2 = -\frac{Ql}{3 + \dfrac{12i}{I}}$$

$$M_{21} = \frac{4EI}{l}\theta_2 - \frac{6EI}{l^2}v_2 = -\frac{2EI}{l}\theta_2 = -\frac{Ql}{6 + \dfrac{24i}{I}}$$

$$N_{12} = \frac{6EI}{l^2}\theta_2 - \frac{12EI}{l^3}v_2 = -\frac{6EI}{l^2}\theta_2 = -\frac{Q}{2 + \dfrac{8i}{I}}$$

$$N_{21} = -\frac{6EI}{l^2}\theta_2 + \frac{12EI}{l^3}v_2 = \frac{6EI}{l^2}\theta_2 = \frac{Q}{2 + \dfrac{8i}{I}}$$

$$M_{23} = \frac{2EI}{l}\theta_2 = \frac{Ql}{6 + \dfrac{24i}{I}}$$

$$N_{23} = 0$$

$$M_{25} = \frac{Ql}{24} - \frac{6Ei}{l^2}v_2 = \frac{Ql}{24} - \frac{Ql}{2\dfrac{I}{i} + 8}$$

$$M_{26} = -\frac{Ql}{24} + \frac{6Ei}{l^2}v_2 = -\frac{Ql}{24} + \frac{Ql}{2\dfrac{I}{i} + 8}$$

$$N_{25} = -\frac{Q}{4} + \frac{12Ei}{l^3}v_2 = -\frac{Q}{4} + \frac{Q}{\dfrac{I}{i} + 4}$$

$$N_{26} = -\frac{Q}{4} + \frac{12Ei}{l^3}v_2 = -\frac{Q}{4} + \frac{Q}{\dfrac{I}{i} + 4}$$

为了比较力法和位移法,下面再用力法求解此简单板架。

采用力法来求解板架结构,首先假想在节点 2、3 处将主向梁(肋板)与交叉构件(中内龙骨)分开,它们之间的相互作用力用 R_2、R_3 代替,由于对称,$R_2=R_3$,因此仅需建立一个方程来求解 R_2。

先考虑主向梁,即梁 5-2-6,在节点 2 处的挠度可查附录 A,得

$$v_{2\pm}=\frac{Q(2l)^3}{384Ei}-\frac{R_2(2l)^3}{192Ei}$$

再考虑交叉构件,即梁 1-2-3-4,在节点 2 处的挠度可查附录 A,得

$$v_{2\bar{\chi}}=\frac{R_2l^3}{6EI}$$

主向梁和交叉构件在节点处的变形应协调,即挠度相等,因此有

$$v_{2\pm}=v_{2\bar{\chi}}$$

即

$$\frac{Q(2l)^3}{384Ei}-\frac{R_2(2l)^3}{192Ei}=\frac{R_2l^3}{6EI}$$

解得

$$R_2=\frac{Q}{2}\frac{1}{4\dfrac{i}{I}+1}$$

求出 R_2 后,板架弯曲问题就化为两个单跨梁的弯曲问题,很容易求解。

通过此例可以看出,对于简单板架,用力法求解比用位移法求解简洁。对于某一个结构应力分析问题,用什么方法去求解比较便捷、准确,要根据具体问题具体分析。

习　　题

(思考题)

4.1　平面刚架与平面板架的受力特征和变形特征有何区别?

4.2　在杆系结构中,可以把其中的一些杆件简化为其他杆件的弹性支座或弹性固定端,其简化的条件怎样?

4.3　仅由肋骨组成的横骨架式舷侧板架,为提高其强度,加设一根舷侧纵桁。试从板架两向梁之间的相互关系进行分析,是否恰当? 并说明理由。

4.4　试举例说明位移法的基本原理。

4.5　位移法的基本结构是什么样的结构? 如何确定位移法中的基本未知量数?

4.6　与力法相比,位移法有何优点和缺点?

(计算题)

4.7　用力法解题图 4.7 中的简单刚架,画出弯矩图。已知题图 4.7(a)中:$l_{12}=2l_{23}=l$,$I_{12}=4I$,$I_{23}=I$;题图 4.7(b)中的 $l_{12}=l_{23}=l_{34}=l$,$I_{12}=I_{34}=4I$,$I_{23}=3I$。

(提示或答案)

题图 4.7(a):

(1)分析结构。

将该刚架在支座 2 处切开,并施加弯矩 M_2,将固定端支座 1 切开,施加弯矩 M_1。有两个未知数 M_1 和 M_2,需要列两个方程。

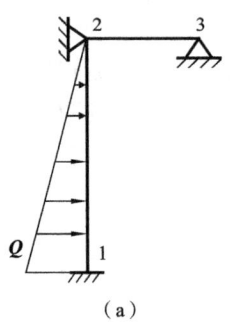 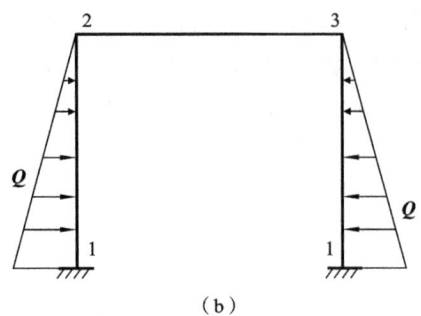

（a）　　　　　　　　　　（b）

题图 4.7

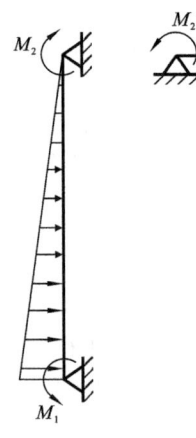

（2）建立方程组。

由支座 1 处的转角为 0，可得

$$\frac{2}{45}\frac{Ql_{12}^{2}}{EI_{12}}-\frac{M_{1}l_{12}}{3EI_{12}}-\frac{M_{2}l_{12}}{6EI_{12}}=0$$

由支座 2 处转角连续，可得

$$\frac{M_{1}l_{12}}{6EI_{12}}+\frac{M_{2}l_{12}}{3EI_{12}}-\frac{7}{180}\frac{Ql_{12}^{2}}{EI_{12}}=-\frac{M_{2}l_{23}}{3EI_{23}}$$

（3）解方程，得

$$\begin{cases} M_{1}=\dfrac{25}{210}Ql \\[2mm] M_{2}=\dfrac{1}{35}Ql \end{cases}$$

（4）画弯矩图。

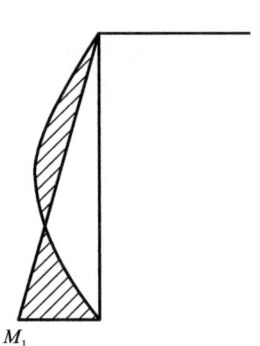

题图 4.7(b)：

（1）分析结构。

将该刚架在节点 2、3 处切开，施加弯矩 M_2 和 M_3；在固定端 1、4 处切开，施加弯矩 M_1 和 M_4，共有 4 个未知数，考虑到结构和载荷的对称性，$M_1=M_4$、$M_2=M_3$。因此需要列 2 个方程。

（2）建立方程组。

由支座 1 处转角为 0，可得

$$\frac{2}{45}\frac{Ql_{12}^2}{EI_{12}}-\frac{M_1 l_{12}}{3EI_{12}}-\frac{M_2 l_{12}}{6EI_{12}}=0$$

由支座 2 处转角连续，可得

$$\frac{M_1 l_{12}}{6EI_{12}}+\frac{M_2 l_{12}}{3EI_{12}}-\frac{7}{180}\frac{Ql_{12}^2}{EI_{12}}=-\frac{M_2 l_{23}}{3EI_{23}}-\frac{M_3 l_{23}}{6EI_{23}}$$

（3）解方程，可得

$$\begin{cases}M_1=\dfrac{41}{330}Ql\\[2mm]M_2=\dfrac{1}{55}Ql\end{cases}$$

（4）画弯矩图。

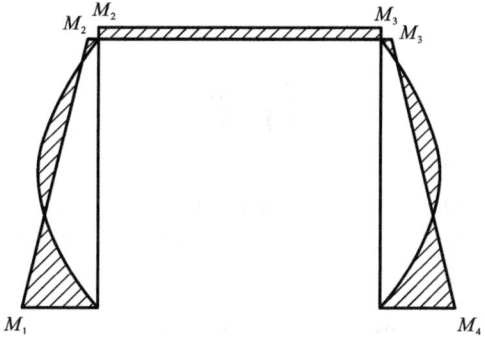

4.8　用力法解题图 4.8 中的简单刚架，此刚架右端具有强迫位移 Δ，刚架中各杆的长度及截面惯性矩均为 l 及 I。

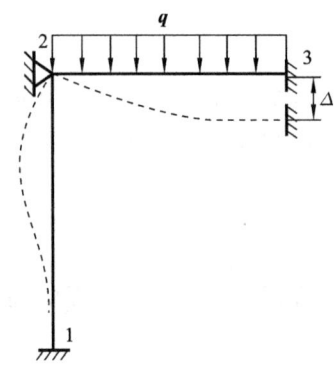

题图 4.8

（提示或答案）

（1）分析结构。

将该刚架在固定端 1、3 支座处切开，并施加弯矩 M_1 和 M_3；在支座 2 处切开，施加弯矩 M_2。共有 3 个未知数，需要列 3 个方程。

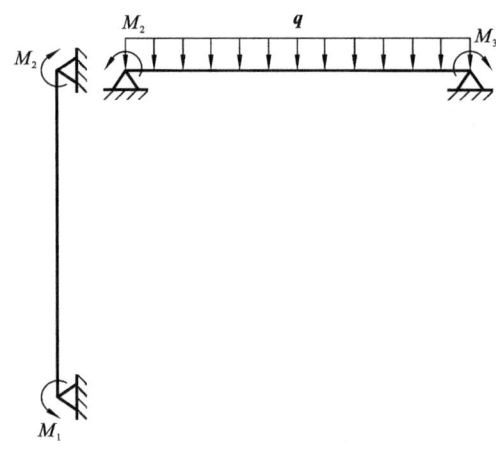

（2）建立方程组。

由支座 1 处转角为 0，可得

$$-\frac{M_1 l}{3EI} - \frac{M_2 l}{6EI} = 0$$

由支座 2 处转角连续，可得

$$\frac{M_1 l}{6EI} + \frac{M_2 l}{3EI} = -\frac{M_2 l}{3EI} - \frac{M_3 l}{6EI} + \frac{\Delta}{l} + \frac{ql^2}{24EI}$$

由支座 3 处转角为 0，可得

$$\frac{M_2 l}{6EI} + \frac{M_3 l}{3EI} + \frac{\Delta}{l} - \frac{ql^2}{24EI} = 0$$

4.9　试用力法计算题图 4.9 中的复杂刚架，列出必要的方程式，不必求解，已知刚架各杆的长度均为 l，截面惯性矩均为 I，$Q_1 = 1.2ql$，$Q_2 = 1.5ql$，$\alpha = l/(4EI)$。

（提示或答案）

（1）分析结构。

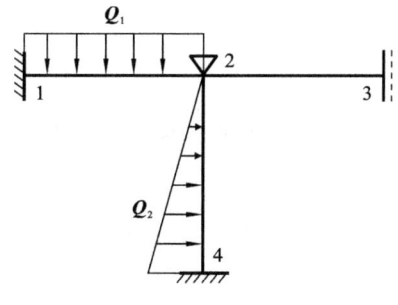

题图 4. 9

将该刚架在支座 1、3、4 处切开,并施加弯矩 M_1、M_3 和 M_4;将支座 2 切开,并施加弯矩 M_{21}、M_{23}、M_{24}。故共有 6 个未知数,需要列 6 个方程。

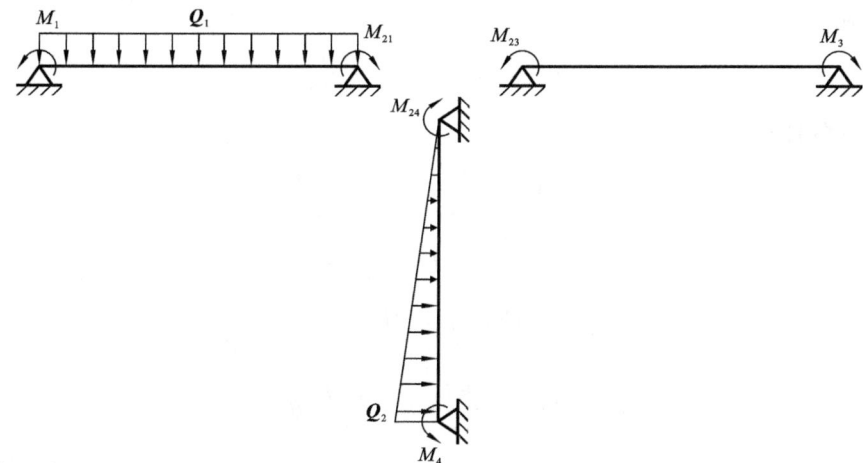

(2) 建立方程组。

由支座 1 处转角为 0,可得

$$-\frac{M_1 l}{3EI}-\frac{M_{21} l}{6EI}+\frac{Q_1 l^2}{24EI}=0$$

由支座 3 处转角与弯矩的关系 $\theta_{23}=-\alpha M_3$,可得

$$\frac{M_3 l}{3EI}+\frac{M_{23} l}{6EI}=-\alpha M_3$$

由支座 4 处转角为 0,可得

$$-\frac{M_4 l}{3EI}-\frac{M_{24} l}{6EI}+\frac{2Q_2 l^2}{45EI}=0$$

由支座 2 处转角连续 $\theta_{23}=\theta_{21}$ 和 $\theta_{24}=\theta_{21}$,可得

$$\frac{M_{21} l}{3EI}+\frac{M_1 l}{6EI}-\frac{Q_1 l^2}{24EI}=-\frac{M_{23} l}{3EI}-\frac{M_3 l}{6EI}$$

$$\frac{M_{21} l}{3EI}+\frac{M_1 l}{6EI}-\frac{Q_1 l^2}{24EI}=\frac{M_{24} l}{3EI}+\frac{M_4 l}{6EI}-\frac{7Q_2 l^2}{180EI}$$

由支座 2 处弯矩平衡条件,可得

$$M_{21}+M_{23}+M_{24}=0$$

4. 10 用位移法解题图 4.7 的简单刚架。用位移法计算题图 4.9 中的复杂刚架,画出弯矩图。

（提示或答案）

题图 4.7(a)：

（1）分析结构。

该刚架只有节点 2、3 处可发生转角，故确定未知数为 θ_2 和 θ_3。

（2）计算固端弯矩。

$$\overline{M}_{12} = -\frac{1}{10}Ql_{12}, \quad \overline{M}_{21} = \frac{1}{15}Ql_{12}, \quad \overline{M}_{23} = \overline{M}_{32} = 0$$

（3）列节点弯矩平衡方程。

$$\begin{cases} \overline{M}_{21} + \overline{M}_{23} + \dfrac{2EI_{21}}{l_{21}}\theta_1 + \dfrac{4EI_{21}}{l_{21}}\theta_2 + \dfrac{2EI_{23}}{l_{23}}\theta_1 + \dfrac{4EI_{23}}{l_{23}}\theta_2 = 0 \\[3mm] \overline{M}_{32} + \dfrac{2EI_{23}}{l_{23}}\theta_2 + \dfrac{4EI_{23}}{l_{23}}\theta_3 = 0 \end{cases}$$

（4）解方程。

$$\theta_2 = -\frac{Ql^2}{330}, \quad \theta_3 = \frac{Ql^2}{660}$$

（5）计算各杆端弯矩。

$$M_{12} = \overline{M}_{12} + \frac{2EI_{12}}{l_{12}}\theta_2 = -\frac{41}{330}Ql$$

$$M_{21} = \overline{M}_{21} + \frac{2EI_{12}}{l_{12}}\theta_1 + \frac{4EI_{12}}{l_{12}}\theta_2 = \frac{1}{55}Ql$$

$$M_{23} = \overline{M}_{23} + \frac{4EI_{23}}{l_{23}}\theta_2 + \frac{2EI_{23}}{l_{23}}\theta_3 = -\frac{1}{55}Ql$$

$$M_{32} = \overline{M}_{32} + \frac{2EI_{23}}{l_{23}}\theta_2 + \frac{4EI_{23}}{l_{23}}\theta_3 = 0$$

题图 4.7(b)：

（1）结构分析。

该刚架只有节点 2 和节点 3 可发生转角，因此设未知数为 θ_2 和 θ_3，且由对称性可知 $\theta_2 = -\theta_3$。

（2）计算固端弯矩。

$$\overline{M}_{12} = -\frac{1}{10}Ql_{12}, \quad \overline{M}_{21} = \frac{1}{15}Ql_{12}, \quad \overline{M}_{23} = \overline{M}_{32} = 0$$

$$\overline{M}_{34} = -\frac{1}{15}Ql_{12}, \quad \overline{M}_{43} = \frac{1}{10}Ql_{12}$$

（3）列节点弯矩平衡方程。

$$\overline{M}_{21} + \overline{M}_{23} + \frac{4EI_{12}}{l_{12}}\theta_2 + \frac{4EI_{23}}{l_{23}}\theta_2 + \frac{2EI_{23}}{l_{23}}\theta_3 = 0$$

（4）解方程。

$$\theta_2 = -\theta_3 = -\frac{Ql^2}{330EI}$$

（5）计算各杆端弯矩。

$$M_{12} = \overline{M}_{12} + \frac{2EI_{12}}{l_{12}}\theta_2 = -\frac{41}{330}Ql$$

$$M_{21} = \overline{M}_{21} + \frac{2EI_{12}}{l_{12}}\theta_1 + \frac{4EI_{12}}{l_{12}}\theta_2 = \frac{1}{55}Ql$$

$$M_{23} = \overline{M}_{23} + \frac{2EI_{23}}{l_{23}}\theta_2 + \frac{4EI_{23}}{l_{23}}\theta_3 = -\frac{1}{55}Ql$$

$$M_{32} = \overline{M}_{32} + \frac{2EI_{23}}{l_{23}}\theta_2 + \frac{4EI_{23}}{l_{23}}\theta_3 = \frac{1}{55}Ql$$

$$M_{34} = \overline{M}_{34} + \frac{2EI_{34}}{l_{34}}\theta_3 + \frac{4EI_{34}}{l_{34}}\theta_4 = -\frac{Ql}{55}$$

$$M_{43} = \overline{M}_{43} + \frac{2EI_{34}}{l_{34}}\theta_3 + \frac{4EI_{34}}{l_{34}}\theta_4 = \frac{41Ql}{330}$$

题图 4.9：

（1）结构分析。

节点 2、3 可以发生转角，故未知转角为 θ_2 和 θ_3。

（2）计算固端弯矩。

$$\overline{M}_{12} = -\overline{M}_{21} = -\frac{1}{12}Q_1l, \quad \overline{M}_{23} = -\overline{M}_{32} = 0, \quad \overline{M}_{24} = \frac{1}{15}Q_2l, \quad \overline{M}_{42} = -\frac{1}{10}Q_2l$$

（3）列节点弯矩平衡方程。

由节点 2 处弯矩平衡条件，得到

$$\overline{M}_{21} + \overline{M}_{23} + \overline{M}_{24} + \frac{4EI_{12}}{l_{12}}\theta_2 + \frac{2EI_{23}}{l_{23}}\theta_3 + \frac{4EI_{23}}{l_{23}}\theta_2 + \frac{4EI_{24}}{l_{24}}\theta_2 = 0$$

由节点 3 处弯矩与转角之间关系的条件，得到

$$\theta_3 = -\alpha\left(\overline{M}_{32} + \frac{2EI_{23}}{l_{23}}\theta_2 + \frac{4EI_{23}}{l_{23}}\theta_3\right)$$

（4）求解。

$$\theta_2 = -\frac{2ql^3}{115EI}, \quad \theta_3 = \frac{ql^3}{230EI}$$

（5）计算杆端弯矩。

$$M_{12} = -\frac{27}{230}ql^2, \quad M_{21} = \frac{3}{46}ql^2$$

$$M_{23} = -\frac{7}{115}ql^2, \quad M_{32} = -\frac{2}{115}ql^2$$

$$M_{24} = \frac{7}{230}ql^2, \quad M_{42} = -\frac{17}{92}ql^2$$

（6）绘制弯矩图。

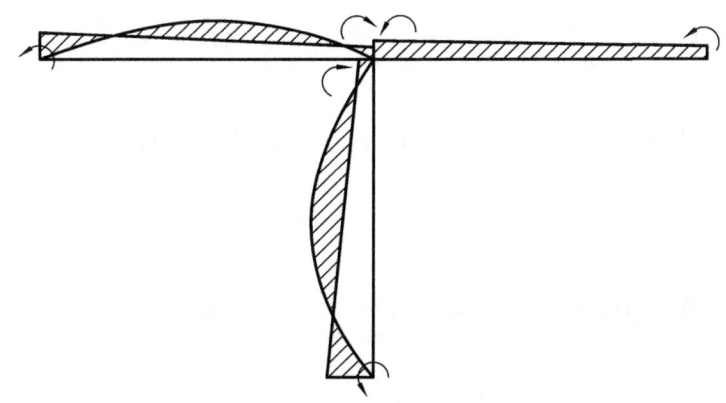

4.11 用位移法计算题图 4.11 中的肋骨刚架,并画弯矩图。已知:$l_{12} = 2l_0$,$l_{23} = l_0$,$l_{34} = 4l_0$,$I_{12} = I_{56} = 4I_0$,$I_{23} = I_{45} = I_0$,$I_{34} = I_{25} = I_0$。

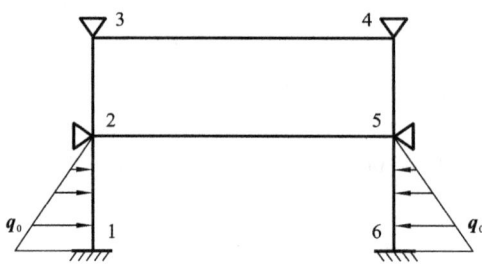

题图 4.11

（提示或答案）

（1）分析结构。

节点 2、3、4、5 可以发生转动,故未知转角为 θ_2、θ_3、θ_4 和 θ_5,由结构的对称性可知,$\theta_2 = -\theta_5$,$\theta_3 = -\theta_4$。

（2）计算固端弯矩。

$$\overline{M}_{12} = -\frac{1}{20}q_0 l_{12}^2, \quad \overline{M}_{21} = \frac{1}{30}q_0 l_{12}^2, \quad \overline{M}_{56} = -\frac{1}{30}q_0 l_{56}^2, \quad \overline{M}_{65} = \frac{1}{20}q_0 l_{56}^2$$

$$\overline{M}_{23} = \overline{M}_{32} = \overline{M}_{34} = \overline{M}_{43} = \overline{M}_{25} = \overline{M}_{52} = \overline{M}_{45} = \overline{M}_{54} = 0$$

（3）列节点弯矩平衡方程。

由节点 2 处的弯矩平衡条件,可得

$$\overline{M}_{21} + \frac{2EI_{12}}{l_{12}}\theta_1 + \frac{4EI_{12}}{l_{12}}\theta_2 + \frac{2EI_{23}}{l_{23}}\theta_3 + \frac{4EI_{23}}{l_{23}}\theta_2 + \frac{4EI_{25}}{l_{25}}\theta_2 + \frac{2EI_{25}}{l_{25}}\theta_5 = 0$$

由节点 3 处的弯矩平衡条件,可得

$$\frac{4EI_{23}}{l_{23}}\theta_3 + \frac{2EI_{23}}{l_{23}}\theta_2 + \frac{4EI_{34}}{l_{34}}\theta_3 + \frac{2EI_{34}}{l_{34}}\theta_4 = 0$$

（4）求解。

$$\theta_2 = -\theta_5 = -\frac{12}{1045}\frac{q_0 l_0^3}{EI_0}, \quad \theta_3 = -\theta_4 = -\frac{16}{3135}\frac{q_0 l_0^3}{EI_0}$$

（5）计算各杆端弯矩。

$$M_{12} = -\frac{257}{1045}q_0 l_0^2, \quad M_{21} = \frac{26}{627}q_0 l_0^2, \quad M_{25} = -\frac{6}{1045}q_0 l_0^2$$

$$M_{23} = -\frac{112}{3135}q_0 l_0^2, \quad M_{32} = \frac{8}{3135}q_0 l_0^2, \quad M_{34} = -\frac{8}{3135}q_0 l_0^2$$

（6）画弯矩图。

4.12 用位移法解题图 4.12 中的刚架,设各杆的长度及断面惯性矩均为 l、I,画出弯矩图。

（提示或答案）

（1）分析结构。

该刚架 1、2、3 节点可以发生转动,故未知转角为 θ_1、θ_2 和 θ_3。

（2）计算固端弯矩。

$$\overline{M}_{12} = -\frac{pl}{8}, \quad \overline{M}_{21} = \frac{pl}{8}$$

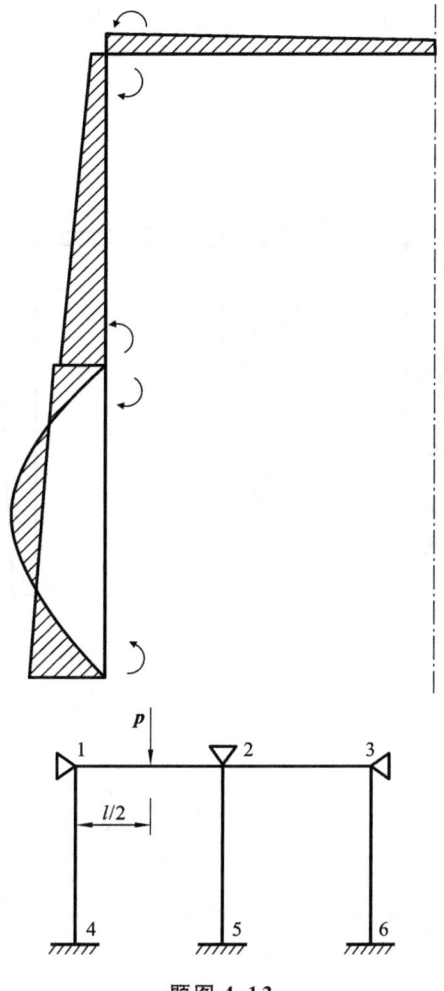

题图 4.12

其余固端弯矩为零。

（3）列节点弯矩平衡方程。

由节点 1 的弯矩平衡,可得

$$\overline{M}_{12}+\frac{4EI_{12}}{l_{12}}\theta_1+\frac{4EI_{14}}{l_{14}}\theta_1+\frac{2EI_{12}}{l_{12}}\theta_2=0$$

由节点 2 的弯矩平衡,可得

$$\overline{M}_{21}+\frac{2EI_{12}}{l_{12}}\theta_1+\frac{4EI_{12}}{l_{12}}\theta_2+\frac{2EI_{23}}{l_{23}}\theta_3+\frac{4EI_{23}}{l_{23}}\theta_2+\frac{4EI_{25}}{l_{25}}\theta_2=0$$

由节点 3 的弯矩平衡,可得

$$\frac{2EI_{23}}{l_{23}}\theta_2+\frac{4EI_{23}}{l_{23}}\theta_3+\frac{4EI_{36}}{l_{36}}\theta_3=0$$

（4）求解。

$$\theta_1=\frac{27}{1408}\frac{pl^2}{EI},\quad \theta_2=-\frac{5}{352}\frac{pl^2}{EI},\quad \theta_3=\frac{5}{1408}\frac{pl^2}{EI}$$

（5）计算各杆端弯矩。

$$M_{41}=\frac{27}{704}pl, \quad M_{14}=\frac{27}{352}pl, \quad M_{12}=-\frac{27}{352}pl, \quad M_{21}=\frac{75}{704}pl, \quad M_{25}=-\frac{20}{352}pl$$

$$M_{52}=-\frac{5}{176}pl, \quad M_{23}=-\frac{35}{704}pl, \quad M_{32}=-\frac{5}{352}pl, \quad M_{36}=\frac{5}{352}pl, \quad M_{63}=\frac{5}{704}pl$$

（6）画弯矩图。

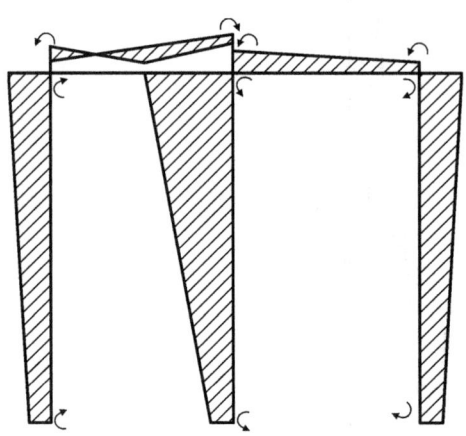

4.13 题图 4.13 所示为一交叉梁系,在梁 0-1-2 梁端作用集中载荷 **P**,截面惯性矩为 I_0,梁 3-1-4 截面的惯性矩为 $2I_0$,$l_{01}=l_{12}=l_{31}=l_{14}=l$,试求固定端 0 处之弯矩 M_0,并画出梁 0-1-2 的弯矩图。

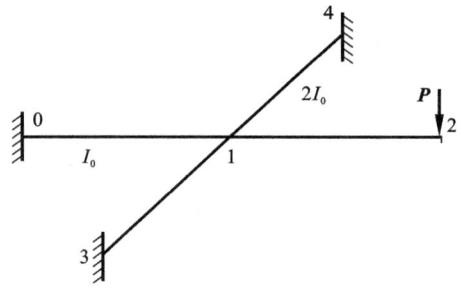

题图 4.13

（提示或答案）

提示:采用力法求解,基本未知量为节点力 $\boldsymbol{R}_1$。则梁 3-1-4 节点 1 处的位移为 $\frac{R_1 l^3}{48EI_0}$;梁 0-1-2 节点 1 处的位移为 $\frac{5Pl^3}{6EI_0}-\frac{R_1 l^3}{3EI_0}$,两式相等可得基本未知量 $R_1=\frac{40}{17}P\approx2.35P$

答案:$M_0=-0.35Pl$,梁 0-1-2 的弯矩图如下所示。

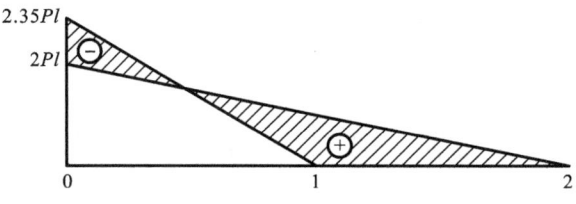

4.14　用力法求解题图 4.14 中的简单板架,并画出梁 0-1-2 的弯矩图。已知两梁的截面惯性矩均为 I,且 $l_{31}=l_{14}=l$。

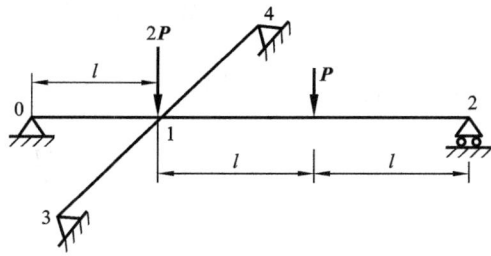

题图 4.14

（提示或答案）

提示:梁 3-1-4 可视为无载杆,可等效视为梁 0-1-2 的弹性支座。

弹性支座的柔性系数为　　$A=\dfrac{l_{31}^3}{48EI_{34}}=\dfrac{(2l)^3}{48EI}=\dfrac{l^3}{6EI}$

列转角连续方程式为　　$\dfrac{M_1 l}{3EI}+\dfrac{v_1}{l}=-\dfrac{M_1(2l)}{3EI}+\dfrac{P(2l)^2}{16EI}-\dfrac{v_1}{2l}$

$v_1=AR=A\left(\dfrac{M_1}{l}+\dfrac{M_1}{2l}+2P+\dfrac{P}{2}\right)=\dfrac{l^3}{6EI}\left(-\dfrac{3M_1}{2l}+\dfrac{5}{2}P\right)$,代入后解得 $M_1=-\dfrac{3}{11}Pl$

答案:$M_1=-\dfrac{3}{11}Pl$,梁 0-1-2 的弯矩图如下所示。

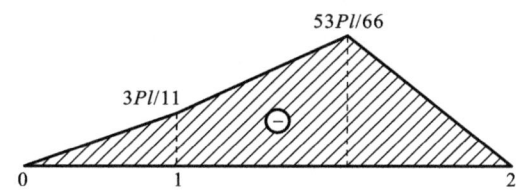

4.15　采用力法求解题图 4.15 中的简单板架。各梁长均为 l,惯性矩均为 I,在节点 1 处分别作用集中力,在梁 2-3 上作用分布载荷 $\boldsymbol{q}$,其中:$P=ql/2$。画出梁 0-1-2-3 的弯矩图。

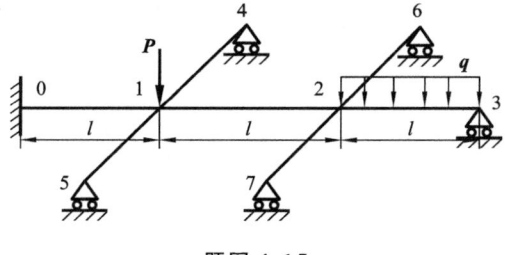

题图 4.15

（提示或答案）

梁 4-5 和梁 6-7 为无载杆,可视为梁 0-3 的弹性支座。弹性支座的柔性系数为 $A=\dfrac{l^3}{6EI}$。列 0、1、2 节点处的五弯矩方程可求解。

$$\begin{cases} 0 = -\dfrac{M_0 l}{3EI} - \dfrac{M_1 l}{6EI} + \dfrac{v_1}{l} \\[2mm] \dfrac{M_0 l}{6EI} + \dfrac{M_1 l}{3EI} + \dfrac{v_1}{l} = -\dfrac{M_1 l}{3EI} - \dfrac{M_2 l}{6EI} + \dfrac{v_2 - v_1}{l} \\[2mm] \dfrac{M_1 l}{6EI} + \dfrac{M_2 l}{3EI} + \dfrac{v_2 - v_1}{l} = -\dfrac{M_2 l}{3EI} + \dfrac{q l^3}{24EI} - \dfrac{v_2}{l} \\[2mm] v_1 = A\left(P + \dfrac{2M_1 - M_0 - M_2}{l} \right) \\[2mm] v_2 = A\left(\dfrac{ql}{2} + \dfrac{2M_2 - M_1}{l} \right) \end{cases} \Rightarrow \begin{cases} 7M_0 - M_1 + M_2 = \dfrac{q l^2}{2} \\[2mm] M_0 - 9M_1 + 3M_2 = \dfrac{q l^2}{2} \\[2mm] M_0 - 3M_1 + 9M_2 = -\dfrac{q l^2}{4} \end{cases} \Rightarrow \begin{cases} M_0 = \dfrac{23 q l^2}{328} \\[2mm] M_1 = -\dfrac{11 q l^2}{164} \\[2mm] M_2 = -\dfrac{19 q l^2}{328} \end{cases}$$

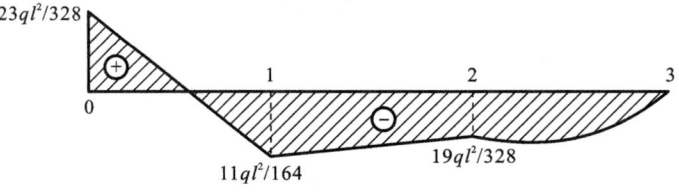

第5章 能 量 法

本章学习要求：

（1）了解能量法的含义；

（2）了解梁的弯曲应变能、剪切应变能的含义；

（3）了解虚功原理和势能驻值原理；

（4）理解瑞利-里兹法、伽辽金法。

主要知识点及重难点：

（1）梁的应变能含义；☆

（2）弹性支座与弹性固定端应变能的计算方法；☆

（3）容许位移和虚位移含义；☆

（4）虚功原理、势能驻值原理含义；☆

（5）势能驻值原理近似解法。★☆

★—难点；☆—重点

前面各章节求解梁的弯曲问题时，都是根据载荷与内力之间的平衡条件、位移连续或变形协调条件等，用数学解析的方法来求解结构的内力和位移，我们把这些方法统称为"解析法"。解析法可用于相对简单结构的理论计算，但对于复杂载荷作用或结构形式，纯"解析法"求解会比较困难。本章介绍一种处理这类复杂问题的相对简单的方法——能量法。

能量法是直接处理整个结构系统，考虑系统的能量关系，把平衡方程、几何方程用相应的能量方程来代替，建立一些可以表达上述力的平衡关系、几何关系等的方程，从而把结构力学问题归结为在给定约束条件下求函数极（驻）值的问题。由于上述函数和系统的能量有关，所以可将其称为能量原理，相应的各种求解方法称为能量法。

学习能量法有重要的实际意义。一方面，应用能量原理来分析结构问题非常方便；另一方面，20世纪60年代发展起来的结构有限元方法的理论基础就是能量原理，有限元方法是当今解决结构分析问题的一种强有力的工具。本节将通过梁弯曲问题的求解，介绍能量法的基本原理。

5.1 梁应变能的计算

弹性体在外力作用下产生变形，外力做功。外力所做的功将以能量的形式储存在物体内部，外力移去后，储存能量使弹性体恢复原状，这种能量称为应变能（或变形能）。对于受载荷作用而变形的弹性体而言，弹性体在外力作用下变形而具有的变形能，其计算公式为

$$U = \iiint_V U_0 \mathrm{d}x \mathrm{d}y \mathrm{d}z$$

式中的 U_0 为单位体积的应变能，其计算公式如下：

$$U_0 = \int [\sigma]^{\mathrm{T}} \{\varepsilon\}$$

$$[\sigma] = [\sigma_x \quad \sigma_y \quad \sigma_z \quad \tau_{xy} \quad \tau_{yz} \quad \tau_{zx}]$$

$$\{\varepsilon\} = \{\varepsilon_x \quad \varepsilon_y \quad \varepsilon_z \quad \gamma_{xy} \quad \gamma_{yz} \quad \gamma_{zx}\}$$

对于本书所讲授的梁的弯曲,梁截面仅考虑弯矩与剪力,它们在弯曲变形时都做了功,故相应有弯矩引起的应变能(简称弯曲应变能)及剪力引起的应变能(简称剪切应变能)。接下来分别介绍梁的弯曲应变能和剪切应变能的计算方法。

1. 弯曲应变能

图 5-1-1 中表示梁中微段在弯矩作用下的变形情况,微段的两个截面相互转动了一个角度 $\mathrm{d}\theta$,若弯矩由零逐渐增大,则微段上弯矩所做的功也就是弯曲应变能,即

$$\mathrm{d}V = \mathrm{d}W = \frac{1}{2}M\mathrm{d}\theta$$

再由

$$\mathrm{d}\theta = \frac{\mathrm{d}x}{R} = v''\mathrm{d}x = \frac{M}{EI}\mathrm{d}x$$

得到

$$\mathrm{d}V = \frac{1}{2}M \cdot \frac{M}{EI}\mathrm{d}x = \frac{1}{2}\frac{M^2}{EI}\mathrm{d}x$$

将 $\mathrm{d}V$ 沿整个杆长积分,即得整个杆件的弯曲应变能

$$V = \frac{1}{2}\int_0^l \frac{M^2}{EI}\mathrm{d}x = \frac{1}{2}\int_0^l EI{v''}^2\mathrm{d}x \tag{5.1}$$

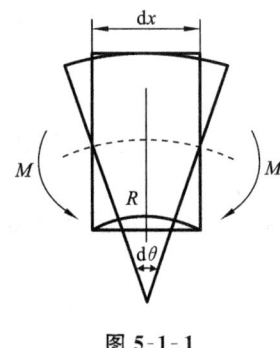

图 5-1-1

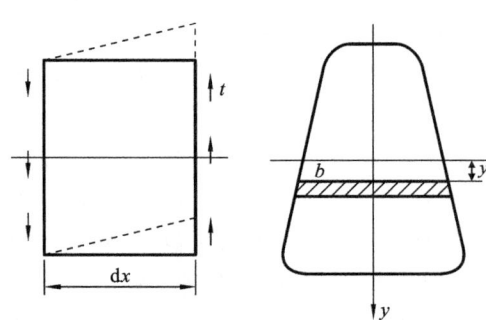

图 5-1-2

2. 剪切应变能

设图 5-1-2 中所示的梁微段在剪力作用下发生剪切变形,由于切应力沿梁截面高度不是均匀分布,故先计算截面上距中和轴为 y 处的微面积 $\mathrm{d}A$(图中阴影部分)上切应力 τ 所做的功,其值为

$$\frac{1}{2}\tau\mathrm{d}A \cdot \gamma\mathrm{d}x$$

式中的 γ 为该处的剪切角,它与切应力 τ 的关系是 $\gamma = \tau/G$,再由切应力的计算公式 $\tau = NS/Ib$,可得

$$\frac{1}{2}\tau\mathrm{d}A \cdot \gamma\mathrm{d}x = \frac{1}{2G}\left(\frac{NS}{Ib}\right)^2\mathrm{d}A\mathrm{d}x$$

故微段上剪力所做的功为

$$dV = \frac{1}{2G}\int_A \left(\frac{NS}{Ib}\right)^2 dA dx = \frac{1}{2}\frac{N^2}{GA_S}dx$$

式中:定义 $A_S = I^2 \Big/ \int_A \frac{S^2}{b^2}dA$ 为梁截面有效剪切面积,对于矩形截面 $A_S = \frac{5}{6}A$,对于圆截面 $A_S = \frac{9}{10}A$,对于薄壁工字截面 $A_S = A_w$(A_w 为腹板面积)。

将 dV 沿整个梁长积分,即得整个梁的剪切应变能

$$V = \frac{1}{2}\int_0^l \frac{N^2}{GA_S}dx \tag{5.2}$$

一般情况下,梁的剪切应变能比弯曲应变能小很多,在计算梁的应变能时只计算弯曲应变能。

* 3. 弹性支座与弹性固定端的应变能

当支座变形时,会吸收能量,产生应变能。

1) 弹性支座

弹性支座的应变能(见图 5-1-3)为

$$V = \frac{1}{2}R \cdot v = \frac{1}{2}AR^2 = \frac{1}{2}\frac{v^2}{A} \tag{5.3}$$

式中:A 为弹性支座柔性系数。

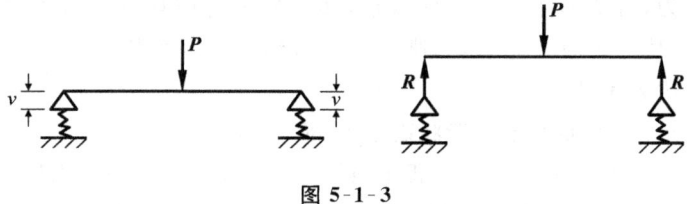

图 5-1-3

2) 弹性固定端

弹性固定端的应变能(见图 5-1-4)为

$$V = \frac{1}{2}M \cdot \theta = \frac{1}{2}\alpha M^2 = \frac{1}{2}\frac{\theta^2}{\alpha} \tag{5.4}$$

式中:α 为弹性固定端柔性系数。

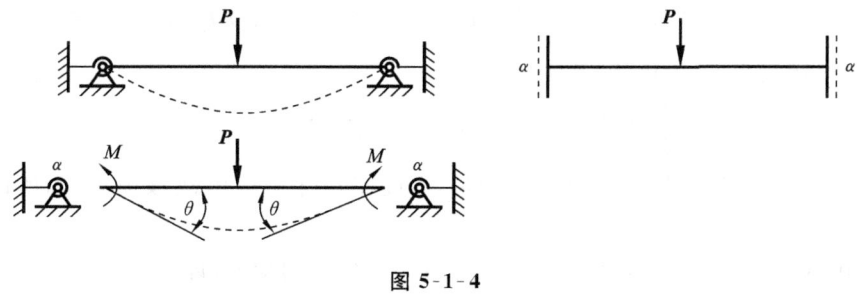

图 5-1-4

5.2 虚功原理和势能驻值原理

1. 容许位移和虚位移

容许位移是指所有满足变形连续条件和位移边界条件的位移。对于某一指定的弯曲问

题,结构的容许位移(结构的变形)有无穷多种,只要能够满足连续条件和位移边界条件的结构变形,都可以称其为容许位移。在所有可能的容许位移中,从某一容许位移到相邻的另一容许位移的微小变化称为虚位移。以图 5-2-1 中的单跨梁为例,相邻两根挠度曲线 v 和 $v+\delta v$ 都是容许位移,它们的差 δv 称为虚位移。从数学上讲,容许位移函数是满足指定位移约束条件的位移函数的函数,其自变量为结构的容许位移,而虚位移则是该函数的微小改变量。

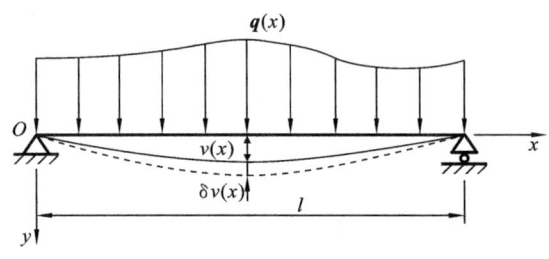

图 5-2-1

2. 虚功原理

虚功原理是以虚位移为自变量的,故又称为虚位移原理。

虚功原理的命题为:变形体处于平衡状态的必要和充分条件是外力在虚位移上所做虚功的总和 δU 必等于变形体内部应力在虚应变上所做虚功(即虚应变能)的总和 δV,即 $\delta U = \delta V$。

必要条件理解为,若变形体处于平衡状态,必有外力总虚功等于应力总虚功;充分条件可理解为,若外力总虚功等于应力总虚功,则变形体必然处于平衡状态。虚功原理等价于结构力的平衡方程和静力边界条件。

先来证明必要条件:若梁处于平衡状态必有 $\delta U = \delta V$。

由于处于平衡状态的梁满足平衡方程 $EIv^{\mathrm{IV}} = q$ 及静力边界条件 $EIv''(0) = 0$, $EIv''(l) = 0$。现给梁以虚位移 $\delta v(x)$,它应满足梁端的位移约束条件,故有 $\delta v(0) = \delta v(l) = 0$,因此式(5.5)成立

$$\int_0^l (EIv^{\mathrm{IV}} - q)\delta v \mathrm{d}x + EIv''\delta v' \Big|_0^l = 0 \tag{5.5}$$

将 $\int_0^l EIv^{\mathrm{IV}} \delta v \mathrm{d}x$ 进行两次分部积分,得

$$\int_0^l EIv^{\mathrm{IV}} \delta v \mathrm{d}x = EIv'''\delta v \Big|_0^l - EIv''\delta v' \Big|_0^l + \int_0^l EIv''\delta v'' \mathrm{d}x \tag{5.6}$$

将式(5.6)代入式(5.5)中得

$$\int_0^l EIv''\delta v'' \mathrm{d}x - \int_0^l q\delta v \mathrm{d}x + EIv'''\delta v \Big|_0^l = 0 \tag{5.7}$$

式(5.7)中等号左边最后一项是梁端的量,因简支端有 $\delta v = 0$,故该项为零,所以只剩下前两项。

不难看出式(5.7)中等号左边的第一项为弯曲应变能的变分,即

$$\delta V = \delta \left(\frac{1}{2} \int_0^l EIv''^2 \mathrm{d}x \right) = \int_0^l EIv''\delta v'' \mathrm{d}x \tag{5.8}$$

式(5.7)等号左边的第二项为外力对虚位移所做的虚功,即

$$\delta U = \int_0^l q\delta v \mathrm{d}x \tag{5.9}$$

于是得到 $\delta V - \delta U = 0$,即 $\delta U = \delta V$。

再来证明充分条件：若 $\delta U = \delta V$，则必可得出平衡方程式及静力边界条件。

由于当梁发生虚位移 δv 时，外力的虚功 δU 与虚应变能 δV 可分别由式(5.9)和式(5.8)表示，故由虚功原理可得

$$\int_0^l (EIv''\delta v'' - q\delta v)\mathrm{d}x = 0 \tag{5.10}$$

同样将 $\int_0^l EIv''\delta v''\mathrm{d}x$ 进行两次分部积分，得

$$\int_0^l EIv''\delta v''\mathrm{d}x = EIv''\delta v'\Big|_0^l - EIv'''\delta v\Big|_0^l + \int_0^l EIv^{\text{IV}}\delta v\,\mathrm{d}x \tag{5.11}$$

代入式(5.10)中得

$$\int_0^l (EIv^{\text{IV}} - q)\delta v\,\mathrm{d}x + EIv''\delta v'\Big|_0^l - EIv'''\delta v\Big|_0^l = 0 \tag{5.12}$$

式(5.12)要对于任意的虚位移 δv 都成立，因此每一项都应等于零。式(5.12)中等号左边第一项因 δv 在梁上不等于零而有括弧中的项为零，即得出梁的平衡方程式：$EIv^{\text{IV}} = q$；等号左边第二项因在梁端 $\delta v' \neq 0$ 而有 $EIv'' = 0$，即弯矩 $M = EIv'' = 0$，这就是梁端的静力边界条件；等号左边第三项因在梁端有 $\delta v = 0$ 自动满足。

由此可见，虚功原理等价于结构力的平衡方程和静力边界条件。

例 5-1 设有图 5-2-2 所示的简支梁，跨中附有弹性支撑，受均布载荷 q 的作用，试写出梁的挠曲线微分方程和边界条件。

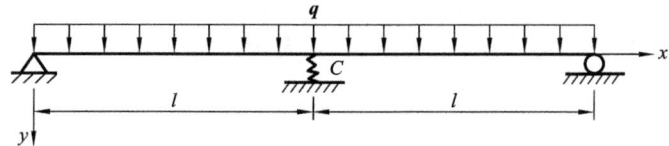

图 5-2-2

解 梁在平衡状态有附加虚位移 δw 时，由虚位移原理给出

$$\delta U = \delta W \tag{a}$$

此处

$$\delta U = 2\int_0^l \left(\int_A \sigma_x \delta\varepsilon_x \mathrm{d}A\right)\mathrm{d}x \tag{b}$$

其中，$\qquad \varepsilon_x = -zw'', \qquad \sigma_x = -Ezw'', \qquad \delta\varepsilon_x = -z\delta(w'') = -z(\delta w)''$

将其代入式(b)并整理后得

$$\delta U = 2EJ\int_0^l w''(\delta w'')\mathrm{d}x$$

两次分部积分后，可化为

$$\delta U = 2EJ\left[w''(\delta w)'\Big|_0^l - w^{(3)}(\delta w)\Big|_0^l + \int_0^l w^{(4)}\delta w\,\mathrm{d}x\right] \tag{c}$$

如令弹簧内的反力为 P，则

$$\delta W = 2\int_0^l q\delta w\,\mathrm{d}x - P\delta w_C \tag{d}$$

此处 w_C 为梁在弹簧支撑 C 处的挠度。由此，式(a)可化为

$$2\int_0^l (EIw^{(4)} - q)\delta w\,\mathrm{d}x + 2EJw''(\delta w)'\Big|_0^l - 2EJw^{(3)}(\delta w)\Big|_0^l + P\delta w_C = 0 \tag{e}$$

边界条件为

$$(\delta w)'_l = 0, \quad (\delta w)_0 = 0, \quad (\delta w)_l = \delta w_C$$

考虑到 δw 除弹簧支撑条件外,均为任意,故欲使式(e)成立,必有

$$EJw'' = 0, \quad 2(EJw^{(3)})_{x=l} - P = 0$$

挠度函数必须满足

$$EJw^{(4)} - q = 0$$

及

$$(w)_{x=0} = 0, \quad (w)'_{x=l} = 0$$

3. 势能驻值原理

由虚功原理,$\delta V - \delta U = 0$,即 $\delta(V-U) = 0$

定义 $$\Pi = V - U \tag{5.13}$$

为系统的总势能(total potential energy),则有

$$\delta\Pi = 0$$

这表明物体处于平衡位置时,总势能为驻值,这就是势能驻值原理。可以证明:对于线弹性体,在所有几何可能的容许位移中,真实位移使总势能取最小值,因此势能驻值原理又称为最小势能原理。

在式(5.13)中,V 是结构的应变势能,对于梁结构,其表达式为

$$V = \frac{1}{2}\int_0^l \frac{M^2}{EI}\mathrm{d}x = \frac{1}{2}\int_0^l EIv''^2\mathrm{d}x \tag{5.14}$$

而 U 是已知外力的外力势能,对于梁结构,其表达式为

$$U = \int_0^l qv\,\mathrm{d}x \tag{5.15}$$

应注意到外力势能与外力功的区别,由于在发生虚位移过程中外力保持不变,即式(5.15)中的 q 不随 v 变化,因此

$$\delta U = \delta\int_0^l qv\,\mathrm{d}x = \int_0^l q\delta v\,\mathrm{d}x$$

例 5-2 设有受分布载荷 $q(x)$ 作用的简支梁(见图 5-2-3),试用势能驻值原理导出梁的挠曲线方程。

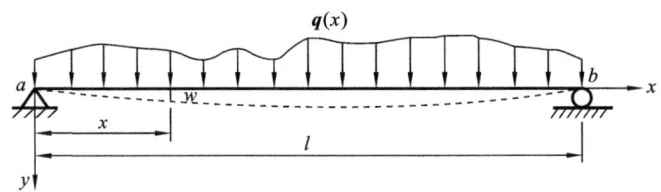

图 5-2-3

解 为简便计算,略去剪力。

$$\delta\Pi = \delta(U - W) = 0$$

于是有

$$\Pi = \int_V U_0\,\mathrm{d}V = \frac{1}{2E}\iiint \sigma_x^2\,\mathrm{d}x\mathrm{d}y\mathrm{d}z$$

其中

$$\sigma_x = \frac{My}{I}, \quad M = -EI\frac{d^2w}{dx^2}, \quad I = \iint y^2 \, dz dy$$

由此

$$U = \frac{1}{2}\int_0^l EI\left(\frac{d^2w}{dx^2}\right)^2 dx \tag{a}$$

$$W = \int_0^l qw \, dx \tag{b}$$

根据 $\delta\Pi=0$ 变分量为 δw,注意到

$$\delta w' = \delta\left(\frac{dw}{dx}\right) = \frac{d(\delta w)}{dx} = (\delta w)'$$

$$\delta EI(w'')^2 = 2EIw''(\delta w)'' = 2EIw''\delta(w)''$$

故

$$\delta\Pi = \int_0^l EIw''(\delta w)''dx - \int_0^l q\delta w dx \tag{c}$$

式(c)等号左边第一项积分利用两次分部积分,可得

$$\int_0^l EIw''(\delta w)''dx = EIw''(\delta w)'\Big|_0^l - (EIw'')'\delta w dx\Big|_0^l + \int_0^l (EIw'')''\delta w dx \tag{d}$$

对于简支端

$$EIw''(\delta w)'\Big|_0^l = (EIw'')\delta w\Big|_0^l = 0$$

故将式(d)代入式(c),得

$$\int_0^l \left[(EIw'')'' - q\right]\delta w dx = 0$$

由 δw 的任意性,得

$$(EIw'')'' - q$$

此即梁的挠曲线方程。

5.3　势能驻值原理的近似解法

1. 瑞利-里兹法

如果结构的位移既满足几何条件,其相应的内力又满足静力条件,则此位移就是结构的真实位移。因此,势能驻值原理又可表述为:在所有容许位移中,真实位移使总势能为驻值;反之,使总势能为驻值的容许位移就是真实位移。因此可以利用势能驻值原理来求解结构的变形,这就是瑞利-里兹法。

瑞利-里兹法(也叫里兹法)是通过泛函驻值条件求未知函数的一种近似方法,是英国力学家、物理学家瑞利(1842—1919)于 1877 年在《声学理论》一书中首先采用,后由瑞士科学家 W.里兹(1878—1909)作为一个有效方法提出。这一方法在许多力学、物理学问题中得到应用。

里兹法假定待求函数 $f(x)$ 为 n 个已知函数 $W_i(x)$ 的线性组合

$$f(x) = \sum_i^n \alpha_i W_i(x)$$

式中:α_i 为未知常数。通过由 $f(x)$ 组成的泛函 $\phi[f(x)]$ 取驻值的条件得到 n 个方程

$$\frac{\partial \phi}{\partial \alpha_i} = 0 \quad (i = 1, 2, \cdots, n)$$

由此解出 n 个未知常数 α_i，从而得到函数 $f(x)$。

对于梁的弯曲问题，具体做法是先把梁的挠曲线 $v(x)$ 写成如下的级数形式

$$v(x) = a_1 \varphi_1(x) + a_2 \varphi_2(x) + \cdots = \sum_n a_n \varphi_n(x) \tag{5.16}$$

式中：$\varphi_n(x)$ 为选取的不破坏梁端几何边界条件（位移和转角）的函数，称为"形状函数"或"基函数"；a_n 为待定的系数。然后将 $v(x)$ 代入总势能 Π 中，使 Π 变为含有参数 $a_1, a_2, \cdots$ 的多元函数，于是按多元函数求极值的方法（将 Π 对 a_n 求偏导数后令其等于零），即可定出 $a_1, a_2, \cdots$ 最后将求得的 a_n 代入式(5.16)，即得满足 Π 为极值的 $v(x)$ 的解。

由于实际上式(5.16)所示的级数不可能取无穷多项，只能取有限项，因此所得的解将是近似解，但是如果 $\varphi_n(x)$ 选取得合适，常能很快地求出相当准确的解答。

下面我们通过例子来说明这个方法。

例 5-3　用里兹法求解图 5-3-1 所示单跨梁的挠曲线 $v(x)$。

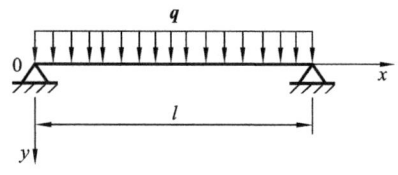

图 5-3-1

解　（1）假设该梁的容许位移为

$$v(x) = \sum_n a_n \sin \frac{n\pi x}{l} \tag{a}$$

式中：a_n 为待定常数。

显然，式(a)满足梁端的几何边界条件：$v = 0, v' \neq 0$。

（2）计算梁的应变势能与外力势能。

将式(a)代入式(5.14)，得梁的应变能为

$$V = \frac{1}{2} \int_0^l EI v''^2 \mathrm{d}x = \frac{1}{2} EI \int_0^l \left[-\sum_n a_n \left(\frac{n\pi}{l} \right)^2 \sin \frac{n\pi x}{l} \right]^2 \mathrm{d}x$$

$$= \frac{1}{2} EI \sum_n \sum_k a_n a_k \left(\frac{n\pi}{l} \right)^2 \left(\frac{k\pi}{l} \right)^2 \int_0^l \sin \frac{n\pi x}{l} \sin \frac{k\pi x}{l} \mathrm{d}x$$

由于

$$\int_0^l \sin \frac{n\pi x}{l} \sin \frac{k\pi x}{l} \mathrm{d}x = \begin{cases} 0 & (n \neq k) \\ \dfrac{l}{2} & (n = k) \end{cases}$$

故

$$V = \frac{1}{2} EI \sum_n a_n^2 \left(\frac{n\pi}{l} \right)^4 \cdot \frac{l}{2} = \frac{1}{4} EI l \sum_n a_n^2 \left(\frac{n\pi}{l} \right)^4 \tag{b}$$

将式(a)代入式(5.15)得外力势能为

$$U = \int_0^l qv \mathrm{d}x = q \int_0^l \sum_n a_n \sin \left(\frac{n\pi x}{l} \right) \mathrm{d}x = \frac{ql}{\pi} \sum_n a_n \frac{(1 - \cos n\pi)}{n} \tag{c}$$

（3）由最小势能原理确定常数 a_n。

将应变能表达式(b)和外力势能表达式(c)代入式(5.13)，得系统总势能

$$\Pi = V - U = \frac{1}{4} EI l \sum_n a_n^2 \left(\frac{n\pi}{l} \right)^4 - \frac{ql}{\pi} \sum_n a_n \frac{(1 - \cos n\pi)}{n}$$

由最小势能原理，将 a_n 作为变量，对 Π 求极值，得

$$\frac{\partial \Pi}{\partial a_n} = \frac{\partial (V - U)}{\partial a_n} = \frac{1}{2} EI l a_n \left(\frac{n\pi}{l} \right)^4 - \frac{ql}{n\pi} (1 - \cos n\pi) = 0$$

从而解得

$$a_n = \frac{2ql^4(1-\cos n\pi)}{(n\pi)^5 EI}$$

当 n 为偶数时 $a_n = 0$，因此只剩下 n 为奇数时的项

$$a_n = \frac{4ql^4}{(n\pi)^5 EI} \quad (n=1,3,5,\cdots)$$

代入式（a），即得梁的挠曲线为

$$v(x) = \frac{4}{\pi^5} \frac{ql^4}{EI} \sum_{n=1,3,5} \frac{1}{n^5} \sin\frac{n\pi x}{l}$$

（4）讨论。

① 梁的中点挠度。

如只取一项，可算得梁中点挠度为

$$v\left(\frac{l}{2}\right) = \frac{4}{\pi^5} \frac{ql^4}{EI} = 0.01307 \frac{ql^4}{EI}$$

与精确解 $v\left(\dfrac{l}{2}\right) = \dfrac{5}{384} \dfrac{ql^4}{EI} = 0.01302 \dfrac{ql^4}{EI}$ 相比，误差仅为 0.38%。

② 梁的中点弯矩。

梁的弯矩可按式（d）求得

$$M(x) = EIv''(x) = -\frac{4ql^2}{\pi^3} \sum_{n=1,3,5} \frac{1}{n^3} \sin\frac{n\pi x}{l} \tag{d}$$

这个级数收敛就要慢得多，如只取一项，可算得中点弯矩为

$$M\left(\frac{l}{2}\right) = -\frac{4ql^2}{\pi^3} = -0.129ql^2$$

与准确解 $M\left(\dfrac{l}{2}\right) = -0.125ql^2$ 相比，误差为 3.1%。和计算挠度相比，计算弯矩的误差较大，这是由于级数微分后，收敛较慢。

例 5-4 试用里兹法求解图 5-3-2 所示在集中载荷作用下悬臂梁的挠曲线方程。

解 （1）确定容许位移。

假设该直梁的容许位移为

$$\omega(x) = Ax^3 + Bx^2 \tag{a}$$

容易验证，式（a）是满足图 5-3-2 所示悬臂梁固定端转角和挠度均为零的条件，也满足梁的挠曲线的二阶可微条件。

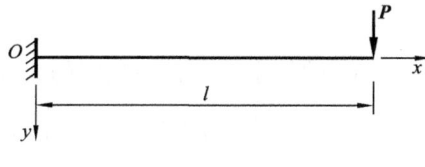

图 5-3-2

（2）求结构的总势能。

梁的应变能为

$$V = \frac{1}{2}\int_0^l EIv''^2 \, dx = \frac{1}{2}\int_0^l EI(6Ax + 2B)^2 \, dx \tag{b}$$

外力势能为

$$U = P(Al^3 + Bl^2) \tag{c}$$

总势能

$$\Pi = V - U = \frac{1}{2}\int_0^l EI(6Ax + 2B)^2 \, dx - P(Al^3 + Bl^2) \tag{d}$$

（3）由最小势能原理确定常数 A 和 B。

由最小势能原理，将 A 和 B 作为变量，对 Π 求极值，则得

$$EI(12Al+6B)=Pl$$
$$EI(6Al+4B)=Pl \tag{e}$$

解此方程组，则得

$$A=-\frac{P}{6EI}, \quad B=\frac{Pl}{2EI} \tag{f}$$

最后可得悬臂梁的挠曲线方程为

$$w(x)=\frac{Px^2}{6EI}(3l-x) \tag{g}$$

这个结果与精确解是一致的，这是由于所假设的位移形式是合理的，即是容许的而且是完备的；否则，所得的结果将会产生一定的误差或较大的偏差。如在此例中，假设 $w(x)=Ax^3$，位移虽然也是容许的，但不完备。其中一个常数 A 不能包容平衡方程以及在 $x=l$ 处弯矩为零和剪力为零的边界条件，故结果的偏差会较大。实际上，结构形式往往是多种多样的，而且边界条件也很复杂，准确地猜想容许位移一般是不可能的，这便是里兹法在解析应用上的一大缺点。

2. 伽辽金法

如果所选函数 $v(x)$ 和基函数 φ_n 不仅能满足结构的几何边界条件，而且满足结构的静力边界条件，则式（5.10）中必然为零。因此有

$$\int_0^l \{[EIv''(x)]''-q(x)\}\delta v \mathrm{d}x = 0 \tag{5.17}$$

由式（5.16）可知

$$\delta v(x) = \sum_{n=1}^{\infty} \varphi_n(x)\sigma a_n \tag{5.18}$$

将式（5.18）代入式（5.17）得

$$\sum_{n=1}^{\infty}\int_0^l \{[EIv''(x)]''-q(x)\}\varphi_n(x)\delta a_n \mathrm{d}x = 0$$

由于 δa_n 的任意性和它们之间的相互独立性，所以有

$$\int_0^l \{[EIv''(x)]''-q(x)\}\varphi_n(x)\mathrm{d}x = 0 \quad (n=1,2,3,\cdots) \tag{5.19}$$

式（5.19）的数目等于任意常数 a_n 的数目，因此用方程（5.19）对 a_n 求解，即可完全确定任意常数 a_n。

由式（5.17）和式（5.19）可知，当其大括号中的内容为零，则式子为梁的平衡方程。因此，如果对于结构的平衡方程式乘上基函数，沿整个结构积分，即可建立对系数 a_n 求解的联立方程组。这一结论具有普遍性。

这一方法即迦辽金法，系学者迦辽金于 1930 年所提出。

例 5-5 试用伽辽金法求如图 5-3-1 所示梁的挠曲线表达式。

解 该梁两端的几何边界条件为挠度等于零，而转角不等于零；静力边界条件为弯矩等于零而剪力不等于零。如下所示：

$x=0,l$ 时，$v=0,v''=0$。

根据上述边界条件,选取挠曲线表达式为

$$v(x) = \sum_n a_n \sin \frac{n\pi x}{l} \tag{a}$$

将式(a)代入式(5.19),得

$$\int_0^l \left[EI \sum_{n=1}^{\infty} a_n \left(\frac{n\pi}{l} \right)^4 \sin \frac{n\pi x}{l} - q \right] \sin \frac{n\pi x}{l} \mathrm{d}x = 0$$

积分得

$$a_n = \begin{cases} \dfrac{4ql^4}{(n\pi)^5 EI} & (n=1,3,5,\cdots) \\ 0 & (n=2,4,6,\cdots) \end{cases}$$

于是,可得梁的挠度表达式为

$$v(x) = \frac{4}{\pi^5} \frac{ql^4}{EI} \sum_{n=1,3,5} \frac{1}{n^5} \sin \frac{n\pi x}{l}$$

将这一结果与例 5-3 的结果进行比较可知,二者完全相同,这是由于 $v(x)$ 选取相同的缘故。

由此可知,当静力边界条件容易选取时,运用伽辽金法比较方便。

习　　题

（思考题）

5.1 什么是应变能?

5.2 虚位移的含义是什么?

5.3 里兹法和伽辽金法的主要差别有哪些?

5.4 作为势能驻值原理近似解的里兹法和伽辽金法算出的结果是否总是近似解?

5.5 弹性支座与弹性固定端的应变能该如何计算?

5.6 梁的弯曲应变能该如何计算?

5.7 什么是结构弯曲变形的容许位移? 如何理解虚位移?

（计算题）

5.8 用里兹法计算题图 5.8 中梁的挠曲线。

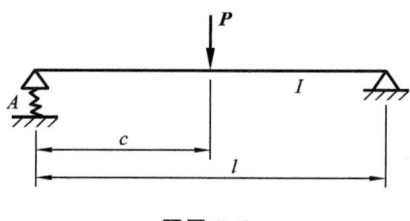

题图 **5.8**

（提示或答案）

提示:假设容许位移取 $v(x) = a_0 + a_1 x + a_2 x^2 + a_3 x^3$

答案: $v(x) = pA + \dfrac{-pc^3 + 2pc^2 l}{2EIl^2} x^2 + \dfrac{-3pc^2 l + 2pc^3}{6EIl^3} x^3$

5.9 设有题图 5.9 所示的悬臂梁右端受 P 作用，如挠曲线取为 $w = ax^2 + bx^3$，试求 a、b 的值。

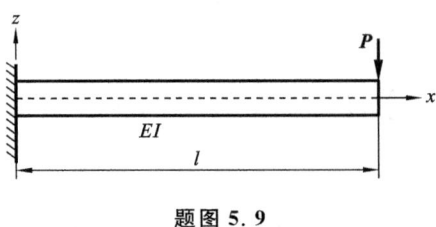

题图 5.9

（提示或答案）

$$a = \frac{Pl}{2EI},\ b = -\frac{P}{6EI}$$

第6章 杆系稳定性计算

本章学习要求：

（1）了解船舶结构稳定性的定义及其含义；

（2）了解平衡状态的性质；

（3）理解轴向压杆稳定性的计算方法，掌握中性平衡法；

（4）了解轴向压杆非弹性稳定性的概念及处理方法，掌握压杆轴向失稳临界应力的计算方法；

（5）理解刚性支座上连续压杆稳定性的特点，掌握在刚性支座上连续压杆的稳定性计算方法；

（6）了解弹性支座上连续压杆稳定性的特点，了解弹性支座刚性系数对稳定性的影响，掌握在弹性支座上连续压杆稳定性的计算方法；

（7）了解弹性基础上单跨压杆计算模型的物理含义及其计算方法；

（8）了解甲板板架稳定性计算模型的物理含义，理解只有一根甲板纵桁的甲板板架稳定性的计算方法。

主要知识点及重难点：

（1）船舶结构稳定性含义；☆

（2）稳定性问题平衡状态含义；☆

（3）刚性支座上连续压杆稳定性计算；★☆

（4）弹性支座上连续压杆稳定性计算；★☆

（5）临界应力修正系数的计算公式。★☆

★—难点；☆—重点

舰船结构的稳定性，是舰船结构力学特性的重要组成部分。只要有压应力存在的构件，都存在着稳定性计算的问题。本章以杆件作为分析对象，介绍舰船结构稳定性的概念及分析计算方法。

6.1 概　　述

1. 舰船结构的稳定性问题

当作用在细长直杆上的轴向压力达到或超过一定限度时，杆件可能突然变弯，产生很大的变形，进而导致结构的破坏，这种现象称为压杆丧失稳定性，简称失稳，又称屈曲，如图 6-1-1 所示。压力多大时出现屈曲取决于多种因素，包括构件尺寸、支承方式与制作构件所用的材料性能等。因而，确定临界失稳压力是一个相当复杂的问题。

一根细长杆件，在一定的端部载荷作用下发生变形，然后处于平衡状态。当载荷还相当小的时候，认为载荷的增加只引起杆件的轴向缩短。当载荷增加到某一个临界值时，杆件会"发

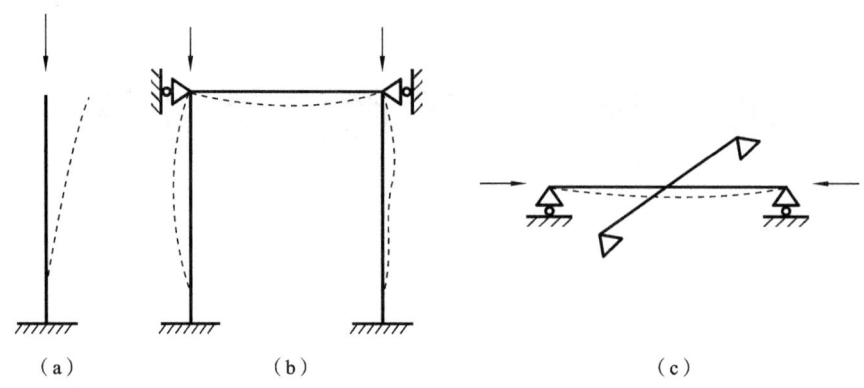

图 6-1-1　杆和杆系的失稳现象

现"弯曲比缩短更容易,此时杆件会发生弯曲(每当在不同路线之间存在着选择的时候,选择最容易最便捷往往是选择的结果,这是一个基本的自然规律)。对于受压杆件,这个临界值就称为压杆的临界力或临界载荷。压杆所受载荷低于临界载荷时,压而不弯才是可能的;当压杆所受载荷高于临界载荷时,压杆便会从直线状态转入弯曲状态。

任何承受压力的构件,它都存在产生局部失稳或总体失稳的可能性,所谓局部失稳是指结构中某一个或几个构件丧失稳定,而结构总体不会失稳;所谓总体失稳是指结构总体丧失稳定性。总体失稳可能是局部单个构件失稳的扩展表现,也可能是多个构件同时失稳的集中体现。

因此,失稳现象不是仅限于受压的直杆。图 6-1-1(b)和(c)中的刚架和板架就是这种例子:图 6-1-1(b)中的刚架因竖杆受压失稳并导致整个刚架垮塌,称为刚架失去稳定性;图 6-1-1(c)中的板架因其中一根杆受压失稳而导致整个板架垮塌,称为板架失去稳定性。

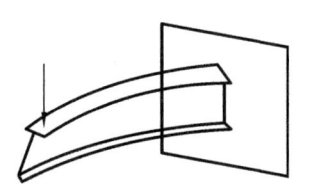

图 6-1-2　梁弯曲时的翼板失稳

图 6-1-2 所示为一受横向载荷作用的组合工字梁的弯曲,由于梁弯曲时下翼板受压,所以当载荷大到一定程度时下翼板失稳而发生侧向弯曲并导致整根梁的翘曲,这称为工字梁的侧向失稳。

在船体结构中有很多受压构件,除了船体结构中的各种支柱都要受压以外,甲板和船底的纵向连续构件,如纵桁、纵骨、甲板、船底板等也受到压应力作用,这是因为船体在波浪上发生总纵弯曲时,纵向连续构件要受拉或压力的作用,当受压力作用时就可能失稳。

2. 平衡状态的性质

当舰船结构的变形处于相对静止的状态时,可以判断该结构处于平衡状态,但并非所有的平衡状态都是稳定的。为了进一步说明这一问题,可以用图 6-1-3 中的小钢球所处的三种不同的平衡位置来说明平衡与稳定性的关系。图中的三个小钢球虽然都处在平衡状态,但其稳定特性有本质上的差别。

对于图 6-1-3(a),当给小球微小扰动后,小球虽然暂时离开了原位,但其势能增加了,一旦撤去干扰,小球又可恢复到原位,因此这种平衡状态是稳定的,图 6-1-3(c)则不然,小球经扰动离开原点以后,其势能减小了,撤去干扰后小球不仅不能恢复到原来的位置,反而继续向下滚动,并远离原位,因此,这种平衡状态是不稳定的;图 6-1-3(b)的小球经扰动后离开原位,干扰撤去后停留在新的位置,处在中性平衡状态(也称为随遇平衡),也可以说中性平衡状态是从稳定平衡过渡到不稳定平衡的临界状态。

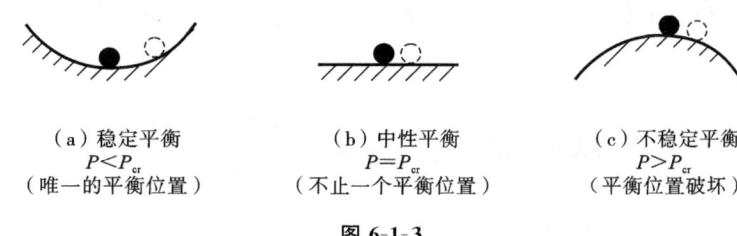

（a）稳定平衡　　　　　（b）中性平衡　　　　　（c）不稳定平衡
$P < P_{cr}$　　　　　　　$P = P_{cr}$　　　　　　$P > P_{cr}$
（唯一的平衡位置）　　（不止一个平衡位置）　　（平衡位置破坏）

图 6-1-3

压杆在某一载荷下发生屈曲是因为在该载荷下直线形式的平衡受到了破坏,压杆的这种特性与图 6-1-3 中的小球非常相似。在微小载荷下,压杆处于直线形式的稳定平衡;在大载荷下,处于不稳定的平衡。如果压杆从稳定平衡过渡到不稳定平衡时,也存在着中性平衡状态(即平衡分叉点),那么此时对应的载荷即为压杆的临界载荷(也称为临界力),通常用符号 P_{cr} 表示。

3. 稳定性问题处理的常用方法

研究结构的稳定性就是要求出结构的临界力或临界载荷,将临界载荷与结构实际的工作载荷相比,就可以判断结构是否会失稳。

船舶结构力学中计算临界载荷的方法有以下两种:

1）中性平衡法

中性平衡法也称为静力平衡法,简称平衡法,是求解结构临界载荷的最基本方法。对于有平衡分叉点的弹性稳定性问题,在分叉点处存在着两个极为邻近的平衡状态:一个是结构的原始平衡状态(压杆直线状态);一个是结构有微小变形、与原平衡状态邻近的平衡状态(压杆微弯状态),即所谓的中性平衡状态。平衡法是根据有了微小变形后结构的受力条件建立平衡方程后求解的。如果得到的符合平衡方程的解有不止一个,那么其中具有最小值的一个才是该结构的分叉屈曲临界载荷。在许多情况下,采用平衡法可以获得精确解。

2）能量法

结构处于平衡状态时系统的总势能为驻值,这就是势能驻值原理。如果结构承受着保守力,可以根据变形后结构的受力条件建立系统总的势能,如果结构处在平衡状态,那么总势能必有驻值。根据势能驻值原理,由总势能对于位移的一阶变分为零,可得到临界载荷。按照小变形理论,能量法一般只能获得临界载荷的近似解。

6.2　轴向压杆稳定性计算

1. 中性平衡法

研究压杆的稳定性就是要求出压杆的临界压力,其计算方法是假定压杆在临界压力作用下处于中性平衡状态,即压杆已产生弯曲变形,如图 6-2-1 所示,因此,可借助于单跨梁的复杂弯曲微分方程式进行求解。由单跨梁的复杂弯曲微分方程,令横向载荷 $q = 0$,考虑杆受压力 T,则轴向压杆的中性平衡微分方程式为

$$EIv^{\mathrm{IV}} + Tv'' = 0 \tag{6.1}$$

其通解为

$$v = C_0 + C_1 kx + C_2 \cos kx + C_3 \sin kx \tag{6.2}$$

式中：$k = \sqrt{\dfrac{T}{EI}}$；$C_0 \sim C_3$ 为待定常数,由压杆两端的边界条件确定。

现在讨论两端简支的情况,如图 6-2-1 所示,压杆在微弯状态下的挠度 v 应满足边界条件:$x=0$,$x=l$ 时,$v=v''=0$。

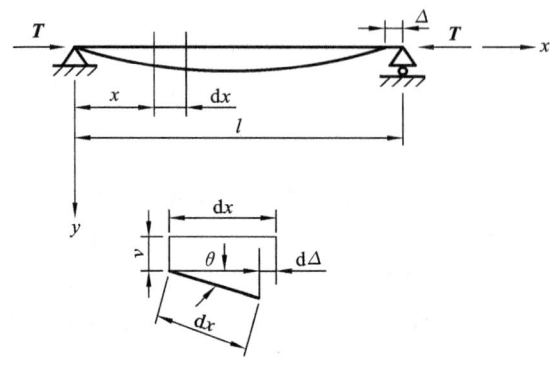

图 6-2-1

由 $x=0$ 时,$v=v''=0$,代入方程(6.2)可得

$$C_0 = C_2 = 0$$

由 $x=l$ 时,$v=v''=0$,代入方程(6.2)可得

$$\left. \begin{array}{l} C_1 kl + C_3 \sin kl = 0 \\ C_3 k^2 \sin kl = 0 \end{array} \right\} \tag{6.3}$$

由于压杆处于中性平衡状态,即微弯平衡状态,因此 $v \neq 0$,所以 C_1、C_3 不同时为零,因此只有其系数行列式为零,即

$$\begin{vmatrix} kl & \sin kl \\ 0 & k^2 \sin kl \end{vmatrix} = 0 \tag{6.4}$$

将行列式展开 $\qquad\qquad k^3 l \sin kl = 0 \quad$ 或 $\quad \sin kl = 0$

由此可知 $\qquad\qquad\qquad kl = n\pi = l \sqrt{\dfrac{T}{EI}}$

从而可得 $\qquad\qquad T = \dfrac{(n\pi)^2 EI}{l^2} \quad (n=1,\ 2,\ 3,\cdots)$

这个结果告诉我们,满足中性平衡状态的压力在理论上有许多个(相应于 $n=1$,2,3,$\cdots$)。但真实临界载荷应为其中的最小值,即 $n=1$,则两端简支单跨压杆的临界力为

$$T_E = \frac{\pi^2 EI}{l^2} \tag{6.5}$$

该式由欧拉(1707—1783)导得,故称"欧拉力",用符号 T_E 表示。在欧拉力作用下,压杆的弯曲形状为 $v = C_3 \sin \dfrac{\pi x}{l}$。在这里 $C_3 \neq 0$,但它的值不定,这正反映了"中性平衡"的特性。

由式(6.5),欧拉应力可表示为

$$\sigma_E = \frac{\pi^2 EI}{A l^2} \tag{6.6}$$

对于其他边界情况的等截面单跨压杆,可用类似的方法求出其临界载荷,其表达式可用式(6.7)表示。

$$\sigma_E = \frac{\pi^2 EI}{\mu l^2} \tag{6.7}$$

式中:μ 为计算长度系数,其取值与边界条件有关。

表 6-2-1 给出了几种典型边界条件下等截面单跨压杆的欧拉力。

表 6-2-1

序号	压杆的结构形式	欧拉力	计算长度系数 μ
1		$\dfrac{\pi^2 EI}{4l^2}$	2
2		$\dfrac{\pi^2 EI}{l^2}$	1
3		$\dfrac{20.16 EI}{l^2}$	0.7
4		$\dfrac{4\pi^2 EI}{l^2}$	0.5

2. 能量法

压杆在中性平衡状态,系统的总势能有驻值。基于这一特性,应用里兹法也可求压杆的临界压力(欧拉力)。

设一简支单跨梁,如图 6-2-1 所示,右支座有一位移 Δ,则在中性平衡时有挠度 $v(x)$,为了将外力势能与变形势能都用 $v(x)$ 表示,现在来求 Δ 与 $v(x)$ 的关系。取微分 $\mathrm{d}x$,则有

$$\mathrm{d}\Delta = \mathrm{d}x(1-\cos\theta) = 2\mathrm{d}x\sin^2\frac{\theta}{2} = \frac{1}{2}\mathrm{d}x\theta^2 \tag{6.8}$$

由弯曲要素间的微分关系可知,$\mathrm{d}\theta = \dfrac{\mathrm{d}v}{\mathrm{d}x}$,则

$$\mathrm{d}\Delta = \frac{1}{2}\mathrm{d}x\left[\frac{\mathrm{d}v}{\mathrm{d}x}\right]^2$$

$$\Delta = \frac{1}{2}\int_0^l (v')^2 \mathrm{d}x$$

在位移 Δ 和挠度 $v(x)$ 的基础上,求外力势能与变形能。

对于外力势能 U,有

$$U = T\Delta = \frac{T}{2}\int_0^l (v')^2 \mathrm{d}x \tag{6.9}$$

而对于杆的变形能 V,有

$$V = \frac{1}{2}\int_0^l EI v''^2 \mathrm{d}x \tag{6.10}$$

总势能 Π 为

$$\Pi = V - U = \frac{1}{2}\int_0^l EI v''^2 \mathrm{d}x - \frac{T}{2}\int_0^l v'^2 \mathrm{d}x$$

应用里兹法求解时,考虑到图 6-2-1 中压杆两端的支持情况,形函数应满足边界的几何约束条件,因此,取 $v = \sum_n a_n \sin\dfrac{n\pi x}{l}$,由于

$$\int_0^l \sin^2 \frac{n\pi x}{l} dx = \int_0^l \frac{1}{2}\left(1 - \cos\frac{2n\pi x}{l}\right)dx = \frac{l}{2}$$

同样　　　　　　　　　　　　$$\int_0^l \cos^2 \frac{n\pi x}{l} dx = \frac{l}{2}$$

则

$$\Pi = \frac{EIl}{4}\sum_n a_n^2\left(\frac{n\pi}{l}\right)^4 - \frac{Tl}{4}\sum_n a_n^2\left(\frac{n\pi}{l}\right)^2$$

在中性平衡状态,系统的总势能有驻值,由变分原理可知,$\delta\Pi = 0$,即 $\frac{\partial\Pi}{\partial a_n} = 0$,可得

$$\frac{la_n}{2}\left[EI\left(\frac{n\pi}{l}\right)^4 - T\left(\frac{n\pi}{l}\right)^2\right] = 0$$

由于 $a_n \neq 0$,从而可得

$$T = \frac{EI(n\pi)^2}{l^2}$$

$$T_E = \frac{\pi^2 EI}{l^2}$$

$$\sigma_E = \frac{\pi^2 EI}{Al^2}$$

应当指出,在讨论中选取的形函数 $v = \sum_n a_n \sin\frac{n\pi x}{l}$ 恰巧是压杆失稳后的弯曲形状,因此得出的 T_E 是精确解。一般情况下,采用里兹法只能得到临界力的近似解。

与解析法比较,能量法的优点是适用面更广,并可解轴向力 $\boldsymbol{T}$ 沿杆长变化时或变截面压杆的稳定问题。

例 6-1　试用能量法求图 6-2-2 中受自重作用的悬臂杆的欧拉力 $\boldsymbol{q}_E$。

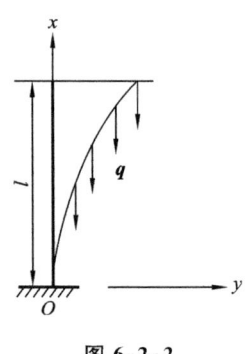

图 6-2-2

解　根据图 6-2-2 中压杆的几何边界条件和选取的坐标系,可取形函数为

$$v(x) = a_1\left(1 - \cos\frac{\pi x}{2l}\right)$$

将它代入式(6.10)中,得变形能为

$$V = \frac{1}{2}EI\int_0^l v''^2 dx = \frac{1}{2}EI\int_0^l a_1^2\left(\frac{\pi}{2l}\right)^4\cos^2\frac{\pi x}{2l}dx = \frac{\pi^4 EI}{64l^3}a_1^2$$

因本例中的 $T(x) = q(l-x)$,故由公式(6.9),得外力势能为

$$U = \frac{1}{2}\int_0^l q(l-x)v'^2 dx = \frac{q}{2}\int_0^l (l-x)a_1^2\left(\frac{\pi}{2l}\right)^2\sin^2\frac{\pi x}{2l}dx$$

$$= \frac{q}{2}\left(\frac{\pi^2}{16} - \frac{1}{4}\right)a_1^2$$

对 $\Pi = V - U$ 取变分,

$$\delta\Pi = a_1\left[\frac{\pi^4 EI}{32l^3} - q\left(\frac{\pi^2}{16} - \frac{1}{4}\right)\right] = 0$$

因为 $a_1 \neq 0$,故解得

$$q_E = 8.298\frac{EI}{l^3}$$

此式与精确解 $q_E = 7.837EI/l^3$ 相比,误差为 6.8%。如果要提高精确度,$v(x)$ 可取两项:

$$v(x) = a_1 \left(1 - \cos \frac{\pi x}{2l} \right) + a_2 \left(1 - \cos \frac{3\pi x}{2l} \right)$$

则计算可得 $q_E = 7.85EI/l^3$，误差仅为 0.6%。

上面的例子告诉我们，形函数 $v(x)$ 的选取很重要，如果 $v(x)$ 取得合适可以得到较精确的解。一般情况下，求解前并不知道真实的失稳模式 $v(x)$，那么就可用级数来逼近，级数项数取得越多，结果将越精确。

由于实际的失稳模式 $v(x)$ 是将杆件偏移到这个位置所花能量最少的模式，或是最容易出现的模式。因此若选取的形函数 $v(x)$ 不是结构真实的失稳模式，求得的临界载荷一定比真实的临界载荷大。这就使得能量法求出的临界载荷偏大，误差偏于危险，这是能量法的一个缺点。

3. 非弹性稳定性

前面介绍的压杆稳定性是基于材料处于线弹性状态，即 $\sigma = E\varepsilon$。由材料力学可知，当应力大于材料比例极限 σ_p 时，σ-ε 曲线将不再是直线（见图 6-2-3）。对于应力大于材料比例极限 σ_p 时的失稳破坏，其临界应力的计算必须考虑物理方程的非线性修正，该稳定性问题可称为非弹性稳定性。长细比较小的杆件会更容易出现非弹性失稳。

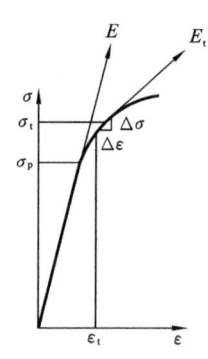

图 6-2-3

对于非弹性稳定性问题，1889 年 F. Engesser 提出了切线模量理论，建议用变化的变形模量 E_t 代替欧拉公式中的弹性模量 E，从而得到非弹性屈曲载荷。但是构件微弯时凹面的压应力增加而凸面的压应力减少，将遵循着不同的应力-应变关系。1891 年 A. Considere 在论文中阐述了双模量的概念。在此基础上，1895 年 F. Engesser 提出了双模量理论，建议用与 E_t 和 E 都有关的折算模量 E_r 计算屈曲载荷。但是实验资料表明，实际的屈曲载荷介于两者之间而更接近于切线模量屈曲载荷。直到 1946 年，F. R. Shanley 提出构件在微弯状态下加载时凸面可能不卸载的概念，并用力学模型证明了切线模量屈曲载荷是非弹性屈曲载荷的下限，而双模量屈曲载荷是其上限，但上限值实际上很难达到，从工程实用角度看，将切线模量屈曲载荷作为非弹性屈曲载荷比较可靠。

在船舶工程界，习惯上将按弹性稳定性计算的临界力和临界应力称为欧拉力和欧拉应力，记为：T_E，σ_E；而将计及非线性修正的非弹性屈曲载荷和相应的应力称为临界力和临界应力，记为：T_{cr}，σ_{cr}。

按切线模量理论，将式(6.5)中的弹性模量 E 用切线模量 E_t 代替，即可得到杆件临界力

$$T_{cr} = \frac{\pi^2 E_t I}{(\mu l)^2} \tag{6.11}$$

式中：E_t 为切线模量。

相应的临界应力为

$$\sigma_{cr} = \frac{T_{cr}}{A} = \frac{\pi^2 E_t I}{A (\mu l)^2} \tag{6.12}$$

由图 6-2-3 可见，切线模量 E_t 随着应力的增大是不断变化的。如果没有材料的应力-应变关系曲线，则很难准确确定切线模量 E_t。为此，工程上应预先绘制出所确定钢材的欧拉应力修正曲线图谱以供使用。图 6-2-4 所示为屈服强度 $\sigma_s \leqslant 400$ MPa 的钢材欧拉应力修正曲线

图,图中横坐标为欧拉应力与材料屈服强度之比,即 $\dfrac{\sigma_E}{\sigma_s}$,纵坐标为临界应力与材料屈服强度之比,即 $\dfrac{\sigma_{cr}}{\sigma_s}$。使用时先按弹性稳定性计算出杆件的欧拉应力 σ_E,再查图 6-2-4 得到修正后的临界应力 σ_{cr}。

如果没有材料的修正曲线,也可按下面的近似公式进行非线性修正:

$$\sigma_{cr}=\sigma_s\left(1-\frac{\sigma_s}{4\sigma_E}\right) \tag{6.13}$$

由式(6.13)可知,当 $\sigma_E=2\sigma_s$ 时,$\sigma_{cr}=0.875\sigma_s$;当 $\sigma_E=\infty$,则 $\sigma_{cr}=\sigma_s$。

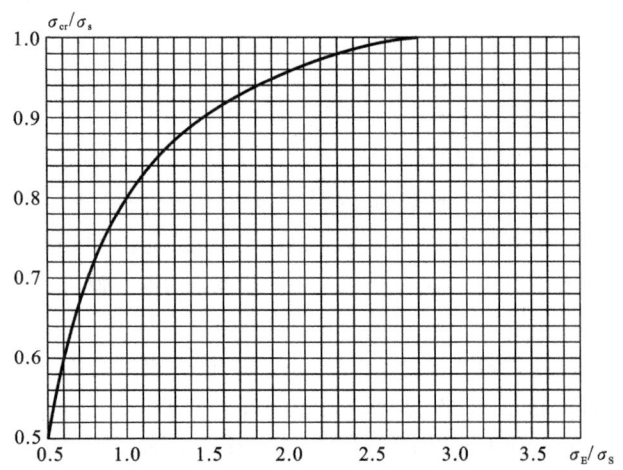

图 6-2-4　$\sigma_s \leqslant 400$ MPa 的钢材欧拉应力修正曲线图

在本章后面的板架分析中,计算非弹性稳定性时要引进修正系数 φ,$\varphi=\dfrac{E_t}{E}=\dfrac{\sigma_{cr}}{\sigma_E}$。一般结构设计中,在已知结构所要求的 σ_{cr} 值时,求构件截面尺寸,该问题可利用式(6.14)先求得

$$\varphi=\frac{4(\sigma_s-\sigma_{cr})\sigma_{cr}}{\sigma_s^2} \tag{6.14}$$

然后利用式(6.12)求构件截面惯性矩。

例 6-2　如图 6-2-1 所示简支单跨压杆,已知杆长为 $l=800$ mm,横截面面积为 $A=2800$ mm²,惯性矩为 $I=26.7\times10^4$ mm⁴,弹性模量为 $E=2\times10^5$ MPa,材料屈服强度为 $\sigma_s=235$ MPa。

(1)求压杆的欧拉力 T_E 和欧拉应力 σ_E;

(2)若所求压杆的欧拉应力 σ_E 大于材料比例极限,求压杆的临界应力 σ_{cr};

(3)若压杆横截面面积不变,要求杆的临界应力为 $\sigma_{cr}=200$ MPa,求压杆惯性矩 I。

解　(1)由式(6.5)可得杆件的欧拉力为

$$T_E=\frac{\pi^2 EI}{l^2}=823.54 \text{ kN}$$

欧拉应力为

$$\sigma_E=T_E/A=294 \text{ MPa}$$

(2)一般可取材料的比例极限为 $\sigma_p\approx\sigma_s/2$。本题由于 $\sigma_E>\sigma_p$,则由式(6.13)可得修正后的临界应力为

$$\sigma_{cr}=\sigma_s\left(1-\frac{\sigma_s}{4\sigma_E}\right)=161.5 \text{ MPa}$$

(3) 由 $\varphi = \dfrac{4(\sigma_s - \sigma_{cr})\sigma_{cr}}{\sigma_s^2} = 0.86$，得

$$\sigma_E = \frac{\pi^2 EI}{Al^2} = \sigma_{cr}/\varphi$$

因此，杆件惯性矩为

$$I = \sigma_{cr} Al^2 / \varphi \pi^2 E = 1.71 \times 10^5 \ \text{mm}^4$$

6.3* 连续压杆稳定性计算

对于杆系结构，我们先讨论多跨连续压杆的稳定性。多跨连续压杆分为刚性支座上的连续压杆（如纵骨在强横梁上或在肋板上）和弹性支座上的连续压杆（如纵桁在强横梁上或肋板上）两种。

1. 在刚性支座上连续压杆的稳定性

刚性支座上连续压杆的稳定性问题可用力法来计算。

现以双跨连续压杆为例，如图 6-3-1 所示。设压杆处于中性平衡状态（偏离直线平衡位置有一定变形），假想将连续压杆在中间支座处切开为两个单跨压杆，并在切开剖面加上相互作用的弯矩，如图 6-3-1(b) 所示。由于压杆是处于中性平衡状态的，所以切开后仍处于平衡状态，现列出节点 1 处的变形协调方程（查单跨梁弯曲要素表附录 C）：

$$\frac{Ml_1}{3EI}\psi_1^*(u_1) = -\frac{Ml_2}{3EI}\psi_1^*(u_2) \tag{6.15}$$

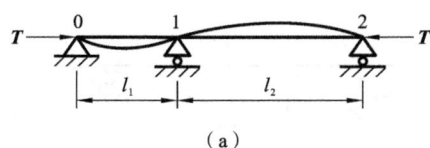 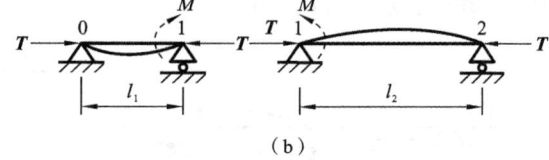

（a）　　　　　　　　　　（b）

图 6-3-1

式中：

$$\psi_1^*(u_i) = \frac{3}{2u_i} - \frac{1}{\tan 2u_i}, \quad u_i = \frac{l_i}{2}\sqrt{\frac{T}{EI}} \quad (i=1,2) \tag{6.16}$$

由于式(6.16)中含有 u_i，只要求出 u_i 的最小值，即可求得 T_E。由于中性平衡压杆有一定变形，$M \neq 0$，故得

$$l_1\psi_1^*(u_1) = -l_2\psi_1^*(u_2) \tag{6.17}$$

由该方程可求出欧拉力 T_E，但求解很困难，一般用作图法。考虑到 $u_2 l_2 u_1/l_1$，代入式(6.17)，求 $\psi_1^*(u_1)$ 和 $-l_2\psi_1^*(l_2 u_1/l_1)$ 两条曲线的交点，得 u 的最小值 u_1，然后求得

$$T_E = \frac{(2u_1)^2 EI}{l_1^2} \tag{6.18}$$

例如：

(1) 当 $l_2/l_1 = 2$ 时，可求得 u_1 的最小根为 $u_1 = 0.965$，利用作图法求解如图 6-3-2 所示，则有

$$T_E = \frac{(2u_1)^2 EI}{l_1^2} = \frac{3.72EI}{l_1^2} = \frac{14.88EI}{l_2^2}$$

一般 $l_1 < l_2$ 时,连续压杆欧拉力 T_E 满足:$\dfrac{\pi^2 EI}{l_1^2} > T_E > \dfrac{\pi^2 EI}{l_2^2}$。

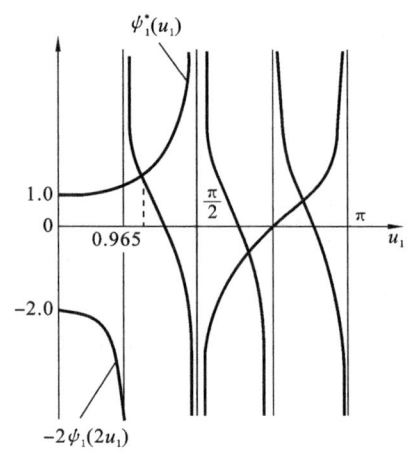

图 6-3-2

（2）当 $l_2/l_1 = 1$ 时,同样作图可求得 u_1 的最小根:$u_1 = \pi/2$,则有

$$T_E = \frac{(2u_1)^2 EI}{l_1^2} = \frac{\pi^2 EI}{l_1^2}$$

这与简支单跨压杆欧拉力一样,这是因为等跨度、等截面连续压杆任意相邻两跨的变形是反对称的,支座处 $v'' = 0$,所以切开后无弯矩,因此船体结构中纵骨的稳定性计算模型一般可采用两端简支的单跨压杆。对于非弹性失稳问题,同 6.2 节一样,以 E_t 代替 E,即可求解。

2. 在中间弹性支座上连续压杆的稳定性

我们仍以最简单的等跨距双跨压杆(两端简支中间有一个弹性支座)为例,如图 6-3-3 所示。对于这种双跨压杆,其中性平衡状态可能有两种:① 弹性支座的刚度系数 K 很大,中间弹性支座不变形,双跨压杆失稳波形为两个反对称半波;② 弹性支座的刚度系数 K 较小,中间弹性支座随压杆一起变形,整个双跨压杆失稳波形只有半个波。对于中间为弹性支座的双跨压杆,其第一种中性平衡状态与 6.3.1 小节中讨论的刚性支座连续压杆的情形完全一样,此时其欧拉力就等于中间为刚性支座的双跨压杆的欧拉力。下面我们来研究第二种中性平衡状态(见图 6-3-3(a)中的虚线表示)的欧拉力。

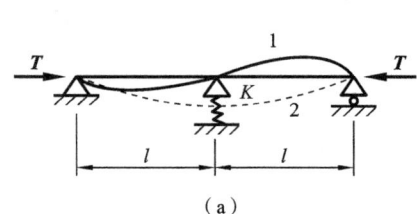

（a）

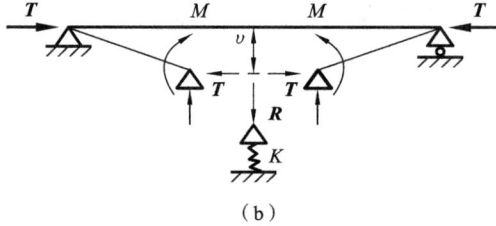

（b）

图 6-3-3

求解方法还是用力法:首先在中间支座截面处将压杆切开,考虑弹性支座有位移 v,切开剖面上有力矩 M 作用,由弹性支座处的转角连续条件可得

$$\frac{Ml}{3EI}\psi_1^*(u) + \frac{v}{l} = -\frac{Ml}{3EI}\psi_1^*(u) - \frac{v}{l}$$

即

$$\frac{2Ml}{3EI}\psi_1^*(u) + \frac{2v}{l} = 0 \tag{6.19}$$

式中:

$$u = \frac{l}{2}\sqrt{\frac{T}{EI}}$$

由于方程式(6.19)中有两个未知数 M 和 v,应补充一个方程才能求解。为此利用在节点 2 处的杆端支座反力平衡条件,可分别计算两段单跨压杆在该支座处的支反力为

$$R' = R'' = (M + Tv)/l$$

叠加后可得

$$R = 2(M + Tv)/l$$

从而可求得

$$v = \frac{R}{K} = \frac{2}{K}\left(\frac{M}{l} + \frac{Tv}{l}\right)$$

即

$$\frac{2M}{l} + \left(\frac{2T}{l} - K\right)v = 0 \tag{6.20}$$

联立方程式(6.19)和式(6.20),考虑到 M, v 不能同时为零,则有

$$\begin{vmatrix} \dfrac{2l}{3EI}\psi_1^*(u) & \dfrac{2}{l} \\ \dfrac{2}{l} & \dfrac{2T}{l} - K \end{vmatrix} = 0 \tag{6.21}$$

由于 u 为未知,从式(6.21)无法直接求 T,应先求 u,考虑到

$$\begin{cases} \psi_1^*(u) = \dfrac{3}{2u}\left(\dfrac{1}{2u} - \dfrac{1}{\tan 2u}\right) \\ T = \dfrac{4u^2 EI}{l^2} \end{cases} \tag{6.22}$$

并将式(6.22)代入式(6.21)可得

$$\begin{vmatrix} \dfrac{l}{EIu}\left(\dfrac{1}{2u} - \dfrac{1}{\tan 2u}\right) & \dfrac{2}{l} \\ \dfrac{2}{l} & \dfrac{8u^2 EI}{l^3} - K \end{vmatrix} = 0 \tag{6.23}$$

将行列式展开,并化简为

$$\tan 2u = 2u\left[1 - (2u)^2\frac{2EI}{Kl^3}\right] \tag{6.24}$$

方程式(6.24)可用作图法求解,如图 6-3-4 所示,以 $2u$ 为横坐标,分别画出函数 $\tan 2u$ 和 $2u\left[1 - (2u)^2\dfrac{2EI}{Kl^3}\right]$ 的曲线,这两条函数曲线的交点是很多的,其中最靠近纵坐标轴的一个交点的横坐标值 $2u_0$ 就是方程式(6.24)的最小正根。则双跨压杆的欧拉力为

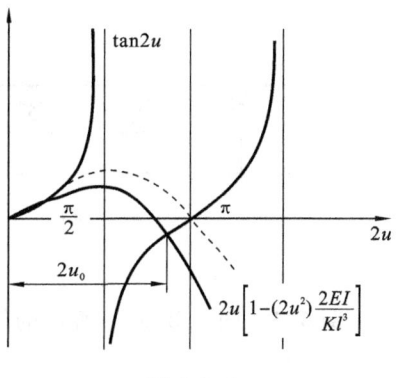

图 6-3-4

$$T_E = \frac{(2u_0)^2 EI}{l^2} \tag{6.25}$$

综上所述,求解中间弹性支座上连续压杆的稳定性问题,只要给定弹性支座刚性系数 K,即可求出 $2u_0$,然后可求解 T_E。计算表明,T_E 随 K 的增加而增大,并可分为三种情况:

(1) 当 K 较小,$2u_0 < \pi$,此时,$T_E < \dfrac{\pi^2 EI}{l^2}$,即双跨压杆失稳必为第二种情况,即半个波失稳,弹性支座压缩;

(2) 当 K 大到某临界值 K_c,$2u_0 = \pi$,此时压杆可以是半个波失稳,也可以是两个半波失稳;

(3) 当 $K > K_c$ 时,$2u_0 > \pi$,从而 $T_E > \dfrac{\pi^2 EI}{l^2}$,即欧拉力大于第一种情况的欧拉力。这个结果已无实际意义,因为双跨压杆已按第一种情况失稳,失稳波形为两个半波,此时弹性支座的

作用已如同刚性支座。双跨压杆的欧拉力为 $T_E = \dfrac{\pi^2 EI}{l^2}$。

因此,弹性支座的临界刚度 K_c 可以根据 $2u_0 = \pi$ 的条件,由式(6.24)求得 $K_c = 2\,\dfrac{\pi^2 EI}{l^3} = 0.202\,\dfrac{\pi^4 EI}{l^3}$。若超过临界刚度,弹性支座就可视为刚性支座。

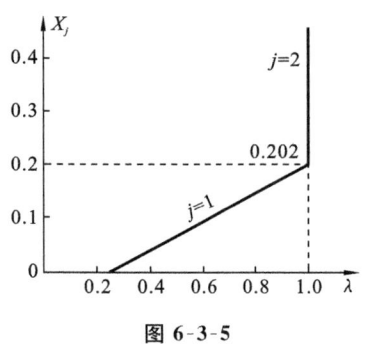

图 6-3-5

以上结果可用图 6-3-5 所示的曲线表示。令 $T_0 = \pi^2 EI/l^2$,并设

$$\left.\begin{array}{l} \lambda = \dfrac{T_E}{T_0} \\[2mm] X_j = K \Big/ \dfrac{\pi^4 EI}{l^3} \end{array}\right\} \qquad (6.26)$$

图中以 λ 为横坐标代表杆的欧拉力,X_j 为纵坐标代表中间弹性支座的刚性系数,j 为连续压杆失稳波形的半波数,$j=1$ 表示一个半波,$j=2$ 表示两个半波。

对于更多跨中间有弹性支座的杆的稳定性问题,可用类似的方法求解。在已知 K 时,只要先计算出 X_j,根据跨数查相应图谱得到 λ,则可计算出 $T_E = \lambda T_0$。图 6-3-6 给出了等跨距三跨压杆模型及其稳定性曲线,它有三种情况,对应三个失稳状态,即半个波,两个半波,三个半波。弹性支座的刚性系数 K 越大,则失稳的半波数越多。其临界刚度为 $K_c = 0.302\,\dfrac{\pi^4 EI}{l^3}$。

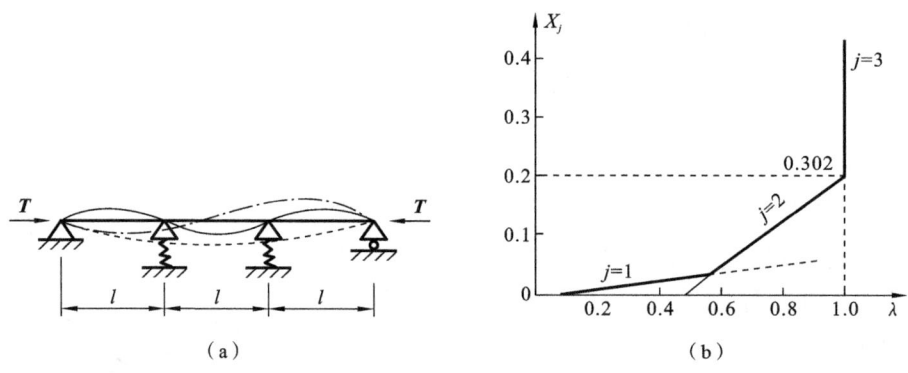

(a)

(b)

图 6-3-6

例 6-3 图 6-3-6(a)所示的等跨距三跨压杆,已知 $l=800$ mm,$I=26.7\times10^4$ mm^4,$E=2\times10^5$ MPa。

(1)若中间弹性支座的刚性系数 $K=48EI/l^3$,求压杆的欧拉力 T_E;

(2)若要求压杆的欧拉力 $T_E=300$ kN,求中间弹性支座的 K 值;

(3)求中间弹性支座的临界刚度 K_c。

解 (1)由式(6.26)求 X_j,有

$$X_j = K \Big/ \left(\dfrac{\pi^4 EI}{l^3}\right) = 0.05$$

由 X_j 查图 6-3-6 可得 $\lambda=0.48$,再由式(6.26)计算 T_E,有

$$T_E = \lambda T_0 = 0.48\,\dfrac{\pi^2 EI}{l^2} = 395.3\ \text{kN}$$

此时,压杆失稳波形为半个波。

(2) 由 T_E 计算 λ 可得

$$\lambda = \frac{T_E}{T_0} = T_E \left| \left(\frac{\pi^2 EI}{l^2} \right) = 0.364 \right.$$

再由 λ 查图 6-3-6 可得 $X_j = 0.035$,于是由式(6.26)可求得

$$K = X_j \frac{\pi^4 EI}{l^3} = 354 \text{ N/mm}$$

(3) 在临界刚度 K_c 下,$\lambda = 1$,$X_j = 0.302$,则由式(6.26)可求得临界刚度

$$K_c = X_j \frac{\pi^4 EI}{l^3} = 3054.5 \text{ N/mm}$$

若 $K \geqslant K_c$,可得 $X_j = 0.302$,此时连续压杆可简化为单跨压杆。

当杆的失稳应力$>\sigma_p$时,需对欧拉力进行修正,修正方法与 6.2 节相同。

3. 弹性基础上单跨压杆的稳定性

对于等跨距、等截面、中间弹性支座刚性系数相同的连续压杆,当跨数 $n \geqslant 4$ 时,可将连续压杆稳定性问题简化为弹性基础上单跨压杆的稳定性问题来计算。

考虑图 6-3-7 所示的受轴向不变压力 T 作用、长度为 l 的两端简支的等直杆,下部有刚性系数为 k 的弹性基础,杆件的中性平衡微分方程式为

$$EI^{\text{IV}} + Tv'' + kv = 0 \tag{6.27}$$

由于压杆两端的边界条件为　　　　　　$v = v'' = 0$

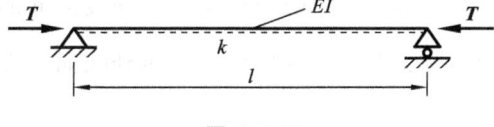

图 6-3-7

故可设挠曲线为下面的级数形式

$$v = \sum_n a_n \sin \frac{n\pi x}{l} \tag{6.28}$$

将级数计算式(6.28)内的第 n 项代入微分方程式(6.27),得

$$\left[EI \left(\frac{n\pi}{l} \right)^4 - T \left(\frac{n\pi}{l} \right)^2 + k \right] a_n \sin \frac{n\pi x}{l} = 0 \tag{6.29}$$

因为 a_n 不为零,所以 T 应使方括号内的式子等于零,其中最小的 T 值就是欧拉力,即

$$T_E = \left[EI \left(\frac{n\pi}{l} \right)^2 + \frac{kl^2}{(n\pi)^2} \right]_{\min} \tag{6.30}$$

将式(6.30)改写为

$$T_E = \frac{EI\pi^2}{l^2} \left[n^2 + \frac{kl^4}{n^2 EI\pi^4} \right]_{\min} \tag{6.31}$$

令　　　　　　　　　　　　　　　$\alpha = \frac{kl^4}{EI\pi^4} \tag{6.32}$

则式(6.31)为

$$T_E = \frac{EI\pi^2}{l^2} \left[n^2 + \frac{\alpha}{n^2} \right]_{\min}$$

最后,弹性基础上单跨压杆的欧拉力可表示成与式(6.7)相似的形式为

$$T_E = \frac{\pi^2 EI}{(\mu l)^2} \tag{6.33}$$

式中:μ 为计算长度系数,其计算式为

$$\mu = \frac{1}{\sqrt{n^2 + \alpha/n^2}} \tag{6.34}$$

显然,n 为失稳的半波数,当 α 一定时,n 应取使 μ 为最大的整数,即 n 应当满足不等式

$$n^2 (n-1)^2 < \alpha < n^2 (n+1)^2 \tag{6.35}$$

习　　题

(思考题)

6.1　舰船结构稳定性的定义是什么? 什么是舰船结构失稳的临界压力?

6.2　稳定性问题平衡状态的含义及其分类是什么?

6.3　轴向压杆非弹性稳定性的概念及处理方法是什么?

(计算题)

6.4　试导出一端固定一端自由的单跨压杆(见题图 6.4)的临界载荷 T_{cr}(压杆长度为 l)。

(提示或答案)

$T_{cr} = \dfrac{\pi^2 EI}{4l^2}$。

6.5　题图 6.5 所示两端铰支的等截面压杆,承受一强度为 q 的均布轴向载荷和一轴向压力 P 的作用,试用能量法求杆压力 P 的临界值 P_e。设压杆挠曲线方程为 $v(x) = \delta \sin \dfrac{\pi x}{l}$。

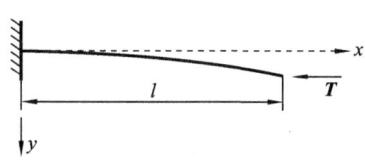　　　　　　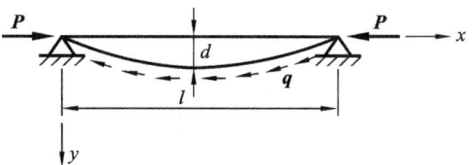

题图 6.4　　　　　　　　　　　　　　　题图 6.5

(提示或答案)

$P_e = \dfrac{\pi^2 EI}{l^2} - ql$。

6.6　题图 6.6 所示为在弹性支座上的多跨压杆,其失稳半波数可能有哪几种? 与何因素有关?

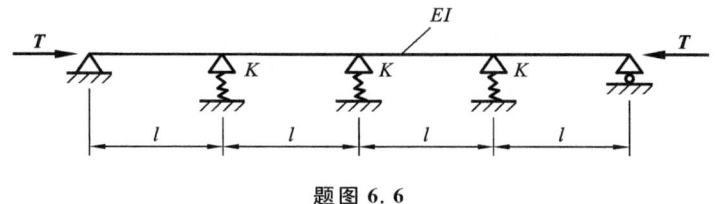

题图 6.6

(提示或答案)

失稳半波数共有四种,分别是一个半波,两个半波,三个半波和四个半波。与弹性支座刚

性系数 K 有关。

6.7　在题图 6.6 中,当弹性支座刚性系数 $K \to 0$ 时,其欧拉力为多少? 其失稳半波数为多少? 当弹性支座刚性系数 $K = K_c$(临界刚度)时,其欧拉力为多少? 其失稳半波数为多少?

(提示或答案)

当 $K \to 0$ 时,该结构可简化为长度为 $4l$ 的单跨压杆,其欧拉力为 $\dfrac{\pi^2 EI}{16l^2}$,其失稳半波数为一个半波。当 $K = K_c$(临界刚度)时,该结构可简化为中间是刚支座的四跨压杆,欧拉力为 $\dfrac{\pi^2 EI}{l^2}$,失稳半波数为四个半波。

第7章 船体板弯曲与稳定性计算

本章学习要求：

① 了解薄板几何特征的定义及其含义；

② 理解刚性板、柔性板和薄膜等力学模型的含义；

③ 理解并掌握刚性板柱面弯曲计算原理；

④ 理解柔性板大挠度柱面弯曲求解思路和船体板格的承载规律，掌握柔性板小挠度柱面弯曲计算方法；

⑤ 了解船体板的稳定性和后屈曲强度概念及其物理含义；

⑥ 了解受压板临界应力计算，理解不同骨架形式板格稳定性优劣的原理；

⑦ 了解板的有效宽度概念，理解工程中折减系数的取值要求。

主要知识点及重难点：

① 板的分类（几何特征与所对应的力学含义）；☆

② 板条梁及刚性板柱面弯曲计算模型；☆

③ 柔性板柱面弯曲计算；★

④ 受压板临界应力计算公式；★

⑤ 受压板的有效宽度及折减系数。★☆

★—难点；☆—重点

7.1 概　　述

1. 基本概念

在船体结构中，板的基本功能是保证航行状态下船舶的水密性。同时，船底板与强力甲板板也是参与船体总纵强度承载的重要组成构件，船体外板还将承受静水压力作用。船体板是船体结构中用量最多的主要结构件，一般约占船体结构重量的 70%，而由型材组成的骨架结构仅占船体结构重量的 30% 左右。

在建立计算模型时，板的几何特征主要体现为弹性体以两个平面（称为表面）为界，两表面间距远小于表面本身尺寸（长度、宽度或直径）。两表面的间距称为板的厚度，用 t 表示，与两表面等距离的平面称为板的中面。如果板的厚度沿长度和宽度方向保持恒定，则称为等厚度板。根据板的几何特征，板可分为薄板、中厚板和厚板，船体板基本均属于薄板。所谓薄板是指板的厚度 t 与板面最小特征尺寸 b 的比值在以下范围之内：

$$\left(\frac{1}{80}\sim\frac{1}{100}\right)<\frac{t}{b}<\left(\frac{1}{5}\sim\frac{1}{8}\right)$$

船舶结构中板大多以板架中的板格形式存在。纵横交叉的骨架梁支撑着船体板，板被支撑骨架梁（杆系）分割为多块较小的板，这种被四周骨架梁所支撑的板称为"板格"。本书所讲的船体板弯曲主要就是指这种板格的弯曲问题。船体板的支撑大多数是具有不同长宽比的矩形边界,板的特征尺寸(长、宽、厚)和支撑边界的形式决定了板在已知载荷作用下的应力和变形等力学特征。板弯曲变形时,四边周界骨架梁将对板边形成约束,阻碍板朝中心相互"靠拢",这种阻碍作用称为板的侧向弹性支承。

在外载荷作用下,船体板将通过由于变形而产生的内力来平衡或支撑外载荷,内力的组成有弯曲力矩和中面力,并表现为板横截面上相对应的弯曲应力和中面应力,板内弯曲力矩的产生原理与单跨梁相同,而中面力的产生主要来自于边界的约束或中面载荷,并与横向挠曲线(即中面)的绝对伸长量呈正比关系。当板弯曲变形(横向挠度)较小时,中面力较小,甚至可以忽略不计。由此,根据弯曲应力和中面应力的大小,我们将板弯曲问题的讨论分为以下三种类型(或三种力学分析模型)。

(1) 刚性板　板弯曲变形时,板的中面应力远小于弯曲应力,可忽略不计。

(2) 柔性板　板弯曲变形时,板的中面应力与弯曲应力相当,必须考虑中面应力对弯曲要素的影响。

(3) 薄膜　板弯曲变形时,板的弯曲应力远小于中面应力,可忽略不计。此时,板弯曲时基本上只承受中面应力的拉伸,此时中面应力又称为"薄膜应力"。

应当注意,严格意义上板弯曲时的中面应力和弯曲应力总是同时存在的,仅仅存在量值上的差别。但为抓住主要矛盾,避免求解过程的烦琐,在处理具体工程问题时,常常会根据载荷大小或板弯曲变形的程度进行以上板的分类和力学模型的简化处理。例如对于船体板来说,如果板的最大挠度 w 不超过板厚的 $1/5$ 时,板由于侧向弹性支撑所引起的中面应力是可以忽略的,此时板就可视为刚性板,并采用小挠度板理论进行计算分析。如果板的最大挠度 w 大于板厚的 $1/5$,板因变形将产生较大的中面应力,这就属于大挠度变形的柔性板求解问题。此时,在推导板的微分方程时就必须考虑附加中面应力的影响,而且位移与变形之间的关系也不能沿用小挠度理论的几何线性关系,而要采用几何非线性关系,得到非线性方程,则就是大挠度板理论的求解思路。而当板的最大挠度超过板厚 5 倍以上时,一般可将其视为薄膜,不再考虑弯曲应力的影响。最后,还有一种情况应加以注意,那就是虽然板的横向变形符合小挠度变形条件,但板同时还受到了外加中面力的作用,此时也应考虑中面力的影响,但无须采用大挠度板理论进行计算,这种板称为小挠度柔性板。由于船体板绝大多数均属于薄板,且横向挠曲变形主要属于小挠度范畴,因此,本章主要介绍弹性薄板的小挠度理论。

2. 薄板弯曲基本假设

建立薄板弯曲计算模型,首先应设定统一的坐标系,如图 7-1-1(a)所示。xOy 平面位于板中面内,原点 O 一般位于固定角点处,x、y 轴分别并行于板格纵横两个方向,a 为板长(船长方向),b 为板宽(船宽方向)。z 轴由右手法则确定,与挠曲变形方向相同。

根据建立计算模型的基本原则,抓住主要力学特征,尽量简化计算公式的推导过程。因此,对于薄板弯曲问题的求解,基尔霍夫作了以下的假设,通常称为基尔霍夫-勒夫(Kirchhoff-Love)假设。

(1) 直法线假设。

变形前垂直于中面(或中轴线)的直线段,在变形后仍保持是直线,并且仍然垂直于变形后的中面(见图 7-1-1b),该直线上的各点在变形前后距中面的距离不变。对于图 7-1-1a 所示的板,当板发生弯曲时,原来横截面上距中面 z 处的一点,变形后将仍在中面的垂线上,且距中面的距离仍为 d。即不计断面上的剪切变形和 z 方向的线应变,有 $\gamma_{xz} = \gamma_{yz} = 0$ 及 $\varepsilon_z = 0$。

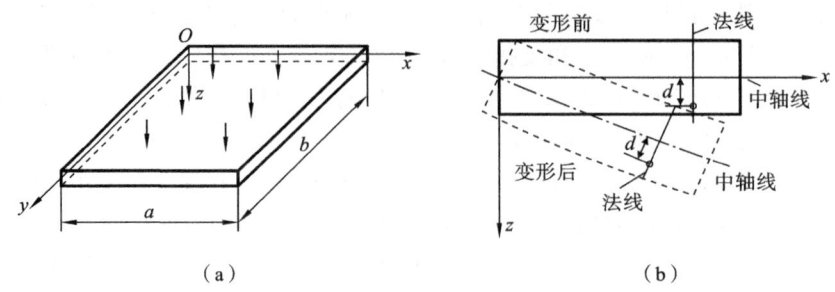

图 7-1-1

（2）平行于板中面的各层互不挤压。

即 $$\sigma_z = 0 \tag{7.1}$$

对于这个假设应该从量级的关系来理解。实际上，船体板上所受的横荷载在每平方厘米中不会超过几千克，由于板很薄，板中的 σ_z 仅与横荷载同量级。可是在此横荷载作用下，板横截面上的应力 σ_x、σ_y 通常已达到了与材料的屈服强度同一量级，即 $\sigma_z \ll \sigma_x$、σ_y，因此相对于 σ_x、σ_y 而言，σ_z 可忽略不计。

（3）刚性板中面无伸缩和剪切变形。

对于刚性板而言，板弯曲变形后，中面不发生变形，即存在 $u(x, y, 0) = v(x, y, 0) = 0$，在中面内的点只有沿中面法线方向的挠度 w。

薄板弯曲时，一般在 x 和 y 方向都会发生弯曲。但对于船体板而言，无论是横骨架式，还是纵骨架式的骨架结构形式，船体板格大多具有长方形特征，一个方向的弯曲会更为明显，从而形成柱面，这种弯曲形式称为柱面弯曲。本章重点将针对此类板格的刚性板和柔性板弯曲问题加以介绍，然后再讨论一般情形——矩形刚性薄板的小挠度弯曲。

7.2　刚性板柱面弯曲

由上文可知，刚性板是不计中面应力的板弯曲问题，而最为简单的刚性板弯曲问题就是长矩形刚性板的柱面弯曲。那么，发生柱面弯曲的条件是什么呢？在此我们直接给出在均布载荷作用下具有不同边界支撑条件，不同长宽比时长矩形板的最大弯曲应力和挠度值计算和实验结果的对比，如表 7-2-1 所示。

表 7-2-1　相同均布横向载荷作用下不同长宽比长矩形板最大挠度与应力对比

长宽比 b/a		∞	3.0	2.5	2.0	1.75	1.5
四边简支	最大挠度	1	0.94	0.88	0.78	—	—
	最大应力	1	0.95	0.89	0.81	—	—
四边固支	最大挠度	1	—	—	0.97	0.93	0.85
	最大应力	1	—	—	0.97	0.93	0.88

表 7-2-1 中所得的数值是以柱面弯曲的最大挠度和最大应力值为 1 作为基数。将实测结果与之相比可知：当四边简支板长宽比大于 3，以及四边固支板长宽比大于 2 时，按柱面弯曲计算，误差很小，且偏于安全。由此可以得出以下结论：当作用在板上的横向载荷沿板的长边方向不变化时，除了与短边支承周界相邻的一小部分区域以外，板其余大部分的弯曲面均为柱

面,即板沿短边方向发生弯曲,而沿长边方向的挠度 w 基本保持不变,如图 7-2-1a 所示。且由此所得出的板中最大挠度和最大应力,当长宽比大于 3 时,能够满足工程强度校核的误差要求。

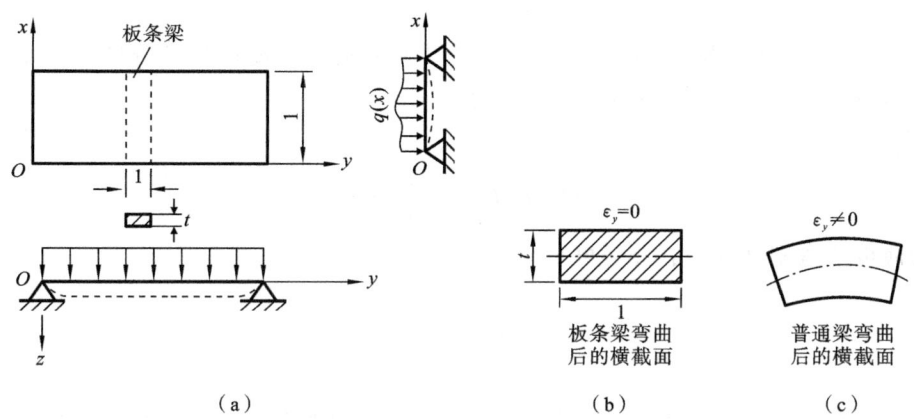

图 7-2-1　板的柱面弯曲

柱面弯曲是板弯曲的一种特殊情况。研究这种板的弯曲特性时,我们可以在板中切出与短边平行的单位宽度的板条(见图 7-2-1a),并参照梁理论进行研究,这种梁称为"板条梁"。

所谓板的柱面横弯曲是指板仅承受横向载荷作用发生柱面弯曲。板柱面弯曲部分中的板条梁与普通梁的弯曲变形形态是类似的,差别仅在于板条梁的两个侧面因受相邻板条约束而不能自由变形,而普通梁的侧面是自由的。由于板条梁的两侧受到约束,使得板条梁变形后的横截面的形状仍然是矩形(见图 7-2-1b),而普通梁弯曲变形后,横截面不再保持矩形。梁的受压部分横截面扩大,受拉部分缩小(见图 7-2-1c)。因此,对于板条梁有 $\varepsilon_y = 0$,而普通梁 $\varepsilon_y \neq 0$。可以看出,板条梁弯曲属于弹性力学平面应变问题,$v = 0, \varepsilon_y = 0$。

由弹性力学平面应变状态下的广义胡克定律:

$$\begin{cases} \varepsilon_x = \dfrac{1}{E}(\sigma_x - \mu \sigma_y) \\[2mm] \varepsilon_y = \dfrac{1}{E}(\sigma_y - \mu \sigma_x) \\[2mm] \gamma_{xy} = \tau_{xy}/G \end{cases} \tag{7.2}$$

将 $\varepsilon_y = 0$ 代入式(7.2)中的第 2 式,可得

$$\sigma_y = \mu \sigma_x \tag{7.3}$$

由式(7.3)可见,板发生柱面弯曲时,沿不弯曲方向有正应力 σ_y,但始终小于弯曲方向的正应力 σ_x。

再将式(7.3)代入广义胡克定律中的第 1 式,解得

$$\sigma_x = \frac{E}{1-\mu^2} \varepsilon_x = E_1 \varepsilon_x \tag{7.4}$$

式中:

$$E_1 = \frac{E}{1-\mu^2} \tag{7.5}$$

式(7.4)是板条梁的 σ_x 与 ε_x 之间的关系式,它与普通梁的关系式 $\sigma_x = E\varepsilon_x$ 相比,仅仅在于用 E_1 代替了 E。此外,若认为板条梁弯曲时也符合平断面假设,则必然可导出与普通梁同样

的弯曲微分方程式以及基本关系式,即

$$
\left.
\begin{array}{l}
E_1 I w^{\mathrm{IV}} = q \\
E_1 I w''' = N \\
E_1 I w'' = M
\end{array}
\right\}
\tag{7.6}
$$

式中:$I = t^3/12$ 为板条梁横截面惯性矩;$w = w(x)$ 为板条梁挠度;M、N 分别为板条梁横截面上的弯矩与剪力;q 为板条梁单位长度上的载荷。

令

$$
D = E_1 I = \frac{E t^3}{12(1-\mu^2)}
\tag{7.7}
$$

称为薄板抗弯刚度,则式(7.6)可写成:

$$
\left.
\begin{array}{l}
D w^{\mathrm{IV}} = q \\
D w''' = N \\
D w'' = M
\end{array}
\right\}
\tag{7.8}
$$

板条梁横截面上的正应力为 $\sigma_x = Mz/I$,当 $z = \pm t/2$ 时,得板表面上的最大弯曲应力为

$$
\sigma_{x,\max} = \frac{6 M_{\max}}{t^2}
\tag{7.9}
$$

由以上分析可知,板条梁弯曲微分方程式和基本关系式与普通梁类似。因此,计算板条梁弯曲要素时,可以把它当作一根普通梁,只要用 D 代替普通梁中的 EI 即可。这样,就可以利用梁的弯曲要素表来解决板柱面弯曲的计算问题了。

7.3　柔性板柱面弯曲

所谓柔性板柱面弯曲是指板在横向载荷作用的同时,还应考虑中面力对柱面弯曲的影响。柔性板柱面弯曲问题在船体板工程应用中是较为普遍存在的。如横骨架式的船体强力甲板板架和船底板架,此类板架中的板格除受横向载荷作用外(如水压力),沿船长方向还将同时受到板面内均匀分布的船体总纵弯曲应力作用,当板格的长边与短边之比足够大时,这种板格就将产生柔性板柱面弯曲。应该注意,此时板的中面力是外加的,且大小为总纵弯曲应力,是已知量。另如,当板格承载足够大时,板横向挠度将超过板厚的 1/5,此时边界骨架的刚性约束所提供的中面力将不可忽略。由于中面应力的存在,此时板条梁的计算模型将与复杂弯曲梁基本一致,因此,也常称为板的柱面复杂弯曲。根据板产生横向挠度的大小,柔性板柱面弯曲又可分为柔性板小挠度柱面弯曲和柔性板大挠度柱面弯曲,以下将分别加以介绍。

1. 柔性板小挠度柱面弯曲

在板柱面弯曲部分中取出单位宽度的板条梁(见图7-3-1)。讨论它的复杂弯曲问题时可使用普通梁理论,只需用 D 代替 EI。于是可得板条梁复杂弯曲微分方程式:

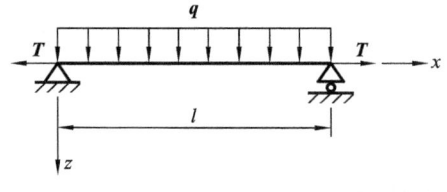

图 7-3-1

$$
\left.
\begin{array}{l}
D w^{\mathrm{IV}} \mp T w'' = q \\
D w''' \mp T w' = N \\
D w'' = M
\end{array}
\right\}
\tag{7.10}
$$

式中:T 为板条梁所受的轴向力,负号用于拉力,正号用于压力。若船体总纵弯曲应力(板条梁的中面应力)为 σ_0,则 $T = \sigma_0 t$。

由于式(7.10)与普通梁的复杂弯曲公式类同,因而计算板条梁复杂弯曲时,就可利用附录C中关于复杂弯曲梁的弯曲要素表,但应注意要把参数 u 变为

$$u = \frac{l}{2}\sqrt{\frac{T}{D}} \qquad (7.11)$$

一旦求得了板条梁复杂弯曲时横截面上的最大弯矩 M_{max},就可由式(7.9)算出板表面处的最大弯曲应力。板表面处的最大合应力为弯曲应力与中面应力的代数和,其值为(见图7-3-2):

$$\sigma_{max} = \sigma_0 + \frac{6M_{max}}{t^2} \qquad (7.12)$$

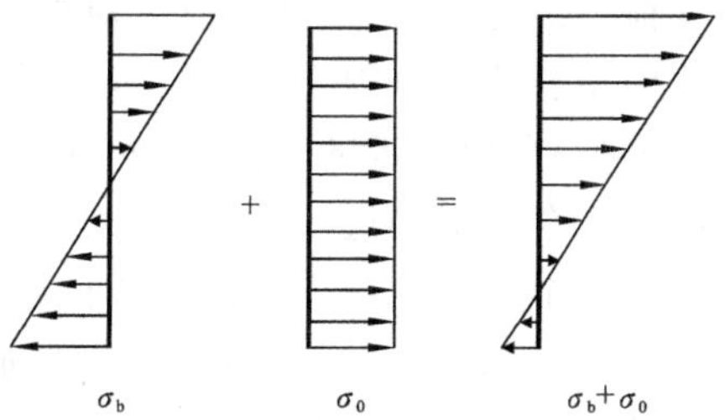

图 7-3-2

在复杂弯曲梁(2.4 节)中曾经指出:轴向拉力使梁的弯曲要素减小,轴向压力使梁的弯曲要素增大,而且轴向力对弯曲要素的影响究竟有多大,取决于参数 u 的值,而不单独取决于轴向力的大小。当 $u \leqslant 0.5$ 时,轴向力对弯曲要素的影响很小,可以忽略不计。由于船体骨架梁的 EI 较大,故参数 u 的值一般很小($u \leqslant 0.5$),这就是说,在船体骨架计算中可以不考虑轴向力对弯曲要素的影响。但是,对船体板来说,因板厚不大,弯曲刚度 D 较小,这就会致使参数 u 的值相当大,远远超过 0.5,因此,中面力对板弯曲要素的影响不可忽略。当板受到中面拉力时,将减小板的弯曲应力,这是有利的。相反,当板受到中面压力时,将增大板的弯曲应力,这是不利的。为说明中面力对弯曲的影响大小,下面列举一个算例。

例 7.1 如图 7-3-1 所示的板条梁。已知 $l = 1000$ mm,板厚 $t = 10$ mm,受均匀分布载荷 $q = 60$ kPa 作用,并有中面应力 $\sigma_0 = 100$ MPa,$E = 2 \times 10^5$ MPa,$\mu = 0.3$。计算此板条梁的最大应力。

解 由

$$T = \sigma_0 t = 10^3 \text{ N/mm}$$

$$u = \frac{l}{2}\sqrt{\frac{T}{D}} = \frac{l}{2}\sqrt{\frac{12(1-\mu^2)T}{Et^3}} = 3.695$$

得到

$$\varphi_0(u) = \frac{2}{u^2}\left(1 - \frac{1}{\text{ch}u}\right) = 0.1392$$

板条梁中点单位宽度上的弯矩(最大弯矩)为

$$M\left(\frac{l}{2}\right) = -\frac{1}{8}ql^2\varphi_0(u) = -1044 \text{ N}$$

最大弯曲应力为

$$\sigma_{b,max} = \frac{6\left|M\left(\frac{l}{2}\right)\right|}{t^2} = 62.64 \text{ MPa}$$

从而最大合应力为

$$\sigma_{max} = \sigma_0 + \sigma_{b,max} = 162.64 \text{ MPa}$$

如果此板条梁不受中面拉应力 σ_0,则此板条梁的最大弯矩为

$$M\left(\frac{l}{2}\right) = -\frac{1}{8}ql^2 = -7500 \text{ N}$$

从而最大弯曲应力为

$$\sigma_{b,max} = \frac{6\left|M\left(\frac{l}{2}\right)\right|}{t^2} = 450 \text{ MPa}$$

此值已大大超过普通船体结构钢的屈服强度 σ_s，如船用优质碳素钢 Q235，其屈服强度为 $\sigma_s = 235$ MPa。可见，如果板条梁不受中面拉应力 $\sigma_0 = 100$ MPa，就不能承受 $q = 60$ kPa 的均布载荷。由此可见，中面拉应力对提高板的承载能力具有重要意义。

由于船体板格周界的支持骨架是相当强的，板在弯曲时其支持骨架总是会阻止板边（板条梁的两端）自由趋近的。因此，实际工程中的船体板极少会出现图 7-3-1 中的情形。如果板条梁两端完全不能趋近，那么板条梁弯曲时，板条梁就会被拉长，从而产生中面拉应力。此时，应该注意这个中面拉应力和前面所讨论的由于船体总纵弯曲作用于板上的中面力是具有不同物理含义的，前者是由于板本身的弯曲而引起的，是未知的；而后者是外加的，已知给定的。由于中面拉应力对板的承载能力会起很大作用，所以有必要对此展开研究。但鉴于这种情形总是在板条梁发生大变形时才有实际意义，因而以下将讨论板条梁的大挠度弯曲问题。

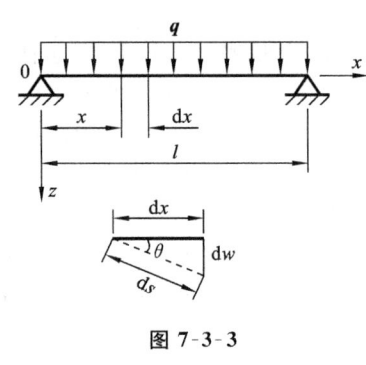

图 7-3-3

2. 柔性板大挠度柱面弯曲

图 7-3-3 所示的板条梁两端为刚性简支约束，以模拟板边界处刚性骨架的支撑作用，从中取出微段 $\mathrm{d}x$，其变形后的长度为 $\mathrm{d}s$。由图中的几何关系可知：

$$\mathrm{d}s = \sqrt{\mathrm{d}x^2 + \mathrm{d}w^2} = \sqrt{1 + w'^2}\,\mathrm{d}x$$

一般 $w'^2 \ll 1$，将函数 $\sqrt{1+w'^2}$ 展开成幂级数，有

$$\sqrt{1+w'^2} = 1 + \frac{1}{2}w'^2 - \frac{1}{8}w'^4 + \frac{1}{16}w'^6 - \cdots$$

只取两项，可得

$$\sqrt{1+w'^2} = 1 + \frac{1}{2}w'^2 \tag{7.13}$$

从而有

$$\mathrm{d}s = \left(1 + \frac{1}{2}w'^2\right)\mathrm{d}x = \mathrm{d}x + \frac{1}{2}w'^2\,\mathrm{d}x$$

微段 $\mathrm{d}x$ 变形后的伸长为

$$\mathrm{d}s - \mathrm{d}x = \frac{1}{2}w'^2\,\mathrm{d}x$$

整个板条梁变形后的伸长为

$$\Delta s = \frac{1}{2}\int_0^l w'^2\,\mathrm{d}x \tag{7.14}$$

设板条梁长度方向的应变为 ε_x，则

$$\varepsilon_x = \frac{\Delta s}{l} = \frac{\sigma_0}{E_1} = \frac{T}{tE_1} \tag{7.15}$$

将式（7.14）代入式（7.15），即得

$$\frac{Tl}{E_1 t} = \frac{1}{2}\int_0^l w'^2\,\mathrm{d}x \tag{7.16}$$

因板条梁的中面力 T 与挠度 $w(x)$ 均为未知，故只靠式（7.16）是求不出 T 的。为了求出 T 还要利用板条梁的复杂弯曲微分方程式 $Dw^{\text{Ⅳ}} - Tw'' = q$ 的解 $w(x)$。具体做法是：将解 $w(x)$ 代入式（7.16），积分后等号右边便是参数 u 的函数，再将等号左边的 T 替换成 $4u^2 D/l^2$，便得到一个关于参数 u 的方程式。求解得出参数 u 的值，再由公式

$$T = \frac{4u^2 D}{l^2} \tag{7.17}$$

求出中面力 T。下面具体讨论两种情况的解。

（1）两端为简支且受均匀分布载荷的板条梁。

在本书 2.4 节中已经讨论了同时受均匀分布载荷和轴向拉力作用的两端简支复杂弯曲梁，并求出了挠曲线方程式（2.44）。现在只要将该式中梁的抗弯刚度 EI 换成板的弯曲刚度 D，即得受均匀分布载荷作用的两端固定铰支板条梁复杂弯曲解为

$$w = \frac{ql^4}{D(2u)^4}\left[-\text{th}u \cdot \text{sh}\left(\frac{2u}{l}x\right) - 1 + \text{ch}\left(\frac{2u}{l}x\right)\right] - \frac{ql^2 x}{2D(2u)^2}(x-l) \tag{7.18}$$

将式（7.18）代入式（7.16），经过积分，并将式中 T 用式（7.17）替换，整理得

$$\left[\frac{E}{(1-\mu^2)q}\right]^2 \left(\frac{t}{l}\right)^8 = \frac{135\text{th}u}{16u^9} + \frac{27\text{th}^2 u}{16u^8} - \frac{135}{16u^8} + \frac{9}{8u^6} \tag{7.19}$$

这是一个关于参数 u 的方程式。当板条梁的尺寸、材料性质及均匀分布载荷 q 已知时，就可从该方程式中解出 u，从而由式（7.17）求得因板条梁本身弯曲而产生的中面力 T。

（2）两端为刚性固定且受均匀分布载荷的板条梁。

同样，利用两端刚性固定受均匀分布载荷和轴向拉力作用的梁的复杂弯曲解，可写出这种情况下板条梁的复杂弯曲解为

$$w(x) = \frac{ql^4}{16u^3 D\text{th}u}\left\{\frac{\text{ch}\left[u\left(1-\frac{2x}{l}\right)\right]}{\text{ch}u} - 1\right\} + \frac{ql^2 x}{8u^2 D}(l-x) \tag{7.20}$$

将式（7.20）代入式（7.16），进行积分，并将 T 用式（7.17）代换，整理得

$$\left[\frac{E}{(1-\mu^2)q}\right]^2 \left(\frac{t}{l}\right)^8 = -\frac{81}{16u^7\text{th}u} - \frac{27}{16u^6\text{sh}^2 u} + \frac{27}{4u^8} + \frac{9}{8u^6} \tag{7.21}$$

由方程式（7.21）解出 u，再将 u 代入式（7.17）求出 T。

方程式（7.19）、式（7.21）是超越方程，求解是比较复杂的，为了便于实际应用，令 U 表示该两方程等号左边的项，即

$$U = \left[\frac{E}{(1-\mu^2)q}\right]^2 \left(\frac{t}{l}\right)^8 \tag{7.22}$$

又令

$$F = \lg\left[10^4 \times \sqrt{U}\right] \tag{7.23}$$

$$\left.\begin{array}{l} f_1(u) = \lg\left[10^4 \times \left(\frac{135\text{th}u}{16u^9} + \frac{27\text{th}^2 u}{16u^8} - \frac{135}{16u^8} + \frac{9}{8u^6}\right)^{\frac{1}{2}}\right] \\[4mm] f_2(u) = \lg\left[10^4 \times \left(-\frac{81}{16u^7\text{th}u} - \frac{27}{16u^6\text{sh}^2 u} + \frac{27}{4u^8} + \frac{9}{8u^6}\right)^{\frac{1}{2}}\right] \end{array}\right\} \tag{7.24}$$

则方程式（7.19）、式（7.21）可分别写成

$$f_1(u) = F \tag{7.25}$$

$$f_2(u) = F \tag{7.26}$$

依据式（7.24）可给出 $f_1(u)$、$f_2(u)$ 的函数表（见表 7-3-1 和表 7-3-2）。这样，当由式（7.22）算出 U，再由式（7.22）算出 F 值后，就可利用函数表和 F 值，插值求出满足式（7.25）或式（7.26）的 u 值。再由式（7.17）求出中面力 T。下面列举一个算例。

例 7.2　对于图 7-3-3 所示的板条梁，已知：$l = 1000$ mm，板厚 $t = 10$ mm，$q = 60$ kPa，$E = 2 \times 10^5$ MPa，$\mu = 0.3$。求该板条梁自身弯曲而产生的中面拉力 T 以及板条梁的最大挠度和正

应力最大值 $\sigma_{\max}$。

解
$$U=\left[\frac{2\times10^5}{(1-0.3^2)\times0.06}\right]^2\left(\frac{10}{1000}\right)^8=13.4176\times10^{-4}$$

$$F=\lg(10^4\times\sqrt{U})=2.564$$

依据 F 值,从表 7-3-2 中取出与 2.564 相近的二对值:(2.7,2.602)和(2.8,2.562)。然后按线性插值可求得

$$u=2.7+\frac{2.602-2.564}{2.602-2.562}\times(2.8-2.7)=2.795$$

再由式(7.17)可得中面拉力为

$$T=\frac{4u^2D}{l^2}=\frac{u^2Et^3}{3\times(1-u^2)l^2}=\frac{2.795^2\times2\times10^5\times10^3}{3\times(1-0.3^2)\times1000^2}\ \text{N/mm}=572.3\ \text{N/mm}$$

于是中面拉应力为

$$\sigma_0=\frac{T}{t}=57.23\ \text{MPa}$$

由附录 C 中的表 C-1 复杂弯曲(轴向拉力)弯曲要素表,可知该板条梁中点的挠度和弯矩最大,分别为

$$w\left(\frac{1}{2}\right)=\frac{5}{384}\frac{ql^4}{D}f_0(u) \tag{a}$$

$$M\left(\frac{1}{2}\right)=-\frac{1}{8}ql^2\varphi_0(u) \tag{b}$$

查附录 C 中的表 C-3,当 $u=2.795$ 时,$f_0(u)=0.2381$,$\varphi_0(u)=0.2248$,代入式(a)、(b)可得

$$w\left(\frac{1}{2}\right)=\frac{5}{384}\frac{ql^4}{D}f_0(u)=\frac{5}{384}\times\frac{0.06\times1000^4}{1.8315\times10^7}\times0.2381\ \text{mm}=10.156\ \text{mm}$$

$$M\left(\frac{1}{2}\right)=-\frac{1}{8}ql^2\phi_0(u)=-\frac{1}{8}\times0.06\times1000^2\times0.2248\ \text{N}=-1686\ \text{N}$$

板条梁最大弯曲应力在板条梁中点的下表面处,为

$$\sigma_{b,\max}=\frac{6M}{t^2}=\frac{6\times1686}{10^2}=101.16\ \text{MPa}$$

因此,板条梁最大正应力在板条梁中点的下表面,为

$$\sigma_{\max}=\sigma_0+\sigma_{b,\max}=158.39\ \text{MPa}$$

若不计板自身弯曲而产生的中面力,则可求得板条梁中点最大弯曲应力 $\sigma_{b,\max}=450$ MPa,超过了板条梁材料的屈服强度。由此可见,若不考虑板自身弯曲而产生的中面力的影响,板就不能承受 60 kPa 的外载荷。

由上可知,计算由板弯曲而产生的中面力是比较复杂的。下面要讨论在什么样的条件下可以忽略由板弯曲而产生的中面力。

我们知道,当参数 $u\leqslant0.5$ 时,中面力对板条梁弯曲要素的影响是可以忽略的。利用表 7-3-1,当 $u\leqslant0.5$ 时,$f_1(u)=F=\lg(10^4\times\sqrt{U})\geqslant3.889$,即有 $\sqrt{U}\geqslant0.7745$。此外,由式(7.8)和式(7.23),可导出关系式:

$$\frac{ql^4}{Dt}=\frac{12}{\sqrt{U}} \tag{7.27}$$

表 7-3-1　板条梁两端自由支持函数表

u	$f_1(u)$	u	$f_1(u)$	u	$f_1(u)$	u	$f_1(u)$
0.1	4.628	3.1	2.449	6.1	1.640	9.1	1.134
0.2	4.322	3.2	2.414	6.2	1.619	9.2	1.120
0.3	4.138	3.3	2.379	6.3	1.600	9.3	1.107
0.4	4.001	3.4	2.344	6.4	1.580	9.4	1.093
0.5	3.889	3.5	2.311	6.5	1.560	9.5	1.079
0.6	3.793	3.6	2.278	6.6	1.541	9.6	1.066
0.7	3.706	3.7	2.246	6.7	1.522	9.7	1.053
0.8	3.627	3.8	2.215	6.8	1.504	9.8	1.040
0.9	3.553	3.9	2.185	6.9	1.485	9.9	1.027
1.0	3.482	4.0	2.155	7.0	1.467	10.0	1.014
1.1	3.416	4.1	2.125	7.1	1.449	10.1	1.001
1.2	3.351	4.2	2.097	7.2	1.432	10.2	0.988
1.3	3.290	4.3	2.068	7.3	1.414	10.3	0.976
1.4	3.230	4.4	2.041	7.4	1.397	10.4	0.964
1.5	3.173	4.5	2.014	7.5	1.380	10.5	0.951
1.6	3.117	4.6	1.987	7.6	1.363	10.6	0.939
1.7	3.063	4.7	1.961	7.7	1.347	10.7	0.927
1.8	3.011	4.8	1.935	7.8	1.331	10.8	0.915
1.9	2.960	4.9	1.910	7.9	1.314	10.9	0.903
2.0	2.911	5.0	1.886	8.0	1.298	11.0	0.892
2.1	2.863	5.1	1.861	8.1	1.283	11.1	0.880
2.2	2.816	5.2	1.837	8.2	1.267	11.2	0.868
2.3	2.771	5.3	1.814	8.3	1.252	11.3	0.857
2.4	2.727	5.4	1.791	8.4	1.236	11.4	0.846
2.5	2.684	5.5	1.768	8.5	1.221	11.5	0.835
2.6	2.643	5.6	1.746	8.6	1.206	11.6	0.823
2.7	2.602	5.7	1.724	8.7	1.192	11.7	0.812
2.8	2.562	5.8	1.703	8.8	1.177	11.8	0.801
2.9	2.524	5.9	1.681	8.9	1.163	11.9	0.791
3.0	2.486	6.0	1.660	9.0	1.149	12.0	0.780

于是当 $u \leqslant 0.5$ 时,有

$$\frac{ql^4}{Dt} \leqslant 15.49 \quad 或 \quad \frac{5}{384}\frac{ql^4}{D}\Big/t \leqslant 0.2017 \approx \frac{1}{5}$$

这表示当两端自由支持的板条梁仅受横向载荷时的最大挠度小于板厚的 1/5 时,就可以不考虑弯曲而产生的中面力。当 $u \leqslant 0.5$ 时,利用表 7-3-2 及式(7.27),同样可以导出板条梁两端刚性固定时有

$$\frac{1}{384}\frac{ql^4}{D}\bigg/t \leqslant 0.1900 \approx \frac{1}{5}$$

表 7-3-2　板条梁两端刚性固定函数表

u	$f_2(u)$	u	$f_2(u)$	u	$f_2(u)$	u	$f_2(u)$
0.1	3.927	3.1	2.146	6.1	1.483	9.1	1.029
0.2	3.624	3.2	2.119	6.2	1.465	9.2	1.017
0.3	3.446	3.3	2.092	6.3	1.448	9.3	1.004
0.4	3.318	3.4	2.066	6.4	1.430	9.4	0.991
0.5	3.217	3.5	2.040	6.5	1.413	9.5	0.979
0.6	3.133	3.6	2.014	6.6	1.396	9.6	0.967
0.7	3.061	3.7	1.989	6.7	1.380	9.7	0.954
0.8	2.997	3.8	1.964	6.8	1.363	9.8	0.942
0.9	2.939	3.9	1.940	6.9	1.347	9.9	0.930
1.0	2.886	4.0	1.916	7.0	1.331	10.0	0.918
1.1	2.836	4.1	1.892	7.1	1.315	10.1	0.906
1.2	2.789	4.2	1.869	7.2	1.299	10.2	0.895
1.3	2.745	4.3	1.846	7.3	1.283	10.3	0.883
1.4	2.703	4.4	1.823	7.4	1.268	10.4	0.872
1.5	2.663	4.5	1.801	7.5	1.253	10.5	0.860
1.6	2.624	4.6	1.779	7.6	1.238	10.6	0.849
1.7	2.587	4.7	1.757	7.7	1.223	10.7	0.838
1.8	2.550	4.8	1.736	7.8	1.208	10.8	0.827
1.9	2.515	4.9	1.715	7.9	1.193	10.9	0.816
2.0	2.481	5.0	1.694	8.0	1.179	11.0	0.805
2.1	2.447	5.1	1.674	8.1	1.165	11.1	0.794
2.2	2.414	5.2	1.653	8.2	1.151	11.2	0.783
2.3	2.382	5.3	1.634	8.3	1.137	11.3	0.772
2.4	2.351	5.4	1.614	8.4	1.123	11.4	0.762
2.5	2.320	5.5	1.594	8.5	1.109	11.5	0.751
2.6	2.289	5.6	1.575	8.6	1.095	11.6	0.741
2.7	2.260	5.7	1.556	8.7	1.082	11.7	0.731
2.8	2.231	5.8	1.538	8.8	1.069	11.8	0.720
2.9	2.202	5.9	1.519	8.9	1.055	11.9	0.710
3.0	2.174	6.0	1.501	9.0	1.042	12.0	0.700

7.4* 刚性板小挠度一般弯曲求解

7.3 节中所讨论的柔性板柱面弯曲问题是在载荷沿长边不变,且板长宽比大于 2.5～3 的假设的基础上开展的。因此,当以上假设不能同时满足时,板的弯曲状态(力学特征)将发生变化,柱面弯曲理论将不在适用,此时,必须建立板一般弯曲问题的求解理论。在讨论之前,同样给出限定条件:板只承受垂直板面的横向载荷,没有外加中面力,且薄板弯曲时挠度很小,远小于板的厚度,$w \ll t$,此即刚性薄板的小挠度弯曲求解理论。

1. 挠曲面微分方程

当薄板弯曲时,中面弯成的曲面,称为板的挠曲面。而中面各点的横向(即垂直于中面方向)位移 w,称为挠度。薄板小挠度弯曲问题是按弹性力学的位移法求解的(方程式的详细推导,读者可参见舰船结构力学教程,本节直接给出挠曲线微分方程式)。如图 7-4-1 所示,建立刚性薄板计算模型。在横向载荷 P 作用下,薄板横截面上的内力主要有剪力 N_x、N_y,弯矩 M_x、M_y 以及扭矩 M_{xy}、M_{yx}。取薄板挠度 $w(x,y)$ 作为基本未知函数,要把其他物理量都用 w 来表示,并建立关于 w 的微分方程式,此即薄板挠曲面方程式,或称薄板弯曲微分方程式。

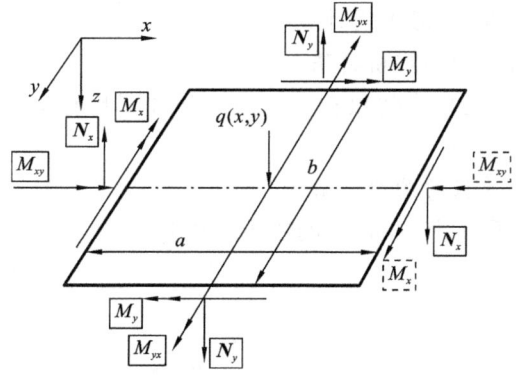

图 7-4-1　刚性薄板计算模型

$$D\left(\frac{\partial^4 w}{\partial x^4}+2\frac{\partial^4 w}{\partial x^2 \partial y^2}+\frac{\partial^4 w}{\partial y^4}\right)=q(x,y) \tag{7.28}$$

它也可写成:

$$D\nabla^2\nabla^2(w)=q(x,y) \tag{7.29}$$

式中:$\nabla^2\nabla^2$ 为双调和算子,即

$$\nabla^2\nabla^2(\ )=\frac{\partial^4(\ )}{\partial x^4}+2\frac{\partial^4(\ )}{\partial x^2 \partial\partial y^2}+\frac{\partial^4(\ )}{\partial y^4} \tag{7.30}$$

式(7.28)或式(7.29)就是薄板小挠度弯曲问题的基本微分方程式。式中 D 仍与前述一样,表示板的弯曲刚度,$q(x,y)$ 表示作用在板上的横向分布面载荷。求解薄板小挠度弯曲问题时,须按薄板板边的边界条件,由这个偏微分方程求出挠度(挠曲面函数)$w(x,y)$。然后再按弹性力学公式:

$$
\left.
\begin{aligned}
\sigma_x &= -\frac{Ez}{1-\mu^2}\left(\frac{\partial^2 w}{\partial x^2}+\mu\frac{\partial^2 w}{\partial y^2}\right) \\
\sigma_y &= -\frac{Ez}{1-\mu^2}\left(\frac{\partial^2 w}{\partial y^2}+\mu\frac{\partial^2 w}{\partial x^2}\right) \\
\tau_{xy} &= -\frac{Ez}{1+\mu}\frac{\partial^2 w}{\partial x \partial y}
\end{aligned}
\right\} \tag{7.31}
$$

求得应力分量 σ_x、σ_y、τ_{xy}，或者先由公式：

$$
\left.
\begin{aligned}
M_x &= -D\left(\frac{\partial^2 w}{\partial x^2} + \mu\frac{\partial^2 w}{\partial y^2}\right) \\
M_y &= -D\left(\frac{\partial^2 w}{\partial y^2} + \mu\frac{\partial^2 w}{\partial x^2}\right) \\
M_{xy} &= M_{yx} = -D(1-\mu)\left(\frac{\partial^2 w}{\partial x\partial y}\right)
\end{aligned}
\right\}
\tag{7.32}
$$

求出薄板横截面单位宽度上的弯矩 M_x、M_y 及扭矩 M_{xy}，再按式（7.33）求应力分量：

$$
\left.
\begin{aligned}
\sigma_x &= \frac{12z}{t^3}M_x \\
\sigma_y &= \frac{12z}{t^3}M_y \\
\tau_{xy} &= \frac{12z}{t^3}M_{xy}
\end{aligned}
\right\}
\tag{7.33}
$$

应该指出，在薄板弯曲问题中，一定载荷作用下引起的 σ_x、σ_y、τ_{xy} 在数值上较大，是主要的应力分量；τ_{xz}、τ_{yz} 在数值上较小，是次要的应力分量，因此，在计算薄板的内力时，主要是计算弯矩和扭矩，横向剪力 N_x、N_y 一般不需计算。

2. 刚性薄板小挠度弯曲问题解析解法

刚性小挠度薄板弯曲问题的求解仅在一定边界条件下具有定解，以下介绍两种经典的解析求解方法。

1）四边自由支持矩形薄板的纳维叶解

四边自由支持矩形薄板（见图 7-4-2）的边界条件是

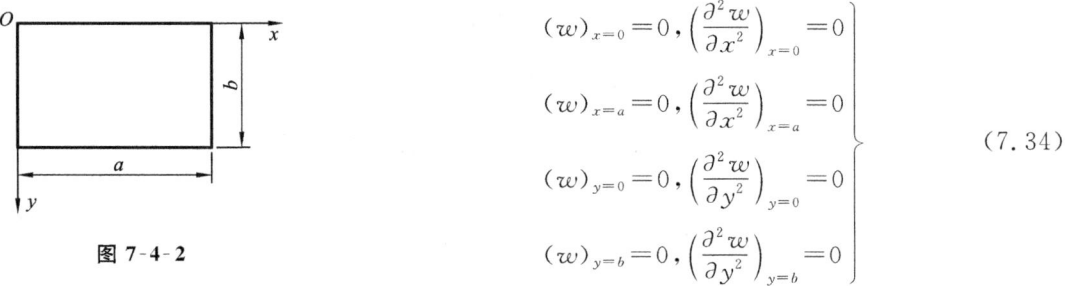

图 7-4-2

$$
\left.
\begin{aligned}
(w)_{x=0} &= 0,\ \left(\frac{\partial^2 w}{\partial x^2}\right)_{x=0} = 0 \\
(w)_{x=a} &= 0,\ \left(\frac{\partial^2 w}{\partial x^2}\right)_{x=a} = 0 \\
(w)_{y=0} &= 0,\ \left(\frac{\partial^2 w}{\partial y^2}\right)_{y=0} = 0 \\
(w)_{y=b} &= 0,\ \left(\frac{\partial^2 w}{\partial y^2}\right)_{y=b} = 0
\end{aligned}
\right\}
\tag{7.34}
$$

纳维叶（Navier）最先于 1820 年把挠曲面函数 $w(x,y)$ 表达式取为如下二重三角级数：

$$
w(x,y) = \sum_{m=1}^{\infty}\sum_{n=1}^{\infty} A_{mn}\sin\left(\frac{m\pi x}{a}\right)\sin\left(\frac{n\pi y}{b}\right)
\tag{7.35}
$$

式中：m 和 n 为任意正整数；A_{mn} 为待定常数。显然，不管 A_{mn} 是何常数，式 $w(x,y)$ 总是能满足边界条件式（7.34）的。将式（7.35）代入挠曲面微分方程式（7.29），得到

$$
\pi^4 D\sum_{m=1}^{\infty}\sum_{n=1}^{\infty}\left(\frac{m^2}{a^2} + \frac{n^2}{b^2}\right)^2 A_{mn}\sin\left(\frac{m\pi x}{a}\right)\sin\left(\frac{n\pi y}{b}\right) = q(x,y)
\tag{7.36}
$$

为了求出待定常数 A_{mn}，须将上式等号右边的载荷 $q(x,y)$ 展开成与等号左边同样的二重三角级数，即

$$
q(x,y) = \sum_{m=1}^{\infty}\sum_{n=1}^{\infty} q_{mn}\sin\left(\frac{m\pi x}{a}\right)\sin\left(\frac{n\pi y}{b}\right)
\tag{7.37}
$$

再将式（7.37）代入式（7.36）右边，得

$$A_{mn} = \frac{q_{mn}}{\pi^4 D} \left(\frac{m^2}{a^2} + \frac{n^2}{b^2} \right)^2 \tag{7.38}$$

将式(7.38)代入式(7.35),得板的挠曲面函数为

$$w(x,y) = \frac{1}{\pi^4 D} \sum_{m=1}^{\infty} \sum_{n=1}^{\infty} \frac{q_{mn}}{\left(\frac{m^2}{a^2} + \frac{n^2}{b^2} \right)^2} \sin\left(\frac{m\pi x}{a} \right) \sin\left(\frac{n\pi y}{b} \right) \tag{7.39}$$

现在来求式中的 q_{mn}。将式(7.37)的等号两边都乘以 $\sin\left(\frac{i\pi x}{a} \right)$,其中 i 为任意正整数,再对 x 从 0 到 a 积分,注意到:

$$\int_0^a \sin\left(\frac{m\pi x}{a} \right) \sin\left(\frac{i\pi x}{a} \right) \mathrm{d}x = \begin{cases} 0 & (m \neq i) \\ \dfrac{a}{2} & (m = i) \end{cases}$$

就得

$$\int_0^a q(x,y) \sin\left(\frac{i\pi x}{a} \right) \mathrm{d}x = \frac{a}{2} \sum_{n=1}^{\infty} q_{in} \sin\left(\frac{n\pi y}{b} \right)$$

再将上式等号左右两边都乘以 $\sin\left(\frac{j\pi y}{b} \right)$,其中 j 也是任意正整数,然后对 y 从 0 到 b 积分,注意到:

$$\int_0^b \sin\left(\frac{n\pi y}{b} \right) \sin\left(\frac{j\pi y}{b} \right) \mathrm{d}y = \begin{cases} 0 & (n \neq j) \\ \dfrac{b}{2} & (n = j) \end{cases}$$

就得

$$\int_0^a \int_0^b q(x,y) \sin\left(\frac{i\pi x}{a} \right) \sin\left(\frac{j\pi y}{b} \right) \mathrm{d}x \mathrm{d}y = \frac{ab}{4} q_{ij}$$

因为 i 和 j 是任意正整数,可以换写成 m 和 n,所以上式可以换写成:

$$\int_0^a \int_0^b q(x,y) \sin\left(\frac{m\pi x}{a} \right) \sin\left(\frac{n\pi y}{b} \right) \mathrm{d}x \mathrm{d}y = \frac{ab}{4} q_{mn}$$

于是有

$$q_{mn} = \frac{4}{ab} \int_0^a \int_0^b q(x,y) \sin\left(\frac{m\pi x}{a} \right) \sin\left(\frac{n\pi y}{b} \right) \mathrm{d}x \mathrm{d}y \tag{7.40}$$

对于给定载荷,利用式(7.40)求出系数 q_{mn},代入式(7.39),即得到在给定载荷作用下四边自由支持矩形薄板小挠度弯曲问题的解 $w(x,y)$。再利用式(7.32)就可解出板中任何一点的弯矩和扭矩:

$$\left. \begin{aligned} M_x &= \frac{1}{\pi^2} \sum_{m=1}^{\infty} \sum_{n=1}^{\infty} \frac{\left(\frac{m^2}{a^2} + \mu \frac{n^2}{b^2} \right) q_{mn}}{\left(\frac{m^2}{a^2} + \frac{n^2}{b^2} \right)^2} \sin\left(\frac{m\pi x}{a} \right) \sin\left(\frac{n\pi y}{b} \right) \\ M_y &= \frac{1}{\pi^2} \sum_{m=1}^{\infty} \sum_{n=1}^{\infty} \frac{\left(\mu \frac{m^2}{a^2} + \frac{n^2}{b^2} \right) q_{mn}}{\left(\frac{m^2}{a^2} + \frac{n^2}{b^2} \right)^2} \sin\left(\frac{m\pi x}{a} \right) \sin\left(\frac{n\pi y}{b} \right) \\ M_{xy} &= -\frac{(1-\mu)}{\pi^2 ab} \sum_{m=1}^{\infty} \sum_{n=1}^{\infty} \frac{mn q_{mn}}{\left(\frac{m^2}{a^2} + \frac{n^2}{b^2} \right)^2} \cos\left(\frac{m\pi x}{a} \right) \cos\left(\frac{n\pi y}{b} \right) \end{aligned} \right\} \tag{7.41}$$

例 7.3　试求四边自由支持的矩形板($a \times 2a$)在均匀分布载荷作用下(见图 7-4-3)的最大挠度和最大弯矩。

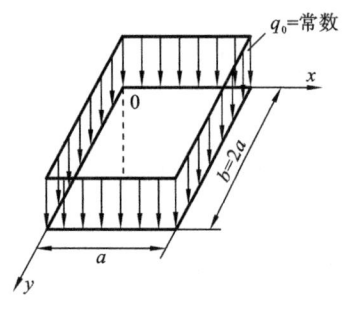

图 7-4-3

解　首先由式(7.40)求出系数 q_{mn}。

$$q_{mn} = \frac{4}{ab}\int_0^a\int_0^b q_0 \sin\left(\frac{m\pi x}{a}\right)\sin\left(\frac{n\pi y}{b}\right)\mathrm{d}x\mathrm{d}y$$

$$= \begin{cases} \dfrac{16q_0}{\pi^2 mn} & (m,n=1,3,5,\cdots) \\ 0 & (m,n=2,4,6\cdots) \end{cases}$$

再将此系数及 $b=2a$ 代入式(7.39),即得挠曲面函数为

$$w(x,y) = \frac{16q_0 a^4}{\pi^6 S}\sum_{m,n=1,3,5,\cdots}\sum \frac{\sin\left(\dfrac{m\pi x}{a}\right)\sin\left(\dfrac{n\pi y}{b}\right)}{mn\left(m^2+\dfrac{n^2}{4}\right)^2}$$

最大挠度发生在板中心($x=a/2, y=a$),其值为

$$w_{\max} = \frac{16q_0 a^4}{\pi^6 D}(0.64000-0.03156-0.00390+0.00088-\cdots) \approx 0.01008\frac{q_0 a^4}{D}$$

由于此级数收敛很快,因此,在所有实际应用中只要考虑两项,精度就已足够。

将 $b=2a$,$x=a/2$,$y=a$ 及 q_{mn} 代入式(7.41),即可求出板中心处的最大弯矩值:

$$(M_x)_{\max} = \frac{16q_0 a^2}{\pi^4}\sum_{m,n=1,3,5,\cdots}\sum \frac{\left(m^2+\mu\dfrac{n^2}{4}\right)\sin\left(\dfrac{m\pi}{2}\right)\sin\left(\dfrac{n\pi}{2}\right)}{mn\left(m^2+\dfrac{n^2}{4}\right)^2}$$

$$(M_y)_{\max} = \frac{16q_0 a^2}{\pi^4}\sum_{m,n=1,3,5,\cdots}\sum \frac{\left(\mu m^2+\dfrac{n^2}{4}\right)\sin\left(\dfrac{m\pi}{2}\right)\sin\left(\dfrac{n\pi}{2}\right)}{mn\left(m^2+\dfrac{n^2}{4}\right)^2}$$

虽然这两个级数比上面的级数收敛得慢些,但也只要考虑四项,就能得出足够精度的弯矩值。

2) 一对边自由支持矩形薄板的列维解法

设矩形薄板具有 $x=0$ 及 $x=a$ 两个自由支持边,其余 $y=\pm b/2$ 两边是任意边,承受横向载荷 $q(x,y)$ 作用,如图 7-4-4 所示。列维(M. Levy)在 1899 年建议把挠曲面函数 $w(x,y)$ 取为如下单三角级数:

$$w(x,y) = \sum_{m=1}^{\infty} f_m(y)\sin\left(\frac{m\pi x}{a}\right) \qquad (7.42)$$

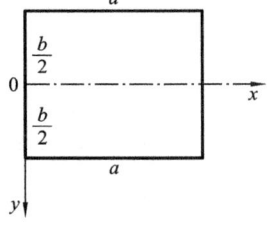

图 7-4-4

式中:$f_m(y)$ 为 y 的任意函数,而 m 为任意正整数。

容易看出,式(7.42)能满足 $x=0$ 及 $x=a$ 两边的边界条件。因此,只需选择函数 $f_m(y)$ 使式(7.42)能满足挠曲面方程式(7.32),并在 $y=\pm b/2$ 的两边上满足边界条件就可以了。

将式(7.42)代入式(7.32),得

$$\sum_{m=1}^{\infty}\left[f_m^{IV}(y)-2\left(\frac{m\pi}{a}\right)^2 f_m''(y)+\left(\frac{m\pi}{a}\right)^4 f_m(y)\right]\sin\left(\frac{m\pi x}{a}\right) = \frac{q(x,y)}{D} \qquad (7.43)$$

为了确定函数 $f_m(y)$,把载荷 $q(x,y)$ 展开成相应的单三角级数:

$$q(x,y) = \sum_{m=1}^{\infty} q_m(y)\sin\left(\frac{m\pi x}{a}\right) \tag{7.44}$$

按照傅立叶级数展开的法则,在式(7.44)中,

$$q_m(y) = \frac{2}{a}\int_0^a q(x,y)\sin\left(\frac{m\pi x}{a}\right)\mathrm{d}x \tag{7.45}$$

将式(7.44)代入式(7.43),得

$$f_m^{\mathrm{IV}}(y) - 2\left(\frac{m\pi}{a}\right)^2 f_m''(y) + \left(\frac{m\pi}{a}\right)^4 f_m(y) = \frac{q_m(y)}{D} \tag{7.46}$$

这是一个四阶常微分方程。由此可见,列维解法实质上是分离变量法,即把一个关于变量 x,y 的偏微分方程式(7.32)化为只有一个变量 y 的常微分方程。

式(7.46)这个常微分方程的一般解可以写成

$$f_m(y) = A_m\,\mathrm{ch}\,\frac{m\pi y}{a} + B_m\frac{m\pi y}{a}\mathrm{sh}\,\frac{m\pi y}{a} + C_m\,\mathrm{sh}\,\frac{m\pi y}{a} + D_m\frac{m\pi y}{a}\mathrm{ch}\,\frac{m\pi y}{a} + F_m(y) \tag{7.47}$$

式中:$F_m(y)$ 为任意一个特解,可以按式(7.46)等号右边 $q_m(y)$ 的形式来选择;A_m、B_m、C_m、D_m 为任意常数,决定于 $y = \pm b/2$ 两边的边界条件。将式(7.45)代入式(7.42),即得出挠曲面函数 $w(x,y)$ 的表达式。

例 7.4　用列维解法求解例 7.3(见图 7-4-4)。

解　由式(7.45),得

$$q_m(y) = \frac{2q_0}{a}\int_0^a \sin\left(\frac{m\pi x}{a}\right)\mathrm{d}x = \frac{2q_0}{\pi m}\left[1 - \cos(m\pi)\right] = \begin{cases} \dfrac{4q_0}{\pi m} & (m = 1,3,5,\cdots) \\[2mm] 0 & (m = 2,4,6,\cdots) \end{cases}$$

于是微分方程(7.46)的特解可取为

$$F_m(y) = \left(\frac{a}{m\pi}\right)^4 \frac{4q_0}{\pi m D} = \frac{4q_0 a^4}{\pi^5 D m^5} \quad (m = 1,3,5,\cdots)$$

由于板的挠曲面对称于 ox 轴,故函数 $f_m(y)$ 中的奇函数项的系数就应等于零,即 $C_m = 0$,$D_m = 0$。

从而有

$$f_m(y) = A_m\,\mathrm{ch}\left(\frac{m\pi y}{\alpha}\right) + B_m\frac{m\pi y}{\alpha}\mathrm{sh}\left(\frac{m\pi y}{\alpha}\right) + \frac{4q_0 a^4}{\pi^5 D m^5} \tag{7.48}$$

将式(7.48)代入式(7.42),得

$$w(x,y) = \sum_{m=1}^{\infty}\left[A_m\,\mathrm{ch}\left(\frac{m\pi y}{\alpha}\right) + B_m\frac{m\pi y}{\alpha}\mathrm{sh}\left(\frac{m\pi y}{\alpha}\right)\right]\sin\left(\frac{m\pi x}{\alpha}\right) + \frac{4q_0 a^4}{\pi^5 D}\sum_{m=1,3,5,\cdots}\frac{1}{m^5}\sin\left(\frac{m\pi x}{\alpha}\right) \tag{7.49}$$

应用 $y = \pm\dfrac{b}{2}$ 边的边界条件:

$$(w)_{y=\pm b/2} = 0, \quad \left(\frac{\partial^2 w}{\partial y^2}\right)_{y=\pm b/2} = 0$$

得出决定 A_m 和 B_m 的联立方程式:

$$\left.\begin{array}{l} \mathrm{ch}(a_m)A_m + a_m\,\mathrm{sh}(a_m)B_m + \dfrac{4q_0 a^4}{\pi^5 D m^5} = 0 \\[3mm] \mathrm{ch}(a_m)(A_m + 2B_m) + a_m\,\mathrm{sh}(a_m)B_m = 0 \end{array}\right\} \quad (m = 1,3,5,\cdots)$$

以及

$$\left.\begin{array}{l} \mathrm{ch}(a_m)A_m + a_m\mathrm{sh}(a_m)B_m = 0 \\ \mathrm{ch}(a_m)(A_m + 2B_m) + a_m\mathrm{sh}(a_m)B_m = 0 \end{array}\right\} \quad (m = 2,4,6,\cdots)$$

式中：$a_m = \dfrac{m\pi b}{2a}$。求解联立方程，得

$$A_m = -\frac{2(2 + a_m\mathrm{th}a_m)q_0 a^4}{\pi^5 D m^5 \mathrm{ch}a_m}, \quad B_m = \frac{2q_0 a^4}{\pi^5 D m^5 \mathrm{ch}a_m} \quad (m = 1,3,5,\cdots)$$

以及

$$A_m = 0, \quad B_m = 0 \quad (m = 2,4,6,\cdots)$$

将求出的系数 A_m，B_m 代入式(7.49)，即得

$$w(x,y) = \frac{4q_0 a^4}{\pi^5 D}\sum_{m=1,3,5,\cdots}\left(\frac{1}{m^5}\right)\left[1 - \frac{2 + a_m\mathrm{th}a_m}{2\mathrm{ch}a_m}\mathrm{ch}\left(\frac{2a_m y}{b}\right) + \frac{a_m}{2\mathrm{ch}a_m}\frac{2y}{b}\mathrm{sh}\left(\frac{2a_m y}{b}\right)\right]\sin\left(\frac{m\pi x}{a}\right)$$

$$(7.50)$$

从而读者可以自己推导得出弯矩、扭矩的表达式。

将板中心的坐标$(x = a/2, y = 0)$代入式(7.50)，即得最大挠度：

$$w_{\max} = \frac{4q_0 a^4}{\pi^5 D}\sum_{m=1,3,5,\cdots}\frac{(-1)^{\frac{m-1}{2}}}{m^5}\left(1 - \frac{2 + a_m\mathrm{th}a_m}{2\mathrm{ch}a_m}\right) \quad (7.51)$$

对于本例，$a_m = \dfrac{m\pi}{2a}(2a) = m\pi$，代入式(7.51)后，可得

$$w_{\max} = \frac{4q_0 a^4}{\pi^5 D}(0.77873 - 0.00411 + 0.00032 - \cdots) \approx 0.01013\frac{q_0 a^4}{D}$$

此级数收敛非常快，仅取头两项就可得出很精确的解答。

3）应用叠加原理的解法

这种解法的思路是，先利用前述的纳维叶解法和列维解法得到在不同载荷方式和边界条件的各种矩形板的解答，再由叠加原理来获得某种特定情况下的矩形板的解答。下面通过两个例题来说明应用叠加原理的解法（具体运算从略）。

例 7.5　四边自由支持正方形薄板，在板中心设有一支座（见图7-4-5a），试求该正方形板在均匀分布载荷 q_0 作用下的挠曲面函数 $w(x,y)$。

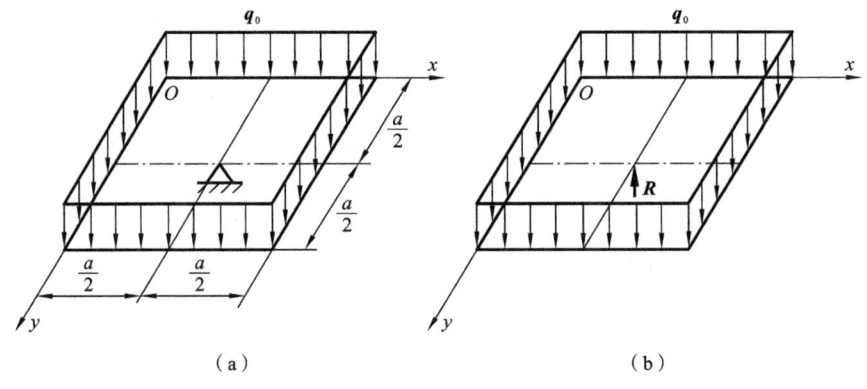

（a）　　　　　　　　　　（b）

图 7-4-5

解　采用力法的思路，去掉板中心的支座，代之以约束反力 R（见图7-4-5b）。由叠加原理，该正方形薄板的挠曲面可表示为

$$w(x,y) = w_{q_0}(x,y) + w_R(x,y)$$

式中：$w_{q_0}(x,y)$ 是由 q_0 单独作用而引起的挠曲面函数；$w_R(x,y)$ 是由 R 单独作用而引起的挠曲面函数。这两个挠曲面函数可由纳维叶解法得出，即

$$w_{q_0}(x,y) = \frac{16q_0 a^4}{\pi^6 D} \sum_{m,n=1,3,5\cdots} \sum \frac{\sin\left(\frac{m\pi x}{a}\right)\sin\left(\frac{m\pi y}{a}\right)}{mn(m^2+n^2)^2}$$

$$w_R(x,y) = -\frac{4Ra^2}{\pi^4 D} \sum_{m,n=1,3,5\cdots} \sum \frac{\sin\left(\frac{m\pi}{2}\right)\sin\left(\frac{n\pi}{2}\right)}{(m^2+n^2)^2} \sin\left(\frac{m\pi x}{a}\right)\sin\left(\frac{n\pi y}{a}\right)$$

再利用变形协调条件

$$w_{q_0}(x,y)_{x,y=\frac{a}{2}} + w_R(x,y)_{x,y=\frac{a}{2}} = 0$$

求出未知约束反力 R。

例 7.6　三边刚性固定、一边完全自由的矩形薄板（见图 7-4-6a），作用有均匀分布的横向载荷 q_0，试求该矩形板的挠曲面函数 $w(x,y)$。

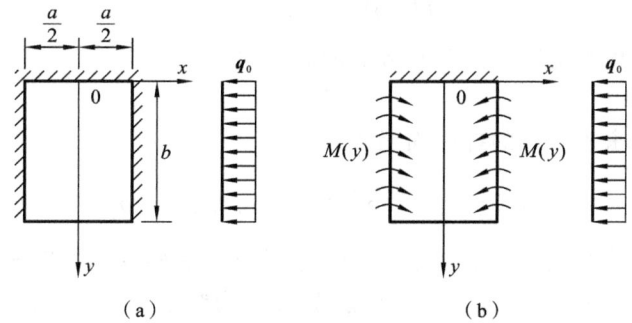

（a）　　　　　　　　　　（b）

图 7-4-6

解　假想把 $x=\pm a/2$ 的一对刚性固定边改为自由支持边，并在这两个自由支持边上分别加上分布的弯矩 $M(y)$，如图 7-4-5b 所示。则由叠加原理有

$$w(x,y) = w_{q_0}(x,y) + w_m(x,y)$$

式中：$w_{q_0}(x,y)$ 为一对边自由支持（$x=\pm a/2$），一边刚性固定（$y=0$），一边完全自由（$y=b$）的矩形板，在 q_0 单独作用下引起的挠曲面函数；$w_m(x,y)$ 为分布弯矩 $M(y)$ 单独作用下引起的挠曲面函数。这两个挠曲面函数都可利用列维解法得到。未知分布弯矩 $M(y)$，利用变形协调条件求出。

$$\left(\frac{\partial w}{\partial x}\right)_{x=\pm a/2} = \left(\frac{\partial w_{q_0}(x,y)}{\partial x}\right)_{x=\pm a/2} + \left(\frac{\partial w_m(x,y)}{\partial x}\right)_{x=\pm a/2} = 0$$

当然，这个求解过程的运算是很复杂的。在工程设计中，一般都是利用手册和相应的表格或图谱来实现的。

3. 刚性薄板小挠度弯曲问题能量解法（瑞利-里兹法）

本节将说明如何应用里兹法求解薄板小挠度弯曲问题。

首先导出板弯曲应变能的计算公式。在薄板小挠度弯曲问题中，按基本假定是不计应变分量 ε_z、γ_{zz}、γ_{yz} 的，于是板的弯曲应变能为

$$V = \frac{1}{2} \iiint (\sigma_x \varepsilon_x + \sigma_y \varepsilon_y + \tau_{xy}\gamma_{xy}) \mathrm{d}x\mathrm{d}y\mathrm{d}z \tag{7.52}$$

再根据式（7.32）和式（7.33），将式（7.52）改写为

$$V = \frac{D}{2}\iiint z^2 \left[\left(\frac{\partial^2 w}{\partial x^2}\right)^2 + \left(\frac{\partial^2 w}{\partial y^2}\right)^2 + 2\mu\frac{\partial^2 w}{\partial x^2}\frac{\partial^2 w}{\partial y^2} + 2(1-\mu)\left(\frac{\partial^2 w}{\partial x \partial y}\right)^2 \right]\mathrm{d}x\mathrm{d}y\mathrm{d}z \quad (7.53)$$

将式(7.53)对 z 自 $-t/2$ 至 $t/2$ 积分,可得

$$V = \frac{D}{2}\iint \left\{ \left(\frac{\partial^2 w}{\partial x^2} + \frac{\partial^2 w}{\partial y^2}\right)^2 - 2(1-\mu)\left[\frac{\partial^2 w}{\partial x^2}\cdot\frac{\partial^2 w}{\partial y^2} - \left(\frac{\partial^2 w}{\partial x \partial y}\right)^2\right] \right\}\mathrm{d}x\mathrm{d}y \quad (7.54)$$

由此可以证明,对于只具有自由支持边及刚性固定边而没有自由边的矩形板,式(7.54)等号右边大括号内的第二项等于零。因此,对于这种矩形板,应变能计算公式可简化为

$$V = \frac{D}{2}\iint \left(\frac{\partial^2 w}{\partial x^2} + \frac{\partial^2 w}{\partial y^2}\right)^2 \mathrm{d}x\mathrm{d}y \quad (7.55)$$

在薄板小挠度弯曲问题中,外力的力函数可写成

$$U = \iint q(x,y)w(x,y)\mathrm{d}x\mathrm{d}y \quad (7.56)$$

如果外力是作用于点 (ξ,η) 的集中力 P,则外力势能为

$$U = P\big[w(x,y)\big]_{\substack{x=\xi\\y=\eta}} \quad (7.57)$$

从而可以写出薄板小挠度弯曲时总势能的表示式为

$$\Pi = V - U \quad (7.58)$$

再选择一个级数来表示板的挠曲面函数:

$$w(x,y) = \sum_{m=1}^{\infty}\sum_{n=1}^{\infty} A_{mn}\varphi_m(x)\psi_n(y) \quad (7.59)$$

式中:$\varphi_m(x)$ 及 $\psi_n(y)$ 为满足相应的板边几何(包括位移和转角)边界条件的基函数(形状函数);A_{mn} 为待定系数。将式(7.59)代入应变能 V 和外力势能 U 的表示式中,由式(7.58)便得出用待定系数 A_{mn} 和外力表示的总势能 Π。由势能驻值原理可写出方程组:

$$\frac{\partial \Pi}{\partial A_{mn}} = \frac{\partial (V-U)}{\partial A_{mn}} = 0 \quad (m,n=1,2,3\cdots) \quad (7.60)$$

由此解出 A_{mn},代入式(7.59)后,即得板的挠曲面函数。

里兹法的优点在于,不需要求解挠曲面微分方程式,就能较方便地得到问题的近似解答。这种解法的关键在于选择恰当的基函数,因为基函数直接影响到所得结果的精度。如果基函数选得恰当,那么在 $w(x,y)$ 的级数中只取前几项,甚至一项,就能得到比较精确的解答。举例说明如下。

例 7.7 试用里兹法求四边自由支持方板的最大挠度,方板承受三棱柱形横向载荷作用(见图 7-4-7)。

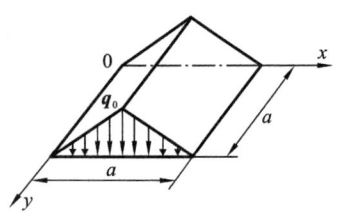

图 7-4-7

解 板的几何边界条件是

在 $x=0$ 及 $x=a$ 边, $w=0, \dfrac{\partial w}{\partial x}\neq 0$

在 $y=0$ 及 $y=a$ 边, $w=0, \dfrac{\partial w}{\partial y}\neq 0$

此外,该板及所受载荷都对称于 $x=a/2,y=a/2$ 两轴线,所以挠曲面函数对这两轴线也是对称的。这样可选取挠曲面函数:

$$w(x,y) = \sum_{m,n=1,3,5,\cdots}\sum A_{mn}\sin\left(\frac{m\pi x}{a}\right)\sin\left(\frac{n\pi y}{a}\right)$$

级数的每一项显然满足上述位移边界条件,且对于上述两轴线是对称的。

横向载荷的表示式为

$$q(x,y)=\frac{2q_0 x}{a}\quad\left(0\leqslant x\leqslant\frac{a}{2},0\leqslant y\leqslant a\right)$$

和

$$q(x,y)=2q_0-\frac{2q_0 x}{a}\quad\left(\frac{a}{2}\leqslant x\leqslant a,0\leqslant y\leqslant a\right)$$

由于挠度和横向载荷都对称于 $x=\dfrac{a}{2}$ 轴线,故外力势能为

$$U=2\int_0^{\frac{a}{2}}\int_0^a\frac{2q_0 x}{a}\Big[\sum_{m,n=1,3,5,\cdots}\sum A_{mn}\sin\Big(\frac{m\pi x}{a}\Big)\sin\Big(\frac{n\pi y}{a}\Big)\Big]\mathrm{d}x\mathrm{d}y$$

$$=\sum_{m,n=1,3,5,\cdots}\sum\frac{8q_0 a^2}{m^2 n\pi^3}A_{mn}\sin\Big(\frac{m\pi}{a}\Big)$$

由于本例中的板,没有自由边而只有自由支持边,所以可应用简化的应变能计算公式 (7.55)来计算应变能。

$$V=\frac{D}{2}\int_0^a\int_0^a\Big(\frac{\partial^2 w}{\partial x^2}+\frac{\partial^2 w}{\partial y^2}\Big)^2\mathrm{d}x\mathrm{d}y$$

$$=\frac{D}{2}\int_0^a\int_0^a\sum_{m,n=1,3,5,\cdots}\sum\Big[A_{mn}\Big(\frac{m^2\pi^2}{a^2}+\frac{n^2\pi^2}{a^2}\Big)\sin\Big(\frac{m\pi x}{a}\Big)\sin\Big(\frac{n\pi y}{a}\Big)\Big]^2\mathrm{d}x\mathrm{d}y$$

$$=\frac{D\pi^4 a^2}{8}\sum_{m,n=1,3,5,\cdots}\sum A_{mn}^2\Big(\frac{m^2}{a^2}+\frac{n^2}{a^2}\Big)^2 \tag{7.61}$$

由式(7.61),得

$$\frac{D\pi^4 a^2}{4}A_{mn}\Big(\frac{m^2}{a^2}+\frac{n^2}{a^2}\Big)^2-\frac{8q_0 a^2}{m^2 n\pi^3}\sin\Big(\frac{m\pi}{2}\Big)=0$$

即有

$$A_{mn}=\frac{32q_0 a^4}{\pi^7 D}\frac{\sin\Big(\dfrac{m\pi}{2}\Big)}{m^2 n(m^2+n^2)^2}\quad(m,n=1,3,5,\cdots)$$

从而得

$$w(x,y)=\frac{32q_0 a^4}{\pi^7 D}\sum_{m,n=1,3,5,\cdots}\sum\frac{\sin\Big(\dfrac{m\pi}{2}\Big)}{m^2 n(m^2+n^2)^2}\sin\Big(\frac{m\pi x}{a}\Big)\sin\Big(\frac{n\pi y}{a}\Big) \tag{7.62}$$

最大挠度发生在 $x=y=a/2$ 处,将此 x、y 值代入式(7.62),得

$$w_{\max}=\frac{32q_0 a^4}{\pi^7 D}\sum_{m,n=1,3,5,\cdots}\sum\frac{\sin\Big(\dfrac{n\pi}{2}\Big)}{m^2 n(m^2+n^2)^2}$$

取级数的前三项($m=n=1$;$m=1$,$n=3$;$m=3$,$n=1$)即可求得

$$w_{\max}=\frac{32q_0 a^4}{\pi^7 D}(0.250000-0.003333+0.001111)=0.002625\frac{q_0 a^4}{D}$$

上述结果与精确解 $w_{\max}=0.002623\dfrac{q_0 a^4}{D}$ 相比,误差极小。实际上,本例所选基函数除满足几何边界条件外,还满足全部静力边界条件:

在 $x=0$ 及 $x=a$ 边上,　　　　　$M_x=0$,　$N_x\neq0$

在 $y=0$ 及 $y=b$ 边上,　　　　　$M_y=0$,　$N_y\neq0$

因此,只取级数中的前三项就能得到比较精确的解答。

应用里兹法时,虽然只要求所选的挠曲面表达式满足几何边界条件,而不需要满足静力边界条件,但是如果也能满足一部分或全部静力边界条件,则往往可以提高计算结果的精度。本例足以说明,选用了恰当的基函数,由里兹法可得精度很高的近似解答。

7.5　船体板稳定性概念及有效宽度

1. 基本概念

船体板主要为四边骨架梁支撑的矩形板格,如图 7-5-1 所示为某纵骨架式甲板船体板格在 x 轴方向上受到均匀压缩载荷 T_x 作用,板横截面上的均匀分布应力 σ_x,当压缩载荷 T_x 小于临界值 T_{cr} 时,板保持原有的平衡状态,而不会产生任何挠曲变形。但当压缩载荷达到板的临界压力 T_{cr} 时,若给板一个微小的横向扰动力,板平面就会离开原有的平衡位置而产生挠曲,

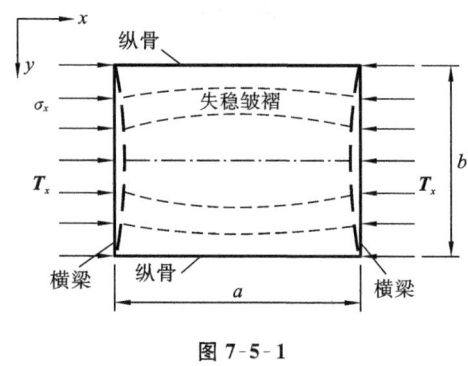

图 7-5-1

而且此时即使再解除扰动,板也回复不到原平衡位置,即板处于"临界状态"。当压缩载荷超过板的临界力时,板就立刻"失稳",失稳时,板在压缩载荷方向上会发生皱褶。对此,如果假定在失稳前,板的全部面积承担压缩载荷作用,并且板中的压应力与板的支撑周界(骨架梁)中的压应力相同;那么,在板失稳以后,如果继续增加压载,由于板已发生皱褶,板就不能继续承受所增加的全部荷载,而只能承受其中的一部分,其余部分无疑只能由板边的刚性支撑(骨架梁)去承受。所以,在板失稳时,其刚性支撑周界中的应力会比板中的应力更大,亦可认为,失稳后板面的实际承载能力将缩减。

通常我们称板的刚性支撑周界为"刚性构件"。如果假设板失稳后,刚性构件中的应力为 σ_n,而此板失稳时的临界应力为 σ_{cr},则可采用"缩减系数" φ 来衡量板的有效承载面积或承载的有效程度。

$$\varphi = \frac{\sigma_{cr}}{\sigma_n}$$

由此式可知,板的临界应力愈小,缩减系数 φ 愈小,即板失稳后的有效承载面积愈小,承载的有效程度愈低。因此,确定板的临界应力和减缩系数 φ 是进行船体板承压强度校核的基础。为简化问题,本书中未考虑横向载荷同时作用时对板稳定性的影响。

2. 受压板临界应力计算公式

开展板稳定性问题的讨论,首先必须求得板在受压时的临界应力。为此,首先给出板在临界压力作用下的中性平衡方程式。

$$D\left(\frac{\partial^2 w}{\partial x^4} + 2\frac{\partial^4 w}{\partial x^2 \partial y^2} + \frac{\partial^4 w}{\partial y^4}\right) = -T_x\frac{\partial^2 w}{\partial x^2} + 2T_{xy}\frac{\partial^2 w}{\partial x \partial y} - T_y\frac{\partial^2 w}{\partial y^2} \tag{7.63}$$

式(7.63)即在面内力 T_x、T_y、T_{xy} 作用下板的中性平衡微分方程式,即板的屈曲微分方程。以下本书中仅给出应用方程(7.63)求解四边简支单向受压临界应力的求解过程,其他典型板格临界应力的求解可参见船舶结构力学相关文献。

图 7-5-2 所示为四边简支单向受压板的计算模型。由于船体板在船常纵弯曲时常在船长方向受到压力,并且支撑船体板骨架的扭转刚度通常都很小,因此大多船体板均属于此类情

况。应注意,此时暂不考虑板上所承受的横向载荷。

设板在 $x=0$ 与 $x=a$ 的板边上受到均匀分布的压应力 σ_x,于是板内单位宽度上的压力 $T_x=\sigma_x \cdot t$,此处 t 为板的厚度。

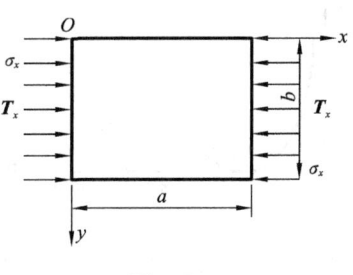

图 7-5-2

将 $T_x=\sigma_x \cdot t$ 及 $T_y=T_{xy}=0$ 代入方程(7.52)可得本题的中性平衡方程式为

$$D\left(\frac{\partial^2 w}{\partial x^4}+2\frac{\partial^4 w}{\partial x^2 \partial y^2}+\frac{\partial^4 w}{\partial y^4}\right)+\sigma_x t\frac{\partial^2 w}{\partial x^2}=0 \quad (7.64)$$

边界条件为

$x=0$ 和 $x=a$ 时,　　　　　　$w=0,\quad \dfrac{\partial^2 w}{\partial x^2}=0$

$y=0$ 和 $y=b$ 时,　　　　　　$w=0,\quad \dfrac{\partial^2 w}{\partial y^2}=0$

满足边界条件的方程式解采用如下三角级数表示:

$$w=\sum_{m=1}^{\infty}\sum_{n=1}^{\infty}A_{mn}\sin\frac{m\pi x}{a}\sin\frac{n\pi y}{b} \tag{7.65}$$

将式(7.65)代入式(7.64)中,可得

$$\sum_{m=1}^{\infty}\sum_{n=1}^{\infty}A_{mn}\left[\frac{m^4\pi^4}{a^4}+2\frac{m^2 n^2\pi^4}{a^2 b^2}+\frac{n^4\pi^4}{b^4}-\frac{P_x}{D}\times\frac{m^2\pi^2}{a^2}\right]\sin\frac{m\pi x}{a}\sin\frac{n\pi y}{b}=0$$

由于 $\sin\dfrac{m\pi x}{a}$ 和 $\sin\dfrac{n\pi y}{b}$ 均不为零,A_{mn} 也不为零,因为如果 $A_{mn}=0$,则板仍为平面的平衡状态,不符合板中性平衡的条件。满足上面无穷项之和恒等于零的唯一条件是每一项的系数中括号内的式子为零,此即板的屈曲条件:

$$\frac{m^4\pi^4}{a^4}+2\frac{m^2 n^2\pi^4}{a^2 b^2}+\frac{n^4\pi^4}{b^4}-\frac{P_x}{D}\times\frac{m^2\pi^2}{a^2}=0$$

由此得

$$P_x=\frac{a^2\pi^2 D}{m^2}\left(\frac{m^2}{a^2}+\frac{n^2}{b^2}\right)^2 \tag{7.66a}$$

或者

$$P_x=\frac{\pi^2 D}{b^2}\left(\frac{mb}{a}+\frac{n^2 a}{mb}\right)^2 \tag{7.66b}$$

板的屈曲载荷应是由式(7.66)给出的 $\boldsymbol{P}_x$ 的最小值,只有 $n=1$ 才可能使 $\boldsymbol{P}_x$ 具有最小值。这说明板屈曲时在 y 方向只有一个半波。而在 x 方向的半波数 m 也应使 $\boldsymbol{P}_x$ 具有最小值。

可把 m 看作是连续函数,由 $\dfrac{\partial P_x}{\partial m}=0$,可以得 $m=a/b$,$m=a/b$ 必须是整数,将整数值代入式(7.66b)后得到

$$(P_x)_{cr}=\frac{4\pi D}{b^2} \tag{7.67}$$

如果 a/b 不是整数,则计算屈曲载荷时 m 可取与比值 a/b 接近且使 $(P_x)_{cr}$ 较小的整数。

由式(7.66b),令 $n=1$,则有

$$(P_x)_{cr}=\frac{\pi^2 D}{b^2}\left(\frac{mb}{a}+\frac{a}{mb}\right)^2 \tag{7.68a}$$

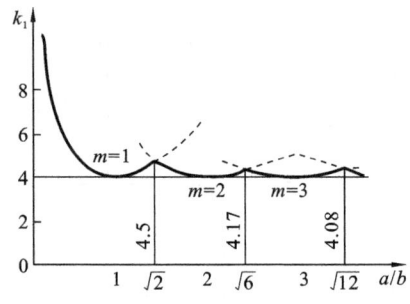

图 7-5-3　单向均匀受压四边
简支板的屈曲系数

或者

$$(P_x)_{\text{cr}} = k_1 \frac{\pi^2 D}{b^2} \tag{7.68b}$$

式中：$k_1 = \left(\dfrac{mb}{a} + \dfrac{a}{mb}\right)^2$ 称为屈曲系数，取决于板的长度和宽度的比值 a/b，其中的半波数 m 应使 k_1 值为最小。可以画 k_1 与 a/b 的关系曲线，如图 7-5-3 所示，图中实线表示比值 a/b 不同时的屈曲系数。

当 $a/b \leqslant \sqrt{2}$ 时，取 $m=1$；当 $a/b = \sqrt{2} \sim \sqrt{6}$ 时，$m=2$；当 $a/b = \sqrt{6} \sim \sqrt{12}$ 时，$m=3$，以此类推。只有当 $a/b < \sqrt{2}$ 时，k_1 的变化较大，而当 $a/b \geqslant 4.0$ 时，k_1 非常接近于最小值 $k_{\min} = 4.0$。

由式(7.68b)可以得到板的欧拉应力

$$\sigma_E = (P_x)_{\text{cr}}/t = \frac{k_1}{12(1-\mu^2)} \frac{\pi^2 E}{\left(\dfrac{b}{t}\right)^2} \tag{7.69}$$

由式(7.69)可知，单向均匀受压板的欧拉应力与板的宽厚比的平方成反比，而与板的长度无关。当板的厚度为定值时，受压边越窄，即 b 值越小，则板的欧拉应力越大，稳定性越好，因此从这个意义上来说，纵骨架式船体板比横骨架式船体板的稳定性要好(见图 7-5-4 和图 7-5-5)。

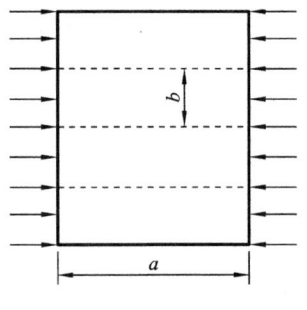

图 7-5-4　纵骨架式船体板

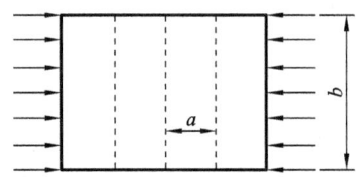

图 7-5-5　横骨架式船体板

水面战斗舰艇由于快速性的需要，船身一般比较瘦长。为保证舰艇的不沉性，水密横舱壁较多，相邻水密舱壁之间的距离，往往小于两舷之间的距离。因此多采用纵骨架式，这样也有利于提高船体板的稳定性，此时，取 $k_1 = 4$，$E = 2.06 \times 10^5 \text{ MPa}$，$\mu = 0.3$，代入式(7.69)即可得出目前舰船规范计算纵骨架式船体板欧拉应力的计算公式

$$\sigma_E = 74.5 \left(\frac{100t}{b}\right)^2 (\text{MPa}) \tag{7.70}$$

3. 板的极限承载状态

由上可知，板在失稳前其板面积全部有效承载，板中的应力与刚性构件中的应力相同。那么板在屈曲后是否仍然能够继续承载，屈曲后板的承载状态如何？有效面积或有效程度又应如何计算？板在屈曲后最多还能承受多大载荷的问题，实质上就是板的破坏载荷或极限载荷(ultimate load)问题。在实际的工程设计中，某些构件是允许失稳的，譬如对甲板板而言，其功能一是保证船的水密性，二是保证船体的强度，所以在能确保板的强度条件下，部分失稳是允许的，这一点对于设计而言是具有非常重要的工程意义的。因为，若要保证全部板均不失

稳,势必会增加板厚,并导致船体结构重量大幅增加。

理论上确定板极限载荷的方法需研究板失稳后的承载或应力状态,求出板中最大应力达到屈服强度时的外荷重,此外荷重就是极限载荷,极限载荷除以板的截面积称为板的极限应力或极限强度(ulitmate strength)。鉴于板在失稳后弯曲问题的解比较复杂,本书在此仅简要地介绍有关船体板极限应力的主要实用结果。

应该指出,板失稳后,只要板中的应力没有超过板的极限应力,即材料尚未达到屈服强度时,板是可以继续承受附加压缩载荷的,也就是说,板的承载能力可以超过板的临界应力。

图 7-5-6(a)给出了板承受单向压载荷的工作状态。设图中 σ_n 为刚性构件(骨材)中的压应力,f 为刚性构件横截面面积,则刚性构件所承受的压缩载荷为

$$T_n = \sigma_n \cdot f$$

σ_t 为板中压应力,板所承受的压缩载荷为

$$T_t = \sigma_t \cdot b \cdot t$$

则总压缩载荷为
$$T = T_n + T_t$$
平均压应力为
$$\sigma = T/(f + bt)$$

板失稳前 $\sigma = \sigma_n = \sigma_t$,然而失稳后,由于板压缩刚度的退化,压应力的分布将不再均匀,最大压应力将主要分布于刚性构件中,最小压应力则分布在板宽中部。若设 σ_1、σ_2、σ_3 表示三种平均压应力 σ 的值,且 $\sigma_3 > \sigma_2 > \sigma_1$。那么,平均压应力超过临界应力越大,压应力的分布越不均匀,即刚性构件中的压应力越大而板宽中部的压应力越小,如图 7-5-6 所示。

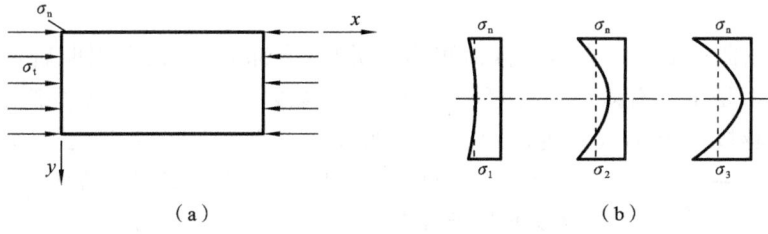

图 7-5-6

刚性构件中的压应力与板宽中部的压应力 σ_n/σ_{x0} 随着平均应力与临界应力之比 σ/σ_{cr} 而变动的情形可以用图线表示,如图 7-5-7 所示。

图中 σ_{x0} 表示板宽中部的压应力。从图 7-5-7 可知,在 $\sigma/\sigma_{cr}=1.0$ 以前,即在板失稳之前,应力 σ_n 和 σ_{x0} 相等并等于平均压应力 σ。所以在失稳前可用直线段 OA 表示。A 点称为失稳点,图线在 A 点分岔,即开始失稳。分支 AB 表示失稳后,刚性构件中的压应力的增长较失稳前更快;分支 AC 则表明在附加压缩载荷作用下,板宽中部的压应力将自动降低。也就是说,在失稳以后,刚性构件及其毗邻部分的板将承受更大的压应力;而板宽中间部分将承受较小的压应力。

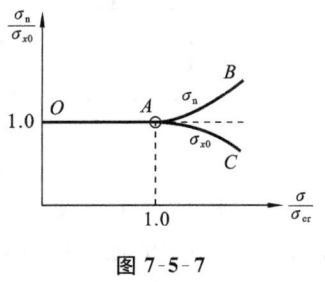

图 7-5-7

假如我们能将任何情况下作用于板上的压缩载荷 T_t 和作用于刚性构件上的压缩载荷 T_n 求出,那么,就可得出以下重要结论:

(1)在失稳前,板的截面积全部有效。

(2)在失稳后,附加压缩载荷的大部分将由刚性构件及其带板承受,而板只承受一小部

分。这样我们就说该部分板面积的效用减小。

（3）由上可知,板的承载能力可以超过临界压力。

（4）由于板失稳后,刚性构件中的应力增加甚快,若其中应力超过材料的抗压强度极限,则刚性构件将因此而破坏。因此,板失稳后的极限承载能力实际上是由刚性构件承受附加压缩载荷的能力决定的。

4. 板的有效宽度与折减系数

前已说明,板屈曲后应力不再均匀,而是板边应力大于板中部应力。这种应力分布的不均匀性可用板的有效宽度来表述。

设板中压应力的平均值 σ_{m} 为

$$\sigma_{\mathrm{m}} = \frac{1}{bt}\int_0^b \sigma_x(y)t\mathrm{d}y = \frac{1}{b}\int_0^b \sigma_x(y)\mathrm{d}y \tag{7.71}$$

再设板边的最大压应力为 $\bar{\sigma}$（见图 7-5-8）,并引入一个板宽 b_e,使它满足下面的关系:

$$\sigma_{\mathrm{m}}b = \bar{\sigma}b_e \quad \text{或} \quad b_e = \frac{\sigma_{\mathrm{m}}}{\bar{\sigma}}b \tag{7.72}$$

由于板在屈曲后 $\bar{\sigma} > \sigma_{\mathrm{m}}$,故 $b_e < b$;在屈曲前 $\bar{\sigma} = \sigma_{\mathrm{m}}$,故 $b_e = b$,因此 b_e 表示假想板与骨架能承受同样大小的压应力的话,板实际起作用的那一部分宽度,称为有效宽度（effective breadth）。既然板屈曲后的有效宽度小于真实宽度,所以我们也可以说板的截面积打了一个折扣。为此再引入一个板截面的折减系数,其定义为

$$\psi = \frac{b_e}{b} = \frac{\sigma_{\mathrm{m}}}{\bar{\sigma}} \tag{7.73}$$

这样,板在屈曲前 $\psi = 1$,表示板截面积不打折扣,全部有效;板在屈曲后,$\psi < 1$,表示板截面积打了折扣,不是全部有效。由此可知,板的有效宽度 b_e 与折减系数 ψ 都可以来反映板后屈曲的性能;b_e 越接近于 b,或 ψ 越接近于 1,说明板后屈曲的强度高,反之则后屈曲强度差。

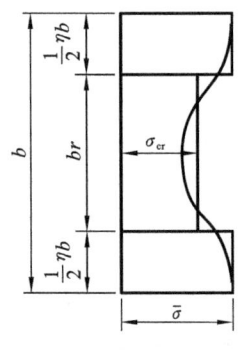

图 7-5-8

与确定板极限载荷一样,如果能够求得板后屈曲的应力状态,那么有效宽度与折减系数都不难算得。但可以发现,有效宽度与折减系数都将随着外载荷的大小而变化,不是常值。式(7.73)中的折减系数 ψ 与应力分布的具体形状有关,并且相应于不同的总弯曲应力将有不同的值,这就使得在实际应用中确定 ψ 有困难。所以在实际计算中,目前对板后屈曲的折减问题是按下面的假定进行的。假设屈曲后的压应力分布可用图 7-5-8 的阶梯形曲线来代替:板边宽度为 ηb 的一部分板,其应力与骨架相同,即等于 $\bar{\sigma}$;板中间宽度为 $(1-\eta)b$ 的板,其应力始终保持为板的临界应力 σ_{cr}。显然这种代替是能够做到的,只要选取一定的 η 值就行。由于板边宽度为 ηb 的板与骨架的应力相同,即它与骨架承担同样负荷,或它与骨架一起有效地参与船体总纵弯曲,故称为刚性构件,中间的板则称为柔性构件。

设板的有效宽度定义不变,于是有

$$\bar{\sigma} \cdot \eta b + \sigma_{\mathrm{cr}}(1-\eta)b = \sigma_{\mathrm{m}}b = \bar{\sigma}b_e$$

或

$$b_e = \eta b + (1-\eta)b\frac{\sigma_{\mathrm{cr}}}{\bar{\sigma}} \tag{7.74}$$

现重新定义板的折减系数:

$$\psi' = \frac{\sigma_{cr}}{\bar{\sigma}} \tag{7.75}$$

则得

$$b_e = \eta b + (1-\eta) b \psi' \tag{7.76}$$

可见，做了这样的假设后，板宽度的折减只需对柔性构件进行（刚性构件宽度不折减），并且只需知道板边的应力 $\bar{\sigma}$ 就可求得折减系数 ψ'。此 ψ' 虽然与式（7.62）的 ψ 有所不同，但它同样可用来表示板的后屈曲性能：当 $\psi' = 1$ 时，$b_e = b$，板开始屈曲；当 $\psi' < 1$ 时，$b_e < b$，板已经屈曲。此时柔性构件不再与刚性构件同样有效工作，而要将柔性构件面积乘以 ψ' 后才能和刚性构件同样工作。

理论上说，宽度 ηb 也将随着外荷重的大小而变化，巴普考维奇（П. Ф. Папковия）经过分析采用最小二乘法求得 η，应用此 η 值所得的折减系数 ψ' 与不同大小外载荷时精确的折减系数 ψ 的误差为最小，其结果如下：

对于横骨架式板图（见图 7-5-9a），$\eta b = 0.44a$，于是有效宽度为

$$b_e = 0.44a + (b - 0.44a) \psi' \tag{7.77}$$

对于纵骨架式板（见图 7-5-9b），$\eta b = 0.44b$，于是有效宽度为

$$b_e = 0.44b + 0.56b \psi' \tag{7.78}$$

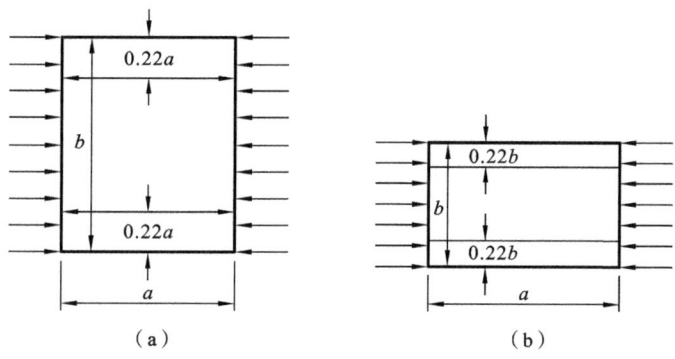

图 7-5-9

总之，不论是横骨架式还是纵骨架式的板，都认为板每边刚性构件的宽度等于短边长度的 0.22。在实际求解时，板的相当宽度和相当面积可按以下方法加以确定：

（1）认为作为刚性构件的带板宽度为 $\dfrac{b}{4}$。在计算时其面积不减缩，由于刚性构件是板的周界，所以板的不减缩总宽度等于 $2 \times \dfrac{b}{4} = \dfrac{b}{2}$，这样其总面积等于 $\dfrac{bt}{2}$。

（2）板的剩余部分面积 $\dfrac{bt}{2}$ 应乘以折减系数 ψ'，故其相当面积为 $\dfrac{bt}{2} \psi'$。

因此，在计算中所计入的全部有效面积为

$$A_e = b_e \cdot t = \frac{bt}{2}(1 + \psi')$$

式中：b_e 为有效宽度，$b_e = \dfrac{b}{2}(1 + \psi')$，所得的有效宽度公式将在舰艇强度部分中计算船体总纵强度时用到。

习　题

（思考题）

7.1　何谓刚性板？何谓柔性板？

7.2　刚性板弯曲的基本假定是什么？与梁纯弯曲的基本假定有何异同？

7.3　在什么条件下板的弯曲可采用柱面弯曲理论计算？板条梁与普通梁有何异同？

7.4　船体板在柱面弯曲时，如果受到外加中面力作用，是否一定要考虑中面力对板弯曲要素的影响？如果板边不可趋近是否一定要考虑大挠度弯曲产生的中面力对板弯曲要素的影响？

7.5　为什么船体板在失稳后还能继续承载？板在受压时的极限载荷是如何定义的？

7.6　什么是板失稳后的有效宽度和折减系数？

7.7　基于稳定性考虑的骨架带板宽度与基于强度计算考虑的骨架带板宽度的取法有何差异？为什么？

第8章 船体总纵弯曲外力

本章学习要求:

(1) 理解并掌握舰船总纵弯曲外力的产生与危险状态;

(2) 理解并掌握静置波浪法计算舰船总纵弯曲外力的思路;

(3) 熟练掌握重量分布曲线、浮力分布曲线、载荷分布曲线、静水剪力与弯矩曲线的计算;

(4) 理解并掌握波浪附加剪力和弯矩的计算;

(5) 了解砰击振动弯矩概念。

主要知识点及重难点:

(1) 波浪中的危险状态;

(2) 静置波浪法计算舰船总纵弯曲外力;★

(3) 重量分布曲线、浮力分布曲线、载荷分布曲线、静水剪力与弯矩曲线;☆★

(4) 波浪附加剪力和弯矩;☆★

(5) 砰击振动弯矩。

★—难点;☆—重点

8.1 船体总纵弯曲力矩的产生

舰船漂浮于水中,作用于船体上的外力主要是重力和浮力。重力是由舰船上各种机械装备和油、水、弹药的重量,以及船体结构自身的重量所组成的,重力大小等于舰船的总重量,其方向垂直向下,合力作用在重心处;浮力是由舰船排开外水而产生的水对舰船的支承力,浮力大小等于船体排开外水的总量,其方向垂直向上,合力作用在浮心处。舰船在重力和浮力作用下静力是平衡的,因而船体总体所受到的合力为零。那么,船体结构在此状态下为什么会产生弯曲变形呢? 下面让我们做进一步分析。

舰船的重力和浮力都是沿舰长分布的,如图 8-1-1 所示。如果把船体沿纵向分成若干段(重力分布曲线通常按理论站等距给出,即设计水线长的 20 等分),则对于每一段船体来说,其所受的重力和浮力一般是不相等的,这是因为重力和浮力沿舰长的分布不可能完全一致。浮力分布是一条光顺曲线,并由船体水下部分的形状确定;重力曲线不会是光顺的,通常将各理论站距间的总重量平均,作成阶梯分布曲线,如图 8-1-1(b)所示。由于每段上的重力与浮力不相等,则将重力减去浮力就得到船体各段所受的载荷,船体沿船长所受的载荷分布曲线如图 8-1-1(c)所示。事实上,如果舰艇船体各段之间没有船体结构的连接,船体各段之间能自由起浮,则船体各段在上述载荷作用下将产生七上八下的漂浮状态,如图 8-1-1(d)所示。然而,船体实际上是一个连续的整体,各段船体之间的约束力使船体不可能产生上述现象,这种约束力就是作用在船体结构横剖面上的正应力和切应力。

但是,舰艇在波浪中航行时,舰艇遭遇的波浪大小和波浪与舰艇的相对位置都是随机的。

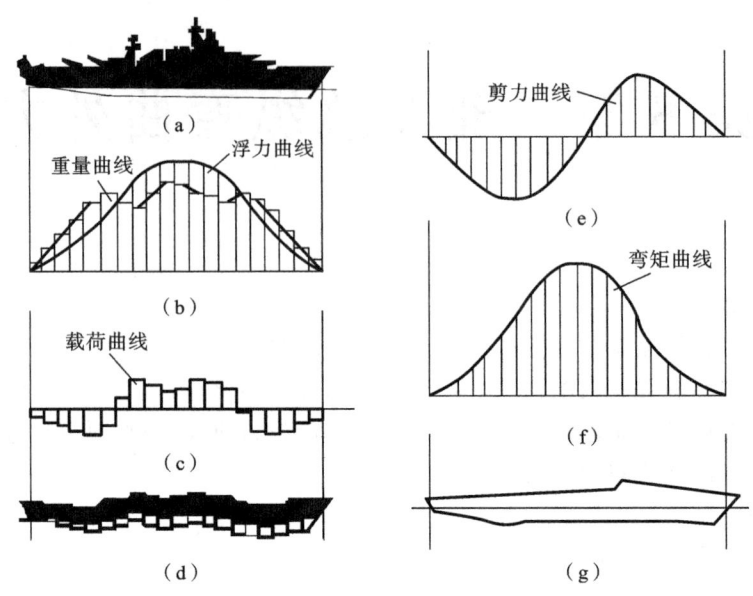

图 8-1-1　舰船在静水中的浮力、重量、载荷、剪力和弯矩曲线

为了研究问题的方便，通常假设舰艇静置在一定的波浪上，将波浪的随机性转化为确定性，使船体结构的随机强度化为一般的静强度问题来考虑。显然，波浪的波高和波长对于船体水线波面及浮力的分布影响较大，这里仅就几种典型情况进行讨论。

第一种情况，波长远大于舰长。此时船体水线仍近似一条直线，即此时浮力的分布情况与静水时并无多大变化，船体受力也就与在静水中的受力情况相似。该受力状态不是舰艇的危险受力状态，如图 8-1-2(a)所示。

第二种情况，波长远小于舰长。此时在舰长范围内出现很多个波峰和波谷，总的来看，浮力沿舰长的分布变化并不大，船体结构的受力情况仍与在静水中的船体受力相差不大，如图 8-1-2(b)所示。

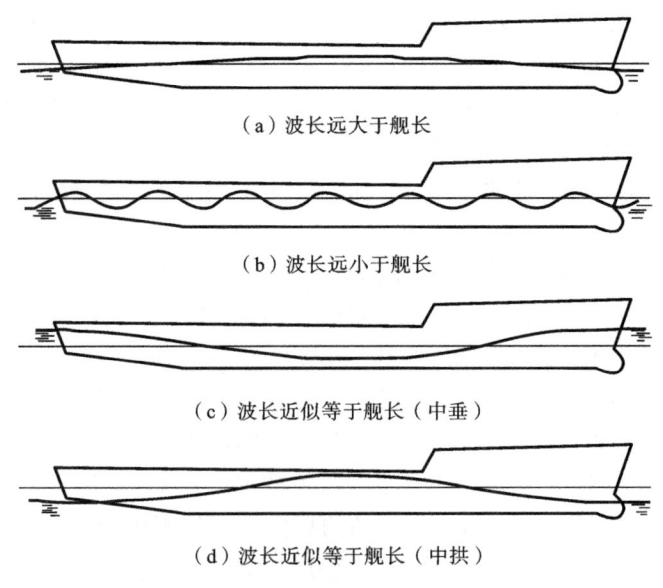

（a）波长远大于舰长

（b）波长远小于舰长

（c）波长近似等于舰长（中垂）

（d）波长近似等于舰长（中拱）

图 8-1-2　舰艇在波浪中的典型情况

第三种情况,波长近似等于舰长。若波高近似与波长成正比,此时的波高与舰艇型深相当。当舰艇中部位于波谷时,船体中部吃水很小,在中部重力远大于浮力,而船体首尾部的吃水很大,首尾部的浮力远大于重力,此时将产生严重的中垂现象。如图 8-1-2(c)所示。若舰艇中部位于波峰处,则中部吃水很大,浮力远大于重力,首尾吃水很小,重力远大于浮力,因而产生中拱现象。如图 8-1-2(d)所示。可见,当波长近似等于舰长,而波峰或波谷位于船体中部时,船体浮力分布与静水中的船体浮力分布相比,其变化是很大的,此时船体剖面中产生的弯矩和剪力,将远大于静水中船体的受力。当舰艇中部位于波峰或波谷时,极端情况下船体将产生中拱或中垂而破坏,如图 8-1-3 所示。

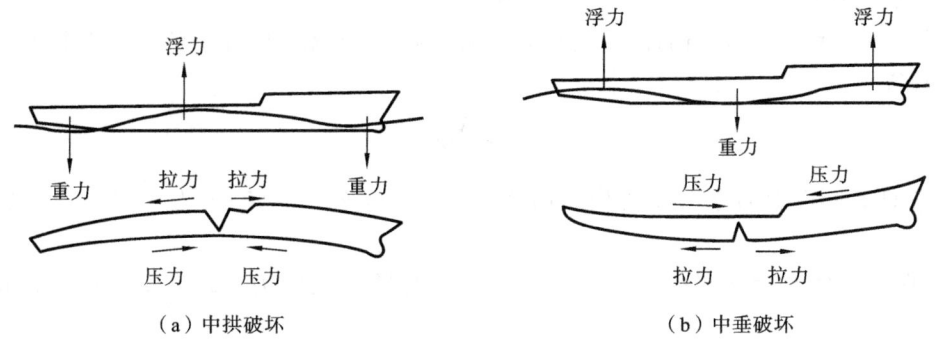

（a）中拱破坏 　　　　　　　　　　　　　（b）中垂破坏

图 8-1-3　船体中拱和中垂破坏示意图

理论与实践都表明,波长近似等于舰长,波峰或波谷位于船体中部的情况,是舰艇在波浪上航行所遇到的最危险情况,船体静置于波浪上的总纵强度的计算就是对应该波浪状态。在波浪上处于中拱、中垂状态的舰船,由于船中的弯矩较大,其船体的破坏多发生在中部。

8.2　静置波浪法概述

将舰船静置在波浪上,求出总纵弯曲力矩以及相应的总纵弯曲应力,并将它与许用应力进行比较以判定船体的强度,这是迄今为止船体总纵强度计算中的主要方法。所谓将船静置在波浪上,就是假想舰船以波速在波浪的前进方向上航行,此时船体与波的相对速度为零。这样就可以认为船体是在重力和浮力作用下静平衡于波浪上的一根梁。由于重力和浮力沿船长的分布规律并不一致,故两者在每单位船长上的差额就构成作用在船体梁上的分布载荷。船体梁在这个载荷作用下将发生总纵弯曲变形,并在船体梁断面上产生剪力和弯矩。

作用在船体断面上的弯矩通常写成下列形式

$$M = M_s + M_w \qquad (8.1)$$

式中:M 为舰船静置在波浪上的总纵弯矩;M_s 为舰船在静水中的弯矩,在既定船型时,只与重量及其船长的分布有关;M_w 为舰船静置于波浪上的波浪附加弯矩,其值大小与波形范围内的船外形和波浪要素有关。

显然,总纵弯矩的大小与波浪要素和装载状态密切相关。由于选取波浪要素和装载状态的不同,弯矩值可能在很大的幅度内变化。因此,必须假定一个标准的波浪要素和装载状态,这样才能有一个统一的比较基础。

标准波浪的波形取为坦谷波,计算波长等于船长,波高则随船长而变化。计算总纵弯矩时按中拱、中垂两种极端情况进行,如图 8-1-4 所示。《舰船通用规范》规定计算中不计及史密斯

修正,取波长等于船舶设计水线长,即 $\lambda = L$,计算波高按公式(8.2)确定:

$$h = 1.75 + 3.94\left(\frac{L}{100}\right) - 0.30\left(\frac{L}{100}\right)^2 \tag{8.2}$$

式中:h 为计算波高(m);L 为设计水线长(m)。

装载状态对于静水弯矩的影响是主要的。作为计算状态,原则上应该选取最不利的装载情况,同时也要照顾到在实际上的可能情况。

《舰船通用规范》规定排水型舰船(除两栖作战舰船)应按舰船正常排水量进行计算,两栖作战船舶应按正常排水量和超载排水量进行计算,按典型超载排水量计算之静水弯矩和剪力有较大变化时,还应计算该状态下的波浪弯矩和剪力。

从梁的弯曲理论可知,当船体发生总纵弯曲变形时,船体横断面上的总纵弯曲正应力可按式(8.3)计算

$$\sigma = \frac{M}{I}Z \tag{8.3}$$

式中:M 为计算断面上的弯矩;I 为横断面绕水平中和轴的惯性矩;Z 为计算应力点至中和轴的距离。

为了保证船体具有足够的强度,船体断面上的最大正应力 $\sigma_{\max}$ 不应超过许用应力 $[\sigma]$ 值,即

$$\sigma_{\max} \leqslant [\sigma] \tag{8.4}$$

如果某新设计的船满足上述要求,则认为该船的总纵强度是足够的。

上述的计算方法,是对所有水面舰船进行强度计算的标准计算方法。换言之,所有船的强度是在同一个计算原理的基础上进行比较的。而作为比较标准的许用应力,则是以大量安全航行的船体总纵弯曲应力计算、海损事故的纵强度分析,以及实船测量所得的大量应力数据为基础,并按照安全要求制定出来的。许用应力值的选择与结构的应力计算方法有关,因此,用标准计算方法判断船体强度乃是一种比较强度,并不是船体的真正强度。这种方法的优点是简单、方便,其不足之处在于,没有准确考虑表征船体强度诸因素的变动性和随机性。

8.3　静水弯矩与剪力的计算

1. 概述

舰船在静水中处于平衡位置时,必须满足下述两个条件:一是作用在船体上的浮力等于船的重量;二是重心和浮心在同一铅垂线上。取坐标原点在尾垂线处,x 轴沿船长方向,竖轴为 z 轴,向上为正(见图 8-3-1)并假定船的单位长度的重量为 $w(x)$,船的重量为 W,船长为 L,则

$$W = \int_0^L w(x)\mathrm{d}x \tag{8.5}$$

舰船重心纵向坐标

$$x_g = \frac{1}{W}\int_0^L xw(x)\mathrm{d}x \tag{8.6}$$

同样,若作用在船的单位长度上的浮力为 $b_s(x)$,总浮力为 B,则

$$B = \int_0^L b_s(x)\mathrm{d}x \tag{8.7}$$

浮心的纵向坐标

$$x_b = \frac{1}{B}\int_0^L xb_s(x)\,dx \qquad (8.8)$$

根据平衡条件得

$$\int_0^L w(x)\,dx = \int_0^L b_s(x)\,dx \qquad (8.9)$$

$$\int_0^L xw(x)\,dx = \int_0^L xb_s(x)\,dx \qquad (8.10)$$

能满足式(8.9)和式(8.10)的 $w(x)$ 和 $b(x)$ 可能有许多种组合。一般情况下 $w(x)$ 和 $b(x)$ 的分布规律是不同的,其差值 $q(x)$ 即作用在船体梁上的载荷强度

$$q(x) = w(x) - b_s(x) \qquad (8.11)$$

作用在船体梁断面上的剪力和弯矩的符号规定如图 8-3-2 所示,计算公式为

$$N(x) = \int_0^x q(x)\,dx \qquad (8.12)$$

$$M(x) = \int_0^x N(x)\,dx = \int_0^x\int_0^x q(x)\,dx\,dx \quad (8.13)$$

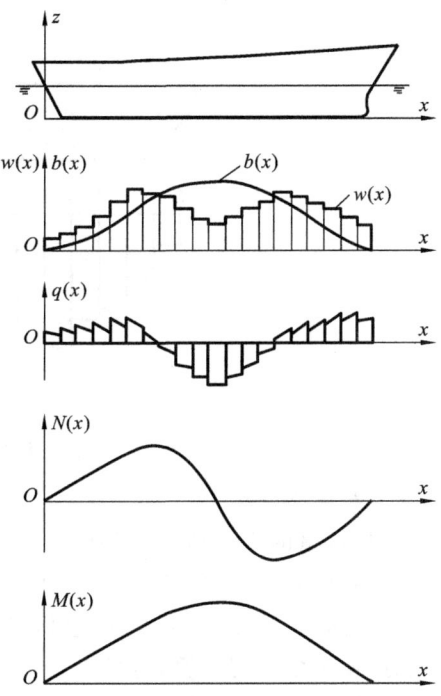

图 8-3-1　引起船体梁弯曲的外力

由此可见,为了计算剪力和弯矩,必须先作出重量分布曲线 $w(x)$ 和浮力分布曲线 $b(x)$,然后求得载荷曲线 $q(x)$,再进行积分计算。关于重量分布曲线和浮力分布曲线的计算方法将在下文中详细介绍。

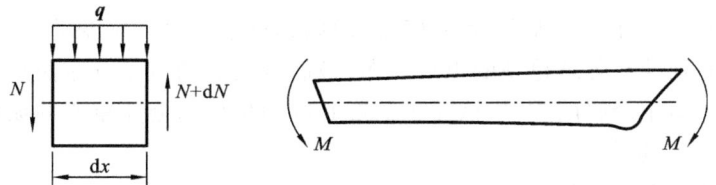

图 8-3-2　船体梁弯曲的载荷、剪力及弯矩的符号规定

2. 重量分布曲线

1) 重量曲线的绘制方法

舰船在某一计算状态下(一般为正常排水量状态),描述全船重量沿船长分布状况的曲线,称为重量曲线。其纵坐标表示船体梁单位长度上的重量分布值,即作用于单位长度上的重力值。绘制重量曲线时,必须要有表明各项重量及其重心位置的重量、重心明细表,以及确定各项重量纵向分布范围的船体纵中剖面图,简称重量重心资料。

绘制重量曲线的方法,是将舰船的各项重量按静力等效原则分布在相应的船长范围内,再逐项叠加即可得重量曲线。在手工计算中,通常将舰船重量按 20 个理论站距分布(民船的理论站号从船艉至船艏,军船的则是从船艏至船艉编排),每个理论站距内的重量可以认为是均匀分布的,从而作出阶梯形重量曲线,并以此来代替真实的重量分布曲线(见图 8-3-3)。

按上述方法求得的重量曲线,虽然与实际情况仍有差别,但不会对剪力和弯矩的计算带来明显的误差,所以,这种绘制重量曲线的方法是足够精确的。

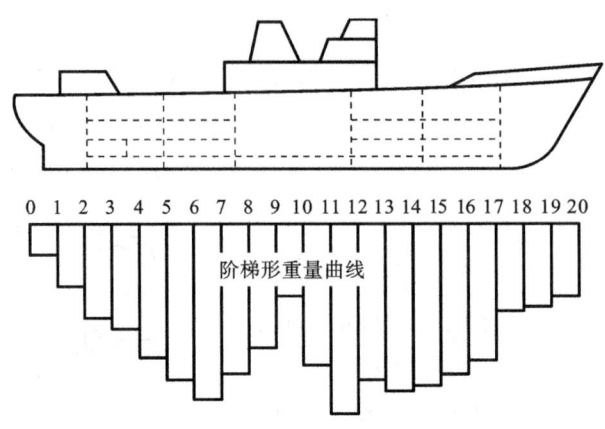

图 8-3-3 重量分布曲线示意图

2）重量的分类

根据重量的变动情况，可分为：

① 不变重量，即空船重量，包括：船体结构、舾装设备、机电设备等各项固定重量。

② 变动重量，即装载重量，包括：货物、燃油、淡水、粮食、旅客、压载等各项可变重量。这样划分，便于多工况计算，避免不必要的重复，在实用计算中是行之有效的措施之一。

根据重量的分布情况，可分为：

① 总体性重量，即沿船体梁全长分布的重量，通常包括：主体结构、油漆、索具等各项重量。

② 局部性重量，即沿船长某一区段分布的重量，通常包括：货物、燃油、淡水、粮食、机电设备、舾装设备等各项重量。

在实际重量的曲线计算过程中，首先确定计算状态（也就是确定变动重量），再按总体性重量和局部性重量分别计算各理论站的重量分布，最后合成总的重量分布曲线，并应使重量曲线所围的面积总重量等于全船的重量，该面积的形心纵向坐标与舰船重心的纵向坐标相同。

3）局部性重量的分布

（1）局部重量的分配原则。

对各项局部重量进行处理，并分配到各理论站时，必须遵循静力等效原则，具体分配原则为：

① 保持重量的大小不变，这就是说要使分配到各理论站的总重量等于该项的实际重量；

② 保持重量重心的纵向坐标不变，即要使分配到各理论站重量的合成重心纵坐标与该项重量的重心纵坐标相等；

③ 分配到理论站的范围与该项重量的实际分布范围相同或大体相同。

（2）局部性重量的分配方法。

① 分布在两个理论站距内的重量。

如图 8-3-4 所示，某项以任意规律分布在两个理论站距内的重量为 P，重心距 i 站的距离为 a。按局部重量的分配原则③，用 $(i-1) \sim i$ 及 $i \sim (i+1)$ 两个理论站距内的阶梯形曲线代替真实的重量分布。设两个理论站距内的重量分别为 P_1 和 P_2，根据局部重量的分配原则①和②可得

$$P_1 + P_2 = P(P_1 - P_2) \cdot \frac{\Delta L}{2} = P \cdot a$$

由此可得

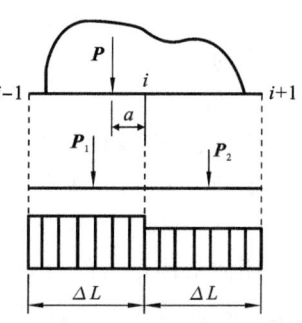

$$P_1 = P\left(0.5 + \frac{a}{\Delta L}\right)\Big\}$$
$$P_2 = P\left(0.5 - \frac{a}{\Delta L}\right)\Big\}$$
(8.14)

图 8-3-4　分布在两个理论
站距内的重量

将 P_1 和 P_2 除以理论站距长度 ΔL，即可得到该项重量在两个理论站距内的分布重量。

② 分布在三个理论站距内的重量。

根据静力等效原则，此时只能列出两个方程式，所以一般是根据具体情况，采用图 8-3-5 的假定分布规律进行分布。其中，对于情况（a）和（b），先近似确定其中一个站距上的重量，可以比较简单地利用静力等效原则直接列出两个方程式，从而求得不同理论站距内的分布载荷强度。

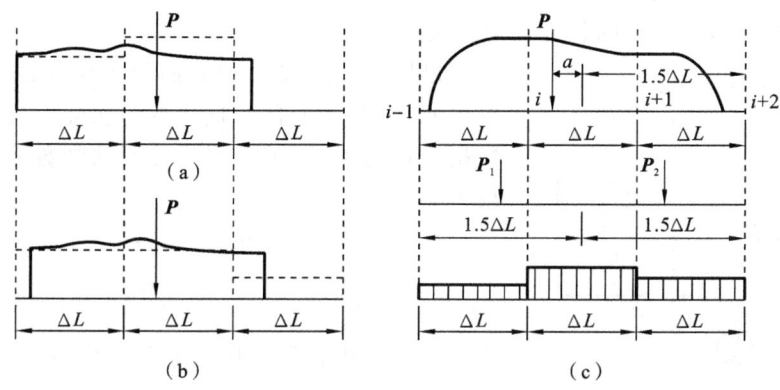

图 8-3-5　分布在三个理论站距内的重量

对于图 8-3-5(c)所示情况，可以进行如下步骤：第一步，以 $1.5\Delta L$ 代替 ΔL，用式(8.14)求 P_1、P_2；第二步，直接利用式(8.14)将 P_1 和 P_2 分别向其相邻的两个理论站距内分布；最后，对中间理论站距叠加来自 P_1 和 P_2 的相应分配值，将各理论站距内分配得到的重量分别除以 ΔL，便得到相应理论站距内的分布重量。

③ 首、尾理论站外的重量。

有些舰船在首、尾理论站之外有相当长的延伸部分。例如，尾突出体或球鼻首，其重量可能超过空船重量的 1%，且突出部分超过理论站距一半之多。对于这一类重量，应按图 8-3-6 的方法进行分布。把首、尾理论站之外的重量移到相邻的两个理论站距内时，根据静力等效原则不改变其重量大小及其对船舯的力矩大小，故不致引起船舯部弯矩的变化。根据条件：

$$P = P_1 - P_2, \quad P \cdot a = \left(\frac{3}{2}P_2 - \frac{1}{2}P_1\right)\Delta L$$

可得

$$P_1 = P\left(\frac{3}{2} + \frac{a}{\Delta L}\right)\Big\}$$
$$P_2 = P\left(\frac{1}{2} + \frac{a}{\Delta L}\right)\Big\}$$
(8.15)

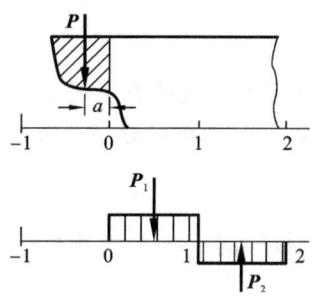

图 8-3-6　首、尾理论站外的重量

式中：a 为突出部分重心距端点站的距离。

对于在更长范围内分布的重量,均可按上述方法处理,计算时只要将理论站距 ΔL 用分布范围内的等分段长度代替即可,例如,在 4 个理论站距内分布的重量,用分段长度 $2\Delta L$ 代替理论站距 ΔL。

桅杆、绞车及横舱壁等集中重量,亦应在相应的适当站距内分布。如果该项重量不超过舰船重量的 1%,则可认为其均匀分布在相应理论站距内。

4)总体性重量的分布

船体结构重量的分布是绘制重量曲线的主要项目之一。它常常在船体详细的结构设计完成之前就需要用到。此时,只知道总的重量和重心的纵向坐标,因此就更需要用近似的和理想化的分布曲线来代替其真实的分布。下面,介绍几种常用的总体性重量曲线的绘制方法。

(1)梯形法。

一些舰船往往中部丰满,两端尖瘦,且中部具有平行中体,所以可以将船体和舾装重量近似地用图 8-3-7 所示曲线表示,即平行中体部分用均匀的重量分布,而两端部分用两个梯形分布(通常为简化计算,三部分的长度均为船长的 1/3)。

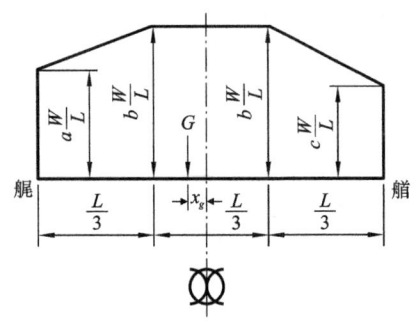

图 8-3-7 梯形法示意图

根据分布曲线所围的面积等于船体及舾装品的总重量 W,面积形心的纵向坐标与实际重量重心的纵向坐标相一致的条件,可求得梯形形状参数 a、b、c 之间的关系为

$$\left.\begin{array}{l} 4b+a+c=6 \\ a-c=\dfrac{108}{7}\cdot\dfrac{x_g}{L} \end{array}\right\} \quad (8.16)$$

式中:x_g 为船体重心距船舯的距离(中后为正,m);L 为船长(m)。

根据统计资料,对于瘦型舰船,$b=1.195$,于是由式(8.16)可求得

$$\left.\begin{array}{l} a=0.61+\dfrac{54}{7}\dfrac{x_g}{L} \\ c=0.61-\dfrac{54}{7}\dfrac{x_g}{L} \end{array}\right\} \quad (8.17)$$

对于肥型舰船,$b=1.174$,则

$$\left.\begin{array}{l} a=0.652+\dfrac{54}{7}\dfrac{x_g}{L} \\ c=0.652-\dfrac{54}{7}\dfrac{x_g}{L} \end{array}\right\} \quad (8.18)$$

(2)围长法。

假设船体结构单位长度的重量与该横剖面围长(包括甲板)成比例。这种方法适用于舰船主体结构重量的分布。设距尾垂线 x 剖面处单位长度的重量为 $w(x)$,则重量分布曲线为

$$w(x)=\dfrac{W_h \cdot l(x)}{A} \quad (\text{kN/m}) \quad (8.19)$$

式中:W_h 为舰船主体结构的总重量(kN);$l(x)$ 为 x 剖面处包括甲板的围长(m);A 为整个主船体的表面积(m^2)。

3. 静水浮力曲线

舰船在静水中的某一计算状态下(一般为正常排水量状态),描述浮力沿船长分布状况的

曲线称为静水浮力曲线。浮力曲线的纵坐标表示作用在船体梁上单位长度的浮力值,其与纵向坐标轴所围的面积等于作用在船体上的浮力,该面积的形心纵向坐标即浮心的纵向位置。浮力曲线通常按邦戎曲线求得,图 8-3-8 表示某计算状态下水线为 W-L 时,根据邦戎曲线求浮力曲线的方法。为此,首先应进行静水平衡浮态计算,以确定舰船在静水中的艏、艉吃水。

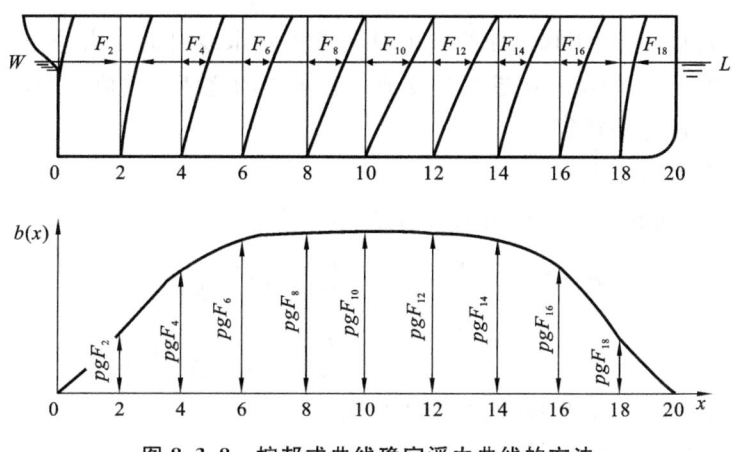

图 8-3-8　按邦戎曲线确定浮力曲线的方法

　　进行静水平衡计算时,可应用逐步近似法。此时,应具有邦戎曲线、静水力曲线及舰船的重量重心等资料。

　　1) 浮态第一次近似计算

　　首先根据给定计算状态的舰船排水量 M(重量 $W=Mg$),从静水力曲线图上查得如下数据:平均吃水 d_m(m),浮心距船舯的距离 x_b(中前为正,m),纵稳心半径 R(m),水线面面积 A(m^2)及其漂心距船舯的距离 x_f(中前为正,m)。

　　若浮心与重心的纵向坐标之差不超过船长的 $0.05\% \sim 0.1\%$,则可认为舰船已处于平衡状态。否则须进行纵倾调整,设纵倾角为 ψ(首下沉为正),由于实船的 R 远大于 $\overline{KC}$,故可近似取 $R-\overline{KC} \approx R$,因而有 $\tan\psi \approx \psi \approx \dfrac{x_g - x_b}{R}$,如图 8-3-9 所示。

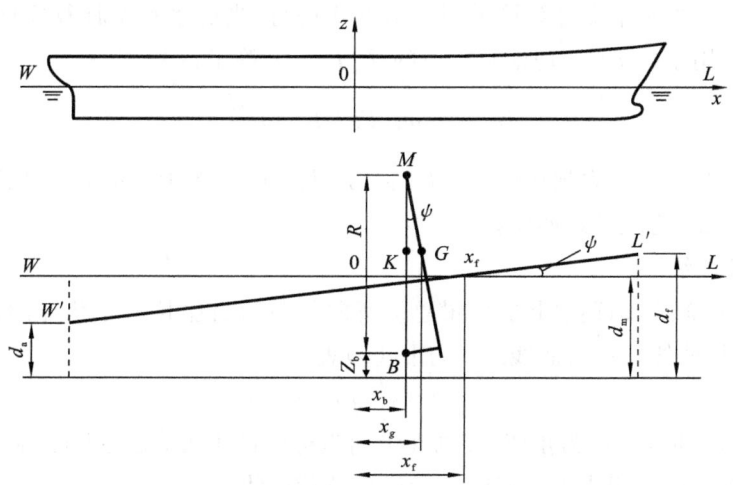

图 8-3-9　静水平衡计算

根据图 8-3-9,利用上述查得的有关参数便可确定舰船纵倾后的第一次近似艏、艉吃水:

$$
\left.\begin{array}{ll}
\text{艏吃水} & d_{f_1} = d_m + \left(\dfrac{L}{2} - x_f \right) \dfrac{x_g - x_b}{R} \\[4mm]
\text{艉吃水} & d_{a_1} = d_m - \left(\dfrac{L}{2} + x_f \right) \dfrac{x_g - x_b}{R}
\end{array}\right\}
\tag{8.20}
$$

艏、艉吃水确定以后,利用邦戎曲线求出对应于该吃水线时的浮力分布,同时计算出总浮力 B_1 及浮心纵向坐标 x_{b1} 的第一次近似计算值。若求得的这两个数值不满足式(8.22)的精度要求时,则应作第二次近似计算。

2) 浮态第二次近似计算

第二次近似计算可按式(8.21)确定新的艏、艉吃水:

$$
\left.\begin{array}{l}
d_{f_2} = d_{f_1} + \dfrac{W - B_1}{\rho g A} + \left(\dfrac{L}{2} - x_f \right) \dfrac{x_g - x_{b1}}{R} \\[4mm]
d_{a_2} = d_{a_1} + \dfrac{W - B_1}{\rho g A} - \left(\dfrac{L}{2} + x_f \right) \dfrac{x_g - x_{b1}}{R}
\end{array}\right\}
\tag{8.21}
$$

式中:ρ 为水的密度;g 为重力加速度;其他符号同前。

式(8.21)的意义在于对第一次近似计算得到的舰船浮态做进一步的修正。式中的等号右边第二项表示为消除浮力与重量的不等,舰船将上浮或下沉的值;式中等号右边的第三项,表示由于浮心和重心的纵向位置不一致,舰船将产生纵倾转动。利用式(8.21)可进行第三次或更高次近似计算,直到满足下述要求,才可终止,即

$$
\left.\begin{array}{l}
\left| \dfrac{W - B_i}{W} \right| \leqslant (0.1 \sim 0.5)\% \\[4mm]
\left| \dfrac{x_g - x_{bi}}{L} \right| \leqslant (0.05 \sim 0.1)\%
\end{array}\right\}
\tag{8.22}
$$

式中:B_i 为最后一次近似计算的总浮力值;x_{bi} 为最后一次近似计算的浮心纵坐标。

此时,由于尚未真正达到平衡而产生的弯矩最大误差通常不会超过最大弯矩值的 5%。

3) 浮力曲线计算

在手工计算时,静水平衡计算可采用表格方式进行,当静水平衡计算完成时,浮力曲线即可作出。此时,作用于 $(i, i+1)$ 理论站距内的浮力 $B_{i, i+1}$ 等于:

$$
B_{i, i+1} = \rho g (F_i + F_{i+1}) \frac{\Delta L}{2}
\tag{8.23}
$$

式中:ρ 为水的密度;g 为重力加速度;F_i,F_{i+1} 分别为最后一次确定的第 i 理论站及第 $i+1$ 理论站的浸水面积;ΔL 为理论站间距。

4. 静水载荷曲线

在某一计算状态下,描述引起船体梁总纵弯曲的载荷沿船长分布状况的曲线称为载荷曲线。其值等于重量曲线与浮力曲线之差,用 $q(x)$ 表示,即

$$
q(x) = w(x) - b(x)
\tag{8.24}
$$

当 $w(x) > b(x)$ 时,$q(x)$ 为正值,并画在纵向坐标轴的上方;反之为负,画在纵向坐标轴的下方。图 8-3-10 表示采用表格计算时的阶梯形载荷曲线。

载荷曲线与纵向坐标轴线之间所围的面积之和(代数和)为零,该面积对纵轴上任一点的静矩亦为零,即

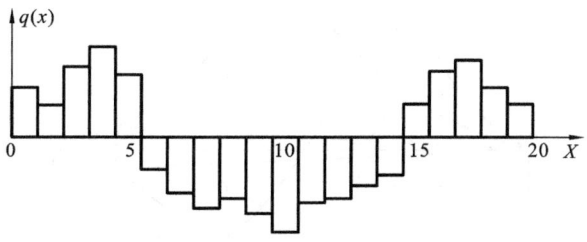

图 8-3-10　阶梯形载荷曲线

$$\left.\begin{array}{l}\displaystyle\int_0^L q(x)\mathrm{d}x = \int_0^L w(x)\mathrm{d}x - \int_0^L b(x)\mathrm{d}x = W - B = 0 \\[3mm] \displaystyle\int_0^L xq(x)\mathrm{d}x = \int_0^L xw(x)\mathrm{d}x - \int_0^L xb(x)\mathrm{d}x = Wx_{\mathrm{g}} - Bx_{\mathrm{b}} = 0 \end{array}\right\} \quad (8.25)$$

载荷曲线的这一特点,表明了作用在船体梁上的所有外力是平衡的。在进行剪力和弯矩的计算之前,应当对载荷曲线的这些性质进行检验,以判断舰船是否已处于所要求的平衡位置,或是在哪里发生了计算错误,以免造成不必要的计算返工。

5. 静水剪力和弯矩曲线

船体梁在静水中所受到的剪力和弯矩沿船长分布状况的曲线分别称为静水剪力曲线和静水弯矩曲线。作用在船体梁任意剖面上的静水剪力和弯矩为

$$\begin{array}{l} N_{\mathrm{s}} = \displaystyle\int_0^x q_{\mathrm{s}}(x)\mathrm{d}x \\[3mm] M_{\mathrm{s}} = \displaystyle\int_0^x N_{\mathrm{s}}(x)\mathrm{d}x = \int_0^x\int_0^x q_{\mathrm{s}}(x)\mathrm{d}x\mathrm{d}x \end{array} \quad (8.26)$$

式中:$q_{\mathrm{s}}(x)$ 为静水载荷,$q_{\mathrm{s}}(x) = w(x) - b_{\mathrm{s}}(x)$;$w(x)$ 为计算工况的重量曲线;$b_{\mathrm{s}}(x)$ 为计算工况的静水浮力曲线。

可见,静水载荷曲线的一次积分是静水剪力曲线,二次积分是静水弯矩曲线。

由于船体两端是完全自由的,因此,艏、艉端点处的剪力和弯矩应为零,亦即剪力和弯矩曲线在端点处是封闭的。

在大多数情况下,载荷在舰船的中前和中后大致上是差不多的,所以剪力曲线大致是反对称的,零点在靠近船舯的某处,而在离艏、艉端约船长的 1/4 处具有最大正值或负值。此外,由于两端的剪力为零,即弯矩曲线在两端的斜率为零,所以弯矩曲线在两端与纵坐标轴相切。在计算过程中,常常利用这些性质来检查计算结果是否正确。

由于计算误差的累积,上述端点处剪力和弯矩为零的条件一般很难达到。一般计算的精度要求是:

$$\left|\frac{N_{\mathrm{s}}(L)}{N_{\mathrm{s,max}}}\right| \leqslant 0.01, \quad \left|\frac{M_{\mathrm{s}}(L)}{M_{\mathrm{s,max}}}\right| \leqslant 0.05 \quad (8.27)$$

式中:$N_{\mathrm{s,max}}$ 为最大(绝对值)静水剪力;$M_{\mathrm{s,max}}$ 为最大(绝对值)静水弯矩。

对于民用船舶,精度要求可适当放宽,可取 $\left|\dfrac{N_{\mathrm{s}}(L)}{N_{\mathrm{s,max}}}\right| \leqslant 0.05$。

此时,端点的不封闭值只需用图 8-3-11 所示的一根直线把剪力曲线和弯矩曲线封闭起来,并对各理论站的剪力弯矩按线性比例关系进行修正就可以了。比如:

第 i 站剪力的修正值为

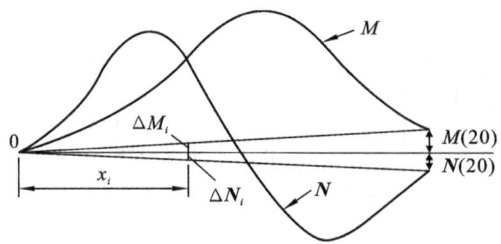

图 8-3-11 剪力及弯矩不封闭值的直线修正法

$$\Delta N_s(i) = -\frac{i}{20}N_s(20) \tag{8.28}$$

第 i 站弯矩的修正值为

$$\Delta M_s(i) = -\frac{i}{20}M_s(20) \tag{8.29}$$

若条件式(8.27)不能得到满足,则表示在计算过程中产生了较大误差(或浮力与重力相差过大,或浮心与重心纵向坐标相差过大),必须进行复查或重新计算。

8.4 静置波浪附加剪力和弯矩的计算

1. 概述

在静置波浪状态下,为了计算作用在船体梁上的剪力和弯矩,也必须首先计算重力和浮力沿船长的分布。舰船由静水进入波浪时,重量沿船长的分布状况是不变的,即重量曲线 $p(x)$ 不变。但水线面发生了变化,从而导致浮力的重新分布。而舰船在波浪中的浮力沿船长的分布 $b_w(x)$ 可视为舰船在静水中的浮力分布 $b_s(x)$ 和由于波浪而产生的附加浮力分布 $\Delta b(x)$ 之和,即

$$b_w(x) = b_s(x) + \Delta b(x) \tag{8.30}$$

因此,利用梁的理论,作用在船体梁上的载荷、剪力和弯矩分别为

$$q(x) = w(x) - b_w(x) = [w(x) - b_s(x)] + [-\Delta b(x)] \tag{8.31}$$

$$N(x) = \int_0^x q(x)\mathrm{d}x = \int_0^x [w(x) - b_s(x)]\mathrm{d}x + \int_0^x [-\Delta b(x)]\mathrm{d}x = N_s(x) + N_w(x) \tag{8.32}$$

$$M(x) = \int_0^x N(x)\mathrm{d}x = \int_0^x N_s(x)\mathrm{d}x + \int_0^x N_w(x)\mathrm{d}x = M_s(x) + M_w(x) \tag{8.33}$$

式中:$N_s(x)$ 为静水剪力;$N_w(x)$ 为波浪附加剪力;$M_s(x)$ 为静水弯矩;$M_w(x)$ 为波浪附加弯矩。其表达式分别如下:

$$N_s(x) = \int_0^x [w(x) - b_s(x)]\mathrm{d}x \tag{8.34}$$

$$N_w(x) = \int_0^x [-\Delta b(x)]\mathrm{d}x \tag{8.35}$$

$$M_s(x) = \int_0^x N_s(x)\mathrm{d}x \tag{8.36}$$

$$M_w(x) = \int_0^x N_w(x)\mathrm{d}x \tag{8.37}$$

波浪上的浮力曲线相对静水状态的浮力增量是引起静置波浪附加剪力和弯矩的载荷。由此可知,静置波浪附加剪力和弯矩与船型、波浪要素,以及计算状态有关。

1) 波浪要素及计算状态

波浪要素包括波形、波长与波高。目前得到最广泛应用的是坦谷波理论。根据这一理论,二维波的剖面是坦谷曲线形状。图 8-4-1 所示的波面是从二维波中截取的一段,粗黑线为波浪剖面形状,两相邻波峰或波谷之间的水平距离是波长,记为 λ;波高是由波谷底到峰顶的垂直距离,记为 h。坦谷波曲线形状的特点是波峰陡峭,波谷平坦,波浪轴线上下的剖面积不相等,故称为坦谷波。

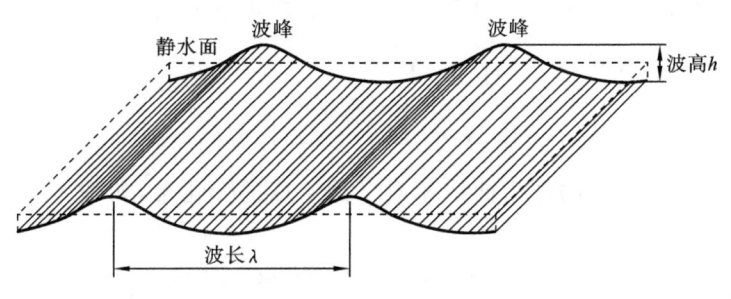

图 8-4-1　坦谷波波形

当舰船静置在波浪上的位置发生变化时,船体剖面上的弯矩也将发生变化。当波峰或波谷在船舯时,浮力相对于静水线的改变最为明显。因此在船舯剖面会产生最大的波浪弯矩,这是可以判断出来的(严格说来,仅首尾对称舰船的最大弯矩才发生在船舯剖面)。

怎样的波长才使弯矩为最大呢?大量分析结果表明,当舰船静置在波浪上时,在波长稍大于船长时才得到最大的波浪弯矩,但此时的弯矩与波长等于船长时的弯矩相差不大。所以,在实际计算时,取计算波长等于船长,并且规定按波峰在船舯和波谷在船舯两种典型状态进行计算。

若舰船所航行的区域(例如,内河、湖泊等)没有等于船长的波浪,计算波长也总是取等于船长,因为舰船可能斜对着波浪航行。所以,在世界的造船实践中都采用以波长来确定计算波高的各种公式。我国 GJB 4000—2000《舰船通用规范》中的波浪 h 按下式确定:

$$h = 1.75 + 3.94\left(\frac{L}{100}\right) - 0.30\left(\frac{L}{100}\right)^2 (\mathrm{m})$$

上述波浪要素及计算状态形成了传统的标准计算方法,现归纳如下:

(1) 将舰船静置于波浪上,即假想舰船以波速在波浪的传播方向上航行,舰船与波浪处于相对静止状态;

(2) 以二维坦谷波作为标准波形,计算波长等于船长,计算波高按有关规范或强度标准选取;

(3) 取波峰位于船舯及波谷位于船舯两种状态分别进行计算。

2) 坦谷波

坦谷波波形曲线描述为:若以半径为 R 的圆盘(称为滚圆)沿直线 AB 滚动时,圆内距圆心为 r 的定点 P 所描绘的轨迹,即坦谷波曲线。滚圆半径 R 和半径 r(半波高)与波浪要素的关系为

$$R = \frac{\lambda}{2\pi}, \quad r = O_0 P_0 = \frac{h}{2}$$

式中:λ 和 h 分别为波长及波高。

坦谷波的波面方程为

$$x = \frac{\lambda}{2\pi}\theta + r\sin\theta$$
$$y = -r\cos\theta \tag{8.38}$$

式中:θ 为圆盘滚动时的转角;y 为波面距波浪轴线的垂向坐标;x 为与 θ 或 y 相对应的纵向坐标。

2. 静置波浪附加剪力及弯矩计算

由式(8.35)和(8.37)可知,静置波浪附加剪力和弯矩由下式计算:

$$N_{\mathrm{w}}(x) = -\int_0^x \Delta b(x)\mathrm{d}x$$
$$M_{\mathrm{w}}(x) = \int_0^x N_{\mathrm{w}}(x)\mathrm{d}x = -\int_0^x\int_0^x \Delta b(x)\mathrm{d}x\mathrm{d}x \tag{8.39}$$

式中:$\Delta b(x)$ 是舰船在波浪中的浮力曲线相对于静水面的变化量,如图 8-4-2 所示,应按下式计算 $\Delta b(x)$:

$$\Delta b(x) = b_{\mathrm{w}}(x) - b_{\mathrm{s}}(x) = \rho g\Delta F(x)$$
$$\Delta F(x) = F_{\mathrm{w}}(x) - F_{\mathrm{s}}(x) \tag{8.40}$$

式中:ρ 为水的密度;g 为重力加速度;$b_{\mathrm{w}}(x)$ 为舰船在波浪中的浮力曲线;$b_{\mathrm{s}}(x)$ 为舰船在静水中的浮力曲线;$F_{\mathrm{s}}(x)$ 为舰船在静水中各理论站横剖面的浸水面积;$F_{\mathrm{w}}(x)$ 为在波浪上各理论站横剖面的浸水面积。

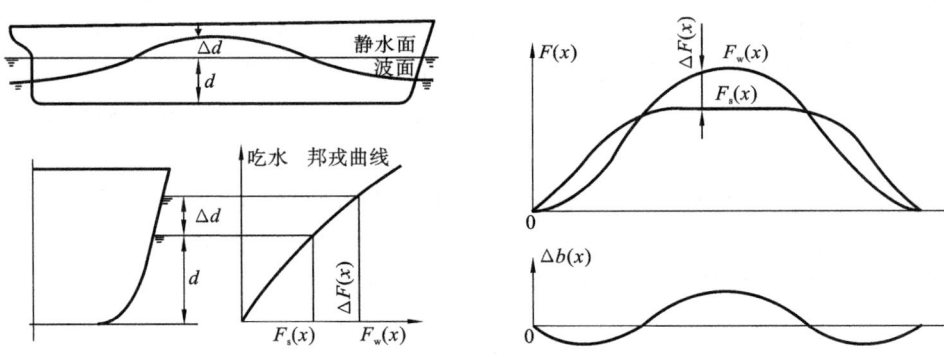

图 8-4-2 波浪浮力分布曲线

舰船由静水进入波浪,其浮态会发生变化。若以静水线作为坦谷波的轴线,当船舯位于波谷时,由于坦谷波在波轴线以上的剖面积比在轴线以下的剖面积小,同时船体中部又较两端丰满,所以船在此位置时的浮力要比在静水中小,因而不能处于平衡,舰船将下沉 ζ 值;而当船舯在波峰时,一般舰船要上浮一些。另外,由于船体的首、尾线型不对称,舰船还将发生纵倾变化。

由此可见,为求静置波浪剪力和弯矩,首先必须确定舰船在波浪上的平衡位置。假定舰船静置在波浪上,尾垂线处较静水时下沉 ζ_0 值(下沉为正),纵倾角变化为 ϕ 值,则在距尾垂线 x 处剖面下沉或上浮的距离为

$$\zeta_x = \zeta_0 + x\phi \tag{8.41}$$

因此,求舰船在波浪上的平衡位置,实际上可归结为求波浪轴线的位置 ζ_0 和 ϕ,如图 8-4-3 所示。

为求舰船静置在波浪上的平衡位置,仍然要利用静力平衡条件,即重力等于浮力,重心与

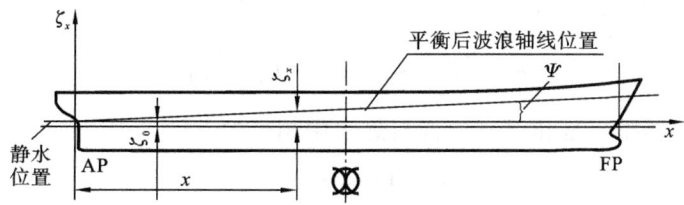

图 8-4-3　舰船在波浪上平衡位置的描述

浮心的纵向位置在同一铅垂线上。所以,舰船在波浪中的浮力变化量 $\Delta b(x)$ 必须满足:

$$\left.\begin{array}{l} \displaystyle\int_0^L \Delta b(x)\,\mathrm{d}x = 0 \\[3mm] \displaystyle\int_0^L x\Delta b(x)\,\mathrm{d}x = 0 \end{array}\right\} \tag{8.42}$$

　　确定舰船在波浪上平衡位置的方法一般采用直接法,该方法是由麦卡尔(Muckle)提出的,故亦称麦卡尔法。该方法是利用邦戎曲线来调整舰船在波浪上的平衡位置。因此,在计算时,要求舰船在水线附近为直壁式,同时舰船无横倾发生。根据实践经验,麦卡尔法适用于大型运输舰船。其运算步骤可归纳如下:

　　使坦谷波轴线与静水线重合,得到波峰在船舯或波谷在船舯的波形线 A—A,如图 8-4-4(a)所示。在各理论站线与波形线 A—A 的交点 A_i 处利用邦戎曲线量取剖面积 F_{A_i},如图 8-4-4(b)所示。实际平衡位置时的波形线 C—C(与各站的交点为 C_i):在中垂时,在波形线 A—A 之上;在中拱时,在波形线 A—A 之下,如图 8-4-4(a)所示。因此,在各理论站 A_i 点之上(对于中垂情况)或 A_i 点之下(对于中拱情况),以相同的比例量取 ε 值(一般取 $\varepsilon = 1\sim2\mathrm{m}$),得点 B_i,并利用邦戎曲线量取 B_i 处的剖面积 F_{B_i}。于是利用水线附近舷侧为直壁式的假设(即邦戎曲线在该段为直线),实际波面下的浸水面积 F_{C_i} 为

$$F_{C_i} = F_{A_i} + \Delta F_i = F_{A_i} + \frac{F_{B_i} - F_{A_i}}{\varepsilon}\zeta_i \tag{8.43}$$

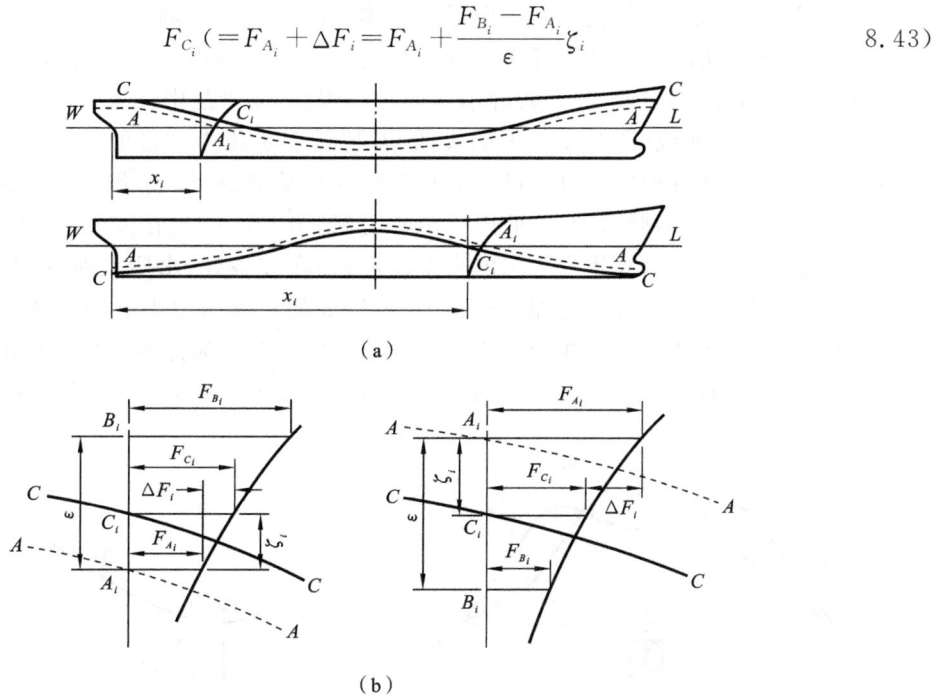

图 8-4-4　舰船在波浪中波轴线位置的确定方法

将式(8.41)代入式(8.43)得

$$F_{C_i} = F_{A_i} + \frac{F_{B_i} - F_{A_i}}{\varepsilon}(\zeta_0 + x_i\psi) \tag{8.44}$$

利用平衡条件,即排水量和浮心位置与静水中相等的条件

$$\left.\begin{array}{l} \displaystyle\int_0^L F_C(x)\,\mathrm{d}x = V \\[4mm] \displaystyle\int_0^L F_C(x) \cdot x\,\mathrm{d}x = V \cdot x_b \end{array}\right\} \tag{8.45}$$

式中:V 为舰船在静水中的排水体积;x_b 为舰船在静水中的浮心至尾垂线的距离。可得

$$\left.\begin{array}{l} \displaystyle\int_0^L F_A(x)\,\mathrm{d}x + \int_0^L \frac{F_B(x) - F_A(x)}{\varepsilon}(\zeta_0 + \psi x)\,\mathrm{d}x = V \\[4mm] \displaystyle\int_0^L F_A(x)\,\frac{x}{L}\,\mathrm{d}x + \int_0^L \frac{F_B(x) - F_A(x)}{\varepsilon}\,\frac{x}{L}(\zeta_0 + \psi x)\,\mathrm{d}x = V\frac{x_b}{L} \end{array}\right\} \tag{8.46}$$

利用式(8.44)计算或从邦戎曲线上直接量取各站横剖面浸水面积 F_{C_i},并按式(8.40)计算 $\Delta b(x)$。于是,按式(8.39)就可求得静置波浪附加剪力和弯矩了。

当校核船舶非中站各截面的船体强度时,应考虑波峰和波谷位置移动至该校核截面时对该截面波浪附加弯矩的影响,此时校核截面波浪附加弯矩的最大值按式(8.47)确定。即

$$M_X = \left[1 + 1.4\left(\frac{X}{L}\right)^2\right]M_{WX} \tag{8.47}$$

式中:M_X 表示坐标为 X 的截面中可能达到的最大波浪附加弯矩值(kN·m);X 为校核船舶中站截面沿船舶长度方向至所校核截面的纵坐标(m);M_{wx} 为波峰或波谷位于船舶中站时,X 截面中所得的波浪附加弯矩值(kN·m);L 为设计水线长(m)。

3. 静置波浪浮力修正

在上述静置波浪弯矩的计算中,作用于船体上的浮力是按静水压力计算的。但根据坦谷波理论,波面下的实际压力并不等于按计算点到波面距离求得静水压力:在波峰附近,其值较静水压力小;而在波谷附近,其值较静水压力大。因此,无论是中拱还是中垂状态,舰船在波浪中的实际浮力分布曲线(图 8-4-5 中的虚线)都比按静水压力求得的浮力分布曲线(图 8-4-5 中的实线)平缓。这种现象可以通过水质点的圆周运动来说明。按坦谷波理论,波浪中的水质点在铅垂面内做等速圆周运动,从而产生离心力(见图 8-4-6)。在波峰处,由于水质点受到的离心力与重力方向相反,故相当于水的密度减小;而在波谷处,水质点所受到的离心力与重力方向相同,故相当于水的密度增加;因而导致波峰处的实际压力小于静水压力,而在波谷处则大于静水压力,结果使浮力曲线趋于平缓。这种计及波浪水质点运动所产生的惯性力影响,即考虑波浪动水压力影响对浮力曲线所作的修正,称为波浪浮力修正,或称史密斯修正。

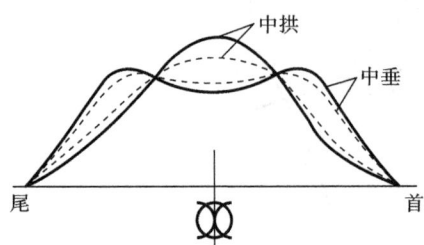

图 8-4-5　波浪浮力分布曲线的比较图

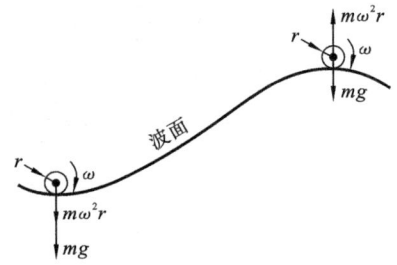

图 8-4-6　波浪水质点的受力

由于修正后的浮力曲线不论波峰在船舯还是波谷在船舯都将变得平坦些,因而波浪附加弯矩与剪力也将变小。计算结果表明:一般舰船在满载吃水时,波浪附加弯矩可减少 20%～30%,而总纵弯矩减少 10%～15%。但是,一般在总纵强度计算中,不进行这项修正计算。这是因为波浪浮力修正对所有舰船都是差不多的,不进行这项修正,相当于作为安全储备考虑了。

8.5　砰击振动弯矩及剪力的计算

一般将舰船因升沉、摇摆使船体与波浪表面发生猛烈撞击的现象称为砰击。船舶由于快速性的特殊要求,在较大风浪中仍要求快速航行,因而将遭受较大的周期性砰击力,并产生砰击振动。特别是在迎浪航行或遇到台风时,砰击更为严重。砰击多发生在船体首部,影响区范围为 30%～35% 设计水线长度。砰击种类可分为底部砰击、外张砰击(舷侧、横摇)和上浪砰击。砰击力有如下特点:① 幅值大,峰值压力可达 40～60 m 水柱高,周期性发生时,使船体产生交变的垂向加速度;② 作用时间短,一般为毫秒量级;③ 对船体虽为局部冲击力,但使船体产生总体振动,并产生总体砰击振动弯矩 M_d。

船体砰击振动弯矩的具体求解较为复杂,《舰船通用规范》中采用公式和图表的方式给出了船体砰击振动弯矩 M_d 的计算方法,其船体中站处的砰击振动弯矩为

$$中垂状态 \quad M_d = -1.96[a+b(C_b-0.6)]B^2L\frac{h_r}{\lambda_r} \left.\begin{array}{c} \\ \\ \end{array}\right\} \tag{8.48}$$
$$中拱状态 \quad M_d' = -M_d/3$$

式中:a、b 为系数,由图 8-5-1 和图 8-5-2 确定;C_b 为方形系数;B、L 为设计水线宽和长(m),$\bar{\lambda}_r$ 为谐振波相对波长,由图 8-5-3 确定;h_r 为谐振波高(m),当船舶航区不受限制时,h_r 由式(8.49)确定:

$$h_r = 1.75+3.94\left(\frac{\lambda_r}{100}\right)-0.30\left(\frac{\lambda_r}{100}\right)^2 \tag{8.49}$$

式中:λ_r 为谐振波长,$\lambda_r = \bar{\lambda}_r \cdot L$(m)。

当船舶航行区域受限制时,则式(8.49)确定的波高应不超过限制航区的最大波高,否则取

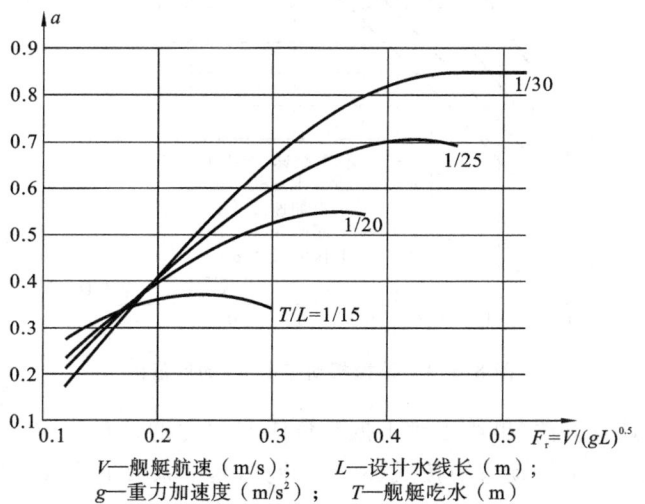

图 8-5-1　系数 a 的取值图

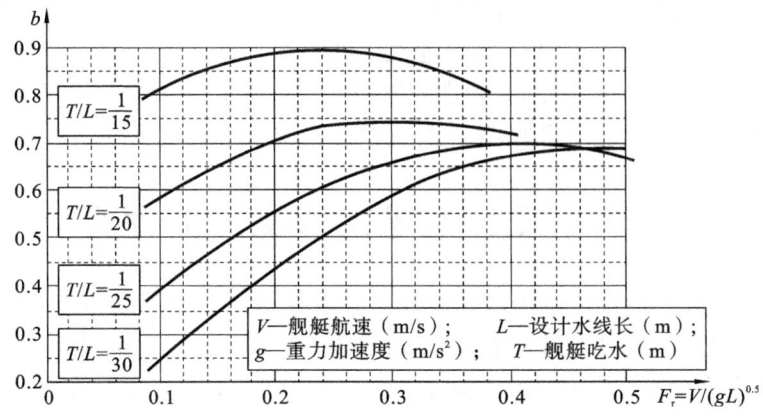

图 8-5-2　系数 b 的取值图

限制航区的最大波高作为谐振波高。另外,由图 8-5-3 计算谐振波相对波长时,船舶航速应取各种可能波高下的实际最大航速,并分别进行船舶砰击振动弯矩的计算。沿船长其他截面船舶砰击振动弯矩按图 8-5-1 确定。应说明,在船舶砰击振动弯矩计算时,其速度取计算波高下的实际最大航速,即应考虑船舶在计算波高中航行时的失速,这一问题目前还没有确定的理论计算方法。在实船实测数据不足的情况下,现行的方法是在最大设计速度的基础上浮或下浮 20% 左右。

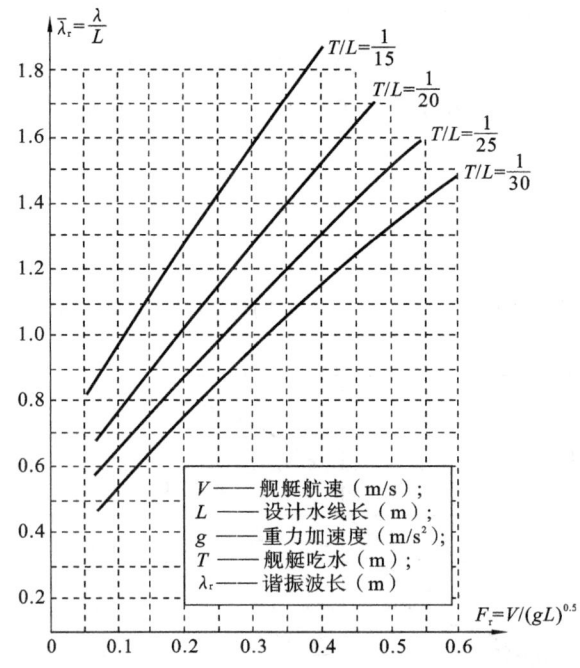

图 8-5-3　谐振相对波长 $\bar{\lambda}_r$ 的取值图

《舰船结构设计计算方法》也给出砰击振动弯矩和剪力的计算。位于波谷状态(即中垂状态)的船体舯剖面处的砰击振动弯矩按式(8.50)计算,其中系数 K 按式(8.51)计算:

$$M_d = 0.5h \cdot K \cdot B^2 \cdot L \times 10^{-2} \qquad (8.50)$$

$$K = 0.1338\sqrt{L/T} - 0.4486 \qquad (8.51)$$

式中：M_d 为砰击振动弯矩（MN·m）；K 为系数；B 为正常排水量时的船舯处水线宽（m）；L 为正常排水量时的设计水线长（m）；T 为正常排水量时的船舯部吃水（m）；h 为计算波高，按式（8.52）计算：

$$h = 1.75 + 3.94(L/100) - 0.30(L/100)^2 \tag{8.52}$$

位于波峰状态（即中拱状态）的船体舯剖面处的砰击振动弯矩取位于波谷状态（即中垂状态）砰击弯矩计算值的 40%。

船长 $0.25L$ 处的船体砰击剪力 Q_d 按式（8.53）计算：

$$Q_d = 3.5 M_d / L \tag{8.53}$$

式中：Q_d 为砰击振动剪力（MN）；M_d 为砰击振动弯矩（MN·m），按式（8.50）计算；L 为正常排水量时的设计水线长（m）。

计算出船舯剖面处的砰击振动弯矩后，根据砰击弯矩 M_d 沿船长的分布（见图 8-5-4）即可得到船长方向各部位的砰击振动弯矩值。同理，计算出 $0.25L$ 处的砰击剪力后，根据砰击剪力 Q_d 沿船长的分布（见图 8-5-5）即可得到船长方向各部位的砰击剪力值。

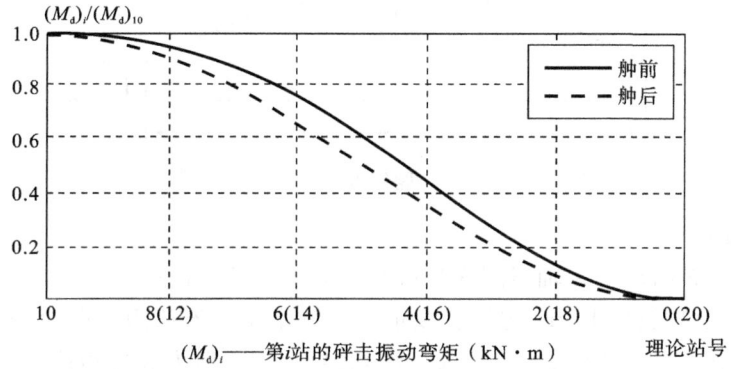

图 8-5-4 砰击振动弯矩 M_d 分布

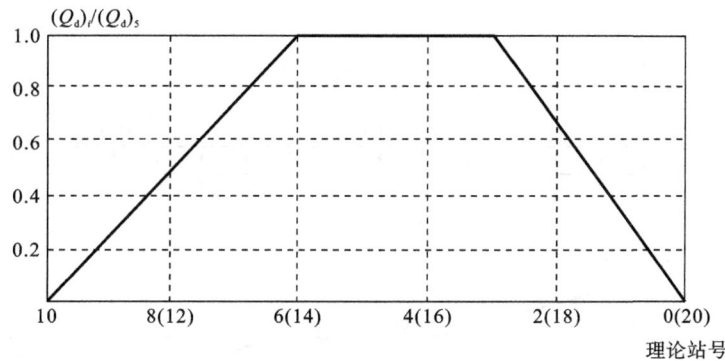

图 8-5-5 砰击振动剪力 Q_d 分布

习　　题

（思考题）

8.1　重量曲线一般怎么确定？分跨两个理论站的重量怎样处理？首尾垂线以外的重量怎样处理？

8.2 叙述静水中浮力曲线的计算方法和主要步骤。

8.3 计算波浪附加弯矩时能否直接用静水面为波轴线求各剖面波面吃水及浸水面积,为什么?

8.4 叙述静置波浪附加弯矩的计算思路和步骤。

8.5 史密斯修正的主要内容是什么?其产生的原理是什么?为何一般强度计算不用史密斯修正?

(计算题)

8.6 空船的重量曲线可用抛物线和矩形之和表示,即把空船重量的一半作为均匀分布,另一半作为二次抛物线分布。如题图 8.6 所示。试求证距船中 x 处单位长度的重量为

$$w(x) = \frac{W}{2l}\left\{0.5 + 0.75\left[1 - \left(\frac{x}{l}\right)^2\right]\right\} \text{ (kN/m)}$$

式中:W 为空船的重量(kN);l 为船长的一半(m)。

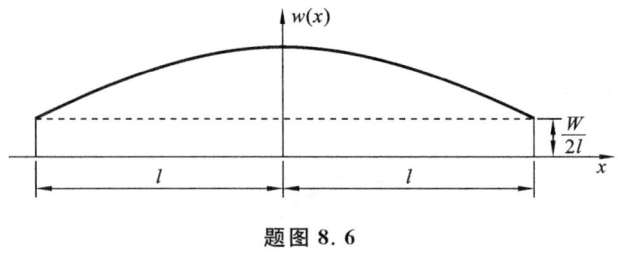

题图 8.6

(提示或答案)

船体的重量分布曲线与 x 轴所围面积应与空船重量 W 相等。

8.7 某长方形货驳长 10 m,均匀装载正浮于静水中。若认为货驳自身质量沿船长均匀分布,此时在货驳中央加 10 t 的集中载荷。试画出其载荷、剪力和弯矩曲线,并求出最大剪力和最大弯矩。

(提示或答案)

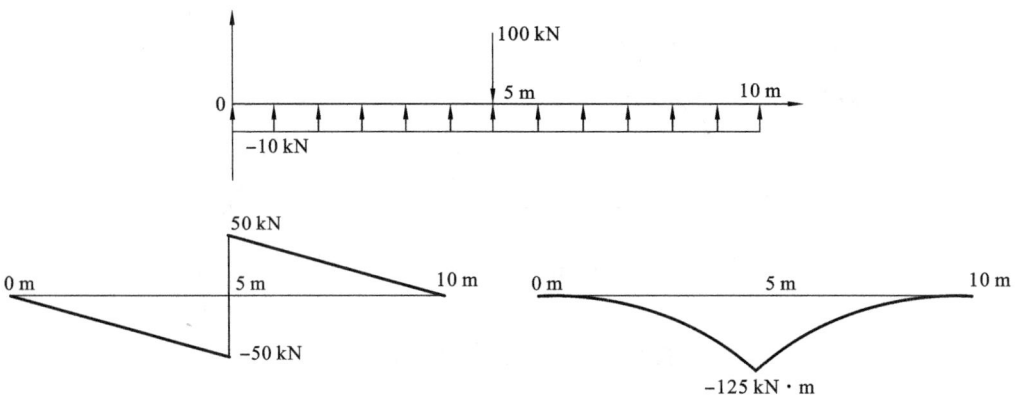

8.8 一长方形浮码头,长 20 m、宽 5 m、深 3 m,空载时吃水 1 m(淡水)。当中部 8 m 范围内承受均布载荷时,吃水增加到 2 m。假定船体质量沿船长均匀分布。试作出该载荷条件下的浮力曲线、载荷曲线、静水剪力和弯矩曲线,并求出最大剪力与最大弯矩值。

(提示或答案)

浮力曲线、载荷曲线、静水剪力和弯矩曲线分别如下图。

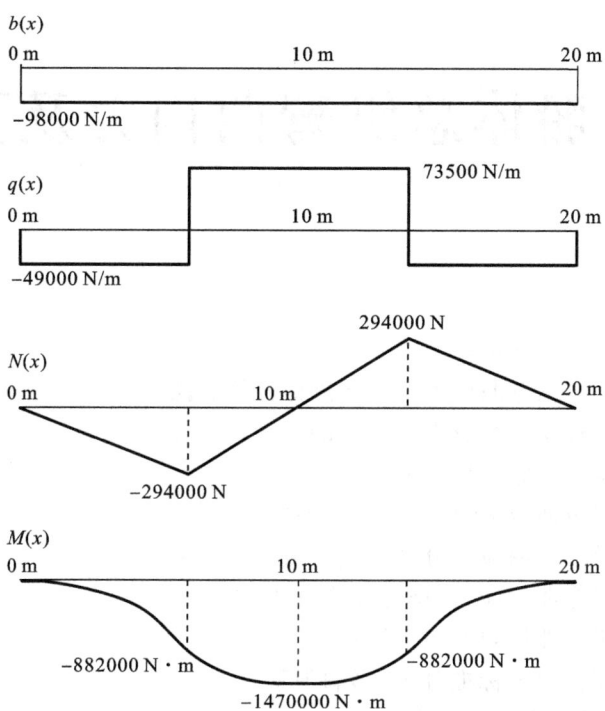

8.9 某箱形船长 100 m、宽 18 m,在淡水中正浮时吃水 5 m。假定船体质量沿船长均匀分布。将 150 t 载荷加在船舯后 50 m 处的一点上,试画出其载荷、剪力和弯矩曲线,并计算此时船舯的弯矩值。

(提示或答案)

浮力曲线、载荷曲线、静水剪力和弯矩曲线分别如下图。

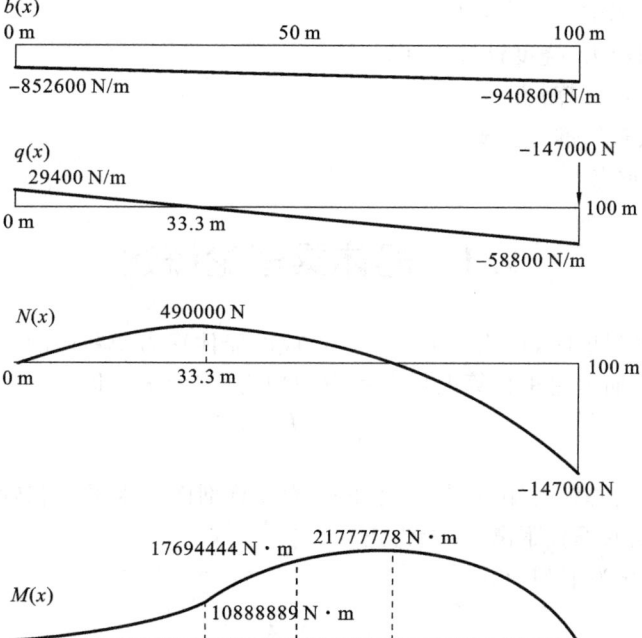

第 9 章　船体总纵弯曲内力及强度标准

本章学习要求：

（1）理解并掌握船体梁理论；

（2）熟练掌握船体总纵弯曲应力第一次近似计算方法；

（3）了解船体梁构件稳定性及失稳折减的概念；

（4）掌握船体梁构件稳定性检验方法；

（5）了解船体总纵弯曲应力第二次近似计算方法；

（6）理解并掌握总纵弯曲应力分类及其合成；

（7）了解船体总纵弯曲切应力、挠度计算方法；

（8）了解船体总纵弯曲极限弯矩计算；

（9）理解并掌握船体强度标准分类、影响因素；

（10）熟练掌握船体总纵弯曲强度标准。

主要知识点及重难点：

（1）简单梁弯曲理论的近似性及其修正方法；☆★

（2）总纵强度中的应力分类及构件种类；☆★

（3）船体梁的计算剖面与船体梁有效构件；☆

（4）船体剖面要素计算；

（5）船体梁构件稳定性检验及失稳折减；☆★

（6）总纵强度问题中的应力合成；☆

（7）总纵弯曲切应力、挠度计算方法；

（8）船体极限弯矩计算；☆

（9）总纵强度校核衡准。☆★

★—难点；☆—重点

9.1　船体梁理论概述

在研究船体总纵强度时，把连续纵向构件构成的船体视为变断面的空心薄壁梁（称为船体梁），采用一般梁的弯曲理论来计算船体总纵弯曲应力（记为 σ_1），即

$$\sigma_1 = \frac{M}{I} Z \tag{9.1}$$

式中：M 为计算剖面的总纵弯矩，中拱时为正；I 为计算剖面对水平中和轴的惯性矩；Z 为所求应力点至水平中和轴的垂直距离，向上为正。

式（9.1）通常可化为下列形式：

$$\sigma_1 = \pm \frac{M}{W} \tag{9.2}$$

式中：$W = I/|Z|$，称为船体剖面模数，它是表征船体结构抵抗弯曲变形能力的一种几何特征量，也是衡量船体总纵强度的一个重要参数。

1. 简单梁弯曲理论的近似性及其修正

采用式（9.1）或式（9.2）进行船体总纵强度计算存在较大的近似性，简单梁弯曲理论针对实心梁基本上是正确的，但实际船体为空心薄壁梁。此时，除了简单梁弯曲应力以外，还应考虑以下两方面对船体梁弯曲应力的影响，即

（1）作用于"薄壁"上的局部载荷引起的局部弯曲应力；

（2）总纵弯曲压应力作用下板与骨架失稳而造成的船体梁承载构件折减及剖面模数的减小。

事实上，薄壁空心梁在横向局部载荷作用下，薄壁将产生局部弯曲变形，该局部弯曲变形是叠加在船体梁总纵弯曲之上的。因此，局部弯曲应力与总纵弯曲应力要进行叠加。为此，现代舰船强度理论的总纵弯曲应力计算引进了"局部弯曲应力叠加"修正，该修正方法由布勃诺夫提出。

薄壁船体失稳修正是威廉·约翰（W. John）于 1874 年提出的，薄壁空心梁在轴向压应力作用下，薄壁结构容易产生失稳，并使船体梁的承载能力降低，应力将重新分布。在相同外力作用下，船体总纵弯曲应力将增加。

综上所述，现代舰船强度理论首先根据式（9.1）计算总纵弯曲应力初始近似值，然后再计算局部弯曲应力 σ_2。根据弯曲应力初始值和局部弯曲应力 σ_2，计算薄壁结构的稳定性，并进行失稳折减，求出折减后的船体剖面模数 W。再由式（9.2）进行总纵弯曲应力的第二次近似计算。依次类推，直至失稳修正造成船体剖面模数的误差在某规定要求之内为止。求出真实总纵弯曲应力 σ_1 以后，再将局部弯曲应力 σ_2、σ_3、σ_4 与总纵弯曲应力 σ_1 叠加，求出船体结构的叠加应力。最后根据船体结构许用应力标准，判断是否满足强度要求。

2. 船体总纵强度中的应力分类及构件种类

船体是由许多构件组成的复杂结构，每一构件各自承担着一定的作用，其受力与变形是极其复杂的。但共同的特点是，在承受外部载荷后，将有序地传递着所受到的力，并发生相应的变形。

同一构件在受力和传力过程中可能受到多种力的作用，产生多种应力。为了区分和计算这些应力，我们将船体构件中的应力分为：总纵弯曲应力、板架弯曲应力、纵骨弯曲应力和板的弯曲应力，并分别记为 σ_1、σ_2、σ_3 和 σ_4。例如，纵骨架式船底板（见图 9-1-1），由直接承受的水压力产生了板格弯曲应力（记为 σ_4）；纵骨受板传来的水压力作用而产生弯曲变形时，与纵骨相连的一部分外板又将随纵骨一起弯曲而产生弯曲应力（记为 σ_3）；纵骨又将载荷传递给肋板和底纵桁，使船底板架产生弯曲变形，并在船底板中产生板架弯曲应力（记为 σ_2）；此外，在船底板中还有总纵弯曲应力（记为 σ_1）。这就是船体构件的多重作用的工作特点。

为了考虑船体构件的这种多重作用的工作特点，曾经按照纵向构件在传递载荷过程中所产生的应力种类和数目，把纵向强力构件分为四类：

（1）只承受总纵弯曲的纵向构件，称为第一类构件，如不计甲板横荷重的上甲板纵向构件；

（2）同时承受总纵弯曲和板架弯曲的纵向构件，称为第二类构件，如船底纵桁、内底板；

（3）同时承受总纵弯曲、板架弯曲及纵骨弯曲的纵向构件，或者同时承受总纵弯曲、板架弯曲及板的弯曲（横骨架式）的纵向构件，称为第三类构件，如纵骨架式中的船底纵骨或横骨架

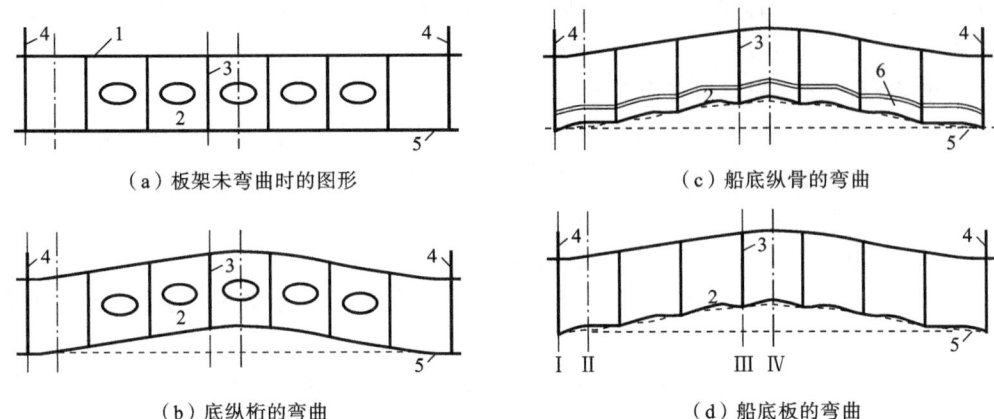

（a）板架未弯曲时的图形　　　　　　　（c）船底纵骨的弯曲

（b）底纵桁的弯曲　　　　　　　　　（d）船底板的弯曲

图 9-1-1　船底结构在横荷重作用下的工作图形

1—内底；2—底纵桁；3—肋板；4—横舱壁；5—船底板；6—船底纵骨

式中的船底板；

（4）同时承受总纵弯曲、板架弯曲、纵骨弯曲及板的弯曲的纵向构件，称为第四类构件，如纵骨架式中的船底板。

以上各种弯曲，除总纵弯曲外均称为局部弯曲。

在强度计算中，考虑到船体构件承受多种作用，产生多种应力的工作特点，根据上述应力分类法，采用构件中弯曲应力的代数和，即叠加应力来校核船体总纵强度。很明显，这样的合成应力法，仅仅是为了分析方便起见而采用的一种假定性有条件的计算方法，并不确切反映船体构件的真实受力情况。

尽管如此，考虑了构件参加抵抗总纵弯曲的有效程度，以及构件的多重作用特点来校核船体强度，应当说还是比较合理的。在船体总纵强度计算方法的发展过程中，是一个进步。

3. 计算剖面与船体梁有效构件

为了进行总纵强度校验，首先要确定对哪些剖面进行计算。显然，仅需对可能出现最大弯曲应力的剖面进行计算，这些剖面称为危险剖面。危险剖面主要由两个条件确定，即总纵弯曲力矩大而剖面抗弯模数小。由总纵弯曲力矩曲线可知，最大弯矩一般在船舯 40% 船长范围内，所以舯剖面应为计算剖面，一般取此范围内的最弱剖面——含有最大的舱口或其他开口的剖面，如机舱、货舱开口剖面。此外，一般还要对下述强度最弱剖面进行计算：船体骨架形式改变处剖面、上层建筑端部剖面、最大切应力作用处剖面、主体材料分布变化处剖面以及由于重量分布特殊可能出现相当大的弯矩值的某些剖面。

《舰船通用规范》规定，初步设计时，应对 1～3 个典型剖面进行船体总纵强度计算与校核；技术设计时，应对 3～5 个典型剖面进行船体总纵强度计算与校核。

在计算剖面中，并非所有纵向布置的构件都能有效地参加抵抗总纵弯曲。因此，在计算剖面确定后，还要确定哪些构件能有效地参加抵抗总纵弯曲变形，亦即哪些构件可计入船体梁的计算中。通常，纵向连续并能有效地传递总纵弯曲应力的构件均应计入，习惯上称这些构件为纵向连续构件。如甲板板、外板、内底板、内龙骨、纵桁、纵骨等都是纵向连续构件，计算船体剖面模数时均应计入。

长度较短的纵向构件应视作间断构件，例如船楼、甲板室、开口间的甲板等。它们参加总纵弯曲的有效性取决于它们的长度及与主体的连接情况。

9.2　船体总纵弯曲应力第一次近似计算

根据梁的弯曲理论,船体梁剖面总纵弯曲应力计算由式(9.1)确定,即

$$\sigma = \frac{M}{I} \cdot Z \tag{9.3}$$

利用第 8 章的知识,对于一定计算状态,可求出作用于船体剖面上的弯矩 M 值。为了计算剖面弯曲应力 σ,还必须首先计算剖面对水平中和轴的惯性矩 I,以及剖面任意构件至水平中和轴的距离 Z 等剖面要素。

1. 船体剖面要素计算

由于船体结构对称于中纵剖面,一般只需对半个剖面进行剖面要素的计算。具体步骤如下:

首先,画出船体计算剖面的半剖面图,如图 9-2-1 所示。然后,对纵向强力构件进行编号,并注意把所有至中和轴距离相同的构件列为一组进行编号;选取参考轴 $O'—O'$,该轴可选在离基线 0.45~0.50 倍型深处。最后,利用表 9-2-1 进行计算,并分别求出各组构件剖面积 A_i,其形心位置至参考轴的距离 Z_i(按所选定的符号法则,在参考轴以上的构件,Z_i 取为正),

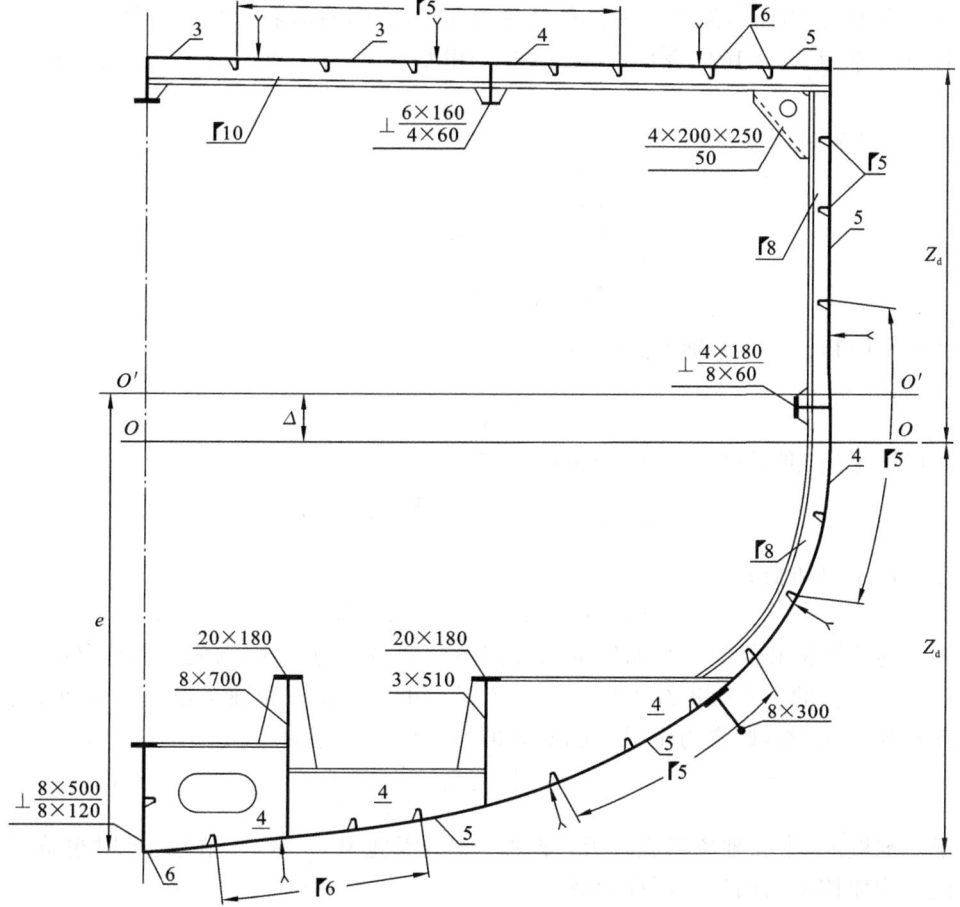

图 9-2-1　船体横剖面图

静矩 A_iZ_i，惯性矩 $A_iZ_i^2$。对于高度较大的垂向构件，如舷侧板等，还要计算其自身惯性矩 $i_0 = A_ih_i^2/12$（h_i 为该构件的垂直高度，这种表达式也适用于倾斜板的剖面）。

表 9-2-1　船体剖面要素及应力第一次近似计算

(1)	(2)	(3)	(4)	(5)	(6)	(7)	(8)	(9)	(10)		(12)
									弯曲应力		临界 应力 /(N/mm²)
构件 编号	构件 名称	构件 尺寸 /cm	剖面 积 A_i /cm²	距参 考轴高 Z_i /m	静矩 $A_i \cdot Z_i$ /cm²·m	惯性矩 $A_iZ_i^2$ /cm²·m²	自身惯 性矩 i_0 /cm²·m²	距中和 轴距离 Z_i'/m	中拱 /(N/mm²)	中垂 /(N/mm²)	
1 2 3 ⋮ 20											
$\sum$		A		B		C					

需要指出的是，在剖面惯性矩的计算过程中，参考轴的选取是任意的，以方便计算为原则。若为了在量取各构件离参考轴的距离时不出现负号，可取基线为参考轴。这样，每个构件离参考轴的距离均为正，因而不需要考虑正负号的问题。对于横向的小构件，如舷侧纵骨和底纵桁上的纵向加筋等，可不计其自身惯性矩；但对于甲板板和船底板等大板材，仍需计及自身惯性矩。

由表 9-2-1 可得

$$\sum A_i = A$$
$$\sum A_iZ_i = B \tag{9.4}$$
$$\sum (A_iZ_i^2 + i_0) = C$$

剖面水平中和轴至参考轴的距离为

$$\Delta = \frac{B}{A} \text{ (m)} \tag{9.5}$$

根据移轴定理，剖面对水平中和轴的惯性矩为

$$I = 2(C - \Delta^2 A) = 2\left(C - \frac{B^2}{A}\right) \text{ (cm}^2 \cdot \text{m}^2) \tag{9.6}$$

任意构件至中和轴的距离为

$$Z_i' = Z_i - \Delta = Z_i - B/A \quad \text{(m)} \tag{9.7}$$

最上层连续甲板和船底板是船体剖面中离中和轴最远的构件，构成了船体梁的上下翼板。构成船体梁上翼板的最上层连续甲板通常称为强力甲板。设中和轴至强力甲板和船底板的垂直距离分别为 Z_d 和 Z_b，则强力甲板和船底处的剖面模数分别为

$$W_d = \frac{I}{Z_d}, \quad W_b = \frac{I}{Z_b} \tag{9.8}$$

对于一般舰船，中和轴离船底较近，即 $Z_d > Z_b$，因此 $W_d < W_b$。所以，有时也称强力甲板处剖面模数为船体剖面的最小剖面模数。

2. 异种材料的面积换算

在计算构件剖面积时，除了应注意哪些构件不能计入船体梁以外，还应注意哪些构件采用

了与船体基本材料不同弹性模量的材料,例如部分结构采用铝合金的钢质船舶。此时,材料不同的结构部分其纵向弯曲应变相同,但应力大小不同。因此,在计算时应首先将其换算成相当于基本材料的剖面积。

若设被换算的构件的剖面积为 a_i,其应力为 σ_i,弹性模量为 E_i;与其等效的基本材料的剖面积为 a,应力为 σ,弹性模量为 E。则根据变形相等且承受同样的力 $\boldsymbol{P}$,可得

$$\varepsilon = \frac{\sigma_i}{E_i} = \frac{\sigma}{E} \quad \text{或} \quad \varepsilon = \frac{P}{a_i E_i} = \frac{P}{aE} \tag{9.9}$$

因而有

$$a = a_i \frac{E_i}{E} \quad \text{或} \quad \sigma = \sigma_i \frac{E}{E_i} \tag{9.10}$$

因此,在计算时,可认为船体梁仅由一种基本材料构成,而把与基本材料弹性模量 E 不同的构件剖面积乘以两材料的弹性模量之比 E_i/E,同时又不改变该构件的形心位置。因此,对薄壁构件,相当于仅对板厚作上述变换。如果是垂直板,其自身惯性矩 i_0 应为

$$i_0 = \frac{a_i h_i^2}{12} \cdot \frac{E_i}{E}$$

式中:h_0 为垂直板的高度。

3. 总纵弯曲应力第一次近似计算

利用表 9-2-1 第(10)和(11)列,可进行总纵弯曲应力第一次近似计算。表 9-2-1 第(12)列记录剖面各构件的临界应力值(该值在 9.3 节中计算给出),比较第(10)列(或第(11)列)和第(12)列可看出在第一次近似计算中产生失稳的构件数量。

构件中的总纵弯曲应力为

$$\sigma_i = \frac{M}{I} Z'_i \times 10 \ (\text{N/mm}^2) \tag{9.11}$$

式中:弯矩 M 以 kN·m 计,中拱时为正。按式(9.11)求得的应力 σ_i 称为总纵弯曲应力第一次近似计算值。

9.3　船体梁构件稳定性检验及失稳折减

1. 构件的稳定性检验

根据 9.3 节的计算结果结合表 9-2-1,可判断船体构件在总纵弯曲压应力作用下是否丧失其稳定性。若总纵弯曲压应力超过构件的临界应力,则认为该构件发生失稳,需进行失稳折减。为了对失稳构件进行折减,必须首先确定船体外板、甲板板、内底板和作为龙骨、纵桁及其他纵向构件腹板、翼板的所有板、纵向骨材以及板架的临界应力 σ_{cr}。

在确定板的临界应力时,通常不考虑材料不服从胡克定律对稳定性的影响。按相应的理论公式确定的临界应力超过材料屈服强度 σ_s,则在计算中取 σ_{cr} 等于 σ_s。但对纵向骨材和板架,则必须考虑材料不服从胡克定律对稳定性的影响。

1) 板的稳定性计算

通常在计算船体板的稳定性时,认为板自由支持在相应骨架梁所形成的支持周界上。在这样的计算中,忽略了骨架梁的抗扭影响,并产生了某些通常是不大的、偏于安全方面的误差。一般情况下,板的稳定性计算中不考虑材料非线性修正,因此其欧拉应力 σ_E 和临界应力 σ_{cr} 是一致的。下面列出确定船体钢板临界应力的计算公式。

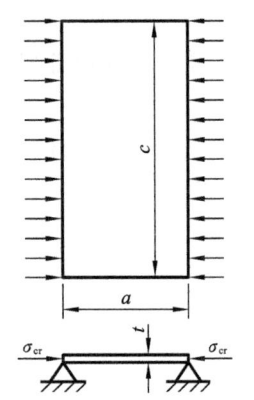

图 9-3-1 横骨架式甲板板
稳定性的计算图形

（1）横骨架式板格。

对于横骨架式船体而言（见图 9-3-1），其甲板板的临界应力按以下公式计算：

$$\sigma_{cr} = 19.6\left(\frac{100t}{a}\right)^2\left(1+\frac{a^2}{c^2}\right)^2 \text{（N/mm}^2)\qquad(9.12)$$

式中：t 为板厚；a 为横梁间距；c 为甲板纵桁间距。

对于横骨架式船体而言，其舷顶列板的厚度较舷侧外板大很多，计算其临界应力时，把舷顶列板作为三边自由支持、第四边完全自由的板处理（见图 9-3-2）。其临界应力为

$$\sigma_{cr} = 19.6\left(\frac{100t}{a}\right)^2\left[1+0.426\left(\frac{a}{b_s}\right)^2-0.143\frac{a}{b_s\left(4+\frac{a^2}{b_s^2}\right)}\right]\text{（N/mm}^2)$$

$$(9.13)$$

式中：t 为舷顶列板板厚；b_s 为舷顶列板宽度。

若甲板边板厚度大大超过邻近甲板板厚度，则式（9.13）也可用来确定甲板边板的临界应力。

对于横骨架式船体而言，其舷侧外板的临界应力为

$$\sigma_{cr} = 19.6\left(\frac{100t}{a}\right)^2 \text{（N/mm}^2)\qquad(9.14)$$

式中：t 为舷侧外板板厚；a 为肋距。

对船底板和内底板，板格的纵边可作为自由支持处理，但板格的横边由于实肋板的刚性较大，应为弹性固定，它对板的临界应力影响较大。实际上的底板临界应力可按下述公式计算：

$$\sigma_{cr} = 19.6k\left(\frac{100t}{a}\right)^2\left(1+\frac{a^2}{c^2}\right)^2 \text{（N/mm}^2)\qquad(9.15)$$

式中：a 为肋距；t 为板厚；c 为底纵桁间距；k 为考虑实肋板对板边固定程度的影响系数：每一挡肋距设一实肋板时，$k=1.50$；每两挡肋距设一实肋板时，$k=1.25$；每三挡肋距设一实肋板时，$k=1.00$。

（2）纵骨架式板格。

对于纵骨架式船体（见图 9-3-3）而言，纵骨加强的甲板板、船底板等的临界应力为

$$\sigma_{cr} = 76\left(\frac{100t}{b}\right)^2 \text{（N/mm}^2)\qquad(9.16)$$

式中：t 为板厚；b 为纵骨间距。

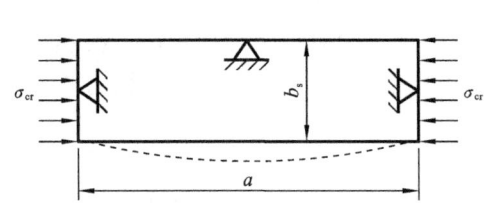

图 9-3-2 舷顶列板稳定性的计算图形

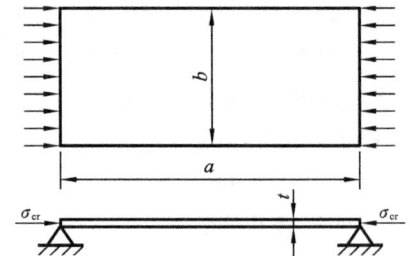

图 9-3-3 纵骨架式船体板稳定性的计算图形

（3）组合梁面板与腹板。

甲板纵桁、舷侧纵桁、龙骨、底纵桁及其他纵向构件计算自由翼板面板临界应力时，把它作

为三边自由支持、第四边完全自由的无限长均匀受压矩形板处理,其临界应力为

$$\sigma_{cr} = 8.2 \left(\frac{100t}{b_1} \right)^2 \; (\text{N/mm}^2) \tag{9.17}$$

式中:t 为板厚;b_1 为自由翼板的半宽(翼板对称于腹板的梁)或自由翼板宽度(自由翼板设在腹板一侧的梁)。

腹板的临界应力可按沿腹板高度承受线性规律变化的压缩应力(亦可近似当作均匀压缩应力)的自由支持板进行计算。

(4)舷侧外板的剪切稳定性。

舷侧外板还承受总纵弯曲剪力的作用,所以还应检验其剪切稳定性。舷侧外板的临界应力一般按纯剪条件下的四周自由支持板计算(见图 9-3-4):

$$\tau_{cr} = 102 \cdot \left(\frac{100t}{b} \right)^2 \; (\text{N/mm}^2) \tag{9.18}$$

式中:t 为板厚;b 为纵骨间距。

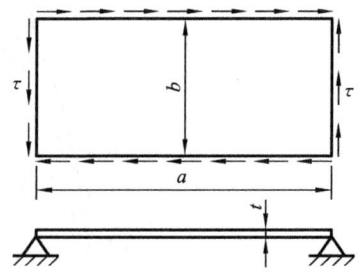

图 9-3-4　舷侧外板剪切稳定性的计算图形

2)纵骨的稳定性计算

在检验纵骨的稳定性时,将其视为自由支持在相应的横向构件(强横梁、强肋骨、肋板等)上的单跨梁(见图 9-3-5),其理论欧拉应力

$$\sigma_E = \frac{\pi^2 \cdot i \cdot E}{a^2 (f + b_e t)} \; (\text{N/mm}^2) \tag{9.19}$$

式中:i 为包括带板的纵骨剖面惯性矩,此时带板宽度按梁弯曲问题带板宽度选取;a 为横向构件间距;f 为不包括带板的纵骨剖面积;b_e 为稳定性问题的带板宽度;t 为带板厚度;E 为材料弹性模量。

图 9-3-5　纵骨稳定性的计算图形

计算纵骨稳定性时,带板宽度应考虑受到压缩应力大于临界应力时的折减。此时,带板的宽度可按式(9.20)确定:

$$b_e = (1 + \varphi) \cdot b/2 \tag{9.20}$$

式中:b 为纵骨间距;φ 为折减系数,$\varphi = \sigma_{cr}/\sigma_i$,值不大于 1;$\sigma_{cr}$ 为板的临界应力;σ_i 为作用在板上的压缩应力。

按式(9.19)求得的欧拉应力,若超过材料的比例极限,则必须对理论欧拉应力进行修正,以考虑材料不服从胡克定律对稳定性的影响。在造船界常利用图 9-3-6 曲线进行修正,或者按式(9.21)确定纵骨的临界应力:

$$
\begin{aligned}
&\text{当 } \sigma_E \leqslant \frac{1}{2}\sigma_s \text{ 时}, \sigma_{cr} = \sigma_E \\
&\text{当 } \sigma_E > \frac{1}{2}\sigma_s \text{ 时}, \sigma_{cr} = \sigma_s \left(1 - \frac{\sigma_s}{4\sigma_E} \right)
\end{aligned}
\tag{9.21}
$$

式中:σ_{cr} 为纵骨临界应力;σ_s 为材料屈服应力。

3)甲板板架的稳定性计算

对具有甲板纵桁的甲板板架,可利用下述方法进行甲板稳定性计算。首先,将纵桁视为自

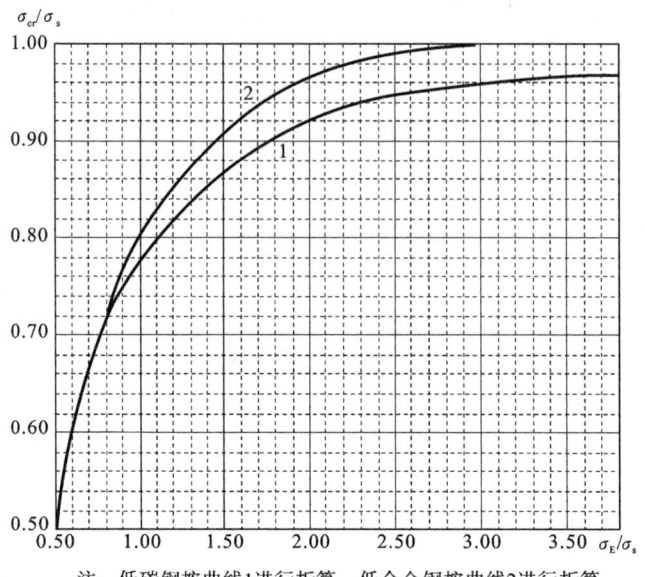

注：低碳钢按曲线1进行折算，低合金钢按曲线2进行折算

图 9-3-6   欧拉应力修正曲线

由支持在横舱壁并被横梁形成的弹性支座支承的受压杆。然后，确定该甲板纵桁的临界应力 σ_{cr1}，并将板架稳定性用纵桁的稳定性表征。目前，甲板板架稳定性计算多采用有限元法。

2. 船体构件的失稳折减

1）剖面折减的概念

当船体总纵弯曲时，纵向骨架梁在计算载荷下是不允许丧失稳定性的。如果失稳，该纵骨剖面面积应全部折减掉。因此，在船体构件中只需考虑板丧失稳定性后的剖面折减。

第一次近似计算出总纵弯曲应力之后，若所得压应力大于相应构件的临界应力，表明该构件失稳。由前述分析，板由于失稳，在同一水平高度上的应力沿板宽不再保持均匀分布，与纵向骨架梁相连部分的板宽内应力较高，板宽的中间部分应力较低，如图9-3-7所示。这说明船体板不能完全有效地参加抵抗总纵弯曲。此时，为了仍能运用简单梁的公式计算总纵弯曲应力，一般采用折减系数 φ 把船体剖面中的一部分失稳的板构件剖面积化为假想的不失稳的刚性构件剖面积。具体做法是：

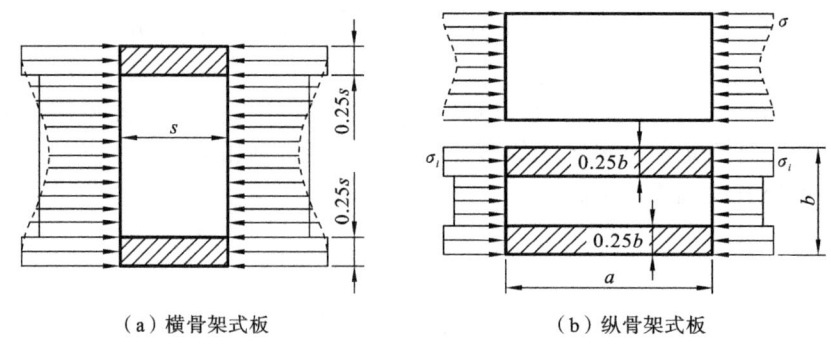

（a）横骨架式板   （b）纵骨架式板

图 9-3-7   板失稳后的应力分布

（1）将纵向强力构件分为刚性构件和柔性构件两类。刚性构件包括受压不失稳的刚性骨架梁、舭列板及与刚性骨架梁、舭列板等相毗连的每一侧宽度等于该板格短边长度1/4的那一

部分板。由于刚性构件的临界应力较大,因此,它能承受一般船体总纵弯曲的压应力。

（2）将柔性构件用某个虚拟的刚性构件代替,但要保持剖面上承受的压力值不变,即

$$\sigma_{cr} \cdot A = \sigma_i \cdot A' \tag{9.22}$$

式中:A 为被代替的柔性构件实际剖面积;A' 为虚拟的刚性构件剖面积;σ_{cr} 为板格柔性构件的临界应力;σ_i 为刚性构件承受的压应力。

由此可得

$$A' = \frac{\sigma_{cr}}{\sigma_i} A \tag{9.23}$$

并记

$$\varphi = \frac{\sigma_{cr}}{\sigma_i} = \frac{A'}{A} \tag{9.24}$$

式中的 φ 称为折减系数。这样,可用板的临界应力与该板所受到的总纵弯曲应力之比来确定折减系数。由于利用折减系数将柔性构件的剖面积化为相当的刚性构件的剖面积,从而保证仍可运用简单梁弯曲公式来计算总纵弯曲应力。

2）板折减系数的计算公式

在船体总纵强度计算中,已丧失稳定性的板的折减系数通常按下述公式确定:

（1）纵骨架式板格。

对于只参加抵抗总纵弯曲的构件（如上甲板）,则

$$\varphi = \frac{\sigma_{cr}}{\sigma_i} \beta \tag{9.25}$$

式中:σ_{cr} 为按式（9.16）确定的板格临界应力;σ_i 为与所计算的板在同一水平线上刚性构件中的总纵弯曲压应力绝对值;β 为考虑初挠度及横荷重影响的系数,$\beta = 2 - (b/75t)$,若 $\beta > 1$,则取 $\beta = 1$;b 为纵骨间距。折减系数应满足 $0 \leqslant \varphi \leqslant 1$ 的范围内,若 φ 大于 1,则应取 $\varphi = 1$。

对于同时参加抵抗总纵弯曲及板架弯曲的构件（如船底板、内底板）,则

$$\varphi = \frac{\sigma_{cr} \pm \sigma_2}{\sigma_i} \tag{9.26}$$

式中:σ_2——相应构件的板架弯曲应力,并应考虑其正负符号（拉伸为正,压缩为负）。

手算参加抵抗总纵弯曲及板架弯曲的板的折减系数时可采用表 9-3-1 进行计算。

表 9-3-1　失稳后板的折减系数计算

构件名称		构件编号	计算剖面位置	应力/(N/mm²)				折减系数 $\varphi = \dfrac{\sigma_{cr} + \sigma_2}{|\sigma_1|}$
				临界应力 σ_{cr}	板架弯曲 σ_2	$\sigma_{cr} + \sigma_2$	总弯曲应力 σ_1	
中桁材	内底板		舱壁处跨中					
	外底板		舱壁处跨中					
	⋮							

式（9.26）中的 σ_2 可取其等于邻近中内龙骨构件的应力,且不考虑此应力沿板架宽度由龙骨向两舷的变化。具体计算中可能出现两种情况:若 σ_2 为拉应力,则 $\sigma_2 > 0$,该板非但不会因板架弯曲应力而失稳,反而提高了它抵抗总纵弯曲压力的能力;若 σ_2 为压应力,则 $\sigma_2 < 0$,该板因承受板架弯曲应力而降低了它抵抗总纵弯曲压应力的能力。特别是,若 σ_2 超过了板所能承受的最大压应力,则在板架弯曲压应力作用下该板就要进行折减,所以就不再能承受总纵弯曲

压应力 σ_i 了,故该构件的折减系数 $\varphi=0$。

上述计算处理方法是认为同时承受两种应力的构件,先承受板架弯曲应力,剩余的能力再来承受总纵弯曲应力。当然,这只是为了简化计算而采用的一种近似处理问题的方法。

对于承受经常性载荷的下甲板或水面以下的舷侧板,本来也是有总纵弯曲应力和板架弯曲应力同时作用着,但因其离中和轴较近,且不如船底结构在保证总纵强度中的重要性大,因此只按承受总纵弯曲压应力看待,即按式(9.25)来计算折减系数。

（2）横骨架式板格。

若计算中不考虑初挠度及横荷重的影响,则

$$\varphi=\frac{\sigma_{cr}}{\sigma_i} \tag{9.27}$$

式中:σ_{cr} 为板格的临界应力。

按式(9.25)至式(9.27)确定的折减系数应在 $0\leqslant\varphi\leqslant1$ 的范围内,若 φ 大于 1,则应取 $\varphi=1$。

9.4　船体总纵弯曲应力第二次及更高次计算

从折减系数的计算中可以看到,折减系数的大小与总纵弯曲压应力值有关,而总纵弯曲压应力的大小又与构件的折减系数有关,因此总纵弯曲应力的计算必定是个逐步近似的过程。当然,若总纵弯曲压应力均未超过板的临界应力,则不必进行折减计算,可直接按第一次近似总纵弯曲应力值进行强度校核。

在船体板的稳定性检验后,若有构件失稳,则需按前述相应公式计算折减系数,并进行失稳构件的面积折减。接着,进行总纵弯曲应力的第二次近似计算。

通常,在第二次近似计算时,利用表 9-4-1 进行船体剖面要素的修正计算。表中第(3)列,对折减构件应填入需要进行折减的剖面积,该值等于板的剖面总面积减去属于刚性构件部分的剖面积。在填算表 9-4-1 时,参考轴仍取为第一次近似计算所采用的参考轴。对折减构件 i 的剖面积的修正值为

$$\Delta A_i=A_i(\varphi_i-1) \tag{9.28}$$

式中:A_i 为构件 i 需进行折减的剖面积;φ_i 为按第一次近似总纵弯曲应力确定的折减系数。

表 9-4-1　船体剖面要素修正计算

构件编号	需折减的构件名称	剖面积 A_i /cm^2	折减系数 φ_i	φ_i-1	(3)×(5) $A_i(\varphi_i-1)$ /cm^2	距参考轴距离 Z_i /m	静矩 (6)×(7) /(cm^2 · m)	惯性矩 (7)×(8) /(cm^2 · m^2)
(1)	(2)	(3)	(4)	(5)	(6)	(7)	(8)	(9)
1 2 ⋮	Ⅱ折减构件 ⋮				ΔA_i ⋮		ΔB_i ⋮	ΔC_i ⋮
	Ⅰ第一次近似计算结果				A		B	C
	$\sum$				A_1		B_1	C_1

于是,所有需折减的构件,其折减面积、折减静矩和折减惯性矩总和分别为

$$\left.\begin{array}{l} \Delta A = \sum A_i(\varphi_i - 1) \\ \Delta B = \sum \Delta A_i Z_i \\ \Delta C = \sum \Delta A_i Z_i^2 \end{array}\right\} \qquad (9.29)$$

折减后的剖面总面积、总静矩和总惯性矩为

$$\left\{\begin{array}{l} A_1 = A + \Delta A \\ B_1 = B + \Delta B \\ C_1 = C + \Delta C \end{array}\right. \qquad (9.30)$$

修正后的船体剖面中和轴至参考轴的距离为

$$\Delta_1 = \frac{B_1}{A_1} \ (\mathrm{m}) \qquad (9.31)$$

剖面惯性矩为

$$I_1 = 2\left(C_1 - \frac{B_1^2}{A_1}\right) \ (\mathrm{cm}^2 \cdot \mathrm{m}^2) \qquad (9.32)$$

任一构件至中和轴的距离为

$$Z'_i = Z_i - \Delta_1 (\mathrm{m}) \qquad (9.33)$$

任一构件第二次近似计算总纵弯曲应力为

$$\sigma'_i = \frac{M}{I_1} Z'_i \times 10 \ (\mathrm{N/mm}^2) \qquad (9.34)$$

如果第二次近似计算的总纵弯曲应力与第一次近似计算值相差不大于 5%,则可用第二次近似计算值进行总纵强度校核,否则必须进行第三次近似计算。

第三次近似计算仍可利用表 9-4-1。此时,可以用第二次近似计算的结果 A_1、B_1 和 C_1 作为计算的基础;构件折减系数仍按式(9.25)至式(9.27)确定,但应取第二次近似计算所得的应力作为 σ_i;折减构件的面积修正量为 $\Delta A'_i(\varphi'_i - \varphi_i)$,其中 φ'_i、φ_i 分别为按第二次及第一次近似计算结果确定的折减系数;其余各项计算与第二次近似计算完全一样。

若第三次近似计算得到的总纵弯曲应力值与第二次近似计算值相差仍超过 5%,则说明该结构设计不甚合理,应考虑新的设计方案。比如,设法提高柔性构件的稳定性等。

最后需要指出的是,上述第二次及更高次近似计算均应分别对舰船在中拱状态和中垂状态下进行。这是因为在不同弯曲状态下,构件所受的应力不同,包括大小和正负号的差别等,从而导致构件的折减系数不同。

9.5　总纵强度问题中的应力合成

为了按合成应力校核总纵强度,在总纵弯曲应力确定后,需进行局部弯曲应力计算。对纵骨架式船底,由于底部构件的折减系数还与板架弯曲应力有关,故船底板架弯曲应力的计算应在第一次近似总纵弯曲应力确定后予以进行。需要强调指出,为进行应力合成,在局部弯曲应力的计算中,水压力等横荷重的取法应与总纵弯曲应力的计算状态相对应,也就是说取静置波浪上该局部结构对应的水压力和设备重力作为计算载荷,以保证是在同一计算状态下的应力合成。

总纵强度校核时,应对船体结构四类构件可能出现最大合成应力的点,求其合成应力。

1. 第二类构件应力合成

计算第二类构件合成应力（见图 9-5-1）时，通常假定总纵弯曲应力在舱长范围内是相同的，而板架弯曲应力假定在一个肋距内是相同的，一般取靠近中桁材的船底外板和内底板的 σ_2 与 σ_1 叠加。若计算发现旁桁材构件 σ_2 大于中桁材 σ_2，则应对距中桁材最近的一根旁桁材进行第二类构件的应力合成。

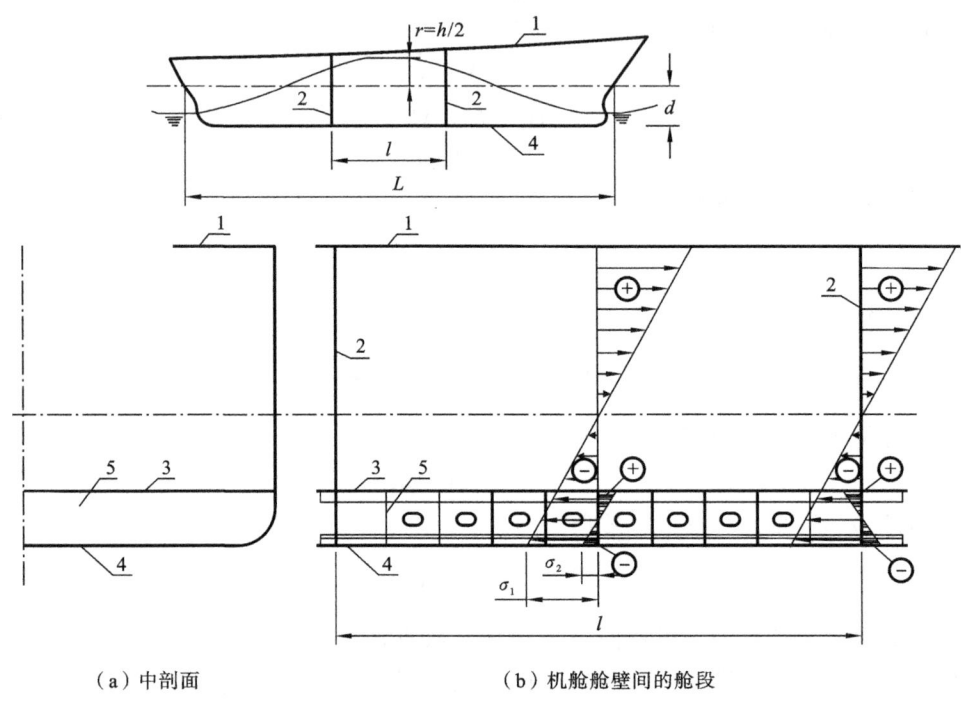

图 9-5-1　第二类构件的应力合成图（中拱）

1—甲板；2—横舱壁；3—内底；4—船底；5—肋板

进行应力合成的关键是选好"危险剖面"和"危险点"。对于第二类构件而言，危险剖面为舱壁间底纵桁跨中和跨端部，而危险点则视中拱、中垂弯曲状态的不同而不同，具体见表 9-5-1所示。

表 9-5-1　第二类构件应力合成危险剖面与危险点

总纵弯曲状态	中拱	中垂
底纵桁应力	$\sigma_1 < 0$	$\sigma_1 > 0$
底纵桁危险剖面	跨中跨端	跨中跨端
危险点	下缘（$\sigma_2 < 0$），上缘（$\sigma_2 < 0$）	上缘（$\sigma_2 > 0$），下缘（$\sigma_2 > 0$）
合成应力	$\sigma_1 + \sigma_2$	$\sigma_1 + \sigma_2$

进行应力叠加合成时，还必须注意各个应力的符号，以正号代表拉应力，负号代表压应力。

求得合成应力之后，就应将它们与相应位置的许用应力进行比较，以判断船体结构的总纵强度是否满足许用应力要求。

2. 第三类构件应力合成

第三类构件以邻近底纵骨为应力合成对象，如图 9-5-2 所示。与第二类构件一样，第三类构件的危险剖面为纵骨跨中和跨端部。但在板架舱段内，纵桁跨中和跨端部的纵骨，其应力状

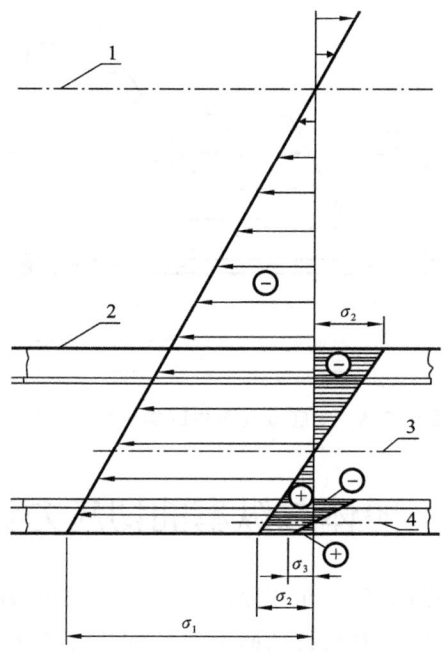

图 9-5-2 纵骨剖面中三类应力的叠加图
1—船体剖面中和轴;2—内底;3—船底板架的中和轴;4—船底纵骨的中和轴

态是相反的,必须都要加以考核。

第三类构件的应力合成危险剖面与危险点,全部考虑较为复杂,一般可认为最大合成应力发生在同号应力叠加状态,具体见表 9-5-2。

表 9-5-2 第三类构件应力合成危险剖面与危险点

总纵弯曲状态	中拱	中垂
外底纵骨的 σ_1	$\sigma_1 < 0$	$\sigma_1 > 0$
外底纵骨的危险部位	舱跨中($\sigma_2 < 0$)	舱壁处($\sigma_2 > 0$)
外底纵骨危险剖面	跨中跨端	跨中跨端
危险点	下缘 $\sigma_3 < 0$,上缘 $\sigma_3 < 0$	上缘 $\sigma_3 > 0$,下缘 $\sigma_3 > 0$
合成应力	$\sigma_1 + \sigma_2 + \sigma_3$	$\sigma_1 + \sigma_2 + \sigma_3$

3. 第四类构件应力合成

第四类构件主要是以外底板作为应力合成的对象,如图 9-5-3 所示。与第三类构件应力合成思路相同,认为最大合成应力发生在同号应力叠加状态,其同号应力叠加状态见表 9-5-3 所示。

表 9-5-3 第四类构件应力合成危险剖面与危险点

总纵弯曲状态	中拱	中垂
外底板总纵弯曲应力	$\sigma_1 < 0$	$\sigma_1 > 0$
外底板危险部位	舱段跨中 $\sigma_2 < 0$	舱段端部 $\sigma_2 > 0$
危险剖面	纵骨跨中 $\sigma_3 < 0$	纵骨端部 $\sigma_3 > 0$,板边
危险点	下缘 $\sigma_4 < 0$	下缘 $\sigma_1 > 0$
合成应力	$\sigma_1 + \sigma_2 + \sigma_3 + \sigma_4$	$\sigma_1 + \sigma_2 + \sigma_3 + \sigma_4$

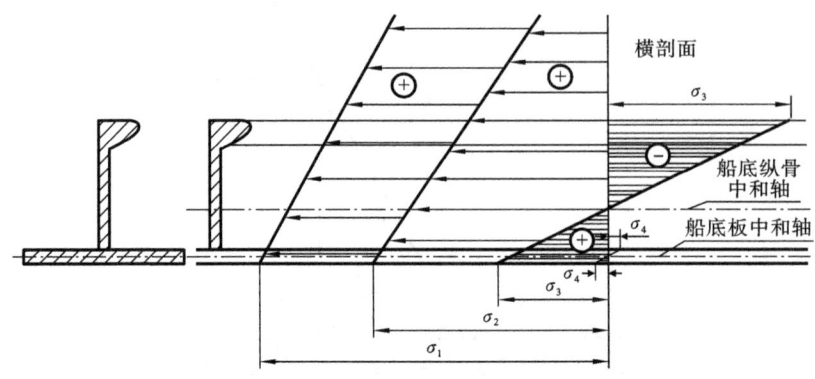

图 9-5-3 船底板剖面中四类应力的叠加图

9.6 船体总纵弯曲切应力计算

船体总纵弯曲时,在横剖面上除存在弯曲应力外,还由于剪力的作用而产生切应力。对于像船体这样的薄壁结构,确定切应力在其剖面上的分布,对合理决定板厚也是十分重要的。总纵弯曲时,最大剪力一般作用在距首尾端约四分之一船长附近的剖面上,因此需校核这些剖面船体构件承受切应力的强度和稳定性。

下面来研究剖面上切应力与弯曲应力的平衡关系式。从船体梁微段 $\mathrm{d}x$ 中切出外板弧长为 s 的一微块 $\mathrm{d}x \cdot s$(见图 9-6-1),其中纵向切口,上端在任选的某一边界原点处,下端在离原点的弧长为 s 处。

此时,在各个切割面上作用着弯曲应力和切应力,由于板厚很小,认为切应力顺着板面方向且沿板厚均匀分布。所以,沿船体梁轴向纵向力的平衡方程式为

$$\tau \cdot t \cdot \mathrm{d}x = \int_0^s \left(\frac{\partial \sigma}{\partial x} \mathrm{d}x \right) \cdot t \cdot \mathrm{d}s + \tau_0 t_0 \mathrm{d}x \qquad (9.35)$$

式中:τ_0、t_0 为原点处的纵向剪力和板厚;τ、t 为弧长 s 计算点的纵向剪力和板厚;σ 为沿弧长 s 分布的正应力。

$$\sigma = \frac{M}{I} z, \quad N = \frac{\partial M}{\partial x} \qquad (9.36)$$

式中:M、N 为剖面弯矩和剪力;I 为船体横剖面对水平中和轴的惯性矩。

将式(9.36)代入式(9.35)得

$$\tau \cdot t = \frac{N}{I} \int_0^s z t \mathrm{d}s + \tau_0 t_0 \qquad (9.37)$$

乘积 $\tau \cdot t$,一般称为"剪力流",并且记为

$$q = \tau \cdot t, \quad q_0 = \tau_0 \cdot t_0 \qquad (9.38)$$

积分

$$m^0(s) = \int_0^s z \cdot t \cdot \mathrm{d}s \qquad (9.39)$$

表示从 $s=0$ 的点(计算弧长 s 的原点)开始到所求切应力点为止的剖面积对中和轴的静矩(对纵骨架式结构尚应包括纵骨剖面积的静矩),它是剖面几何要素和沿剖面位置 s 的函数,m^0 上角标"0"表示该面积矩与 $s=0$ 的点有关。

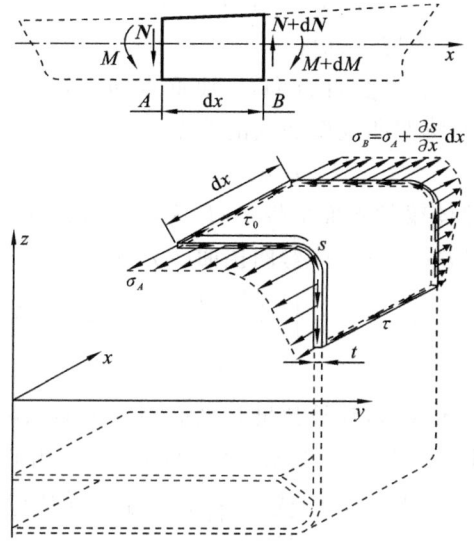

图 9-6-1　分析切应力的船体梁微块

由此,式(9.38)变为

$$q=\frac{Nm^0(s)}{I}+q_0 \tag{9.40}$$

或

$$\tau=\frac{Nm^0(s)}{It}+\tau_0\,\frac{t_0}{t} \tag{9.41}$$

式中:t 为所求切应力点处的板厚;t_0 为 $s=0$ 处的板厚;q_0 为该处的剪流。

因为 N 和 I 对整个剖面来说是常量,且 $N=N_s+N_w$。而 $m^0(s)$ 是剖面几何要素和沿剖面位置 s 的函数,也是完全确定的。因此,剩下的问题就是决定原点处的剪流 q_0。对于有舱口等开口结构(称为开式剖面结构),s 的原点可设在开口处,此时,$\tau_0=0$,从而式(9.41)简化为

$$\tau=\frac{Nm^0(s)}{It} \tag{9.42}$$

此时,若将 N/I 视为一个比例因子,剪流 q 的分布和面积静矩 $m^0(s)$ 的分布是相同的,只是单位不同。至于剪流 q 方向,手工计算时,完全可以由观察决定。因为船体梁腹板上的剪流方向总是与总的剪力 N 的方向相同而被确定为向上或向下。因此,对开式剖面构件,主要是通过沿积分路线计算静矩 $m^0(s)$。静矩 $m^0(s)$ 的最大值为积分至船体梁中和轴处,因此最大切应力 τ_m 也发生在中和轴处,并有

$$\tau_m=\frac{NS_m}{It} \tag{9.43}$$

式中:S_m 为剖面对中和轴的最大静矩。

对于有纵舱壁的闭式剖面结构,式(9.43)计算的最大切应力将有 10% 左右的误差,且式(9.43)计算值偏小。

9.7　船体挠度计算

船体总纵弯曲时的挠度,可分为弯曲挠度和剪切挠度两部分。即

$$v(x) = v_1(x) + v_2(x) \tag{9.44}$$

式中：$v_1(x)$ 为弯曲挠度；$v_2(x)$ 为剪切挠度。

将原点取在船尾端，x 轴指出船首方向，z 轴垂直向上，则作用在任意横剖面上的弯矩 $M(x)$（中拱为正）所引起的船体弯曲挠度曲线的曲率为 v''。根据梁的理论，则

$$EI(x)v_1'' = -M(x) \tag{9.45}$$

式中：$I(x)$ 为距船尾 x 处，船体梁的剖面惯性矩；E 为船体材料的弹性模量。

将式（9.45）进行两次积分，求得船体弯曲挠曲线方程为

$$v_1(x) = -\int_0^x \int_0^x \frac{M(x)}{EI(x)} \mathrm{d}x\mathrm{d}x + ax + b \tag{9.46}$$

式中：a、b 是任意积分常数。

因为通常在计算船体挠曲线时，计算挠度是剖面相对于船舶两端的挠度，故在确定任意常数时可假定两端的挠度等于零，即当 $x=0$ 及 $x=L$ 时，$v=0$。由此可得

$$v_1(x) = \frac{1}{E}\left[\frac{x}{L}\int_0^L\int_0^x \frac{M(x)}{I(x)}\mathrm{d}x\mathrm{d}x - \int_0^x\int_0^x \frac{M(x)}{I(x)}\mathrm{d}x\mathrm{d}x\right] \tag{9.47}$$

如图 9-7-1 所示，式（9.47）的第一项是连接 O、A 两点的直线。而直线 $\overline{OA}$ 与积分曲线 OAB 之间的差值便为船体的挠度 $v_1(x)$。为了进行积分，必须有一定数量的沿船长间距相等的被积函数值。此间距通常取 1/20 船长，但在某些情况下将船长划分为 10 段就可达到足够的精度。一般可以选取计算五个典型剖面的惯性矩，画出船体剖面惯性矩的变化曲线。

在船体梁总纵弯曲时，船体剖面还会因剪力作用而发生上下移动，产生剪切挠度，如图 9-7-2 所示。剪切挠度方程可根据剪力功与剪切变形能相等的条件求得。

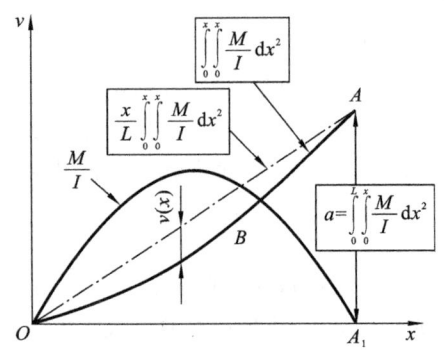

图 9-7-1　弯曲挠度的计算

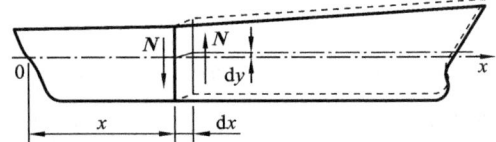

图 9-7-2　剪切挠度

设距尾端 x 处的微段 $\mathrm{d}x$ 上作用着剪力 $N(x)$，由剪力引起的剪切变形为 $\mathrm{d}v_2$，则剪力 $N(x)$ 所做的功等于 $(1/2)N(x)\mathrm{d}v_2$。剖面上任一点的剪应力 τ 引起的剪应变 $\gamma = \tau/G$，则剪切变形能等于 $\gamma\tau/2 = \tau^2/(2G)$。所以，在 $\mathrm{d}x$ 微段内的剪切变形能等于：

$$\int_A \frac{1}{2} \cdot \frac{\tau^2}{G} \cdot \mathrm{d}A\mathrm{d}x \tag{9.48}$$

式中：A 为 x 剖面处的船体梁截面积。

由剪力功和剪切变形能相等的条件，即

$$\frac{1}{2}N \cdot \mathrm{d}v_2 = \frac{1}{2G}\mathrm{d}x\int_A \tau^2 \mathrm{d}A \tag{9.49}$$

从而得到剪切挠度为

$$v_2 = \int_0^x \mathrm{d}v_2 = \int_0^x \frac{\mathrm{d}x}{NG} \int_A \tau^2 \mathrm{d}A \qquad (9.50)$$

由于船体横剖面形状及在横剖面上切应力 τ 的分布比较复杂,要实施式(9.50)的积分计算非常困难。在实际中常采用下述近似方法,即

$$\tau = \frac{N}{A_\omega} \qquad (9.51)$$

式中:A_ω 为船体横剖面承受剪切的相当面积,一般只计及船体垂向构件的剖面积。于是,式(9.50)可改写为

$$v_2 = \int_0^x \frac{\mathrm{d}x}{NG} \int_A \left(\frac{N}{A_\omega}\right)^2 \mathrm{d}A = \frac{1}{G} \int_0^x \frac{N}{A_\omega} \mathrm{d}x \qquad (9.52)$$

因为在首尾端剪切挠度为零,通常把剪切挠度方程写成下列形式:

$$v_2 = \frac{1}{G} \left[\int_0^x \frac{N}{A_\omega} \mathrm{d}x - \frac{x}{L} \int_0^L \frac{N}{A_\omega} \mathrm{d}x \right] \qquad (9.53)$$

由于剪切挠度一般仅为弯曲挠度的 10% 左右,所以通常都不计算。为了简略估计剪切挠度值,可假定船体是剖面积为 A_ω 的等剖面箱形梁。于是,式(9.53)可改写为

$$v_2 = \frac{1}{GA_\omega} \left[\int_0^x N(x)\mathrm{d}x - \frac{x}{L} \int_0^L N(x)\mathrm{d}x \right]$$
$$= \frac{1}{GA_\omega} \left\{ [M(x) - M(0)] - \frac{x}{L} [M(L) - M(0)] \right\} = \frac{M(x)}{GA_\omega} \qquad (9.54)$$

由此可知,只要把弯矩曲线缩小 $1/(GA_\omega)$ 倍,就可得到剪切挠度曲线的近似值。若利用船舯剖面的 A_ω,所得的挠度值偏低。

弯曲挠度与剪切挠度之和即船体总纵弯曲的总挠度。《舰船通用规范》规定船体的总挠度与船长之比应小于 $1/500$。

9.8　船体极限弯矩计算

计算极限弯矩,实际上就是计算极限状态下的船体最小剖面模数。为此,应首先确定船体剖面上的应力分布,然后用第二次近似计算总纵弯曲应力的方法,求折减后的剖面模数。

通常,船体横剖面的中和轴偏于船底一边。因此,极限弯矩应对下述两种情况进行计算:

(1) 在强力甲板中作用着等于屈服强度 σ_s 的拉应力(即中拱状态);

(2) 在强力甲板中作用着等于骨架梁临界应力 σ_{cr} 的压应力(即中垂状态)。另外,计算该临界应力时,要考虑材料不符合胡克定律的修正。

假定在极限弯矩作用下,船体刚性构件中的应力沿型深方向按线性规律分布(见图9-8-1),即

$$\sigma_d = \sigma_s \text{ 或 } \sigma_{cr}, \quad \sigma_b = \sigma_d \frac{z_b}{z_d} \qquad (9.55)$$

因此,对任意构件中的应力,可按下述关系式确定:

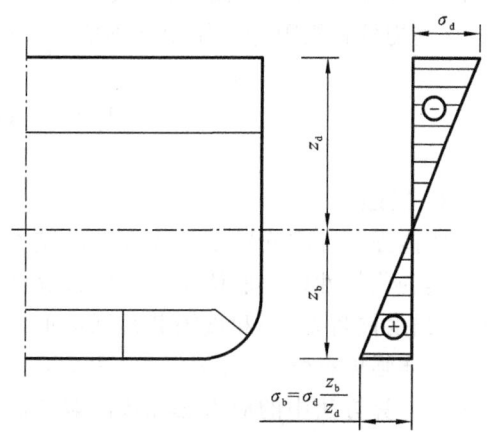

图 9-8-1　极限弯矩作用下船体构件上的应力分布

$$\sigma_i = \frac{z_i}{z_{max}} \sigma_{max} \tag{9.56}$$

式中：z_i 为任一构件距中和轴的距离；z_{max} 为离中和轴最远构件至中和轴的距离；σ_{max} 为离中和轴最远构件中的应力，它等于 σ_s 或 σ_{cr}。

求得各构件的应力之后，便按式(9.57)计算受压构件的折减系数：

$$\varphi_i = \frac{\sigma_{cr}}{\sigma_i} \tag{9.57}$$

式中：σ_{cr} 为按 9.3 节公式确定的板的临界应力；若 $\sigma_{cr} > \sigma_i$，则取 $\varphi = 1$。

剖面折减计算过程与总纵弯曲应力第二次近似计算完全一样。

对于中和轴位置接近型深一半的船舶，如果强力甲板作用着等于屈服强度的拉应力，则经过折减计算之后，由于中和轴的移动，可能使压应力一侧离中和轴最远的构件中的应力超过屈服强度。因此，以下的计算应以压应力一侧作用着等于屈服强度或骨架梁的临界应力进行。

若按此步骤求得的船体最小剖面模数 W_{yh}（强力构件拉应力达到材料屈服强度时的船体梁最小剖面模数）或 W_{ys}（强力构件压应力达到其临界应力时的船体梁最小剖面模数）小于 $0.95W$（W 为总纵强度第一次近似计算的最小剖面模数），需再进行一次近似计算，直至前后两次计算值相差不超过 5% 为止。此外，对船舶而言，最终的 W_{yh} 或 W_{ys} 不得小于总纵强度第一次近似计算 W 的 80%。否则，就表明船体构件的稳定性没有充分保证。此时，必须修改船体结构设计，以提高船体梁主要构件的稳定性。

若求得的极限弯矩与总纵弯矩之比值过大，则表明船体具有不必要的过大的强度储备，说明船体结构材料没有得到充分利用。反之，若比值低于要求的强度储备系数值 n，则认为结构强度没有得到保证。强度储备系数由式(9.58)确定：

$$n = \frac{M_j}{M} = \frac{\sigma_s W_{yh}}{[\sigma]W} = \frac{1}{K} \frac{W_{yh}}{W} \tag{9.58}$$

由式(9.58)可看出，影响强度储备系数 n（过载能力）的因素是：安全系数 K 值越小，则过载能力越大；若总纵弯曲计算应力比许用应力 $[\sigma]$ 低，则相当于减小了 K 值，因而也相当于增大了过载能力；若在极限状态下板的折减过大，必然降低 W_{yh} 或 W_{ys}，因而也就降低了过载能力。因此，为了提高船体梁的过载能力，应尽可能降低板在极限弯矩作用下的折减程度。在设计中，应保证甲板边板、舷顶列板及平板龙骨的临界应力达到结构材料的屈服强度。也就是说，这些构件在极限弯矩作用下不应当失稳。

9.9　船体强度标准

1. 概述

船体强度标准问题是船体强度的基本问题之一。强度标准问题的实质是根据外载荷的作用及其变化特性以及船体结构内力计算精度来研究和决定船体结构的危险应力值、许用应力值（或强度储备系数）和极限载荷强度值。

船体强度科学中，外力计算、内力计算与强度标准三大问题是相互关联的，并配套作用。与强度计算方法中的应力法和极限载荷法相对应，强度标准也采用应力标准和极限载荷标准两类。应力标准是指用强度计算中的结构计算应力与规定的许用应力或危险应力相比较，来确定船体结构是否满足强度要求。而极限载荷标准是直接用计算的船体结构极限承载能力，即极限载荷，与实际载荷进行比较，从而给出船体结构的过载能力，来确定船体结构是否满足强度要求。设船体极限载荷(强度)值为 P_j，实际载荷为 P_0，则有：$P_j = nP_0$，式中的 n 为过载能力或极限状态下的强度储备系数。

应力标准有危险应力标准和许用应力标准两种。危险应力标准是将强度储备要求(过载能力)置于计算载荷中，由此计算出的结构应力与危险应力比较，可表示为

$$\left.\begin{array}{l} P_1 = n_1 P_0 \\ \sigma \leqslant \sigma_s \end{array}\right\} \tag{9.59}$$

式中：P_1 为计算载荷；P_0 实际载荷；n_1 为强度储备系数($n_1 \geqslant 1$)；σ 为计算应力；σ_s 为材料屈服应力。

由于危险应力标准与极限载荷标准是基本一致的，也给出了船体的过载能力。因此，采用了极限载荷标准后，危险应力标准即不再采用。目前大多数规范都采用许用应力标准与极限载荷标准配合使用。许用应力标准是将强度储备要求置于许用应力中，而计算载荷直接取实际载荷值，可表示为

$$\left.\begin{array}{l} P_1 = P_0 \\ \sigma \leqslant [\sigma] = \dfrac{\sigma_s}{n_2} = K\sigma_s \end{array}\right\} \tag{9.60}$$

式中：P_1、P_0、σ、σ_s 含义同上；$[\sigma]$ 为许用应力值；n_2 为强度储备系数；$K = 1/n_2$ 为安全系数。

一般来说，当外力与内力成正比时(满足图 9-9-1 中 OA 的关系)，应力满足叠加原理，许用应力标准与危险应力标准是一致的，即 $n_1 = n_2$。但是在外载荷变化过程中船体结构大多数情况下是很难满足应力叠加原理的(见图 9-9-1 中 OB)。对于船体梁来说，不同载荷(应力)水平下，构件的失稳折减是不同的，甚至会产生局部应力屈服的非线性因素；对于局部构件而言，不同载荷(应力)水平下，其复杂弯曲的轴向力不同，因此危险应力标准中的强度储备系数 n_1 反映了船体最终破坏状态下的强度储备(或过载能力)，而许用应力标准

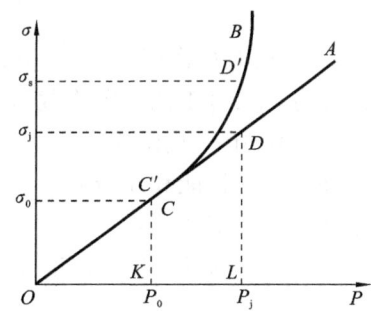

图 9-9-1　应力与载荷间的关系对

中的强度储备系数 n_2 反映了船体计算应力状态下的名义强度储备，并有 $n_1 < n_2$。

事实上，在船体结构强度计算和强度标准计算中采用"强度储备"的方法，只是造船工程师们采用的一种"技巧"，采用这一"技巧"可以绕过计算应力不能精确表达船体结构的真实应力这一困境。不管怎样，目前的许用应力标准和极限载荷标准中的"强度储备系数"和"过载能力系数"所确定的船体结构安全裕度仍然是不明确的和未知的。要更准确地考察船体结构强度标准问题，必须对载荷形式、结构形式、材料性能、建造公差、建造和使用过程中的环境条件，以及其他因素进行更为精确地分析和研判。

2. 危险应力和强度储备系数的确定方法

舰船结构强度标准制定过程中的关键技术是如何确定危险应力和强度储备系数 n(或称安全系数 $K = 1/n$)。危险应力和强度储备的选取应考虑的因素主要有：外载荷形式、结构的作用及其所产生的应力的性质以及材料的强度等。而材料尺寸和力学特性参数的离散性，以及建造质量和建造公差的不确定性，在现代舰船强度理论中还无法精确考虑。危险应力是指使结构产生破坏所对应的最小应力，而危险应力与许用应力的比值即强度储备系数。

　　就外载荷而言，可从两个方面加以分类，即按载荷随时间作用过程中的变化情况分类为：不变载荷、交变载荷和冲击载荷；其中交变载荷和冲击载荷又统称为动载荷；按载荷作用频率情况分类为：经常性载荷和偶然性载荷；不变载荷主要有船体重力、静水压力等；交变载荷主要有波浪附加弯曲力矩，机械运转的不平衡力以及摇摆的惯性力等；冲击载荷主要有波浪冲击力、砰击力、爆炸冲击波压力、武器发射时的后坐力等；上述载荷中作用较频繁属经常性载荷的有：重力、外水压力、液舱水压、主动力系统不平衡力（包括主机、轴、桨）、摇摆惯性力、波浪冲击力、波浪附加弯矩等，而破损水压力、甲板上浪水压力、下水时作用力、后坐力、最大波浪弯曲力矩、爆炸冲击波压力等属于偶然性载荷。

　　对应不同载荷状态船体结构危险应力的一般取值为

　　① 不变载荷且经常性载荷作用下，危险应力取为材料屈服强度 σ_s，并有

$$最大正应力破坏准则　　　|\sigma| \leqslant \sigma_s$$

$$最大切应力破坏准则　　　|\tau| \leqslant \tau_s$$

　　② 交变载荷且经常性载荷作用下，危险应力取结构疲劳极限，其公式为

$$\sigma_F = 0.25\sigma_s(3 \pm \sigma_{\min}/\sigma_{\max})$$

式中：$\sigma_{\min}$、$\sigma_{\max}$分别为最小和最大正应力绝对值。当最大应力和最小应力均为拉应力或压应力时，公式取正号，否则取负号，σ_F为疲劳（交变）状态下的危险应力，并有

$$|\sigma| \leqslant \sigma_F$$

　　③ 偶然性载荷作用下，危险应力标准一般可提高 $10\% \sim 33\%$，具体大小视偶然程度及载荷形式而定，如：对于偶然爆炸载荷，危险应力可取接近材料强度极限 σ_b，而破损水压力、甲板上浪水压力作用下，危险应力仍可取 σ_s。

　　在保证材料性能和建造质量，并采用通常的方法确定和计算载荷及应力时，强度储备系数一般给出以下取值建议：

　　① 经常性载荷作用下，强度储备系数取 $n=1.65$，安全系数 $K=1/n \approx 0.60$，许用应力 $[\sigma] = 0.6\sigma_s$；

　　② 偶然性载荷作用下，强度储备系数取 $n=1.25$，安全系数 $K=1/n \approx 0.8$，许用应力 $[\sigma] = 0.8\sigma_s$。

　　强度储备系数的取值除了考虑载荷性质以外，还要考虑各部位结构的作用及其所产生的应力的性质这一因素对强度储备系数的影响。船体结构中，船体强力骨架结构在保证船体总体强度和保持船体总体形状方面具有更重要的作用，而船体板在局部强度中起主要作用。与此相对应，作用于船体结构中的应力也分为两类，即总体应力和局部应力。一般总体应力由船体梁总体弯曲变形或板架整体弯曲变形引起，并造成船体强力骨架、支柱等主要结构承受较大应力，一旦总体应力超过危险应力，将造成整个船体结构的破坏或发生不可允许的变形。局部应力是指由局部载荷引起的板和纵骨的局部弯曲应力，一般情况下，局部应力仅引起局部结构的变形或破坏，而不会引起船体总体的失效。

　　很显然，总体应力及船体梁和强力骨架对应的强度标准应该更保守，更保证安全，其强度储备系数应取大一些；而局部应力及局部板和纵骨对应的强度标准可偏于危险一些，强度储备系数可取小一些。

3. 总纵强度校核衡准

　　船体总纵强度标准主要包括：许用应力标准、结构稳定性标准、极限弯矩强度标准和船体刚度标准。

1）许用应力标准

如前所述，船体有四类构件，分别受到以下应力的作用：第一类构件仅受船体梁弯曲应力 σ_1 的作用；第二类构件受船体梁弯曲应力 σ_1 和板架弯曲应力 σ_2 的作用；第三类构件受船体梁弯曲应力 σ_1、板架弯曲应力 σ_2 和纵骨弯曲应力 σ_3（或横骨架中板弯曲应力）的作用；第四类构件除了受到纵骨架式结构第三类构件所受应力以外，还受到纵骨架板的弯曲应力的作用。《舰船通用规范》规定的该四类构件的正应力许用应力标准为

第一类构件：　　　　　　　　　　$\sigma_{\max} \leqslant [\sigma] = 0.38\sigma_s$　　　　　　　　　（9.61a）

第二类构件：　　　　　　　　　　$\sigma_{\max} \leqslant [\sigma] = 0.46\sigma_s$　　　　　　　　　（9.61b）

第三类构件：　　　　　　　　　　$\sigma_{\max} \leqslant [\sigma] = 0.56\sigma_s$　　　　　　　　　（9.61c）

第四类构件：　　　　　　　　　　$\sigma_{\max} \leqslant [\sigma] = 0.56\sigma_s$　　　　　　　　　（9.61d）

式中：σ_s 为材料屈服强度；$\sigma_{\max}$ 为最大合成应力。

按船舶静置在波浪上所计算的切应力校核船体强度时，无论中拱、中垂，其计算切应力均应满足：

$$\tau \leqslant 0.25\sigma_s \qquad\qquad (9.62)$$

式中：τ 为计算切应力。

2）结构稳定性标准

《舰船通用规范》中规定船体总纵强度的结构稳定性标准主要有板的稳定性要求和骨架稳定性要求，具体要求见表 9-9-1。表中：σ_s 为材料屈服强度；τ 为构件计算切应力；τ_{cr} 为构件的临界切应力；σ_{cr} 为构件的临界应力；σ_E 为构件计算欧拉应力。

表 9-9-1　结构稳定性标准

构件部位	船体中部（0.5L）	船体首尾部
甲板边板、舷侧顶板、平板龙骨	$\sigma_{cr} > \sigma_s$ 或 $\sigma_{cr板架}$	
舷侧板	$\tau_{cr} > 2\tau$	$\tau_{cr} > 2\tau$
全部纵向骨架	$\sigma_E > 2\sigma_s$	$\sigma_E > 1.5\sigma_s$

3）极限弯矩强度标准

船体极限弯矩是指使船体梁剖面内离中和轴最远点强力构件的应力达到材料屈服强度 σ_s（受拉伸时）或板架的临界应力 σ_{cr}（受压缩时）的总纵弯曲力矩。

由梁的稳定性理论可知，梁的临界应力 σ_{cr} 由梁的欧拉应力 σ_E 经非弹性修正后给出，相应的理论公式为 $\sigma_{cr} = \sigma_s(1 - 0.25\sigma_s/\sigma_E)$，其中 σ_s 为材料屈服应力。当梁欧拉应力 σ_E 趋于无穷大时，才有 $\sigma_{cr} = \sigma_s$；而 $\sigma_E = 2\sigma_s$ 时，实际修正值（根据材料不同而不同，见 9.3 节图 9-3-6）为 $\sigma_{cr} \approx (0.92 \sim 0.96)\sigma_s$。因此，一般情况下，船体板架的临界应力 $\sigma_{cr} < \sigma_s$。当船体梁剖面离中和轴最远点的强力构件的应力达到 σ_s（受拉）或 σ_{cr}（受压）时，船体梁将进入整体塑性失效或板架整体失稳失效，这是不允许的。

根据上述定义，极限弯矩 M_j 的计算公式由式（9.63）给出：

$$M_j = \sigma_s W_{yh} \quad 或 \quad M_j = \sigma_{cr} W_{ys} \qquad\qquad (9.63)$$

式中：W_{yh} 为强力构件拉应力达到材料屈服强度时船体梁最小剖面模数；W_{ys} 为强力构件压应力达到其临界应力时的船体梁最小剖面模数。

《舰船通用规范》中规定，船体极限弯矩强度标准为

$$\begin{cases} \dfrac{M_j}{M_s+M_w} \geqslant 2.6 \\[3mm] \dfrac{M_j}{M_s+M_w+M_d} \geqslant 1.5 \end{cases} \tag{9.64}$$

式中：M_s、M_w、M_d 分别为舰船计算静水弯矩、波浪附加弯矩和砰击振动弯矩。

需说明的是，船体极限弯矩强度标准的两个计算公式所限制的船体强度有不同的侧重点。第一个公式与许用应力条件 $\sigma_1 \leqslant 0.38\sigma_s$ 相关，其中 $1/0.38 \approx 2.6$，这就要求在极限弯矩作用下，船体梁的剖面模数不能有太多的折减，否则许用应力条件将失去作用。第二个公式重点在考核高海情和高速航行状态下，由于砰击振动弯矩的作用，船体是否有足够的强度储备。一般情况下，高速船舶（最大航速大于 30 节）和中垂波浪弯矩较大时，第二个公式的限制条件更严。

4）船体刚度标准

船体刚度是指船体结构抵抗变形的能力。船体刚度主要用船体总纵弯曲挠度来衡量。随着高强度合金钢在船体结构中的应用，应该给予船体刚度足够的重视。这是因为船体变形过大时，不仅会影响主机和轴系的转动，而且会引起船体较大的振动响应，特别是船体尾部在螺旋桨脉动压力和轴系不平衡力作用下的船体尾部振动响应。《舰船通用规范》对钢质船体刚度的要求是：

$$v_{max} \leqslant L/500 \tag{9.65}$$

式中：v_{max} 为船体总纵弯曲时最大总挠度值，L 为舰船设计水线长。

习　　题

(思考题)

9.1 船体梁剖面参数计算时为何要进行异种材料的面积换算？其换算的基本原理是什么？

9.2 船体总纵强度计算中为何要进行构件的稳定性检验？哪些构件要考虑剖面折减？剖面折减系数 φ 的大小范围如何？

9.3 在总纵强度校核中要考虑哪四种应力的合成？其对应的四类构件为哪些？其局部弯曲应力的计算载荷应如何选取？

9.4 船体刚度的主要标志是什么？船舶有何刚度要求？

9.5 什么是船体的极限弯矩？其表达式是什么？

(计算题)

9.6 某型深为 3.5 m 的横骨架式船舶如题图 9.6，第一次近似计算船舯剖面要素时，参考轴选在基线上 1.5 m 处，并得到题表 9.6 各数值（对半剖面）：

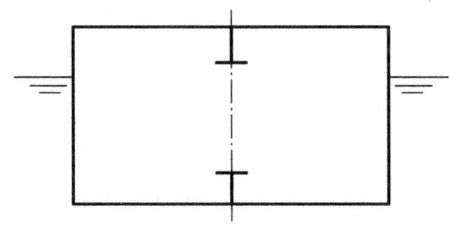

题图 9.6　横剖面图

题表 9.6　船舯剖面要素

	面积/cm²	静矩/(cm² · m)	惯性矩/(cm² · m²)
参考轴以上	492	803.4	1467
参考轴以下	1052	1035	1240

（1）该船于中拱状态受到最大弯曲力矩为 2494 kN · m。试计算：第一次近似计算中甲板和底板的总纵弯曲应力。

（2）使船底板在第二次计算时的折减系数不小于 0.8（肋距 500 mm，船底宽 6 m，$\sigma_2 = -40$ MPa），该船底板的最小厚度至少应为多少？

（提示或答案）

（1）根据题表 9.6 计算

$$A = \sum A_i = 492 + 1052 = 1544 \ (\text{cm}^2)$$

$$B = 803.4 - 1035 = -231.6 \ (\text{cm}^2 \cdot \text{m})$$

$$C = 1467 + 1240 = 2707 \ (\text{cm}^2 \cdot \text{m}^2)$$

$$\Delta = B/A = -0.15 \ \text{m}$$

$$I = 2(C - \Delta^2 A) = 5344.52 \ \text{cm}^2 \cdot \text{m}^2$$

中性轴位置（基线上）：

$$1.5 - 0.15 = 1.35 \ (\text{m})$$

甲板距中性轴距离：

$$Z_d = 2.0 - \Delta = 2.15 \ \text{m}$$

底板距中性轴距离：

$$Z_b = -1.5 - \Delta = -1.35 \ \text{m}$$

第一次近似计算中甲板的总纵弯曲应力

$$\sigma_d = \frac{M}{I} Z_i' \times 10 = 2494 \times 10 \times 2.15/5344.52 = 10.03 \ (\text{MPa})$$

底板的总纵弯曲应力

$$\sigma_b = \frac{M}{I} Z_i' \times 10 = 2494 \times 10 \times (-1.35)/5344.52 = 6.30 \ (\text{MPa})$$

（2）船底板的折减系数

$$\varphi = \frac{\sigma_{cr} \pm \sigma_2}{\sigma_i}$$

要使 $\varphi \geqslant 0.8$，可知

$$\sigma_{cr} \geqslant 0.8\sigma_d + \sigma_2 = 0.8 \times 6.30 + 40 = 45.04 \ (\text{MPa})$$

横骨架式板的失稳临界应力

$$\sigma_{cr} = 19.6 \left(\frac{100t}{a}\right)^2 \ (\text{N/mm}^2)$$

由于 $a = 0.5$ m，因此，船底板的最小厚度 $t = 7.58$ mm。

9.7　已知某底纵桁及其带板上的纵骨在波峰时的计算应力如题表 9.7，试计算题图 9.7 中 A 至 N 点的合成应力（外板有内、外表面）。

题表 9.7　底纵桁及其带板上的纵骨在波峰时的计算应力

构件号	σ_1/MPa	σ_2/MPa		σ_3/MPa		σ_4/MPa	
	计算剖面	支座剖面(舱壁)	跨中剖面	支座剖面(肋板)	跨中剖面	平板中央	支座周界
21	−35.0	−62.9	35.2	—	—	—	—
22	−51.6	37.7	−21.7	−62.7	33.6	—	—
23	−55.5	55.2	−31.8	21.6	−10.9	14.0	35.0

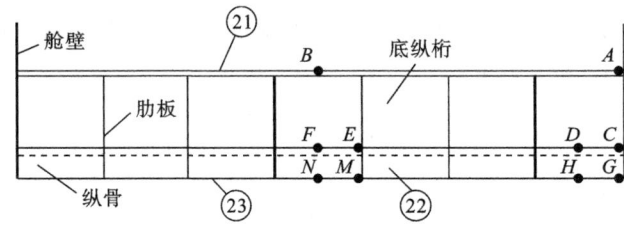
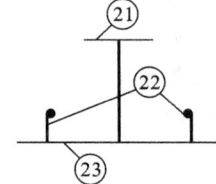

题图 9.7　底部结构及应力点编号

（提示或答案）

由 A 至 N 点的位置得到其所属构件类型和所处构件及剖面位置（舱壁还是肋板），再进行应力叠加，如点 A 位于构件 21 上舱壁位置，包括 σ_1 和 σ_2，$\sigma_A = -35 + (-62.9) = -97.9$（MPa）。

9.8　已知某船纵骨架式船底在中拱状态下有下列计算值：

总纵弯曲应力：在船底板中 $\sigma_1 = -133$ MPa；在内底板中 $\sigma_1 = -97$ MPa。

板架弯曲应力，在舱壁处剖面：在纵骨自由翼板 $\sigma_2 = 98.6$ MPa；在船底板中 $\sigma_2 = 138$ MPa；在内底板中 $\sigma_2 = -180$ MPa。

板架弯曲应力，在跨度中点剖面：在纵骨自由翼板 $\sigma_2 = -47.1$ MPa；在船底板中 $\sigma_2 = -66$ MPa；在内底板中 $\sigma_2 = 86$ MPa。

船底纵骨弯曲应力，在支座剖面处：在船底板中 $\sigma_3 = 35$ MPa；在自由翼板中 $\sigma_3 = -138$ MPa。

船底纵骨弯曲应力，在跨度中点剖面处：在船底板中 $\sigma_3 = -17.5$ MPa；在自由翼板中 $\sigma_3 = 69$ MPa。

外底板板格弯曲应力：在支座处 $\sigma_4 = 66$ MPa；在跨中 $\sigma_4 = -16$ MPa。

试计算可能最危险剖面上的内底板、纵骨自由翼板及船底板（内、外表面）上的合成应力值（应该注意各种应力的正负号）。

（提示或答案）

内底板的应力包括 σ_1 和 σ_2，由于 $\sigma_1 = -97$ MPa，因此应当找板架弯曲应力 σ_2 为负值的剖面，即在舱壁处剖面，$\sigma_1 + \sigma_2 = -277$ MPa。其他结构的合成应力值计算方法相同。

9.9　试计算下述横骨架式内河驳船的总纵弯曲应力（不计初挠度和横荷重的影响）。

已知：型深 $D = 3.2$ m；吃水 $d = 2.0$ m；甲板厚度 $t_1 = 3.5$ mm；船宽 $B = 6.0$ m；肋距 $s = 500$ mm；材料 $\sigma_y = 235$ MPa；船底、舷侧板厚度 $t_0 = 4.0$ mm；甲板纵桁 $\perp \dfrac{200 \times 5}{60 \times 6}$；中内龙骨 $\perp \dfrac{250 \times 5}{80 \times 6}$；中垂弯矩 $M = 1200$ kN·m；横剖面如题图 9.6 所示。

（提示或答案）

首先列表计算剖面要素，得剖面的中性轴位置和剖面惯性矩，再计算各构件的总纵弯曲应力。

9.10　某长方形货驳沿船长均匀装载 500 t 货,在货驳中央又堆有一集中载荷 $P(t)$,正浮于静水中。设货驳自身质量 200 t,沿船长均匀分布。若不考虑船体弯曲挠度对浮力分布的影响,试求船舯剖面处船体弯曲挠度(设船体材料弹性模量为 E,船舯剖面惯性矩为 I)。

(提示或答案)

首先计算船体的载荷曲线、剪力曲线和弯矩曲线 $M(x)$;

根据 $M(x)$ 计算船舯剖面相对于船舶两端的挠度,即假定两端的挠度等于零,可得

$$v(x) = \frac{1}{E}\left[\frac{x}{L}\int_0^L\int_0^x \frac{M(x)}{I(x)}\mathrm{d}x\mathrm{d}x - \int_0^x\int_0^x \frac{M(x)}{I(x)}\mathrm{d}x\mathrm{d}x\right]$$

令 $x=L/2$,可得船舯剖面处船体的弯曲挠度。

9.11　船舶纵总强度校核实作任务书

(1)题目:按已知外力校核某护卫舰中剖面总纵强度。

(2)计算内容。

① 船体相当梁第一次近似计算;② 船体板及骨架的欧拉应力及临界应力计算;③ 船体相当梁第二次近似计算(如果需要的话);④ 构件局部弯曲应力 σ_2、σ_3、σ_4 的计算;⑤ 按许用应力法校核船体总纵强度;⑥ 按极限弯矩法校核船体总纵强度。

(3)已知条件:

波峰弯矩 $M_1=79360$ kN·m;波谷弯矩 $M_2=-62200$ kN·m;波峰剪力 $F_1=3034$ kN;波谷剪力 $F_2=-2279$ kN;波峰面距基线距离 $Z_1=4.71$ m;波谷面距基线距离 $Z_2=1.31$ m;波峰动弯矩 $M_{d1}=27730$ kN·m;波谷动弯矩 $M_{d2}=-83190$ kN·m;弹性模量 $E=2.1×10^5$ MPa;泊松比 $\mu=0.3$;材料比例极限 $\sigma_E=225$ MPa;材料屈服强度 $\sigma_s=450$ MPa;甲板板架临界应力 $\sigma_{cr1}=0.92\sigma_s$;底部板架临界应力 $\sigma_{cr2}=0.98\sigma_s$;理论肋骨间距 $\Delta L=4.9$ m;实际肋骨间距 $a=1.5$ m;中剖面所在隔舱长度 $l=9.0$ m;球扁钢剖面形状与尺寸如题表 9.11 所示,船舯剖面结构及构件编组如题图 9.11 所示。

题表 9.11　球扁钢剖面形状与尺寸

编号	尺寸/mm				剖面积 cm²	I_x cm⁴	y_0 cm	编号	尺寸/mm				剖面积 cm²	I_x cm⁴	y_0 cm
	h	b	s	r					h	b	s	r			
5	50	16	4	2.5	2.87	6.96	3.13	16b	160	38	10	7	21.16	527	9.75
5.5	55	17	4.5	3	3.48	10.2	3.38	18a	180	40	9	7	22.2	724	11.15
6	60	19	5	3.5	4.27	15	3.74	18b	180	42	11	7	25.8	837	10.81
7	70	21	5	3.5	5.06	24.1	4.4	20a	200	44	10	8	27.36	1078	12.4
8	80	22	5	4	5.84	36.23	5.07	20b	200	46	12	8	31.36	1265	12.06
9	90	24	5.5	4	7.03	55.6	5.65	22a	220	48	11	8.5	32.82	1611	13.5
10	100	26	6	5	8.63	85.22	6.29	22b	220	50	13	8.5	37.22	1795	13.2
12	120	30	6.5	5	11.15	158	7.55	24a	240	52	12	9	38.75	2232	14.7
14a	140	33	7	5	14.05	274	8.82	24b	240	54	14	9	43.55	2542	14.35
14b	140	35	9	6	16.85	321	8.55	27a	270	55	12	9.5	43.82	3265	16.6
16a	160	36	8	7	17.95	468	9.95	27b	270	57	14	9.5	49.22	3515	16.3

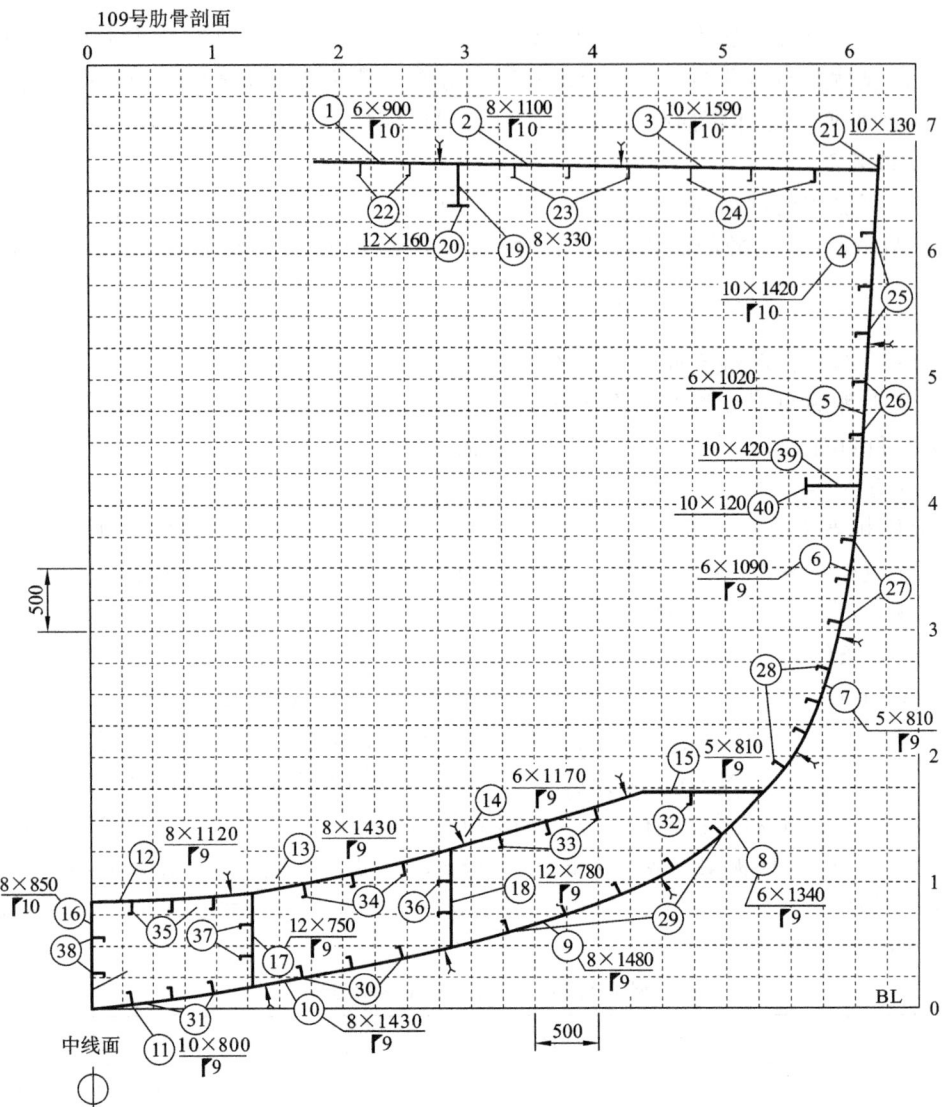

题图 9.11　计算剖面结构图

附录 A　单跨梁的弯曲要素表

【说明】

1. 在弯曲要素表中采用下列符号：

l—— 梁的长度；

x—— 沿梁长方向的坐标，向右为正；

E—— 材料的弹性模量；

I—— 梁的截面惯性矩；

v—— 梁的挠度，向下为正；

θ—— 梁截面的转角，顺时针方向为正；θ_1、θ_2 分别为梁左、右支座截面的转角；

M—— 梁截面的弯矩，在左截面逆时针方向为正，在右截面顺时针方向为正；M_1、M_2 分别为梁左、右支座截面的弯矩；

N—— 梁截面的剪力，在左截面向下为正，在右截面向上为正；

R_1、R_2——梁左、右支座的支座反力，向上为正；

q—— 梁上单位长度的分布载荷；

Q—— 梁上分布载荷的合力；

P—— 梁上的集中力；

m—— 梁上的集中外弯矩。

2. 梁的坐标原点在左支座。

3. 弯曲要素表的公式中，符号 $\parallel_c$ 后的项仅用于 $x > c$ 的截面。

表 A-1　悬臂梁弯曲要素表

载荷形式	支座反力	弯矩	挠度	横剖面转角
	$R=P,\ m=-PL$	$M=P(l-x)$	$v=\dfrac{Pl^3}{3EI}\left[\dfrac{x^2}{l^2}\left(\dfrac{3}{2}-\dfrac{x}{2l}\right)\right]$ 当 $x=l$ 时，$v_{\max}=\dfrac{Pl^3}{3EI}$	当 $x=0$ 时，$\theta=0$ 当 $x=l$ 时，$\theta=\dfrac{Pl^2}{2EI}$
	$R=0,\ m_{on}=m$	$M=M_{\max}=m$	$v=\dfrac{mx^2}{2EI}$ 当 $x=l$ 时，$v_{\max}=\dfrac{ml^2}{2EI}$	当 $x=l$ 时，$\theta=\dfrac{ml}{EI}$
	$R=Q,\ m=\dfrac{Ql}{2}$	$M=\dfrac{Ql}{2}\left(1-\dfrac{x^2}{l^2}\right)$	$v=\dfrac{Ql^3}{24EI}\dfrac{x^2}{l^2}\left(6-4\dfrac{x}{l}+\dfrac{x^2}{l^2}\right)$ 当 $x=l$ 时，$v_{\max}=\dfrac{Ql^3}{8EI}$	当 $x=l$ 时，$\theta=\dfrac{Ql^2}{6EI}$
	$R=Q,\ m=\dfrac{1}{3}Ql$	$M=\dfrac{1}{3}Ql\left(1-\dfrac{x}{l}\right)^3$	$v=\dfrac{Ql^3}{60EI}\dfrac{x^2}{l^2}\left(10-10\dfrac{x}{l}+5\dfrac{x^2}{l^2}-\dfrac{x^3}{l^3}\right)$ 当 $x=l$ 时，$v_{\max}=\dfrac{Ql^3}{15EI}$	当 $x=l$ 时，$\theta=\dfrac{Ql}{12}$

表 A-2 两端简支梁弯曲要素表

载荷方式图	支座反力	弯矩	挠度	横剖面转角
1. 跨间上受集中载荷	$R_1=P\dfrac{b}{l}$ $R_2=P\dfrac{a}{l}$	$M=-Pl\left[\dfrac{b}{l}\dfrac{x}{l}-\Big\|_a\left(\dfrac{x-a}{l}\right)\right]$ 当 $x=a$ 时，$M_{max}=-\dfrac{Pab}{l}$	$v=-\dfrac{Pl^3}{6EI}\left[\dfrac{b}{l}\dfrac{x}{l}\left(1-\dfrac{b^2}{l^2}-\dfrac{x^2}{l^2}\right)+\Big\|_a\left(\dfrac{x-a}{l}\right)^3\right]$ 当 $x=a$ 时，$v(a)=\dfrac{Pa^2b^2}{3EIl}$, 当 $x=\sqrt{\dfrac{l^2-b^2}{3}}$ 时，如果 $a>b$, $v_{max}=0.0641\dfrac{Pbl^2}{EI}\cdot\left(1-\dfrac{b^2}{l^2}\right)^{3/2}$	当 $x=0$ 时，$\theta=\dfrac{Pab}{6EI}\left(1+\dfrac{b}{l}\right)$; 当 $x=l$ 时，$\theta=-\dfrac{Pab}{6EI}\left(1+\dfrac{a}{l}\right)$
2. 两个对称的集中载荷	$R_1=R_2=P$	$M=-Pl\left[\dfrac{x}{l}-\Big\|_a\dfrac{x-a}{l}-\Big\|_b\dfrac{x-b}{l}\right]$; 当 $a\leqslant x\leqslant b$ 时，$M_{max}=-Pa$	$v=\dfrac{Pl^3}{6EI}\left[\dfrac{x}{l}\left(3\dfrac{ab}{l^2}-\dfrac{x^2}{l^2}\right)+\Big\|_a\left(\dfrac{x-a}{l}\right)^3+\Big\|_b\left(\dfrac{x-b}{l}\right)^3\right]$ 当 $x=\dfrac{1}{2}l$ 时，$v_{max}=\dfrac{Pl^2a}{6EI}\left(\dfrac{3}{4}-\dfrac{a^2}{l^2}\right)$	当 $x=0$ 时，$\theta=\dfrac{Pab}{2EI}$; 当 $x=l$ 时，$\theta=-\dfrac{Pab}{2EI}$
3. 支座上作用的集中弯矩	$R_1=-\dfrac{m}{l}$ $R_2=\dfrac{m}{l}$	$M=-m\dfrac{x}{l}$ 当 $x=l$ 时，$M_{max}=-m$	$v=\dfrac{ml^2}{6EI}\left(\dfrac{x}{l}-\dfrac{x^3}{l^3}\right)$ $v_{max}=0.0641\dfrac{ml^2}{EI}$ 当 $x=\dfrac{l}{2}$ 时，$v=\dfrac{ml^2}{16EI}$	当 $x=0$ 时，$\theta=\dfrac{ml}{6EI}$; 当 $x=l$ 时，$\theta=-\dfrac{ml}{3EI}$

续表

载荷方式图	支座反力	弯　矩	挠　度	横剖面转角
4. 跨上作用集中弯矩	$R_1 = \dfrac{m}{l}$ $R_2 = -\dfrac{m}{l}$	当 $x \leqslant a$ 时,$M = -m\dfrac{x}{l}$; 当 $x \geqslant a$ 时,$M = m\left(1 - \dfrac{x}{l}\right)$; 当 $a \geqslant b$ 时,$M_{max} = m\dfrac{a}{l}$; 或当 $a \leqslant b$ 时,$M_{max} = m\dfrac{b}{l}$	$v = \dfrac{ml^2}{6EI}\left[\dfrac{x}{l}\left(1 - 3\dfrac{b^2}{l^2} - \dfrac{x^2}{l^2}\right) + \|_a\, 3\left(\dfrac{x-a}{l}\right)^2\right]$ 当 $x = a$ 时,$v = \dfrac{mab}{3EI}\left(\dfrac{a-b}{l}\right)$; 当 $\dfrac{a}{l} < 0.4227$ 或 $\dfrac{a}{l} > 0.5773$ 时,弹性线无折点	当 $x = 0$ 时,$\theta = \dfrac{ml}{6EI}\left(1 - 3\dfrac{b^2}{l^2}\right)$; 当 $x = l$ 时,$\theta = -\dfrac{ml}{6EI}\left(1 - 3\dfrac{a^2}{l^2}\right)$; 当 $x = a$ 时,$\theta = -\dfrac{ml}{6EI}\left(3\dfrac{ab}{l^2} - 1\right)$
5. 整个跨上均布载荷	$R_1 = R_2 = \dfrac{1}{2}Q$	$M = -\dfrac{Ql}{2}\left(\dfrac{x}{l} - \dfrac{x^2}{l^2}\right)$ 当 $x = \dfrac{1}{2}l$ 时,$M_{max} = -\dfrac{Ql}{8}$	$v = \dfrac{Ql^3}{24EI}\left(\dfrac{x}{l} - 2\dfrac{x^3}{l^3} + \dfrac{x^4}{l^4}\right)$ 当 $x = \dfrac{1}{2}l$ 时,$v_{max} = \dfrac{5Ql^3}{384EI}$	当 $x = 0$ 时,$\theta = \dfrac{Ql^2}{24EI}$; 当 $x = l$ 时,$\theta = -\dfrac{Ql^2}{24EI}$
6. 部分跨上作用均布载荷	$R_1 = \dfrac{Qb}{2l}$ $R_2 = Q\left(1 - \dfrac{b}{2l}\right)$	$M = -\dfrac{Ql}{2}\left[\dfrac{b}{l}\dfrac{x}{l} - \|_a\, \dfrac{(x-a)^2}{lb}\right]$ 当 $x = a + \dfrac{b^2}{2l}$ 时, $M_{max} = -\dfrac{Qb}{8}\left(1 + \dfrac{a}{l}\right)^2$	$v = \dfrac{Qbl^2}{24EI}\left[\dfrac{x}{l}\left(1 + \dfrac{2a}{l} - \dfrac{a^2}{l^2} - 2\dfrac{x^2}{l^2}\right) + \|_a\, \dfrac{(x-a)^4}{b^2l^2}\right]$	当 $x = 0$ 时, $\theta = \dfrac{Qlb}{24EI}\left(1 + 2\dfrac{a}{l} - \dfrac{a^2}{l^2}\right)$; 当 $x = l$ 时,$\theta = -\dfrac{Qlb}{24EI}\left(1 + \dfrac{a}{l}\right)^2$

续表

载荷方式图	支座反力	弯矩	挠度	横剖面转角
7. 三角形载荷作用于整跨上	$R_1 = \dfrac{Q}{3}$, $R_2 = \dfrac{2}{3}Q$	$M = -\dfrac{Ql}{3}\left[\dfrac{x}{l} - \left(\dfrac{x}{l}\right)^3\right]$ 当 $x = 0.5773l$ 时, $M_{\max} = -0.1283Ql \approx -\dfrac{Ql}{7.8}$	$v = \dfrac{Ql^3}{180EI}\left(7\dfrac{x}{l} - 10\dfrac{x^3}{l^3} + 3\dfrac{x^5}{l^5}\right)$ 当 $x = 0.5193l$ 时, $v_{\max} = 0.01304\dfrac{Ql^3}{EI} \approx \dfrac{5}{384}\dfrac{Ql^3}{EI}$	当 $x = 0$ 时, $\theta = \dfrac{7}{180}\dfrac{Ql^2}{EI}$; 当 $x = l$ 时, $\theta = -\dfrac{2}{45}\dfrac{Ql^2}{EI}$
8. 梁的部分跨端上作用三角形载荷	$R_1 = \dfrac{Q}{3}\dfrac{b}{l}$, $R_2 = Q\left(1 - \dfrac{1}{3}\dfrac{b}{l}\right)$	$M = -\dfrac{Ql}{3}\left[\dfrac{b}{l}\dfrac{x}{l} - \left\|_a \dfrac{(x-a)^3}{lb^2}\right]$ 当 $x = a + \sqrt{\dfrac{b^3}{3l}}$ 时, $M_{\max} = -\dfrac{Qb}{3}\left[\dfrac{a}{l} + \dfrac{2}{3\sqrt{3}} \times \left(\dfrac{b}{l}\right)^{3/2}\right]$	$v = \dfrac{Ql^3}{180EI}\left[\dfrac{b}{l}\left(7 + 6\dfrac{a}{l} - 3\dfrac{a^2}{l^2}\right)\dfrac{x}{l} + \left\|_a 3\dfrac{(x-a)^5}{b^2 l^3} - 10\dfrac{x^2}{l^2}\right)\dfrac{x}{l}\right]$	当 $x = 0$ 时, $\theta = \dfrac{Qlb}{180EI}\left(7 + 6\dfrac{a}{l} - 3\dfrac{a^2}{l^2}\right)$; 当 $x = l$ 时, $\theta = -\dfrac{Qlb}{180EI}\left(8 + 9\dfrac{a}{l} + 3\dfrac{a^2}{l^2}\right)$

表 A-3　一端自由支持，一端刚性固定梁弯曲要素表

载荷方式图	支座反力	弯矩	挠度
1. 跨上集中力	$R_1 = P\dfrac{b}{l}$ $R_2 = \dfrac{Pa^2}{2l^2} \times \left(3 - \dfrac{a}{l}\right)$	$M_1 = \dfrac{P}{2}\dfrac{ab}{l} \times \left(1 + \dfrac{b}{l}\right)$ 当 $a=b=\dfrac{1}{2}$ 时，$M_1 = \dfrac{3}{16}Pl$	$v = \dfrac{Pl^3}{6EI}\left\{\dfrac{x^2}{l^2}\left[\dfrac{3}{2}\dfrac{ab}{l^2}\left(1+\dfrac{b}{l}\right)\right]\right.$ $\left. -\left(1 - \dfrac{3a^2}{2l^2} + \dfrac{a^3}{2l^3}\right)\dfrac{x}{l} + \left\|\left(\dfrac{x-a}{l}\right)^3\right\}_a$
2. 跨上受均布载荷作用	$R_1 = \dfrac{5}{8}Q$ $R_2 = \dfrac{3}{8}Q$	$M = \dfrac{Ql}{8}\left(1 - 5\dfrac{x}{l} + 4\dfrac{x^2}{l^2}\right)$ 当 $x=0.625l$，跨上最大弯矩 $M_{\max} = \dfrac{9}{128}Ql$	$v = \dfrac{Ql^3}{24EI}\dfrac{x^2}{l^2}\left(\dfrac{x^2}{l^2} - \dfrac{5x}{2l} + \dfrac{3}{2}\right) \cdot$ $v\left(\dfrac{l}{2}\right) = \dfrac{Ql^3}{192EI}$ 当 $x=0.579l$ 时，$v_{\max} = \dfrac{Ql^3}{185EI}$

续表

载荷方式图	支座反力	弯　矩	挠　度
3. 从固定端起部分跨受均布载荷作用	$R_1 = \dfrac{qa}{8}\left(8 - 4\dfrac{a^2}{l^2} + \dfrac{a^3}{l^3}\right)$ $R_2 = \dfrac{qa^3}{8l^2}\left(4 - \dfrac{a}{l}\right)$	$M = \dfrac{ql^2}{8}\left[\dfrac{a^2}{l^2}\left(2 - \dfrac{a}{l}\right)^2\right.$ $\left. - 2\dfrac{a}{l}\left(4 - 2\dfrac{a^2}{l^2} + \dfrac{1}{2}\dfrac{a^3}{l^3}\right)\dfrac{x}{l} + 4\dfrac{x^2}{l^2}\right]$ $-\;\|_a\;\dfrac{q(x-a)^2}{2}$	$v = \dfrac{ql^4}{24EI}\left\{\dfrac{x^2}{l^2}\left[\dfrac{a^2}{l^2}\left(6 - 6\dfrac{a}{l} + \dfrac{3a^2}{2l^2}\right)\right.\right.$ $\left.+ \dfrac{x}{l}\left(\dfrac{x}{l} - \dfrac{4a}{l} + 2\dfrac{a^3}{l^3} - \dfrac{a^4}{2l^4}\right)\right]$ $\left.-\;\|_a\left(\dfrac{x-a}{l}\right)^4\right\}$
4. 三角形载荷，其顶部在固定端	$R_1 = 0.8Q$ $R_2 = 0.2Q$	$M = \dfrac{Ql}{15}\left(2 - 12\dfrac{x}{l} + 15\dfrac{x^2}{l^2} - 5\dfrac{x^3}{l^3}\right)$ 当 $x = 0.553l$ 时，跨上最大弯矩 $M_{max} = -\dfrac{Ql}{16.8}$	$v = \dfrac{Ql^3}{60EI}\dfrac{x^2}{l^2}\left(4 - 8\dfrac{x}{l} + 5\dfrac{x^2}{l^2} - \dfrac{x^3}{l^3}\right)$, $v\left(\dfrac{l}{2}\right) = \dfrac{Ql^3}{213.3EI}$ 当 $x = 0.553l$ 时，$v_{max} = \dfrac{Ql^3}{209.3EI}$

表 A-4 两端刚性固定梁弯曲要素表

载荷方式图	支座反力	弯　矩	挠　度
1. 跨上受集中载荷	$R_1 = \dfrac{b^2}{l^3}(3a+b)P$ $R_1 = \dfrac{a^2}{l^3}(a+3b)P$	$M = P\dfrac{b^2}{l}\left(\dfrac{a}{l} - \dfrac{3a+b}{l}\dfrac{x}{l}\right) + \|_a P(x-a)$ $m_1 = \dfrac{ab^2}{l^2}P$ $m_2 = -\dfrac{a^2b}{l^2}P$	$v = \dfrac{Pl^3}{6EI}\left[\dfrac{b^2}{l^2}\dfrac{x^2}{l^2}\left(\dfrac{3a}{l} - \dfrac{3a+b}{l}\dfrac{x}{l}\right)\right.$ $\left. + \|_a\left(\dfrac{x-a}{l}\right)^3\right]$, $v(a) = \dfrac{Pl^3}{3EI}\dfrac{a^3b^3}{l^6}$ 当 $x = b = \dfrac{1}{2}l$ 时, $v\left(\dfrac{1}{2}\right) = \dfrac{Pl^3}{192EI}$
2. 两个对称的集中载荷	$R_1 = R_2 = P$	$M = P\left(\dfrac{ab}{l} - x\right) + \|_a P(x-a)$ $+ \|_b P(x-b)$ $m_1 = m_2 = \dfrac{ab}{l}P$	$v = \dfrac{Pl^3}{6EI}\dfrac{x^2}{l^2}\left(3\dfrac{ab}{l^2} - \dfrac{x}{l}\right)$ $+ \|_a\dfrac{Pl^3}{6EI}\left(\dfrac{x-a}{l}\right)^3 + \|_b\dfrac{Pl^3}{6EI}\left(\dfrac{x-b}{l}\right)^3$ $v(a) = \dfrac{Pl^3}{6EI}\dfrac{a^3}{l^3}\dfrac{2b-a}{l}$
3. 整跨的均部载荷	$R_1 = R_2 = \dfrac{Q}{2}$	$M = \dfrac{Ql}{12}\left(1 - 6\dfrac{x}{l} + 6\dfrac{x^2}{l^2}\right)$ 当 $x = l/2$ 时, $m = Ql/24$	$v = \dfrac{Ql^3}{24EI}\dfrac{x^2}{l^2}\left(1 - 2\dfrac{x}{l} + \dfrac{x^2}{l^2}\right)$ $v\left(\dfrac{l}{2}\right) = \dfrac{Ql^3}{384EI}$

续表

载荷方式图	支座反力	弯　矩	挠　度
4. 从左端起的部分梁跨上受均布载荷作用	$R_1 = \dfrac{qa}{2}\left(2 - 2\dfrac{a^2}{l^2} + \dfrac{a^3}{l^3}\right)$ $R_2 = \dfrac{qa}{2}\left(2 - \dfrac{a}{l}\right)\dfrac{a^2}{l^2}$	$M = \dfrac{ql^2}{12}\left[6\dfrac{x^2}{l^2} - 6\dfrac{a}{l}\left(2 - 2\dfrac{a^2}{l^2} + \dfrac{a^3}{l^3}\right) - \left\|\right._a \dfrac{a}{2}(x-a)^2\right.$ $\left. + \dfrac{a^2}{l^2}\left(6 - 8\dfrac{a}{l} + 3\dfrac{a^2}{l^2}\right)\right]$ $M_1 = \dfrac{qa^2}{12}\left(6 - 8\dfrac{a}{l} + 3\dfrac{a^2}{l^2}\right)$ $M_2 = \dfrac{qa^2}{12}\left(4 - 3\dfrac{a}{l}\right)\dfrac{a}{l}$	$v = \dfrac{ql^3}{24EI}\left\{\dfrac{x^2}{l^2}\left[6\dfrac{x^2}{l^2} - 6\dfrac{a}{l}\left(2 - 2\dfrac{2ax}{l}\right)\right] - \left\|\right._a\left(\dfrac{x-a}{l}\right)^4\right.$ $\left. + \dfrac{a^2}{l}\left(6 - 8\dfrac{a}{l} + 3\dfrac{a^2}{l^2}\right)\right\}$
5. 跨上受三角形载荷作用	$R_1 = 0.3Q$ $R_2 = 0.7Q$	$M = \dfrac{Ql}{30}\left(10\dfrac{x^3}{l^3} - 9\dfrac{x}{l} + 2\right)$ 当 $x = 0.548l$ 时，跨上最大弯矩 $M_{\max} = -\dfrac{Ql}{23.3}$	$v = \dfrac{Ql^3}{60EI}\dfrac{x^2}{l^2}\left(\dfrac{x^3}{l^3} - 3\dfrac{x}{l} + 2\right)$ $v\left(\dfrac{l}{2}\right) = \dfrac{Ql^3}{384EI}$ 当 $x = 0.525l$ 时，$v_{\max} = \dfrac{Ql^3}{382EI}$
6. 跨上部分受三角形载荷作用	$R_1 = \dfrac{Qb^2}{10l^2}\left(3 + 2\dfrac{a}{l}\right)$ $R_2 = \dfrac{Q}{10}\left(10 - 3\dfrac{b^2}{l^2} - 2\dfrac{ab^2}{l^3}\right)$	$M = \dfrac{Qb}{30}\left[2 + \dfrac{a}{l} - 3\dfrac{a^2}{l^2} + 3\left(2\dfrac{a^2}{l^2} + \dfrac{a}{l} - 3\right)\dfrac{x}{l}\right.$ $\left. + \left\|\right._a\dfrac{Q}{3}\dfrac{(x-a)^3}{b^2}\right]$ $M_1 = \dfrac{Qb^2}{30l}(2l + 3a)$, $M_2 = \dfrac{Qb}{30}\left(10\dfrac{a}{l} + 3\dfrac{b^2}{l^2}\right)$	$v = \dfrac{Ql^3}{60EI}\left\{\dfrac{b}{l}\dfrac{x^2}{l^2}\left[2 + \dfrac{a}{l} - 3\dfrac{a^2}{l^2}\right]\right.$ $\left. + \dfrac{x}{l}\left(2\dfrac{a^2}{l^2} + \dfrac{a}{l} - 3\right)\right] + \left\|\right._a\dfrac{(x-a)^5}{b^2l^3}\right\}$

附录 B 弹性基础梁的弯曲
要素表及辅助函数

【说明】

1. 采用下列符号：

k——弹性基础的刚性系数；

$\alpha = \sqrt[4]{\dfrac{k}{4EI}}$, $u = \dfrac{\alpha l}{2}$；

A——梁端弹性支座的柔性系数；

其余符号同附录 A。

2. 梁受到对称于跨度中点的载荷作用时，坐标原点在跨度中点；其余情况下的坐标原点在梁左端。弯曲要素表 B-1 中的函数 V_0、V_1、V_2、V_3 的公式及其数值列在表 B-2 中。

表 B-1　弹性基础梁弯曲要素表

序号	梁的载荷与支座形式	挠曲线方程式及挠度	梁端转角	弯矩	梁端剪力
1		$$v=\frac{q}{k}\left[1-\frac{V_0(u)V_0(\alpha x)+V_2(u)V_2(\alpha x)}{V_0^2(u)+V_2^2(u)}\cdot\frac{1}{1+B}\right]$$ $$v(0)=\frac{q}{k}\left[1-\frac{\varphi_0(u)}{1+B}\right]$$ $$B=\frac{Akl}{2}\mu_0(u)$$	$$v'\left(\pm\frac{l}{2}\right)=\mp\frac{ql^3}{24EI}\cdot\frac{\psi_2(u)}{1+B}$$	$$M(0)=-\frac{ql^2}{8}\cdot\frac{x_0(u)}{1+B}$$	$$N\left(\pm\frac{l}{2}\right)=\pm\frac{ql}{2}\cdot\frac{\mu_0(u)}{1+B}$$
2		$$v=\frac{q}{k}\left[1-\frac{V_1(u)V_0(\alpha x)+V_3(u)V_2(\alpha x)}{V_0(u)V_1(u)+V_2(u)V_3(u)}\cdot\frac{1}{1+B_1}\right]$$ $$v(0)=\frac{q}{k}\left[1-\frac{\varphi_1(u)}{1+B_1}\right]$$ $$B_1=\frac{Akl}{2}\mu_1(u)$$		$$M(0)=-\frac{ql^2}{24}\cdot\frac{x_1(u)}{1+B_1}$$ $$M\left(\pm\frac{l}{2}\right)=\frac{ql^2}{12}\cdot\frac{x^2(u)}{1+B_1}$$	$$N\left(\pm\frac{l}{2}\right)=\pm\frac{ql}{2}\cdot\frac{\mu_1(u)}{1+B_1}$$
3		$$v=\frac{P}{\sqrt[4]{2a^3}EI}\left\{V_3(\alpha x)+\frac{[V_1(u)V_2(u)-V_0(u)V_3(u)]V_0(\alpha x)}{V_0^2(u)+V_2^2(u)}\right.$$ $$\left.-\frac{[V_0(u)V_1(u)+V_2(u)V_3(u)]V_2(\alpha x)}{V_0^2(u)+V_2^2(u)}\right\}$$ $$v(0)=\frac{Pl^3}{48EI}\psi_2(u)$$	$$v'\left(\pm\frac{l}{2}\right)=\mp\frac{Pl^2}{16EI}x_0(u)$$	$$M(0)=-\frac{Pl}{4}\mu_0(u)$$	$$N\left(\pm\frac{l}{2}\right)=\pm\frac{P}{2}\varphi_0(u)$$
4		$$v=\frac{P}{\sqrt[4]{2a^3}EI}\left\{V_3(\alpha x)+\frac{[V_2^2(u)-V_1(u)V_3(u)]V_0(\alpha x)}{V_0(u)V_1(u)+V_2(u)V_3(u)}\right.$$ $$\left.-\frac{[V_3^2(u)+V_0(u)V_2(u)]V_2(\alpha x)}{V_0(u)V_1(u)+V_2(u)V_3(u)}\right\}$$ $$v(0)=\frac{Pl^3}{192EI}\eta_1(u)$$		$$M(0)=-\frac{Pl}{8}\mu_1(u)$$ $$M\left(\pm\frac{1}{2}\right)=\frac{Pl}{8}\lambda_1(u)$$	$$N\left(\pm\frac{l}{2}\right)=\pm\frac{P}{2}\varphi_1(u)$$

续表

序号	梁的载荷与支座形式	挠曲线方程式及挠度	梁端转角	弯矩	梁端剪力
5		$v=\dfrac{Pl^3}{32u^3EI}\left\{A_0V_0(\alpha x)-A_2V_2(\alpha x)+\left\|\dfrac{1}{6}\sqrt{2}V_3\left[\alpha\left(x-\dfrac{l}{6}\right)\right]\right\}\right.$ $A_0=\dfrac{1}{V_0^2(u)+V_2^2(u)}\left[\sqrt{2}V_2(u)V_1\left(\dfrac{2u}{3}\right)-\sqrt{2}V_0(u)V_3\left(\dfrac{2u}{3}\right)\right]$ $A_2=\dfrac{1}{V_0^2(u)+V_2^2(u)}\left[\sqrt{2}V_0(u)V_1\left(\dfrac{2u}{3}\right)+\sqrt{2}V_2(u)V_3\left(\dfrac{2u}{3}\right)\right]$ $v(0)=\dfrac{23}{648}\dfrac{Pl^3}{EI}\xi_0(u)$		$M(0)=-\dfrac{Pl}{3}\epsilon_0(u)$	
6		$v=\dfrac{q_0}{k}\left[\dfrac{x}{l}-\dfrac{V_1(2u)V_1(\alpha x)+V_3(2u)V_3(\alpha x)}{V_1^2(2u)+V_3^2(2u)}\right]$	$v'(0)=-\dfrac{7}{180}\dfrac{Ql^2}{EI}\pi_0(u)$ $v'(l)=-\dfrac{2}{45}\dfrac{Ql^2}{EI}\rho_0(u)$		$N(0)=-\dfrac{Q}{3}\sigma_0(u)$ $N(l)=\dfrac{2Q}{3}\tau_0(u)$
7		$v=\dfrac{q_0x}{kl}+\dfrac{q_0}{kB_2}\left\{\left[4uV_2(2u)-\sqrt{2}V_3(2u)\right]V_3(\alpha x)\right.$ $\left.-\left[4uV_0(2u)-\sqrt{2}V_1(2u)\right]V_1(\alpha x)\right\}$ $B_2=4u[V_0(2u)V_3(2u)-V_1(2u)V_2(2u)]$	$v'(0)=-\dfrac{Ql^2}{60EI}\pi^*(u)$	$M(l)=\dfrac{Ql}{7.5}\omega(u)$	$N(0)=-\dfrac{Q}{5}\sigma_2(u)$ $N(l)=\dfrac{4Q}{5}\tau_2(u)$
8		$v=\dfrac{M}{2a^2EI}\times\dfrac{V_1(2u)V_3(\alpha x)-V_3(2u)V_1(\alpha x)}{V_1^2(2u)+V_3^2(2u)}$	$v'(0)=-\dfrac{Ml}{6EI}\psi_1(u)$ $v'(l)=\dfrac{Ml}{3EI}\psi_0(u)$		$N(0)=\dfrac{M}{l}\theta_1(u)$ $N(l)=\dfrac{M}{l}\theta_0(u)$

表 B-2a　弹性基础梁辅助函数

u	$\varphi_0(u)$	$\varphi_1(u)$	$x_0(u)$	$x_1(u)$	$x_2(u)$	$\psi_0(u)$	$\psi_1(u)$	$\psi_2(u)$	$\mu_0(u)$	$\mu_1(u)$
0	1.000	1.000	1.000	1.000	1.000	1.000	1.000	1.000	1.000	1.000
0.1	1.000	1.000	1.000	1.000	1.000	1.000	1.000	1.000	1.000	1.000
0.2	0.999	1.000	0.999	1.000	1.000	0.999	0.999	0.999	0.999	1.000
0.3	0.993	0.999	0.995	0.999	0.999	0.997	0.994	0.995	0.996	0.999
0.4	0.979	0.996	0.983	0.996	0.997	0.990	0.980	0.983	0.987	0.995
0.5	0.950	0.990	0.959	0.991	0.993	0.976	0.953	0.961	0.968	0.988
0.6	0.901	0.979	0.919	0.982	0.985	0.951	0.906	0.923	0.936	0.978
0.7	0.827	0.961	0.895	0.967	0.973	0.916	0.838	0.866	0.882	0.967
0.8	0.731	0.935	0.781	0.946	0.956	0.868	0.747	0.791	0.828	0.948
0.9	0.619	0.899	0.689	0.917	0.931	0.812	0.641	0.702	0.755	0.920
1.0	0.448	0.852	0.591	0.878	0.899	0.752	0.529	0.609	0.678	0.889
1.1	0.380	0.795	0.494	0.830	0.859	0.692	0.420	0.517	0.602	0.856
1.2	0.272	0.728	0.405	0.774	0.813	0.636	0.321	0.431	0.531	0.814
1.3	0.178	0.653	0.327	0.712	0.761	0.586	0.237	0.357	0.470	0.769
1.4	0.100	0.573	0.262	0.645	0.705	0.542	0.167	0.294	0.417	0.723
1.5	0.037	0.492	0.208	0.576	0.648	0.503	0.114	0.242	0.373	0.681
1.6	−0.013	0.441	0.164	0.509	0.591	0.470	0.073	0.200	0.337	0.639
1.7	−0.052	0.355	0.129	0.444	0.537	0.442	0.042	0.166	0.308	0.598
1.8	−0.081	0.264	0.101	0.384	0.483	0.417	0.021	0.138	0.285	0.561
1.9	−0.102	0.201	0.075	0.328	0.439	0.394	0.006	0.116	0.265	0.527
2.0	−0.117	0.144	0.062	0.279	0.397	0.375	−0.003	0.009	0.249	0.469
2.2	−0.133	0.054	0.037	0.197	0.325	0.341	−0.007	0.072	0.224	0.424
2.4	−0.135	−0.009	0.021	0.136	0.269	0.313	−0.001	0.055	0.204	0.387
2.6	−0.127	−0.051	0.011	0.092	0.226	0.289	−0.009	0.043	0.189	0.356
2.8	−0.144	−0.074	0.005	0.060	0.193	0.268	−0.006	0.034	0.177	0.333
3.0	−0.098	−0.085	0.002	0.038	0.167	0.250	−0.003	0.028	0.166	0.311
3.2	−0.081	−0.087	0.000	0.023	0.146	0.234	−0.001	0.023	0.156	0.293
3.4	−0.064	−0.082	0.000	0.012	0.129	0.221	0.000	0.019	0.147	0.278
3.6	−0.049	−0.073	−0.002	0.006	0.115	0.208	0.000	0.016	0.139	0.263
3.8	−0.035	−0.063	−0.002	0.002	0.104	0.197	0.000	0.014	0.132	0.250
4.0	−0.024	−0.052	−0.002	−0.001	0.094	0.183	0.000	0.012	0.125	0.238
4.2	−0.015	−0.041	−0.002	−0.002	0.085	0.179	0.000	0.010	0.119	0.227
4.4	−0.008	−0.031	−0.001	−0.003	0.078	0.171	0.000	0.009	0.114	0.217
4.6	−0.002	−0.022	−0.001	−0.003	0.071	0.163	0.000	0.003	0.109	0.208
4.8	0.001	−0.015	−0.001	−0.002	0.065	0.156	0.000	0.007	0.104	0.200
5.0	0.004	−0.009	−0.001	−0.002	0.060	0.150		0.006	0.100	

表 B-2b　弹性基础梁辅助函数(b)

u	$\lambda_1(u)$	$\eta_1(u)$	$\varepsilon_0(u)$	$\xi_0(u)$	$\varepsilon_1(u)$	$\xi_1(u)$	$\omega(u)$	$\omega_0(u)$	$\omega_1(u)$	$\rho_0(u)$
0	1.000	1.000	1.000	1.000	1.000	1.000	1.000	1.000	1.000	1.000
0.1	1.000	1.000	1.000	1.000	1.000	1.000	1.000	1.000	1.000	1.000
0.2	1.000	1.000	1.000	1.000	0.998	0.998	1.000	1.000	1.000	0.999
0.3	0.999	0.999	0.996	0.994	0.996	0.996	0.998	0.999	0.999	0.996
0.4	0.995	0.997	0.980	0.980	0.993	0.993	0.993	0.997	0.997	0.984
0.5	0.992	0.991	0.955	0.956	0.988	0.988	0.986	0.993	0.993	0.965
0.6	0.980	0.983	0.912	0.918	0.979	0.900	0.974	0.995	0.985	0.927
0.7	0.966	0.969	0.855	0.864	0.965	0.967	0.955	0.965	0.965	0.876
0.8	0.945	0.949	0.776	0.787	0.941	0.944	0.927	0.941	0.941	0.806
0.9	0.911	0.921	0.683	0.699	0.910	0.915	0.888	0.911	0.911	0.721
1.0	0.874	0.889	0.587	0.603	0.870	0.879	0.841	0.876	0.876	0.632
1.1	0.822	0.849	0.483	0.510	0.818	0.836	0.787	0.827	0.827	0.545
1.2	0.763	0.800	0.393	0.421	0.751	0.785	0.725	0.769	0.769	0.463
1.3	0.699	0.742	0.316	0.349	0.675	0.725	0.668	0.709	0.709	0.392
1.4	0.630	0.680	0.250	0.280	0.600	0.664	0.610	0.640	0.640	0.331
1.5	0.557	0.618	0.190	0.224	0.525	0.600	0.558	0.577	0.577	0.272
1.6	0.482	0.554	0.144	0.180	0.450	0.540	0.504	0.510	0.510	0.238
1.7	0.420	0.500	0.109	0.150	0.380	0.478	0.478	0.445	0.445	0.204
1.8	0.355	0.445	0.080	0.125	0.311	0.417	0.417	0.378	0.378	0.174
1.9	0.299	0.395	0.058	0.104	0.248	0.364	0.384	0.328	0.328	0.151
2.0	0.248	0.348	0.039	0.085	0.192	0.317	0.355	0.284	0.284	0.133
2.2	0.165	0.272	0.012	0.059	0.104	0.239	0.296	0.209	0.209	0.101
2.4	0.103	0.214	−0.004	0.043	0.036	0.1743	0.259	0.151	0.151	0.080
2.6	0.059	0.170	−0.016	0.033	−0.010	0.135	0.225	0.116	0.116	0.076
2.8	0.029	0.137	−0.025	0.024	−0.044	0.100	0.194	0.089	0.089	0.052
3.0	0.009	0.111	−0.030	0.017	−0.069	0.076	0.176	0.070	0.070	0.044
3.2	−0.003	0.092	−0.034	0.012	−0.088	0.058	0.158	0.057	0.057	0.036
3.4	−0.010	0.007	−0.036	0.009	−0.100	0.044	0.136	0.048	0.048	0.030
3.6	−0.012	0.064	−0.037	0.007	−0.106	0.033	0.125	0.040	0.048	0.026
3.8	−0.013	0.055	−0.037	0.005	−0.110	0.025	0.117	0.034	0.034	0.023
4.0	−0.013	0.048	−0.037	0.004	−0.110	0.020	0.106	0.030	0.030	0.020
4.2	−0.012	0.041	−0.036	0.003	−0.108	0.016	0.095	0.026	0.026	0.016
4.4	−0.011	0.035	−0.035	0.002	−0.105	0.013	0.088	0.022	0.022	0.015
4.6	−0.009	0.031	−0.034	0.002	−0.101	0.010	0.080	0.019	0.019	0.013
4.8	−0.007	0.027	−0.032	0.001	−0.097	0.009	0.077	0.017	0.017	0.011
5.0	−0.005	0.024	−0.030	0.001	−0.092	0.008	0.067	0.015	0.015	0.010

表 B-2c 弹性基础梁辅助函数(c)

u	$\pi_0(u)$	$\pi(u)$	$\sigma_1(u)$	$\sigma_2(u)$	$\tau_0(u)$	$\tau_1(u)$	$\tau_2(u)$	$\theta_0(u)$	$\theta_0(u)$
0	1.000	1.000	1.000	1.000	1.000	1.000	1.000	1.000	1.000
0.1	1.000	1.000	1.000	1.000	1.000	1.000	1.000	1.003	1.000
0.2	0.999	0.999	1.000	1.000	0.999	1.000	1.000	1.005	0.998
0.3	0.994	0.998	1.000	0.999	0.997	0.999	0.999	0.011	0.990
0.4	0.982	0.992	0.999	0.994	0.991	0.997	0.997	1.036	0.968
0.5	0.957	0.978	0.998	0.979	0.976	0.994	0.992	1.085	0.926
0.6	0.918	0.965	0.995	0.957	0.951	0.989	0.982	1.171	0.852
0.7	0.855	0.929	0.986	0.923	0.915	0.978	0.969	1.289	0.744
0.8	0.774	0.883	0.951	0.872	0.868	0.967	0.950	1.468	0.604
0.9	0.680	0.827	0.911	0.808	0.812	0.954	0.924	1.672	0.442
1.0	0.583	0.767	0.874	0.729	0.753	0.939	0.892	1.898	0.274
1.1	0.485	0.725	0.824	0.640	0.693	0.918	0.837	2.132	0.114
1.2	0.396	0.615	0.766	0.546	0.636	0.896	0.815	2.364	−0.022
1.3	0.317	0.528	0.706	0.452	0.587	0.862	0.778	2.588	−0.130
1.4	0.252	0.462	0.634	0.362	0.542	0.828	0.737	2.803	−0.206
1.5	0.198	0.376	0.571	0.284	0.503	0.790	0.698	3.010	−0.254
1.6	0.157	0.317	0.501	0.214	0.469	0.759	0.661	3.212	−0.276
1.7	0.123	0.265	0.438	0.155	0.441	0.727	0.628	3.410	−0.278
1.8	0.097	0.214	0.383	0.108	0.417	0.694	0.598	3.608	−0.264
1.9	0.076	0.175	0.330	0.071	0.395	0.662	0.574	3.805	−0.238
2.0	0.060	0.142	0.284	0.054	0.375	0.634	0.549	4.002	−0.206
2.2	0.039	0.094	0.211	0.015	0.340	0.581	0.500	4.400	−0.136
2.4	0.026	0.066	0.162	−0.006	0.312	0.534	0.467	4.800	−0.072
2.6	0.018	0.045	0.130	−0.012	0.288	0.497	0.435	5.200	−0.024
2.8	0.013	0.032	0.107	−0.011	0.268	0.465	0.412	5.600	0.006
3.0	0.010	0.023	0.092	−0.008	0.250	0.437	0.384	6.000	0.020
3.2	0.008	0.019	0.081	−0.004	0.235	0.411	0.364	6.400	0.021
3.4	0.006	0.014	0.072	−0.002	0.221	0.389	0.337	6.800	0.024
3.6	0.005	0.012	0.064	−0.001	0.208	0.370	0.328	7.200	0.015
3.8	0.004	0.009	0.057	−0.001	0.198	0.352	0.117	7.600	0.009
4.0	0.003	0.008	0.051	−0.000	0.187	0.336	0.297	8.000	0.005
4.2	0.003	0.007	0.046	0.000	0.178	0.320	0.281	8.400	0.001
4.4	0.002	0.006	0.042	0.000	0.171	0.306	0.271	8.800	0.001
4.6	0.002	0.005	0.039	0.000	0.163	0.293	0.259	9.200	−0.001
4.8	0.002	0.004	0.037	0.000	0.156	0.281	0.253	9.600	−0.001
5.0	0.001	0.002	0.036	0.000	0.150	0.271	0.237	10.000	−0.001

表 B-2d　两端刚性固定均布载荷的弹性基础梁辅助函数

u	φ_1	x_1	x_2	μ_1	u	φ_1	x_1	x_2	μ_1
0.50	0.9900	0.9910	0.9930	0.9950	0.95	0.8755	0.8975	0.9150	0.9340
0.51	0.9889	0.9901	0.9922	0.9943	0.96	0.8708	0.8936	0.39118	0.9312
0.52	0.9878	0.9892	0.9914	0.9936	0.97	0.8661	0.8897	0.9086	0.9284
0.53	0.9867	0.9883	0.9906	0.9929	0.98	0.8614	0.8858	0.9054	0.9256
0.54	0.9856	0.9874	0.9898	0.9922	0.99	0.8567	0.8819	0.9022	0.9228
0.55	0.9845	0.9865	0.9890	0.9915	1.00	0.8520	0.8780	0.8990	0.9200
0.56	0.9834	0.9856	0.9882	0.9908	1.01	0.8463	0.8732	0.8950	0.9169
0.57	0.9823	0.9847	0.9874	0.9901	1.02	0.8406	0.8684	0.8910	0.9138
0.58	0.9812	0.9838	0.9866	0.9894	1.03	0.8349	0.8636	0.8870	0.9107
0.59	0.9801	0.9829	0.9858	0.9887	1.04	0.8292	0.8588	0.8830	0.9076
0.60	0.9790	0.9820	0.9850	0.9880	1.05	0.8235	0.8540	0.8790	0.9045
0.61	0.9772	0.9805	0.9838	0.9870	1.06	0.8178	0.8492	0.8750	0.9014
0.62	0.9754	0.9790	0.9826	0.9860	1.07	0.8121	0.8444	0.8710	0.8983
0.63	0.9736	0.9775	0.9814	0.9850	1.08	0.8064	0.8396	0.8670	0.8952
0.64	0.9718	0.9760	0.9802	0.9840	1.09	0.8007	0.8348	0.8630	0.8921
0.65	0.9700	0.9745	0.9790	0.9830	1.10	0.7950	0.8300	0.8590	0.8890
0.66	0.9682	0.9730	0.9778	0.9820	1.11	0.7883	0.8244	0.8544	0.8857
0.67	0.9664	0.9715	0.9766	0.9810	1.12	0.7816	0.8188	0.8498	0.8824
0.68	0.9646	0.9700	0.9754	0.9800	1.13	0.7749	0.8132	0.8452	0.8791
0.69	0.9628	0.9685	0.9742	0.9790	1.14	0.7682	0.8076	0.8406	0.8758
0.70	0.9610	0.9670	0.9730	0.9780	1.15	0.7615	0.8020	0.8360	0.8725
0.71	0.9584	0.9649	0.9713	0.9769	1.16	0.7548	0.7964	0.8314	0.8692
0.72	0.9558	0.9628	0.9696	0.9758	1.17	0.7481	0.7908	0.8268	0.8659
0.73	0.9532	0.9607	0.9679	0.9747	1.18	0.7414	0.7852	0.8222	0.8626
0.74	0.9506	0.9586	0.9662	0.9736	1.19	0.7347	0.7796	0.8176	0.8593
0.75	0.9480	0.9565	0.9645	0.9725	1.20	0.7280	0.7740	0.8130	0.8560
0.76	0.9454	0.9544	0.9628	0.9714	1.21	0.7205	0.7678	0.8078	0.8518
0.77	0.9428	0.9523	0.9611	0.9703	1.22	0.7130	0.7616	0.8026	0.8476
0.78	0.9402	0.9502	0.9594	0.9692	1.23	0.7055	0.7554	0.7974	0.8434
0.79	0.9376	0.9481	0.9577	0.9681	1.24	0.6980	0.7492	0.7922	0.8392
0.80	0.9350	0.9460	0.9560	0.9670	1.25	0.6905	0.7430	0.7870	0.8350
0.81	0.9314	0.9431	0.9535	0.9651	1.26	0.6830	0.7368	0.7810	0.8308
0.82	0.9278	0.9402	0.9510	0.9632	1.27	0.6755	0.7306	0.7766	0.8266
0.83	0.9242	0.9373	0.9485	0.9613	1.28	0.6680	0.7244	0.7714	0.8224
0.84	0.9206	0.9344	0.9460	0.9594	1.29	0.6605	0.7182	0.7662	0.8182
0.85	0.9170	0.9315	0.9435	0.9575	1.30	0.6530	0.7120	0.7610	0.8140
0.86	0.9134	0.9286	0.9410	0.9556	1.31	0.6450	0.7053	0.7554	0.8095
0.87	0.9098	0.9257	0.9385	0.9537	1.32	0.6370	0.6986	0.7498	0.8050
0.88	0.9062	0.9228	0.9360	0.9518	1.33	0.6290	0.6919	0.7442	0.8005
0.89	0.9026	0.9199	0.9335	0.9499	1.34	0.6210	0.6852	0.7386	0.7960
0.90	0.8990	0.9170	0.9310	0.9480	1.35	0.6130	0.6785	0.7330	0.7915
0.91	0.8943	0.9131	0.9278	0.9452	1.36	0.6050	0.6718	0.7274	0.7870
0.92	0.8896	0.9092	0.9246	0.9424	1.37	0.5970	0.6651	0.7218	0.7825
0.93	0.8849	0.9053	0.9214	0.9396	1.38	0.5890	0.6584	0.7162	0.7780
0.94	0.8802	0.9014	0.9182	0.9368	1.39	0.5810	0.6517	0.7106	0.7735

u	φ_1	x_1	x_2	μ_1	u	φ_1	x_1	x_2	μ_1
1.40	0.5730	0.6450	0.7050	0.7690	1.75	0.2995	0.4140	0.5100	0.6185
1.41	0.5649	0.6381	0.6993	0.7644	1.76	0.2924	0.4080	0.5046	0.6144
1.42	0.5568	0.6312	0.6936	0.7598	1.77	0.2853	0.4020	0.4992	0.6103
1.43	0.5487	0.6243	0.6879	0.7552	1.78	0.2782	0.3960	0.4938	0.6062
1.44	0.5406	0.6174	0.6822	0.7506	1.79	0.2711	0.3900	0.4884	0.6021
1.45	0.5325	0.6105	0.6765	0.7460	1.80	0.2640	0.3840	0.4830	0.5980
1.46	0.5244	0.6036	0.6708	0.7414	1.81	0.2577	0.3784	0.4786	0.5943
1.47	0.5163	0.5967	0.6651	0.7368	1.82	0.2514	0.3728	0.4742	0.5906
1.48	0.5082	0.5898	0.6594	0.7322	1.83	0.2451	0.3672	0.4698	0.5869
1.49	0.5001	0.5829	0.6537	0.7276	1.84	0.2388	0.3616	0.4654	0.5832
1.50	0.4920	0.5760	0.6480	0.7230	1.85	0.2325	0.3560	0.4610	0.5795
1.51	0.4839	0.5693	0.6423	0.7188	1.86	0.2262	0.3504	0.4566	0.5758
1.52	0.4758	0.5626	0.6366	0.7146	1.87	0.2199	0.3448	0.4522	0.5721
1.53	0.4677	0.5559	0.6309	0.7104	1.88	0.2136	0.3392	0.4478	0.5684
1.54	0.4596	0.5492	0.6252	0.7062	1.89	0.2073	0.3336	0.4434	0.5647
1.55	0.4515	0.5425	0.6195	0.7020	1.90	0.2010	0.3280	0.4390	0.5610
1.56	0.4434	0.5358	0.6138	0.6978	1.91	0.1950	0.3231	0.4348	0.5576
1.57	0.4353	0.5291	0.6081	0.6936	1.92	0.1890	0.3182	0.4306	0.5542
1.58	0.4272	0.5224	0.6024	0.6894	1.93	0.1830	0.3133	0.4264	0.5508
1.59	0.4191	0.5157	0.5967	0.6852	1.94	0.1770	0.3084	0.4222	0.5474
1.60	0.4110	0.5090	0.5910	0.6810	1.95	0.1710	0.3035	0.4180	0.5440
1.61	0.4034	0.5025	0.5856	0.6768	1.96	0.1650	0.2986	0.4138	0.5406
1.62	0.3958	0.4960	0.5802	0.6726	1.97	0.1590	0.2937	0.4096	0.5372
1.63	0.3882	0.4895	0.5748	0.6684	1.98	0.1530	0.2888	0.4054	0.5338
1.64	0.3806	0.4830	0.5694	0.6642	1.99	0.1470	0.2839	0.4012	0.5304
1.65	0.3730	0.4765	0.5640	0.6600	2.00	0.1410	0.2790	0.3970	0.5270
1.66	0.3654	0.4700	0.5586	0.6558					
1.67	0.3578	0.4635	0.5532	0.6516					
1.68	0.3502	0.4570	0.5478	0.6474					
1.69	0.3426	0.4505	0.5426	0.6432					
1.70	0.0035	0.4440	0.5370	0.6390					
1.71	0.3279	0.4380	0.5316	0.6349					
1.72	0.3208	0.4320	0.5262	0.6308					
1.73	0.3137	0.4260	0.5208	0.6267					
1.74	0.3066	0.4200	0.5154	0.6226					

表 B-3　弹性基础梁的普日列夫斯基函数

$$V_0(u) = \mathrm{ch}u\cos u$$

$$\sqrt{2}V_1(u) = \mathrm{ch}u\sin u + \mathrm{sh}u\cos u$$

$$V_2(u) = \mathrm{sh}u\sin u$$

$$\sqrt{2}V_3(u) = \mathrm{ch}u\sin u - \mathrm{sh}u\cos u$$

u	$V_0(u)$	$\sqrt{2}V_1(u)$	$V_2(u)$	$\sqrt{2}V_3(u)$	u	$V_0(u)$	$\sqrt{2}V_1(u)$	$V_2(u)$	$\sqrt{2}V_3(u)$
0	1	0	0	0					
0.01	1.0000	0.0200	0.0001	0.0000	0.36	0.9972	0.7196	0.1296	0.0310
0.02	1.0000	0.0400	0.0004	0.0000	0.37	0.9969	0.7396	0.1369	0.0338
0.03	1.0000	0.0600	0.0009	0.00002	0.38	0.9965	0.7594	0.1444	0.0366
0.04	1.0000	0.0800	0.0016	0.00004	0.39	0.9961	0.7794	0.1521	0.0396
0.05	1.0000	0.1000	0.0025	0.00010	0.40	0.9957	0.7993	0.1600	0.0427
0.06	1.0000	0.1200	0.0036	0.0002	0.41	0.9953	0.8192	0.1680	0.0460
0.07	1.0000	0.1400	0.0049	0.0003	0.42	0.9948	0.8392	0.1763	0.0494
0.08	1.0000	0.1600	0.0064	0.0004	0.43	0.9943	0.8590	0.1848	0.0530
0.09	1.0000	0.1800	0.0081	0.0005	0.44	0.9938	0.8789	0.1935	0.0567
0.10	1.0000	0.2000	0.0100	0.0006	0.45	0.9932	0.8988	0.2024	0.0608
0.11	1.0000	0.2200	0.0121	0.0008	0.46	0.9925	0.9187	0.2115	0.0649
0.12	1.0000	0.2400	0.0144	0.0012	0.47	0.9919	0.9384	0.2208	0.0692
0.13	0.9999	0.2600	0.0169	0.0014	0.48	0.9911	0.9582	0.2303	0.0736
0.14	0.9999	0.2800	0.0196	0.0018	0.49	0.9904	0.9781	0.2399	0.0785
0.15	0.9999	0.3000	0.0225	0.0022	0.50	0.9895	0.9979	0.2498	0.0833
0.16	0.9999	0.3200	0.0256	0.0028	0.51	0.9837	1.0177	0.2599	0.0885
0.17	0.9999	0.3400	0.0289	0.0032	0.52	0.9873	1.0375	0.2702	0.0937
0.18	0.9998	0.3600	0.0324	0.0039	0.53	0.9869	1.0572	0.2807	0.0992
0.19	0.9998	0.3800	0.0361	0.0046	0.54	0.9858	1.0769	0.2913	0.1049
0.20	0.9997	0.4000	0.0400	0.0054	0.55	0.9847	1.0967	0.3022	0.1109
0.21	0.9997	0.4200	0.0441	0.0062	0.56	0.9836	1.1164	0.3133	0.1170
0.22	0.9996	0.4400	0.0484	0.0071	0.57	0.9824	1.1360	0.3245	0.1234
0.23	0.9995	0.4600	0.0529	0.0081	0.58	0.9811	1.1556	0.3360	0.1300
0.24	0.9995	0.4800	0.0576	0.0092	0.59	0.9798	1.1752	0.3476	0.1366
0.25	0.9993	0.5000	0.0625	0.0104	0.60	0.9784	1.1949	0.3595	0.1439
0.26	0.9992	0.5199	0.0676	0.0117	0.61	0.9769	1.2144	0.3715	0.1512
0.27	0.9991	0.5399	0.0729	0.0131	0.62	0.9754	1.2339	0.3838	0.1587
0.28	0.9990	0.5599	0.0784	0.0147	0.63	0.9738	1.2534	0.3962	0.1666
0.29	0.9988	0.5799	0.0841	0.0163	0.64	0.9721	1.2728	0.4088	0.1746
0.30	0.9987	0.5998	0.0900	0.0180	0.65	0.9703	1.2923	0.4217	0.1829
0.31	0.9985	0.6198	0.0961	0.0198	0.66	0.9684	1.3117	0.4347	0.1915
0.32	0.9983	0.6398	0.1024	0.0218	0.67	0.9664	1.3310	0.4479	0.2004
0.33	0.9980	0.6597	0.1089	0.0239	0.68	0.9644	1.3503	0.4613	0.2095
0.34	0.9978	0.6797	0.1156	0.0263	0.69	0.9623	1.3696	0.4749	0.2188
0.35	0.9975	0.6996	0.1225	0.0286	0.70	0.9600	1.3888	0.4887	0.2284

续表

u	$V_0(u)$	$\sqrt{2}V_1(u)$	$V_2(u)$	$\sqrt{2}V_3(u)$	u	$V_0(u)$	$\sqrt{2}V_1(u)$	$V_2(u)$	$\sqrt{2}V_3(u)$
0.71	0.9577	1.4079	0.5027	0.2383	1.11	0.7479	2.1079	1.2113	0.9051
0.72	0.9552	1.4271	0.5168	0.2485	1.12	0.7387	2.1226	1.2325	0.9294
0.73	0.9527	1.4462	0.5312	0.2590	1.13	0.7293	2.1374	1.2538	0.9544
0.74	0.9501	1.4652	0.5458	0.2698	1.14	0.7196	2.1519	1.2752	0.9797
0.75	0.9473	1.4842	0.5605	0.2808	1.15	0.7097	2.1662	1.2968	1.0054
0.76	0.9444	1.5031	0.5755	0.2921	1.16	0.6995	2.1803	1.3186	1.0317
0.77	0.9415	1.5220	0.5906	0.3038	1.17	0.6891	2.1942	1.3404	1.0582
0.78	0.9384	1.5408	0.6059	0.3158	1.18	0.6784	2.2079	1.3625	1.0853
0.79	0.9351	1.5595	0.6214	0.3281	1.19	0.6674	2.2213	1.3846	1.1127
0.80	0.9318	1.5782	0.6371	0.3406	1.20	0.6561	2.2346	1.4039	1.1406
0.81	0.9283	1.5968	0.6530	0.3536	1.21	0.6446	2.2476	1.4293	1.1690
0.82	0.9247	1.6154	0.6690	0.3668	1.22	0.6330	2.2612	1.4518	1.1986
0.83	0.9210	1.6337	0.6853	0.3803	1.23	0.6206	2.2729	1.4745	1.2271
0.84	0.9171	1.6522	0.7017	0.3942	1.24	0.6082	2.2852	1.4973	1.2568
0.85	0.9131	1.6704	0.7183	0.4084	1.25	0.5955	2.2971	1.5202	1.2870
0.86	0.9090	1.6387	0.7351	0.4229	1.26	0.5824	2.3090	1.5432	1.3176
0.87	0.9047	1.7068	0.7521	0.4378	1.27	0.5691	2.3204	1.5664	1.3488
0.88	0.9002	1.7248	0.7692	0.4530	1.28	0.5555	2.3318	1.5896	1.3802
0.89	0.8956	1.7428	0.7666	0.4686	1.29	0.56415	2.3427	1.6130	1.4123
0.90	0.8931	1.7607	0.8041	0.4845	1.30	0.5272	2.3534	1.6365	1.4448
0.91	0.8859	1.7785	0.8218	0.5007	1.31	0.5126	2.3638	1.6601	1.4778
0.92	0.8508	1.7961	0.8397	0.5173	1.32	0.4977	2.3740	1.6838	1.5112
0.93	0.8753	1.8137	0.8577	0.5843	1.33	0.4824	2.3837	1.7076	1.5451
0.94	0.8701	1.8311	0.8759	0.5517	1.34	0.4668	2.3932	1.7314	1.5794
0.95	0.8545	1.8484	0.8943	0.5694	1.35	0.4508	2.4024	1.7554	1.6144
0.96	0.8587	1.8657	0.9129	0.5875	1.36	0.4345	2.4113	1.7795	1.6497
0.97	0.8528	1.8829	0.9317	0.6059	1.37	0.4178	2.4197	1.8036	1.6855
0.98	0.8466	1.8998	0.9506	0.6248	1.38	0.4008	2.4279	1.8279	1.7219
0.99	0.8389	1.9071	0.9697	0.6343	1.39	0.3838	2.4358	1.8522	1.7586
1.00	0.8337	1.9335	0.9889	0.6635	1.40	0.3656	2.4433	1.8766	1.7959
1.01	0.8270	1.9500	1.0083	0.6834	1.41	0.3474	2.4504	1.9011	1.8338
1.02	0.8201	1.9665	1.0279	0.7039	1.42	0.3289	2.4572	1.9256	1.8720
1.03	0.8129	1.9828	1.0476	0.7246	1.43	0.3100	2.4635	1.9502	1.9107
1.04	0.8056	1.9990	1.0675	0.7453	1.44	0.2907	2.4667	1.9529	1.9529
1.05	0.7980	2.0151	1.0876	0.7673	1.45	0.2710	2.4751	1.9996	1.9897
1.06	0.7902	2.0309	1.1079	0.7893	1.46	0.2509	2.4804	2.0244	2.0300
1.07	0.7822	2.0466	1.1282	0.8116	1.47	0.2304	2.4852	2.0492	2.0706
1.08	0.7740	2.0622	1.1488	0.8344	1.48	0.2095	2.4896	2.0741	2.1120
1.09	0.7655	2.0776	1.1695	0.8576	1.49	0.1882	2.4935	2.0990	2.1536
1.10	0.7568	2.0929	1.1903	0.8811	1.50	0.1664	2.4971	2.1239	2.1959

续表

u	$V_0(u)$	$\sqrt{2}V_1(u)$	$V_2(u)$	$\sqrt{2}V_3(u)$	u	$V_0(u)$	$\sqrt{2}V_1(u)$	$V_2(u)$	$\sqrt{2}V_3(u)$
1.51	0.1442	2.5002	2.1489	2.2386	1.91	−1.1481	2.1551	3.1143	4.3529
1.52	0.1216	2.5029	2.1740	2.2819	1.92	−1.1920	2.1317	3.1358	4.4153
1.53	0.0986	2.5052	2.1990	2.3256	1.93	−1.2364	2.1075	3.1570	4.4783
1.54	0.0746	2.5068	2.2241	2.3698	1.94	−1.2815	2.0822	3.1779	4.5416
1.55	0.0512	2.5081	2.2491	2.4145	1.95	−1.3273	2.0562	3.1986	4.6054
1.56	0.0268	2.5089	2.2742	2.4597	1.96	−1.3736	2.0291	3.2190	4.6695
1.57	0.0020	2.5092	2.2993	2.5056	1.97	−1.4207	2.0013	3.2392	4.7341
1.58	−0.0233	2.5090	2.3244	2.5518	1.98	−1.4683	1.9723	3.2591	4.7991
1.59	−0.0490	2.5083	2.3495	2.5985	1.99	−1.5166	1.9425	3.2786	4.8645
1.60	−0.0753	2.5070	2.3745	2.6458	2.00	−1.5656	1.9115	3.2979	4.9301
1.61	−0.1019	2.5052	2.3996	2.6934	2.01	−1.6153	1.8798	3.3168	4.9964
1.62	−0.1291	2.5029	2.4247	2.7417	2.02	−1.6656	1.8470	3.3355	5.0630
1.63	−0.1568	2.5001	2.4497	2.7905	2.03	−1.7165	1.8132	3.3538	5.1298
1.64	−0.1849	2.4967	2.4747	2.8397	2.04	−1.7682	1.7783	3.3718	5.1971
1.65	−0.2136	2.4927	2.4996	2.8895	2.05	−1.8205	1.7425	3.3893	5.2647
1.66	−0.2427	2.4881	2.5245	2.9397	2.06	−1.8734	1.7056	3.4066	5.3326
1.67	−0.2724	2.4830	2.5494	2.9904	2.07	−1.9271	1.6675	3.4234	5.4009
1.68	−0.3026	2.4772	2.5742	3.0416	2.08	−1.9815	1.6284	3.4399	5.4696
1.69	−0.3332	2.4708	2.5989	3.0934	2.09	−2.0365	1.5878	3.4560	5.5380
1.70	−0.3644	2.4643	2.6236	3.1451	2.10	−2.0923	1.5470	3.4717	5.6078
1.71	−0.3961	2.4563	2.6482	3.1983	2.11	−2.1487	1.5046	3.4870	5.6774
1.72	−0.4284	2.4480	2.6727	3.2516	2.12	−2.2058	1.4611	3.5018	5.7473
1.73	−0.4612	2.4391	2.6971	3.3053	2.13	−2.2636	1.4163	3.5162	5.8175
1.74	−0.4945	2.4296	2.7215	3.3594	2.14	−2.3221	1.3705	3.5301	5.8879
1.75	−0.5284	2.4193	2.7457	3.4141	2.15	−2.3814	1.3235	3.5436	5.9587
1.76	−0.5628	2.4084	2.7699	3.4692	2.16	2.4413	1.2752	3.5566	6.0296
1.77	−0.5977	2.3968	2.7937	3.5248	2.17	−2.5020	1.2258	3.5691	6.1010
1.78	−0.6333	2.3846	2.8178	3.5810	2.18	−2.5633	1.1752	3.5811	6.1724
1.79	−0.6694	2.3714	2.8416	3.6376	2.19	−2.6254	1.1232	3.5926	6.2442
1.80	−0.7060	2.3577	2.8652	3.6947	2.20	−2.6882	1.0702	3.6036	6.3162
1.81	−0.7433	2.3432	2.8887	3.7522	2.21	−2.7518	1.0157	3.6140	6.3883
1.82	−0.7811	2.3280	2.9121	3.8102	2.22	−2.8160	0.9601	3.6239	6.4607
1.83	−0.8195	2.3120	2.9353	3.8686	2.23	−2.8810	0.9031	3.6332	0.5333
1.84	−0.8584	2.2952	2.9583	3.9276	2.24	−2.9466	0.8448	3.6419	6.6060
1.85	−0.8980	2.2777	2.9812	3.9871	2.25	−3.0131	0.7852	3.6501	6.6790
1.86	−0.9382	2.2593	3.0039	4.0469	2.26	−3.0802	0.7242	3.6576	6.7520
1.87	−0.9790	2.2401	3.0264	4.1071	2.27	3.1481	0.6620	3.6645	6.8252
1.88	−1.0203	2.2201	3.0487	4.1679	2.28	−3.2167	0.5984	3.6709	6.8986
1.89	−1.0623	2.1993	3.0708	4.2291	2.29	−3.2861	0.5333	3.6765	6.9721
1.90	−1.1049	2.1776	3.0927	4.2908	2.30	−3.3562	0.4669	3.6815	7.0457

续表

u	$V_0(u)$	$\sqrt{2}V_1(u)$	$V_2(u)$	$\sqrt{2}V_3(u)$	u	$V_0(u)$	$\sqrt{2}V_1(u)$	$V_2(u)$	$\sqrt{2}V_3(u)$
2.31	−3.4270	0.3991	3.6859	7.1193	2.71	−6.8558	3.6379	3.1296	9.9527
2.32	−3.4986	0.3297	3.6895	7.1931	2.72	−6.9556	−3.7761	3.0925	10.015
2.33	−3.5708	0.2591	3.6924	7.2669	2.73	−7.0560	−3.9161	3.0541	10.076
2.34	−3.6439	0.1870	3.6946	7.3408	2.74	−7.1571	−4.0583	3.0142	10.137
2.35	−3.7177	0.1134	3.6962	7.4146	2.75	−7.2588	−4.2024	2.9729	10.197
2.36	−3.7922	0.0382	3.6969	7.4886	2.76	−7.3611	4.3486	2.9301	10.256
2.37	−3.8675	−0.0383	3.6970	7.5625	2.77	−7.4639	−4.4968	2.8859	10.314
2.38	−3.9435	−0.1165	3.6961	7.6365	2.78	−7.5673	−4.6472	2.8402	10.371
2.39	−4.0202	−0.1961	3.6946	7.7103	2.79	−7.5714	−4.7996	2.7929	10.428
2.40	−4.0976	−0.2772	3.6922	7.7842	2.80	−7.7759	−4.9540	2.7442	10.483
2.41	−4.1759	−0.3599	3.6891	7.8581	2.81	−7.8810	5.1106	2.6939	10.538
2.42	−4.2548	−0.4442	3.6850	7.9318	2.82	−7.9866	−5.2693	2.6420	10.591
2.43	−4.3345	−0.5302	3.6802	8.0054	2.83	−8.0929	−5.4301	2.5885	10.643
2.44	−4.4150	−0.6177	3.6745	8.0791	2.84	−8.1995	−5.5930	2.5334	10.694
2.45	−4.4961	−0.7068	3.6678	8.1524	2.85	−8.3067	−5.7580	2.4766	10.745
2.46	−4.5780	0.7975	3.6603	8.2257	2.86	−8.4144	−5.9253	2.4182	10.793
2.47	−4.6606	−0.8899	3.6518	8.2989	2.87	−8.5225	−6.0946	2.3581	10.841
2.48	−4.7439	−0.9840	3.6425	8.3718	2.88	−8.6312	−6.2662	2.2963	10.888
2.48	−4.8280	−1.0797	3.6321	8.4445	2.89	−8.7404	−6.4399	2.2328	10.933
2.50	−4.9128	−1.1770	3.6209	8.5170	2.90	−8.8471	−6.6158	2.1675	10.977
2.51	−4.9984	−1.2762	3.6086	8.5894	2.91	−8.9598	−6.7938	2.1005	11.020
2.52	−5.0846	−1.3770	3.5953	8.6614	2.92	−9.0703	−6.7943	2.0316	11.061
2.53	−5.1716	−1.4796	3.5811	8.7332	2.93	9.1811	−7.1567	1.9609	11.101
2.54	−5.2593	−1.5839	3.5658	8.8047	2.94	−9.2923	−7.3414	1.8885	11.140
2.55	−5.3477	−1.6900	3.5494	8.8758	2.95	−9.4039	−7.5284	1.8141	11.177
2.56	−5.4368	−1.7978	3.5320	8.9466	2.96	−9.5158	−7.7176	1.7379	11.212
2.27	−5.5266	−1.9075	3.5134	9.0171	2.97	−9.6281	−7.9090	1.6597	11.246
2.58	−5.6172	−2.0189	3.4938	9.0871	2.98	−9.7407	−8.1027	1.5797	11.279
2.59	5.7084	2.1322	3.4730	9.1568	2.99	−9.8536	−8.2986	1.4977	11.309
2.60	5.8003	−2.2472	3.4511	9.2260	3.00	−9.9669	−8.4969	1.4137	11.338
2.61	−5.8929	−2.3641	3.4281	9.2949	3.01	−10.080	−8.6973	1.3277	11.366
2.62	−5.9862	−2.4830	3.4038	9.3632	3.02	−10.194	−8.9001	1.2397	11.391
2.63	−6.0802	−2.6036	3.3784	9.4310	3.03	−10.308	−9.1051	1.1497	11.415
2.64	−6.1748	−2.7261	3.3518	9.4983	3.04	−10.422	−9.3124	1.0577	11.437
2.65	−6.2701	−2.8506	3.3239	9.5650	3.05	−10.532	−9.5221	0.9634	11.458
2.66	−6.3661	2.9769	3.2947	9.6311	3.06	−10.652	−9.7339	0.8672	11.476
2.67	−6.4628	−3.1053	3.2644	9.6969	3.07	−10.766	−9.9481	0.7688	11.492
2.68	−6.5600	−3.2354	3.2326	9.7618	3.08	−10.881	−10.165	0.6682	11.507
2.69	−6.6580	−3.3676	3.2654	9.8262	3.09	−10.997	−10.383	0.5655	11.519
2.70	−6.7565	−3.5018	3.1653	9.8898	3.10	−11.112	−10.604	0.4606	11.529

u	$V_0(u)$	$\sqrt{2}V_1(u)$	$V_2(u)$	$\sqrt{2}V_3(u)$	u	$V_0(u)$	$\sqrt{2}V_1(u)$	$V_2(u)$	$\sqrt{2}V_3(u)$
3.11	−11.227	−10.828	0.3534	11.537	3.31	−13.517	15.779	−2.2919	11.183
3.12	−11.343	−11.054	0.2440	11.543	3.32	−13.628	−16.050	−2.4511	11.135
3.13	−11.458	−11.281	0.1323	11.547	3.33	−13.739	−16.324	−2.6129	11.085
3.14	−11.574	−11.512	0.0183	11.549	3.34	−13.850	−16.600	−2.7776	11.031
3.15	−11.689	−11.744	−0.0979	11.548	3.35	−13.960	−16.878	−2.9450	10.974
3.16	−11.804	−11.979	−0.2166	11.545	3.36	−14.069	−17.158	−3.1153	10.913
3.17	−11.920	−12.217	−0.3375	11.539	3.37	−14.178	−17.441	−3.2882	10.849
3.18	−12.035	−12.456	−0.4609	11.531	3.38	−14.287	−17.725	−3.4641	10.781
3.19	−12.151	−12.698	−0.5867	11.521	3.39	−14.394	−18.012	−3.6427	10.710
3.20	−12.266	−12.912	−0.7148	11.508	3.40	−14.501	−18.301	−3.8242	10.636
3.21	−12.381	−13.189	−0.8454	11.492	3.41	−14.607	−18.592	−4.0088	10.557
3.22	−12.496	−13.437	−0.9787	11.474	3.42	−14.712	−18.885	−4.1960	10.475
3.23	−12.610	−13.688	−1.1142	11.453	3.43	−14.816	−19.181	−4.3865	10.389
3.24	−12.737	−13.742	−1.2524	11.429	3.44	−14.920	−19.478	−4.5798	10.300
3.25	−12.839	−14.198	−1.3932	11.403	3.45	−15.022	−19.778	−4.7760	10.206
3.26	−12.953	−14.455	−1.5363	11.374	3.46	−15.124	−20.079	−4.9752	10.109
3.27	−13.066	−14.716	−1.6822	11.342	3.47	−15.224	−20.383	−5.1777	10.007
3.28	−13.179	−14.978	−1.8307	11.306	3.48	−15.324	−20.688	−5.3830	9.901
3.29	−13.292	−15.243	−1.9817	11.268	3.49	−15.422	−20.995	−5.5914	9.792
3.30	−13.405	−15.510	−2.1356	11.227	3.50	−15.520	−21.305	−5.8028	9.678

附录 C 复杂弯曲单跨梁弯曲要素表及辅助函数

【说明】

1. 采用下列符号：

T——梁的轴向拉力；

T^*——梁的轴向压力；

$$k = \sqrt{\frac{T}{EI}}, k^* = \sqrt{\frac{T^*}{EI}};$$

$$u = \frac{kl}{2}, u^* = \frac{k^* l}{2};$$

其余符号同附录 A。

2. 梁受到对称于跨度中点的载荷作用时，坐标原点在跨度中点；其余情况下的坐标原点在梁左端。

3. 弯曲要素表 C-1、表 C-2 中的辅助函数公式及其数值分别列在表 C-3、表 C-4 中。

表 C-1 复杂弯曲（轴向拉力）弯曲要素表

梁的载荷与支座形式	挠曲线方程式及挠度	梁端转角	弯　矩
	$v = \dfrac{ql^4}{EI(2u)^4}\left[\dfrac{\mathrm{ch}kx}{\mathrm{ch}\,u} - 1 + \dfrac{1}{2}(u^2 - k^2x^2)\right]$ $v(0) = \dfrac{5}{384}\dfrac{ql^4}{EI}f_0(u)$	$\theta_1 = -\theta_2 = -\dfrac{ql^3}{24EI}\psi_0(u)$	$M(0) = -\dfrac{ql^2}{8}\varphi_0(u)$
	$v = \dfrac{ql^4}{EI(2u)^4}\left[\dfrac{u^2 - k^2x^2}{2} + \dfrac{u\,\mathrm{ch}kx}{\mathrm{sh}\,u} - \dfrac{u}{\mathrm{th}\,u}\right]$ $v(0) = \dfrac{1}{384}\dfrac{ql^4}{EI}f_1(u)$		$M(0) = -\dfrac{ql^2}{24}\varphi_1(u)$ $M\left(\pm\dfrac{l}{2}\right) = \dfrac{ql^2}{12}x(u)$
	$v = \dfrac{M}{EIk^2}\left[\dfrac{\mathrm{sh}k(l-x)}{\mathrm{sh}kl} - \dfrac{k(l-x)}{kl}\right]$	$\theta_1 = -\dfrac{Ml}{3EI}\psi_1(u)$ $\theta_2 = -\dfrac{Ml}{6EI}\psi_2(u)$	
	$v = \dfrac{Pl^3}{EI(2u)^3}\left[\dfrac{kbkx}{2u} - \dfrac{\mathrm{sh}kb\,\mathrm{sh}kx}{\mathrm{sh}2u}\right.$ $\left. + \|_a\,\mathrm{sh}k(x-a) - k(x-a)\right]$	$\theta_1 = \dfrac{Pl^2}{EI(2u)^2}\left(\dfrac{kb}{2u} - \dfrac{\mathrm{sh}kb}{\mathrm{sh}2u}\right)$ $\theta_2 = \dfrac{Pl^2}{EI(2u)^2}\left(\dfrac{ka}{2u} - \dfrac{\mathrm{sh}ka}{\mathrm{sh}2u}\right)$	$M = \dfrac{Pl}{2u}\left[-\dfrac{\mathrm{sh}kb\,\mathrm{sh}kx}{\mathrm{sh}2u} + \|_a\,\mathrm{sh}k(x-a)\right]$
	$v = \dfrac{ql^2}{EI(2u)^2}\left(-\dfrac{x^3}{6l} + \dfrac{\mathrm{sh}kx}{k^2\,\mathrm{sh}2u} - \dfrac{x}{2uk} + \dfrac{lx}{6}\right)$	$\theta_1 = \dfrac{ql^2}{EI(2u)^2}\left(\dfrac{1}{k\mathrm{sh}2u} - \dfrac{1}{2uk} + \dfrac{l}{6}\right)$ $\theta_2 = \dfrac{ql^2}{EI(2u)^2}\left(-\dfrac{l}{3} + \dfrac{1}{k\mathrm{th}2u} - \dfrac{1}{2uk}\right)$	$M = \dfrac{ql^2}{(2u)^2} - \left(-\dfrac{kx}{2u} + \dfrac{\mathrm{sh}kx}{\mathrm{sh}2u}\right)$

表 C-2　复杂弯曲(轴向压力)的弯曲要素表

序号	梁的载荷与支座形式	挠曲线方程式及挠度	梁端转角	弯　矩
1		$$v = \frac{ql^4}{EI(2u^*)^4}\left[\frac{\cos k^* x}{\cos u^*} - 1 + \frac{1}{2}(k^{*2}x^2 - u^{*2})\right]$$ $$v(0) = \frac{5}{384}\frac{ql^4}{EI}f_0^*(u^*)$$	$$\theta_1 = -\theta_2 = \frac{ql^3}{24EI}\psi_0^*(u^*)$$	$$M(0) = -\frac{ql^2}{8}\varphi_0^*(u^*)$$
2		$$v = \frac{ql^4}{EI(2u^*)^4}\left[\frac{k^{*2}x^2 - u^{*2}}{2} + \frac{u^*\cos k^* x}{\sin u^*} - \frac{u^*}{\tan u^*}\right]$$ $$v(0) = \frac{1}{384}\frac{ql^4}{EI}f_0^*(u^*)$$		$$M(0) = -\frac{ql^2}{24}\varphi_1(u^*)$$ $$M\left(\pm\frac{l}{2}\right) = \frac{ql^2}{12}x^*(u^*)$$
3		$$v = \frac{M}{EIk^{*2}}\left[\frac{\sin k^*(l-x)}{\sin k^* l} - \left(1 - \frac{x}{l}\right)\right]$$	$$\theta_1 = -\frac{Ml}{3EI}\psi_1^*(u^*)$$ $$\theta_2 = -\frac{Ml}{6EI}\psi_2^*(u^*)$$	
4		$$v = \frac{Pl^3}{EI(2u^*)^3}\left[\frac{\sin k^* b\sin k^* x}{\sin 2u^*} - \frac{k^* bk^* x}{2u^*}\right] + \left\|_a \; k^*(x-a) - \sin k^*(x-a)\right.$$	$$\theta_1 = \frac{Pl^2}{EI(2u^*)^2}\left(\frac{\sin k^* b}{\sin 2u^*} - \frac{k^* b}{2u^*}\right)$$ $$\theta_2 = \frac{-Pl^2}{EI(2u^*)^2}\left(\frac{\sin k^* a}{\sin 2u^*} - \frac{k^* a}{2u^*}\right)$$	$$M = \frac{Pl}{2u^*}\left[-\frac{\sin k^* b\sin k^* x}{\operatorname{sh}2u}\right] + \left\|_a \sin k^*(x-a)\right.$$
5		$$v = \frac{ql^2}{EI(2u^*)^3}\left(\frac{x^3}{6l} + \frac{\sin k^* x}{k^{*2}\sin 2u}\right) - \frac{x}{2u^* k^*} - \frac{lx}{6}$$	$$\theta_1 = \frac{ql^2}{EI(2u^*)^2}\left(\frac{1}{k^*\sin 2u} - \frac{l}{6} - \frac{1}{2u^* k^*}\right)$$ $$\theta_2 = \frac{ql^2}{EI(2u^*)^2}\left(\frac{l}{3} + \frac{1}{k^*\tan 2u^*} - \frac{1}{2u^* k^*}\right)$$	$$M = \frac{ql^2}{EI(2u^*)^2}\left(\frac{\sin k^* x}{\sin 2u^*} - \frac{k^* x}{2u^*}\right)$$

表 C-3　复杂弯曲辅助函数(轴向拉力)

函数公式：

$$f_0(u) = \frac{24}{5u^4}\left(\frac{u^2}{2} + \frac{1}{\mathrm{ch}u} - 1\right)$$
$$\varphi_0(u) = \frac{2}{u^2}\left(1 - \frac{1}{\mathrm{ch}u}\right)$$

$$\psi_0(u) = f_1(2u) = \frac{3}{u^3}(u - \mathrm{th}u)$$
$$f_1(u) = \frac{24}{u^3}\left(\frac{u}{2} - \mathrm{th}\,\frac{u}{2}\right)$$

$$\varphi_1(u) = \frac{6}{u^2}\left(1 - \frac{u}{\mathrm{sh}u}\right)$$
$$x(u) = \frac{3}{u^2}\left(\frac{u}{\mathrm{th}u} - 1\right)$$

$$\psi_1(u) = x(2u) = \frac{3}{2u}\left(\frac{1}{\mathrm{th}2u} - \frac{1}{2u}\right)$$
$$\psi_2(u) = \varphi_1(2u) = \frac{3}{u}\left(\frac{1}{2u} - \frac{1}{\mathrm{sh}2u}\right)$$

u	$f_0(u)$	$f_1(u)$	$\varphi_0(u)$	$\varphi_1(u)$	$x(u)$
0	1.000	1.000	1.000	1.000	1.000
0.5	0.908	0.976	0.905	0.972	0.984
1.0	0.711	0.909	0.704	0.894	0.939
1.5	0.532	0.817	0.511	0.788	0.876
2.0	0.380	0.715	0.367	0.673	0.806
2.5	0.281	0.617	0.268	0.563	0.736
3.0	0.213	0.529	0.200	0.467	0.672
3.5	0.166	0.453	0.153	0.386	0.614
4.0	0.132	0.388	0.120	0.320	0.563
4.5	0.107	0.335	0.097	0.267	0.519
5.0	0.088	0.291	0.079	0.224	0.480
5.5	0.074	0.254	0.066	0.189	0.446
6.0	0.036	0.223	0.055	0.162	0.417
6.5	0.054	0.197	0.047	0.139	0.391
7.0	0.047	0.175	0.041	0.121	0.367
7.5	0.041	0.156	0.036	0.106	0.347
8.0	0.036	0.141	0.031	0.093	0.328
8.5	0.032	0.127	0.028	0.083	0.311
9.0	0.029	0.115	0.025	0.074	0.269
9.5	0.026	0.105	0.022	0.066	0.283
10.0	0.024	0.096	0.020	0.060	0.270
10.5	0.021	0.088	0.018	0.054	0.259
11.0	0.020	0.081	0.017	0.050	0.248
11.5	0.018	0.075	0.015	0.045	0.238
12.0	0.016	0.069	0.014	0.042	0.229

表 C-4　复杂弯曲辅助函数(轴向压力)

函数公式:

$$f_0^*(u^*) = \frac{24}{5u^{*4}}\left(\frac{1}{\cos u^*} - \frac{u^{*2}}{2} - 1\right) \qquad \varphi_0^*(u^*) = \frac{12}{u^{*2}}\left(\frac{1}{\cos u^*} - 1\right)$$

$$\psi_0^*(u^*) = f_1^*(2u^*) = \frac{3}{u^{*3}}(\tan u^* - u^*) \qquad f_1^*(u^*) = \frac{24}{u^{*3}}\left(\tan\frac{u^*}{2} - \frac{u^*}{2}\right)$$

$$\varphi_1^*(u^*) = \frac{6}{u^{*2}}\left(\frac{u^*}{\sin u^*} - 1\right) \qquad x^*(u^*) = \frac{3}{u^{*2}}\left(1 - \frac{u^*}{\tan u^*}\right)$$

$$\psi_1^*(u^*) = X^*(2u^*) = \frac{3}{2u^*}\left(\frac{1}{2u^*} - \frac{1}{\tan 2u^*}\right)$$

$$\psi_2^*(u^*) = \varphi_1^*(2u^*) = \frac{3}{u^*}\left(\frac{1}{\sin 2u^*} - \frac{1}{2u^*}\right)$$

u^*	$\varphi_1^*(u^*)$	$x^*(u^*)$	$f_1^*(u^*)$
0.00	1.0000	1.0000	1.0000
0.50	1.0300	1.0171	1.0256
1.00	1.1304	1.0737	1.1113
1.10	1.1617	1.0912	1.1379
1.20	1.1979	1.1114	1.1686
1.30	1.2396	1.1345	1.2039
1.40	1.2878	1.1610	1.2445
1.50	1.3434	1.1915	1.2914
1.60	1.4078	1.2266	1.3455
1.70	1.4830	1.2673	1.4085
1.80	1.5710	1.3147	1.4821
1.90	1.6750	1.3704	1.5689
2.00	1.7993	1.4365	1.6722
2.10	1.9494	1.5157	1.7967
2.20	2.1336	1.6124	1.9492
2.30	2.3641	1.7325	1.1392
2.40	2.6595	1.8854	2.3822
2.45	2.8404	1.9786	2.5307
2.50	3.0502	2.0864	2.7027
2.55	3.2964	2.2125	2.9043
2.60	3.5890	2.3617	3.1435
2.65	3.9422	2.5415	3.4320
2.70	4.3766	2.7619	3.7863
2.75	4.9233	3.0386	4.2317
2.80	5.6315	3.3964	4.8082
2.85	6.5865	3.8774	5.5852
2.90	7.9343	4.5550	6.6798
2.95	9.9915	5.5875	8.3503
3.00	13.506	7.7686	11.201
3.05	20.863	11.031	17.168
3.10	45.923	23.566	34.484
π	∞	∞	∞

u^*	0	0.10	0.20	0.30	0.40	0.50	0.60	0.70	0.80
$\varphi_0^*(u^*)$	1.000	1.004	1.016	1.038	1.073	1.117	1.176	1.255	1.361
$f_0^*(u^*)$	1.000	1.004	1.016	1.037	1.040	1.114	1.173	1.250	1.354

u^*	0.90	1.00	1.10	1.20	1.30	1.40	1.45	1.50	$\frac{\pi}{2}$
$\varphi_0^*(u^*)$	1.504	1.704	1.989	2.441	3.240	4.938	6.940	11.670	∞
$f_0^*(u^*)$	1.494	1.690	1.962	2.400	3.181	4.822	6.790	11.490	∞

附录 D 船用球扁钢截面要素

符号：

h——球扁钢高度；

t——球扁钢厚度；

b——球宽度；

y_0——截面形心坐标；

A——截面面积；

I_z——截面对过形心的水平轴 z—z 的惯性矩。

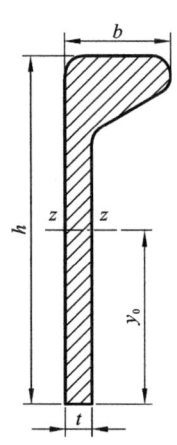

序号	h/mm	b/mm	t/mm	A/cm²	I_z/cm⁴	y_0/cm	序号	h/mm	b/mm	t/mm	A/cm²	I_z/cm⁴	y_0/cm
5	50	16	4	2.87	6.96	3.13	10	100	26	6	8.63	85.22	6.29
5.5	55	17	4.5	3.48	10.20	3.38	12	120	30	6.5	11.15	153	7.55
6	6	19	5	4.27	15.0	3.74	14a	140	33	7	14.05	274	8.82
7	70	21	5	5.06	24.10	4.40	b	140	35	9	16.85	321	8.55
8	80	22	5	5.84	36.23	5.07	16a	160	36	8	17.96	468	9.95
9	90	24	5.5	7.03	55.60	5.65	b	160	38	10	21.16	527	9.75
18a	180	40	9	22.20	724	11.15	22b	220	50	13	37.22	1795	13.20
b	180	42	11	25.80	837	10.81	24a	240	52	12	38.75	2232	14.70
20a	200	44	10	27.36	1078	12.40	b	240	54	14	43.55	2542	14.35
b	200	46	12	31.36	1265	12.06	27a	270	55	12	43.82	3265	16.60
22a	220	48	11	32.82	1165	13.50	b	270	57	14	49.22	3515	16.30

参 考 文 献

[1] 朱锡,吴梵.舰艇强度[M].北京:国防工业出版社,2005.

[2] 杨代盛.船体强度与结构设计[M].北京:国防工业出版社,1986.

[3] 斯曼斯基 Ю A.船舶结构力学手册(第三卷)[M].上海:上海科学技术出版社,1980.

[4] GJB 4000-2000 舰船通用规范[S].北京:总装备部军标出版发行部,2000.

[5] GJB/Z 119-99 水面舰艇结构设计计算方法[S].北京:国防科学技术工业委员会,1999.

[6] 谢永和,吴剑国,李俊来.船舶结构设计[M].上海:上海交通大学出版社,2011.

[7] 中国船级社.钢质海船入级建造规范[S].北京:人民交通出版社,2006.

[8] 朱锡,侯海量,吕岩松,等.舰艇结构[M].北京:国防工业出版社,2014.

[9] 吴梵,朱锡,梅志远,等.船舶结构力学[M].北京:国防工业出版社,2016.

[10] 陈铁云,等.杆件与杆系之弯曲及稳定性[M].北京:科学教育编辑室,1961.

[11] 王杰德,杨永谦.船体强度与结构设计[M].北京:国防工业出版社,1995.

[12] 朱锡,张振华,梅志远,等.舰船结构毁伤力学[M].北京:国防工业出版社,2013.

[13] 陈铁云,陈伯真.《船舶结构力学》[M].北京:国防工业出版社,1980.

[14] 徐芝纶.弹性力学[M].北京:高等教育出版社,1982.

[15] 王仁,黄文彬.塑性力学引论(修订版)[M].北京:北京大学出版社,1992.

[16] 中国海军百科全书编审委员会.中国海军百科全书[M].北京:海潮出版社,1998.

[17] 郭日修.纪念船舶结构力学学科创建 100 周年[J].力学与实践,2009(6):89-92.

[18] 郭日修.船舶结构力学在中国的传播和发展[J].力学与实践,2007(5):74-77.

[19] 陈铁云,陈伯真.船舶结构力学[M].上海:上海交通大学出版社,1991.

[20] 舒恒煜,谭林森.船舶结构力学[M].武汉:华中理工大学出版社,1993.

[21] 陈伯真,胡毓仁.薄壁结构力学[M].上海:上海交通大学出版社,1998.

[22] 包世华,周坚.薄壁杆件结构力学[M].北京:中国建筑工业出版社,2006.

[23] 郭日修.弹性力学与张量分析[M].北京:高等教育出版社,2003.

[24] 陆明万,罗学富.弹性理论基础[M].2 版.北京:清华大学出版社,2001.

[25] 徐芝纶.弹性力学[M].北京:人民教育出版社,1982.

[26] 黄克智,等.板壳理论[M].北京:清华大学出版社,1987.

[27] SZILARD R.板的理论和分析[M].陈太平,等译.北京:中国铁道出版社,1984.

[28] 张福范.弹性薄板[M].2 版.北京:科学出版社,1984.

[29] 陈骥.钢结构稳定理论与设计[M].2 版.北京:科学出版社,2006.

[30] 王焕定.结构力学[M].2 版.北京:高等教育出版社,2004.

[31] 陈铁云.船舶结构终极承载能力[M].上海:上海交通大学出版社,2005.

[32] 王勖成.有限单元法[M].北京:清华大学出版社,2003.

[33] BELYTSCHK TED,等.连续体和结构的非线性有限元[M].庄茁,译.北京:清华大学出

版社,2002.

[21] 付宝连.弹性力学中的能量原理及其应用[M].北京:科学出版社,2004.

[22] 铁摩辛柯 S,沃诺斯基 S.板壳理论[M].板壳理论翻译组,译.北京:科学出版社,1977.

[23] 查杰斯 A.结构稳定性理论原理[M].唐家祥,译.兰州:甘肃人民出版社,1982.

[24] 单辉祖.材料力学教程[M].北京:高等教育出版社,2004.